信息资源管理

王宇 等 编著

清华大学出版社
北 京

内 容 简 介

本教材以信息化建设为主线，全面系统地介绍公共信息机构、政府、企业的信息资源开发与管理的理论、技术和应用以及信息资源管理的新发展。全书按信息资源不同表现形式共分为 7 章，分别是信息资源管理概述、数据信息资源管理、文献信息资源管理、网络信息资源管理、政府信息资源管理、企业信息资源管理和信息资源管理新发展。

为了便于学习，书中各章均配有引导案例、讨论案例、思考题及参考文献，个别章节还介绍了信息管理与信息系统专业研究生和本科生所做的实例和研究成果。全书结构清晰，内容全面系统，素材丰富，突出了案例教学，强调了实用性和新颖性，适合于信息管理与信息系统专业本科生、管理类各专业研究生教学之用，也可作为 MBA 和相关专业培训的教材或参考书。

图书在版编目（CIP）数据

信息资源管理 / 王宇等编著. —北京：清华大学出版社，2012.8
21 世纪高等学校规划教材·信息管理与信息系统
ISBN 978-7-302-28938-8

Ⅰ.①信… Ⅱ.①王… Ⅲ.①信息管理 - 高等学校 - 教材 Ⅳ.①G203

中国版本图书馆 CIP 数据核字（2012）第 110978 号

责任编辑：闫红梅 赵晓宁
封面设计：傅瑞学
责任校对：白 蕾
责任印制：张雪娇

出版发行：清华大学出版社
　　　　网　　　址：http://www.tup.com.cn，http://www.wqbook.com
　　　　地　　　址：北京清华大学学研大厦 A 座　　　　邮　　编：100084
　　　　社 总 机：010-62770175　　　　　　　　　　邮　　购：010-62786544
　　　　投稿与读者服务：010-62776969，c-service@tup.tsinghua.edu.cn
　　　　质 量 反 馈：010-62772015，zhiliang@tup.tsinghua.edu.cn
印 装 者：北京嘉实印刷有限公司
经　　销：全国新华书店
开　　本：185mm×260mm　　　　印　张：17.5　　　　字　数：426 千字
版　　次：2012 年 8 月第 1 版　　　　印　次：2012 年 8 月第 1 次印刷
印　　数：1～3000
定　　价：29.00 元

产品编号：046652-01

出 版 说 明

随着我国改革开放的进一步深化，高等教育也得到了快速发展，各地高校紧密结合地方经济建设发展需要，科学运用市场调节机制，加大了使用信息科学等现代科学技术提升、改造传统学科专业的投入力度，通过教育改革合理调整和配置了教育资源，优化了传统学科专业，积极为地方经济建设输送人才，为我国经济社会的快速、健康和可持续发展以及高等教育自身的改革发展做出了巨大贡献。但是，高等教育质量还需要进一步提高以适应经济社会发展的需要，不少高校的专业设置和结构不尽合理，教师队伍整体素质亟待提高，人才培养模式、教学内容和方法需要进一步转变，学生的实践能力和创新精神亟待加强。

教育部一直十分重视高等教育质量工作。2007 年 1 月，教育部下发了《关于实施高等学校本科教学质量与教学改革工程的意见》，计划实施"高等学校本科教学质量与教学改革工程（简称'质量工程'）"，通过专业结构调整、课程教材建设、实践教学改革、教学团队建设等多项内容，进一步深化高等学校教学改革，提高人才培养的能力和水平，更好地满足经济社会发展对高素质人才的需要。在贯彻和落实教育部"质量工程"的过程中，各地高校发挥师资力量强、办学经验丰富、教学资源充裕等优势，对其特色专业及特色课程（群）加以规划、整理和总结，更新教学内容、改革课程体系，建设了一大批内容新、体系新、方法新、手段新的特色课程。在此基础上，经教育部相关教学指导委员会专家的指导和建议，清华大学出版社在多个领域精选各高校的特色课程，分别规划出版系列教材，以配合"质量工程"的实施，满足各高校教学质量和教学改革的需要。

为了深入贯彻落实教育部《关于加强高等学校本科教学工作，提高教学质量的若干意见》精神，紧密配合教育部已经启动的"高等学校教学质量与教学改革工程精品课程建设工作"，在有关专家、教授的倡议和有关部门的大力支持下，我们组织并成立了"清华大学出版社教材编审委员会"（以下简称"编委会"），旨在配合教育部制定精品课程教材的出版规划，讨论并实施精品课程教材的编写与出版工作。"编委会"成员皆来自全国各类高等学校教学与科研第一线的骨干教师，其中许多教师为各校相关院、系主管教学的院长或系主任。

按照教育部的要求，"编委会"一致认为，精品课程的建设工作从开始就要坚持高标准、严要求，处于一个比较高的起点上；精品课程教材应该能够反映各高校教学改革与课程建设的需要，要有特色风格、有创新性（新体系、新内容、新手段、新思路，教材的内容体系有较高的科学创新、技术创新和理念创新的含量）、先进性（对原有的学科体系有实质性的改革和发展，顺应并符合 21 世纪教学发展的规律，代表并引领课程发展的趋势和方向）、示范性（教材所体现的课程体系具有较广泛的辐射性和示范性）和一定的前瞻性。教材由个人申报或各校推荐（通过所在高校的"编委会"成员推荐），经"编委会"认真评审，最后由清华大学出版社审定出版。

目前，针对计算机类和电子信息类相关专业成立了两个"编委会"，即"清华大学出版社计算机教材编审委员会"和"清华大学出版社电子信息教材编审委员会"。推出的特色精品教材包括：

（1）21 世纪高等学校规划教材·计算机应用——高等学校各类专业，特别是非计算机专业的计算机应用类教材。

（2）21 世纪高等学校规划教材·计算机科学与技术——高等学校计算机相关专业的教材。

（3）21 世纪高等学校规划教材·电子信息——高等学校电子信息相关专业的教材。

（4）21 世纪高等学校规划教材·软件工程——高等学校软件工程相关专业的教材。

（5）21 世纪高等学校规划教材·信息管理与信息系统。

（6）21 世纪高等学校规划教材·财经管理与计算机应用。

（7）21 世纪高等学校规划教材·电子商务。

清华大学出版社经过二十多年的努力，在教材尤其是计算机和电子信息类专业教材出版方面树立了权威品牌，为我国的高等教育事业做出了重要贡献。清华版教材形成了技术准确、内容严谨的独特风格，这种风格将延续并反映在特色精品教材的建设中。

清华大学出版社教材编审委员会
联系人：　魏江江
E-mail:weijj@tup.tsinghua.edu.cn

前　言

我国的信息化工作经过十多年的建设，已经从信息系统建设进入信息资源管理阶段，而对人才的需求也从信息系统建设阶段对信息工程技术人员的需求转向现阶段对信息资源管理人才的需求。信息管理与信息系统专业正是立足于信息资源管理的战略高度，面向新兴的信息产业，为宏观、微观和市场部门培养高级的、决策规划层次的信息资源管理人才的学科。

信息资源管理课程是信息管理与信息系统专业的一门骨干课，具有浓厚的跨学科色彩。通过本课程的学习，不仅使学生能够综合运用所学的信息技术、管理学等多学科领域的专门知识，深刻认识信息资源与信息化对社会、经济等各方面发展的战略意义以及对信息资源进行科学管理的重要性，而且要求学生能够熟练掌握信息资源管理的基本理论、方法与技能。因此，本课程是帮助信息管理类专门人才形成知识结构和能力结构的一个重要教学环节。

基于信息管理与信息系统专业的特定专业背景，许多学者对信息资源管理课程内容做了大量的研究，出版了许多有代表性的教材。这些教材的作者基本上分为两类：一类是过去从事情报学研究的学者；另一类是从事管理信息系统研究的学者。

本教材作者之一从 2003 年开始为本科生开设信息资源管理课程，并为研究生开设信息资源开发与管理课程，在多年的教学实践中发现，目前出版的《信息资源管理》教材大多为图书情报领域的专家所著，所涉及的内容也多偏向于情报理论，不太符合理工科院校偏重实用性的特点。

立足于长期从事信息资源管理的教学和科研工作所积累的实践经验，并吸取国内外同类教材的教学思想和教学内容，本书作者力求在内容体系和写作风格上有所突破，并具有自己的特色。

本教材以信息化建设为主线，全面、系统地介绍公共信息机构、政府、企业的信息资源开发与管理的理论、技术和应用以及信息资源管理的新发展。全书按信息资源不同表现形式分为 7 章，主要内容如下：

第 1 章是信息资源管理概述，介绍信息资源的概念、分类，信息资源管理的发展历程及内涵，信息资源管理的层次与内容及信息资源管理与信息化的关系。

第 2 章从数据信息资源开发利用角度，介绍数据仓库、数据集成、数据挖掘和商务智能等分析方法的概念、作用与新技术，以及数据仓库构建、数据挖掘应用实例和数据系统集成案例。

第 3 章是文献信息资源管理，介绍文献信息资源采集、检索、挖掘及服务等方面内容，以及近几年发展的开放存取资源、知识服务等内容和一个上机实验报告实例。

第 4 章是网络信息资源管理，介绍网络信息资源过滤、分析、挖掘等技术及新方法，阐述网络信息资源的综合管理手段。

第 5 章介绍政府信息资源采集、元数据、目录体系以及政府信息化建设等方面的内容。

第 6 章介绍企业信息资源管理的概念、内涵、模式和技术框架，阐述企业信息资源开发和利用、企业信息资源管理的制度安排以及企业信息化建设等方面的内容。

第 7 章介绍知识资源、智力资源及其管理等信息资源管理新的发展内涵，阐述知识管理系统、知识仓库、学习型组织等相关的概念、架构和发展。

本教材具有以下特点：

（1）突出先进性。本教材采用面向管理对象的组织方式，不仅分析了传统的信息资源管理的理论和方法，也介绍了数据仓库、商务智能、开放存取、Web2.0、知识管理与知识服务等信息资源管理新的发展内涵，介绍了这些新兴内容的相关概念和相关研究工作。

（2）突出实用性。本教材以作者自编的某港口信息化建设全过程（包括信息化战略规划、信息资源整合、信息资源开发利用、知识管理）案例为主线，揭示信息化建设中遇到的实际问题、解决方案和发展方向，从中培养学生分析问题和解决问题的能力。本教材以案例贯穿始终，书中各章均配有引导案例、讨论案例和案例讨论题，适用于全案例教学模式。

本教材各章执笔分工如下：第 1、第 2、第 4 和第 7 章由王宇撰写；第 3 章由刘凡儒撰写；第 5 和第 6 章由张承伟撰写。此外，钱永胜参加了第 4 章的资料整理，刘玮楠参与了第 4 章的编写。王宇对全书进行统稿，并提供了除第 3 章之外各章的案例。

由于编者水平有限，书中难免存在疏漏和不妥之处，敬请读者批评指正。

编　者

2012 年 4 月

目 录

第1章

信息资源管理概述

本章学习目标

- 理解信息资源的含义。
- 了解信息资源的类型。
- 了解信息资源管理的发展历程。
- 领会信息资源管理的内涵和内容。
- 了解信息资源管理的主要基础。

引导案例：小刘的坦然

墙上的挂钟已经指向了五点半，是下班的时候了！

"今天晚上有一个补习班"，北方保险公司信息部的技术员小刘自言自语，"那得早点下班呀！"

但当他习惯性地看了一下桌子上的日志，又犹豫了，上面记载着明天要制作业务报告，IT部门需要在上午9点前提交截止至前一个工作日的业务数据报表。

"这活儿明天也来得及！"小刘收拾好公文包，离开了办公室。

第二天要提交业务数据报表，先一天还能按时下班，这在一年前几乎不敢想象。"以前每到这个时候，全部门的人处于高度警备状态，可能一直要忙到深夜，甚至是通宵。"小刘回想起以前的工作，那种忙乱的场面依然历历在目。

作为一个数据密集型企业，北方对IT的依赖程度也日益加深，这时先前按部门、业务需求分布式建设IT系统的弊端便暴露出来了，公司内部形成了若干个信息孤岛，严重影响部门间的信息共享。

"以提交业务数据报表为例，我们需要逐个系统、逐个分公司地去人工整合数据，全部门的人都累得筋疲力尽不说，往往结果是当我们拿到数据时，市场形势已经时过境迁……"小刘描述起那时的情形时，依然心有余悸。

"缺少准确业务数据的支持，公司的每一步决策都如同博弈，你永远为如何出下一张牌而苦恼不堪！"小刘以一个比喻来描述那时的北方所遭受的信息孤岛之痛。

随着业务的推进，信息孤岛的危害逐渐引起了公司高层领导的重视，公司首席CIO曾就信息孤岛问题多次阐明自己的观点："为了在竞争激烈的市场中继续保持公司的业绩增长，我们需要找到一种途径，把所有的数据组织起来，使我们对客户和相关服务有一个清晰的认识。"

正是这种观点坚定了北方整合公司范围内的信息资产的决心。

自从公司实施信息资源整合以来，过去这种因提交报表而加班的日子便一去不复返。

"哪怕是到了最后一刻，我们也有充裕的时间去做这件事情，因为我们的数据随用随取，无论它位于公司的哪个角落。"显然，小刘对当前的状况非常满意。

20 世纪 90 年代以后，随着信息技术的迅猛发展及信息化建设的广泛开展，各个行业领域的信息量大幅度增加。信息不再仅仅是供决策者参考的消息，而是逐渐成为主导一个组织战略发展的重要依据。信息在当今高度发展的信息技术支持下，通过一系列的流通、加工、存储和转换过程作用于用户时，就可以为人类创造出更多、更好的物质财富和精神财富，成为人类社会重要的资源，即信息资源。

1.1 信息资源的含义及分类

我们生活在信息时代，我们的工作、学习、生活都被信息所包围，我们无时无刻不在产生信息、使用信息。"信息"一词对于我们来说并不陌生。但是，我们作为信息的使用者，是否真的考虑过信息是否是一种资源呢？

1.1.1 信息的含义

研究信息资源不能不涉及信息概念。"信息（Information）"一词对我们大家来说都不陌生，因为我们生活的世界中到处充满着信息。随着融合了计算机、通信和信息处理技术的电子信息技术的飞速发展，特别是随着计算机互联网络全面进入千家万户，信息已与物质、能量并列成为社会发展的三大资源之一。

信息在不同的国家和地区有其不同的称呼，如在日文中，Information 被译为"情报"；而在中国港台地区，Information 常被译为"资讯"。

那么信息是什么呢？

一则小故事：1975 年初春的一天，美国亚默尔肉食加工公司老板亚默尔正在收听广播，突然一则报道使他极为兴奋，墨西哥发现了疑似瘟疫的病例。他马上想到，如果墨西哥真的发生瘟疫，一定会从与之毗连的加州和得州边境传到美国来，而这两个州是美国肉食供应的主要基地，到时候肉食供应一定紧张，肉价一定上涨。当天他就派他的家庭医生亨利赶往墨西哥。几天后，亨利发回消息，证实该地确实发生了瘟疫，而且很严重。于是亚默尔立即集中全部资金，购买加州和得州的肉牛和生猪，并及时运到了美国东部。果然瘟疫很快传到了美国西部几个州，于是美国政府下令，严禁一切食品从这几个州外运，当然包括牧畜。结果国内肉类奇缺，价格暴涨。亚默尔借机将储备的猪牛肉高价抛向市场，结果亚默尔在短短几个月内净赚 900 万美元。

从这则小故事可以看到，信息可以是一条新闻、一段文字，也可以是一些有用的数据。

其实，信息是一个内涵丰富、外延广泛的概念，仅对它的定义就不下上百个。最早把信息作为科学对象来加以研究的是在通信领域。通信专家申农把信息定义为随机不确定性的减少，即信息是用来减少随机不确定性的东西。随着 Internet 的普及和利用，人们对信息的理解包括在网络上传输的一切数据、符号、信号、资料，是一个无所不包的庞大的集合体。本书采用美国信息管理专家霍顿（F.W.Horton）从信息管理的角度给信息下的定义：信息是按照用户决策的需要经过加工处理的数据。

这里的数据（data）是指客观事物记录下来的、可以鉴别的符号。一般来说，原始数据在没有经过分析加工以前，其意义不容易被看出和认识。为了得到有意义的、有用的信息，必须对其进行加工处理。因此，数据和信息的关系如同原料和成品的关系，数据是原材料，信息是制成品。

按加工深度可将信息分为一次信息（原始信息或数据）、二次信息（对原始信息加工处理后的信息）、三次信息（管理决策信息或知识）。原始信息是无序的、无规则的，无法进行存储、检索、传递和使用；二次信息是有序的、有规则的，易于存储、检索、传递和使用；三次信息是人类研究的结晶，是为管理决策服务的知识。我们进行信息管理的目的正是为管理决策服务。

信息的表现形式主要有 4 种，即数据、文本、声音和图像。这里的数据是指计算机能够生成和处理的所有事实、数字、文字和符号等；文本是指书写的语言，可以手写，也可以是印刷的；声音是指人们用耳朵听到的信息，包括说话的声音和音乐；而图像是指人们能用眼睛看到的信息，如影像、照片等。

信息是为使用者服务的，它的根本作用就是能够帮助人们降低决策过程中的不确定因素。而人类的任何活动都需要决策，及时获取决策活动中所必需的、完整的、可靠的信息是保证决策成功的前提。

1.1.2　信息资源的含义

说起资源（Resource），就一般意义而言，是指在自然界和人类社会生活中一种可以用来创造物质财富和精神财富，并且具有一定量积累的客观存在形式，如土地资源、矿产资源、森林资源、海洋资源、石油资源和人力资源等。资源一般可以分为经济资源和非经济资源两大类。我们所研究的主要是经济意义上的资源，它具有使用价值，可以经济活动的某种形式为人类开发利用。

有事物之间的相互联系和相互作用就有信息，在人类社会中一切活动都离不开信息。信息很早就存在于客观世界，不过人们首先认识了物质，在工业化以后认识了能量，后来才逐渐认识到，客观世界除了物质、能量以外，还存在着另一要素——信息。

信息是普遍存在的，但信息并非全是资源，只有满足一定条件的信息才能称为信息资源。作为资源的信息，也就是所谓"有用的信息"或"可以利用的信息"。换言之，信息资源也就是可以利用的信息的集合。

信息资源（Information Resource）归根到底是一种信息，或者说是信息的一个子集。同时，信息资源也是一种资源。信息成为资源的必要条件是信息的加工、处理和有序化活动。也就是说，只有经过信息管理，信息才能真正成为信息资源。

在今天，信息资源同物质资源、能量资源一起构成现代社会经济与技术发展的三大支柱性资源，并日益成为首要支柱。如果说物质向人类提供材料，能量向人类提供动力，那么信息向人类提供的便是知识和智慧。有人把这三者比作一个人的体质（材料）、体力（能量）和智力（信息），只有体质、体力和智力都发展的人才是一个真正健康的人。

信息资源从本质上讲是物质的一种属性，它不能脱离物质资源而独立存在，一旦被人们开发出来就只能反映特定时刻物质运动的状态和方式，同时还必须借助于其他物质形态（如人的大脑、纸张、电缆和计算机等）来保存和交流，最终信息资源只有用于使用、改变或改造它赖以生存的物质资源才能实现其价值。也就是说，信息资源只是相对独立于它赖以生存的物质资源，归根结底，信息资源与物质资源是统一的。

信息资源是信息开发和组织的产物，而信息是物质的属性，因此，信息资源开发实际上意味着对物质世界（包括物质和能量）的开发。信息资源开发属于脑力劳动或者说智力劳动，需要借助适当的工具，包括思维及其产出物——不断积累的信息资源和不断改进的信息工具。

随着信息经济和信息产业在最近几十年的迅速崛起，信息资源的开发与利用也日益受到人们的重视。目前对于信息资源有狭义的和广义的两种理解：

狭义的信息资源是信息内容本身所构成的信息有序化集合，认为信息资源是指人类社会经济活动中经过加工处理有序化并大量积累起来的有用信息的集合，如科技信息、政策法规信息、社会发展信息、市场信息和金融信息等，都是信息资源的重要构成要素。

广义的信息资源既包括信息内容本身，又包括有关提供信息的设施、设备、组织、人员和资金等，即信息资源及与它有关的各种资源的总和。一般来说，广义的信息资源应包括下述几个部分：

（1）信息及其载体；

（2）信息采集、传输、加工、存储的各类硬设备和软件；

（3）制造上述硬件和软件的关键设施；

（4）信息采集、传输、加工、存储、利用的各种方法、技术、标准、规范、规章制度、政策、法规；

（5）从事信息收集、传输、加工、存储与利用的技术与管理人员。

广义的信息资源不但包括了信息及其载体，而且反映了信息采集、传输、加工、存储、利用的能力和发展潜力，有助于全面把握信息资源的内涵。因此，一般情况下各教材讨论信息资源这一概念时均指广义的信息资源。

不过从狭义的角度出发，更有助于把握信息资源的核心和实质。因为信息资源之所以成为经济资源并备受人们的青睐，主要是因为其中所蕴涵的有用信息能够消除经济活动中的不确定性，帮助人们进行选择决策，减少经济活动中的其他物质资源和能源的消耗，降低成本和节省开支，而信息生产者、信息技术只不过是信息生产的必备条件而已。因此，本书主要侧重于介绍对狭义信息资源的开发与管理。

1.1.3　信息资源的特征

作为现代社会发展的三大支柱性资源之一，信息资源与物质资源同属经济资源的范畴，因而具有经济资源的一般经济学特征。

（1）作为生产要素的人类需求性。人类从事经济活动离不开必要的生产要素（即各种资源）。传统的物质经济活动主要依赖于物质原料、劳动工具、劳动力等物质资源和能源资源的投入，现代的信息经济活动则主要依赖于信息、信息技术、信息劳动力等信息资源的投入。人类之所以把信息资源当作一种生产要素来需求，主要是因为信息不仅本身就是一种重要的生产要素，可以取代（或部分取代）物质原料、信息资料等非信息投入要素，而且可以通过与这些非信息要素的相互作用使之增值。

（2）稀缺性。稀缺性是经济资源最基本的经济学特征，在既定的技术和资源条件下，物质资源和能源资源都是有限的、不能自由取用的，某人利用多了，其他人就只得少利用或不利用。如果一种资源具有生产有用性，但不稀缺，而是取之不尽、用之不竭，则不属于经济资源的范围。信息本身并不稀缺，信息的丰富是与物质世界的丰富同时并存的，但信息资源是稀缺的。这主要是因为在既定的时间、空间或其他约束条件下，某一特定的经济活动行为者因其人力、物力、财力等方面的限制，其信息资源拥有量总是有限的。经济活动行为者要获取信息就必须付出相应的代价。

（3）使用方向的可选择性。信息资源与经济活动相结合，使信息资源具有很强的渗透性，可以广泛地渗透到经济活动的方方面面。同一信息资源可以作用于不同的作用对象上，并产生不同的作用效果。经济活动行为者可以根据这些不同作用对象所产生的不同的作用效果对信息资源的使用方向进行选择，这就产生了信息资源的有效配置问题。

信息作为一种资源，与物质资源和能源资源相比，又有诸多的特殊性。正是这些特殊性使信息资源具有许多其他经济资源所无法替代的经济功能。

（1）可共享性。信息资源的可共享性是信息资源区别于物质资源的根本属性之一，物质资源具有排他性，特定的物质资源被一个人占有意味着另一个人无法再占有这一资源，而任何人占有某种信息资源不影响他人再占有这一资源。信息资源的可共享性为人类的共同进步提供了前提和条件。

（2）生产与使用中的不可分性。作为一种资源的信息在生产中是不可分的。信息生产者为一个用户生产一组信息与为许多用户生产同一组信息比较起来，两者所花费的努力（费用、难度等）几乎是一样的。以个人计算机的应用软件包为例，当其被开发出来后，生产一个拷贝与生产多个拷贝在工作量及费用上的差别是微不足道的。生产的主要费用是生成组成软件包时所需要的费用。从这种角度上说，作为一种资源的信息生产在理论上具有潜在的无限大的规模经济。使用中的信息资源也是不可分的。有时，即使信息在交换中是可分的，某一组信息的一部分也具有市场价值，但对于特定的目的而言，如果整个信息集合都是必需的、不能任意缺少的，则只有整个的信息集合都付诸使用，其使用价值才能得到最直接的发挥。

（3）驾驭性。即信息资源具有开发和驾驭其他资源的能力，不论是物质资源还是能源资源，其开发和利用都有赖于信息的支持。例如一台机器，若不具备开采方面的信息，它只能永远沉睡，而不能为人类所利用。一般来说，人类利用信息资源开发和驾驭其他资源的能力受科技发展和社会信息化程度的影响，科技越发展、社会信息化程度越高，人类利用信息资源开发和驾驭其他资源的能力越强。例如煤的利用，最初，当科技发展水平低、社会信息化程度低时，人类仅能掌握简单的燃烧技术，因而煤仅能通过燃烧而简单地用于煮饭、 烧水、做菜、取暖、照明等低级目的；今天，随着更高级的煤提炼技术的出现，煤资源获得了更加有效的开发和利用，其用途日趋广泛，如提炼各种高价值的化学制品等。这里，作为一种资源的信息起到了举足轻重的作用。

1.1.4 信息资源的类型

信息资源从本质上说是一种信息，是人通过一系列认知和创造过程之后以符号形式存储在一定载体（包括人的大脑）上可供利用的全部信息。

信息资源的内容十分广泛，根据自己对信息资源的不同认识和理解，可将信息资源划分为不同的类型。

（1）如果按信息资源的具体形态划分，可将其分为有形信息资源和无形信息资源。有形信息资源包括人、信息的存储介质、自然物质的生产与存储者、人工产品、信息设备设施、信息机构等。无形信息资源包括信息内容本身、信息技术软件、网络技术软件、信息系统管理软件以及信息系统或者信息机构的运行机制等。

（2）如果按信息资源的加工程度划分，则可将其分为一次信息资源、二次信息资源和三次信息资源。一次信息资源指未经过加工的原始信息资源，例如从各方面收集过来的对研究某个问题有用的资料，但这些资料中存在许多冗余信息。二次信息资源是在一次信息资源基础上加工整理出来的信息资源，例如一篇文章的文摘、索引和目录等。三次信息资源是在二次信息资源基础上研究分析出来的信息资源。

（3）如果以开发程度为依据，则可将信息资源划分为潜在的信息资源与现实的信息资源。潜在的信息资源是指个人在认知和创造过程中储存在大脑中的信息资源，它们虽能为个人所利用，但却易于消失，且无法为他人直接利用。智力型信息资源是一种潜在的信息资源，包括人们掌握的诀窍、技能和经验，又称为隐性知识（Tacit Knowledge），它难以记录和保存，甚至无法言传。现实的信息资源则是指潜在信息资源经个人表述之后能够为他人所利用的信息资源，它们最主要的特征是具有社会性，通过特定的符号表述和传递，可以在特定的社会条件下广泛地连续往复地为人类所利用。现实的信息资源又可进一步划分为记录型信息资源、实物型信息资源和零次信息资源。记录型信息资源是信息资源存在的基本形式，也是信息资源的主体，它包括由传统介质和各种现代介质记录和存储的知识信息，如图书、期刊、数据库和网络等。信息资源的开发与管理主要是针对这类信息资源而言的。实物型信息资源是由实物本身来存储和表现的知识信息，如某种样品、样机，它本身就代表一种技术信息。零次信息资源是指各种渠道中由人口头传播的信息。

（4）若按信息资源的运营机制和政策机制不同，可将其划分为政府信息资源、商业性信息资源和公益性信息资源。

信息资源还可以进一步划分为多种类型，但无论哪种信息资源都是对物质运动状态和方式的反映，所不同的是反映的真实度、深度、纯度及其表现形式而已。

本书将前面的（3）和（4）两种划分合并和删减，称为面向管理对象划分，即将信息资源划分为数据信息资源、文献信息资源、网络信息资源、政府信息资源、企业信息资源及智力型信息资源等。为了叙述方便，后面就按这种类型进行分类，这也是本书的一个特色所在。

1.2　信息资源管理的发展历程与内涵

信息资源管理（Information Resource Management，IRM）是整个信息管理活动的一个阶段。信息管理（Information Management）属于人类管理活动的一部分，自有人类以来就有管理活动，但形成管理科学是 20 世纪初期的事情。信息渗透在人类社会的一切活动之中，信息管理本应是人类最基础的管理活动，但由于人们对信息的作用有一个认识的过程，致使信息管理成为一个独立的管理领域还是最近几十年的事情。

1.2.1　信息资源管理的发展历程

虽然将信息管理作为一个独立的管理领域时间不长，但信息管理与人类的管理活动一样，有着悠久的历史。"结绳记事"就是在文字未产生前对信息存储和管理的一种原始形式。现代信息资源管理是在经济和科学技术高度发展的条件下，对文献、知识和信息管

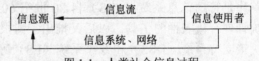

图 1-1　人类社会信息过程

理的延伸和扩展。依据人类社会信息过程（如图 1-1 所示），并按照管理的侧重点不同可以把信息管理活动的发展分为下面 4 个阶段，即手工管理阶段、技术管理阶段、资源管理阶段和知识管理阶段。

1. 手工管理阶段（古代至 20 世纪 40 年代）

这一阶段以信息源管理为核心，以图书馆文献管理为标志。人类的信息管理活动是从图书馆对文献的管理开始的。古代图书馆以收集和保存图书为主要目的，其管理者大多具有渊博的知识，他们凭借个人的知识与经验，采用手工方式对图书进行收集、整理和保存。到了近代，历史的发展和社会的需求使图书馆从封闭的藏书楼转向社会公众开放。重视对读者的服务工作，加强图书在社会上的传播与利用，这便是人类历史上第一种信息管理模式。

2. 技术管理阶段（20 世纪 50 年代至 70 年代末）

由于现代技术特别是计算机技术和现代通信技术在信息管理中的应用，信息管理的手段发生了巨大的变化，使信息管理进入一个新的历史阶段。由于这个阶段技术起到主导作用，我们称之为技术管理阶段，这一阶段以信息流的控制为核心，以计算机为工具，以自动化信息处理和信息系统建设为主要工作内容。在这一阶段产生了三种信息管理模式。

1）数据处理

国际标准化组织第 97 技术委员会（ISO—TC97）对数据处理所下的定义是："数据处理是对数据进行系统性的操作，如加工、合并、分类和计算。"可见，数据处理是以数据为对象，并使数据规则化。一般来说，数据处理要解决大量数据的存储、组织和取出等问题，其范围主要不是在图书馆等文献管理部门，而与商业管理、企业管理、行政管理等领域有着密切的关系，主要应用在诸如账目管理、库存管理、事务管理、报表统计和销售分析等方面，重点集中在组织内部的事务处理和业务执行上。

数据处理最重要的成果之一是诞生了数据库，数据库是在计算机系统中合理存放相关数据的集合。在信息和知识以数据库形式出现后，才能形成一定的规模，才能更好地显示其价值。而且，在信息商品化和产业化的过程中，数据库建设是基础性的关键工作。

这种模式管理的对象局限于数据，其基本模板是使数据有序，并处于操作和运行层次，技术在信息管理中开始发挥作用。

2）系统管理

系统管理是指以信息系统作为信息管理的主要手段和内容，这里所说的信息系统是指以计算机为基础的现代信息系统。信息管理的系统管理模式是在数据处理发展的基础上产生的。由于单项的事务处理已不能适应社会的进步和生产力发展的需要，系统理论的传播使人们的管理思想和观念发生变化，孕育出系统管理的思潮，而信息技术的进步为信息管理提供了新的工具和途径。在这种背景下，信息管理的系统管理模式应运而生。首先是管理信息系统（MIS）自 20 世纪 60 年代以来在不同领域大量应用，成为信息系统管理有代表性的工具。以后又推出了情报检索系统（IRS）、办公自动化系统（OAS）、决策支持系统（DSS）和专家系统（ES）等，形成了以信息系统来实施信息管理的强劲势头。

但随着各类信息系统越建越多，越建越复杂，信息系统在管理上出现了一些难以解决的问题，例如过于依赖技术，忽视了人和社会的因素；缺乏系统间信息共享与沟通、缺乏弹性等。

系统管理模式属于信息管理的中观层次，在这种模式中，信息管理的对象是信息系统，从信息系统的角度解决社会对信息的需求问题，管理手段中技术因素占主导地位。

3）网络管理

信息技术在信息管理中的应用及其革命性的进步使得技术管理方式本身发生了重大变革。在日益发达的计算机网络技术和通信技术的支持下，原来各自独立的信息系统开始连成一体，形成巨大的交互式信息网络。信息资源的网络管理开始取代系统管理而成为信息管理技术路线发展的主要趋向。

网络管理就是运用网络技术和网络工程的思想和方法，把分散的信息系统联结成为网络，以期通过网络巨大的辐射力和扩张性能最大限度地开发和共享信息资源，提高信息管理的效率和效益。网络管理是社会发展的产物，也是信息管理思想、方式演进与更新的结果。

网络管理作为一种全新的信息管理模式，是技术阶段信息管理的高级阶段，它不是从局部的范围和微观层次实施对信息的管理，而是从整体和宏观的角度解决社会对信息的需求。

3. 资源管理阶段（20 世纪 80 年代至今）

这一阶段是在手工管理和技术管理的基础上发展起来的，相对于前两个阶段，特别是与技术管理相比较，人们提出了信息管理的新模式——信息资源管理。

这一阶段的主要特征是把信息及涉及信息活动的各种要素都被作为信息资源的要素而纳入管理的范畴，是一种综合性、全方位的集成管理。这一阶段较之前两阶段有如下显著特点：

（1）突出从经济角度进行信息管理，将技术因素和人文因素结合考虑实行综合管理。

（2）在战略和规划的高层次上强化信息管理。这一阶段的管理强调利用行政的、法律的、经济的手段，从微观和宏观结合上协调社会信息化过程中的各种矛盾、冲突和利益关系，妥善处理信息管理中人与物的复合关系。信息资源管理还从经济学资源配置和管理中高层战略需求的角度对信息资源的经济性质进行全面考察，在时间、空间和数量上对其优化配置，使其效益达到最大化。

4. 知识管理阶段（进入 21 世纪后至今）

随着技术的进步、人类信息管理需求的进一步提高和经济形态由信息经济向知识经济过渡，信息资源管理的缺陷便日益暴露出来，主要包括：

（1）信息资源管理仅仅关注显性知识的管理，而没有意识到另一种十分重要的知识——隐性知识。

（2）信息资源管理仅仅关注将信息提供给用户，而对用户获取信息的根本原因——寻找针对某一问题的更佳决策或更有效方法重视不够，因此限制了信息效用的发挥。

（3）信息资源管理仅仅关注在适当的时候、以适当的方式、向适当的人提供适当的信息，将信息简单地视为组织内部的一种免费供应品，将信息资源管理部门变成一种第二信息部门，未能以资产管理的目光来看待信息资源。

正是基于对信息资源管理缺陷的深刻认识和体验，人们呼唤一种更为高级的信息管理理论与方法，所以知识管理便应运而生。

知识管理（Knowledge Management）始于 20 世纪 90 年代，是信息管理发展的高级阶段，此阶段知识本身被视为企业最重要的战略资源，知识管理成为企业管理哲学的重要组成部分。

知识管理以知识为核心，强调对隐性知识的管理，本书第 7 章将介绍这部分内容。

1.2.2　信息资源管理的内涵

1979 年，美国学者迪博尔德（J.Diebold）以信息资源管理为题发表论文《IRM：The New Challenge》。从那时起，"信息资源管理"这一术语一直得到国内外学者们的广泛关注，他们试图从理论上对信息资源管理的内涵和外延进行界定，但至今尚未形成一个完全一致的定义或观点。在这里列举几种有代表性的观点。

美国学者霍顿（F.W.Horton）认为，信息资源管理是对一个机构的信息内容及其支持工具的管理，是对信息资源实施规划、组织、预算、决算、审计和评估的过程。他强调信息资源管理属于资源管理，是把资源管理的概念拓展应用于数据、信息和知识的管理上的结果。

美国学者怀特（M.S.White）认为，IRM 就是充分而有效地确定、获取、综合和利用各种信息资源，以满足当前和未来的信息需求的过程。

美国学者伍德（C.Wood）认为，IRM 是信息管理中几种有效方法的综合，它将一般管理、资源控制、计算机系统管理、图书馆管理以及多种政策制定和规划方法结合起来加以运用。他认为尽管 IRM 还不是一种万能的药方，也还没有发展到完善的地步，但它是信息管理演变的新阶段。

英国学者马丁（W.J.Martin）认为，信息管理与信息资源管理没有区别，信息管理是与信息相关的计划、预算、组织、指挥、训练和控制过程，它是围绕信息本身以及相关资源如人力、设备、资金和技术等展开的。

德国学者施特勒特曼（K.A.Stroetmann）认为，信息管理是对信息资源与相关信息过程进行规划、组织和控制的理论，信息资源包括信息内容、信息系统和信息基础结构三部分，信息过程则包括信息产品的生产过程和信息服务的提供过程。

我国学者卢泰宏认为，信息资源管理是一种集约化管理，包括管理对象、管理手段和方式的集约化。

我国学者孟广均认为，信息资源管理的主体是一种人类管理活动，是为了确保信息资源的有效利用，以现代信息技术为手段，对信息资源实施计划、预算、组织、指挥、控制、协调的一种人类管理活动。

对信息资源管理的理解还有许多观点。虽然理解有所不同，但人们一般认为：信息资源管理是人类在漫长的发展历程中，在社会经济高度发展和信息成为重要的社会发展资源背景下发展起来的信息管理思想和管理模式。

信息资源管理作为一种思想源远流长，但形成信息资源管理理论或科学却直到 20 世纪 80 年代才成型，这种时间上的落差主要源于以下两方面的原因：

一方面，信息资源是一种无形的资源，开发和利用信息资源需要更多、更高和更严格的条件，例如社会的民主化进程、科学和高等教育的普及、信息技术的发展等，只有等这些条件形成和具备之后，信息资源管理才能从一种思想演变为一种理论或科学。

另一方面，信息资源管理总是与具体的物的管理、人的管理和组织的管理纠缠在一起，在人类进化的大部分时间里，信息资源管理所扮演的角色都处于从属地位，只有等人类社会发展到物质财富相对丰富、信息资源成为战略资源的时代，信息资源管理才能从具体的物的管理、人的管理和组织的管理中脱颖而出，成为管理的主流理论之一。

进一步分析，信息资源管理理论或科学形成的主要前提包括：

（1）信息资源积累由量变阶段进入质变阶段，从而引发信息革命，改变了社会发展的方式和动力。

（2）信息技术特别是以计算机技术为核心的现代信息技术的出现为信息资源的开发和利用提供了强大的工具，带来了社会的革命性变化。

（3）教育、大众媒介和知识传播的普及使多数人具备了信息资源开发和利用所需要的基本知识和技能，同时也催生和激化了他们的信息资源需求。

（4）管理理论和管理科学的发展为信息资源管理提供了理论基础，为信息资源管理理论的形成提供了土壤。

在管理科学中，人、财、物等资源需要管理，对这些资源管理的主要目的是合理地配置和有效地控制，以满足和实现本单位的目标和任务。信息资源同其他资源相似，也有其共同的规律，也需要进行管理，以便使信息成为真正的资源，使信息资源得以最充分地开发和利用。它的任务就是采用全新的思想，以最有效的模式管理一个组织的信息资源，以满足组织的信息需求，支持组织正确地进行管理和决策。

信息资源管理的核心是信息资源的开发和利用问题，而信息资源的开发和利用过程又自然构成了信息资源的生命周期，这个生命周期是与人类认识世界和改造世界的过程相吻合的，这也是信息资源管理思想的灵魂。纵观人类的发展史，信息资源管理思想渗透在人类生产和生活的方方面面，贯穿人类生存和发展的每个阶段。

需要注意的是，有时人们对"信息管理"和"信息资源管理"未加以明确和严格的区分，存在一定程度的混用状态。在英国等欧洲国家，信息资源管理等同于信息管理，但在我国，这两个概念并非完全相同。信息管理以"社会信息"为逻辑起点，信息资源管理以"信息资源"为逻辑起点，两者的侧重点不同。此外，信息管理的概念比信息资源管理的概念要广，其实质在于"管理过程"；而信息资源管理的概念比信息管理的概念深，是从管理技术和管理方法角度对这一管理过程的微观描述。

1.3　信息资源管理的层次与内容

信息资源管理是一个内容广泛的概念，它作为一种普遍的人类活动，其本身可以划分为三个层面的管理，即微观管理、中观管理和宏观管理。

微观层面上的信息资源管理是对信息本身或信息内容的管理，即对信息从产生到最终被使用整个过程中的管理。作为过程，它是由若干相关并有序的环节组成的，这些环节包括信息需求分析、寻找确定信息源、信息组织、信息检索、信息分析、信息需求的满足等。对这些环节实施管理是信息资源管理面临的首要问题。依据信息资源的界定，这个层面的管理很显然是狭义信息资源的管理。

信息资源管理是一种系统管理，以信息系统作为信息资源管理的主要手段和内容。按照系统论的观点，整体大于部分之和，信息资源诸要素中的任何一个要素都不可能单独发挥作用，而必须按一定的原则组合为一个系统才能实现其价值。信息系统是针对特定用户群的信息需求建立起来的能够采集、组织、存储、检索、分析综合与传递信息资源的计算机应用系统。信息系统管理（Information Systems Management）是指以信息系统作为信息资源管理的主要手段和内容。很显然，信息系统只是信息资源管理的一部分，它所代表的只是人类信息管理事业在技术方面的特征，强调的是信息资源的技术管理。但信息系统却是开发和利用信息资源的最有效手段之一，也是实现信息资源管理的主要表现形式。我们在日常生活和工作中经常谈到的"信息资源开发"一词其实多是指建立一套计算机信息系统，实现对信息资源的自动化管理。信息系统管理主要包括计算机信息系统（即信息处理器）的开发管理、运行管理、审计与评价等。

由于单个信息系统的输入、存储和输出能力总是有限的，而用户的信息需求却总是全面的和近乎无限的，因此单个信息系统必须同其他信息系统进行协调与合作。这已超出了系统管理的范围，于是一种新的管理模式——网络管理应运而生。信息网络是以资源共享为目的的多机系统，它将若干地理位置不同并且具有独立功能的计算机信息系统和其他外围设备通过通信线路和设备连接起来，在网络操作系统的作用下实现各种网络资源的共享和管理。信息网络的出现改变了长达数千年的信息资源分散管理的格局，从而使资源共享不再是一种理想。进入 20 世纪 90 年代以后，Internet 迅速向全球蔓延，信息网络成为信息资源存储和传输的主要场所，它不仅给人类带来新的资源、新的财富和新的生产力，而且也是衡量一个国家综合国力和国际竞争力的主要标志。但在 Internet 的快速发展和普及给人类和社会带来大量信息资源的同时，也带来了信息混乱、信息污染、信息犯罪、信息开发和利用效率低等问题。因此，必须对网络信息资源进行综合的开发与管理，以实现信息资源效用最大化。

宏观层次上的信息资源管理是指对社会信息事业及其环境因素所进行的综合性规划、协调和指导，以推动信息行业（包括信息产业、信息服务业等）和信息经济的发展，最终实现社会信息化的战略目标。从宏观的角度考虑，无论是协调信息资源管理活动与其他社会活动的关系，还是对所有信息资源管理活动实施集中统一的管理，都需要国家有关部门统一规划和组织落实。一般而言，宏观层面的信息资源管理活动包括以下几方面的内容：一是通过信息政策和信息法律对信息的生产、交换、分配和消费实施宏观调控和规范；二是通过培育和完善信息市场来加速信息商品化和信息生产的社会化，从而发展信息生产力；三是通过建立集中统一的管理组织来协调信息资源管理行业内部和信息资源管理行业与其他行业的关系，为信息资源管理的发展提供组织保证；四是通过基础设施建设和强化信息教育等途径来支持信息资源管理行业的发展。

信息资源管理作为一种完整的体系，本身是三者的统一体，其中内容管理是内核，系统管理和网络管理是主体，宏观政策管理是保障。

人类生产和生活的每个方面和每个层次都涉及信息资源管理问题。就人类生产和生活的方方面面而言，信息资源管理可以粗略地划分为政府信息资源管理、企业信息资源管理和社会信息资源管理三个大的领域，其中政府信息资源管理主要解决信息资源配置、行政效率和社会控制等问题，企业信息资源管理主要解决信息资源投入、信息资源与企业业务的调配、信息资源与决策效率、信息资源与企业的可持续发展等问题，社会信息资源管理主要解决信息资源的市场化、信息资源的产业化、信息资源的社会服务、社会成员的信息资源公平等问题，以及信息资源的产权问题等。就现代信息资源管理理论的发展而言，政府信息资源管理和企业信息资源管理是两个主要的源头。

就人类生产和生活的层次而言，信息资源管理可以分为人类个体层面的信息资源管理、社会组织层面的信息资源管理、行业或区域层面的信息资源管理、国家层面的信息资源管理。人类个体层面的信息资源管理主要包括个人和家庭层面的信息资源管理，该层面的信息资源管理主要是为个人和家庭的谋生和发展而服务的，管理方式、管理手段、信息资源结构和规模等多种多样、因人而异；社会组织（具有法人资格的正式组织）层面的信息资源管理主要是为社会组织的生存和发展服务的，规模较大的社会组织一般都设有专门的信息资源管理组织，都有正式或非正式的信息资源管理方面的预算，都有较明确的信息资源管理目标，该层面的信息资源管理是人类信息资源管理的核心；行业或区域层面的信息资源管理也可以简称为社会网络信息资源管理，该层面管理超越具体的社会组织的范围，是若干个社会组织为了共享信息资源或提高信息资源的投入产出比而建立的信息资源管理联盟，主要包括行业信息资源管理和区域信息资源管理两大类型；国家层面的信息资源管理属于宏观信息资源管理，主要解决全社会信息资源管理需要的基础设施建设、政策法律约束、战略规划等重大问题。

以上就信息资源管理活动的层次和性质简略地介绍了信息资源管理包含的内容。如果就其应用领域而言，可将其划分为企业、商业、政府和公共等信息资源管理。

国内外的研究结果表明，政府不仅有效地促进和保护了工商企业及其他社会组织的信息资源开发与管理活动，而且其自身就是信息资源开发与管理活动的亲身实践者和受益者。现代信息资源管理概念及相关理论最早就是政府为解决其内部记录爆炸式增长，以及由此带来的记录利用效率低和政府决策效率低问题而提出来的。进入 20 世纪 90 年代以后，随着以 Internet 为基础的全球信息高速公路建设的全面展开，政府信息资源开发与管理进入了新的发展阶段，出现了电子政府和电子政务、政府信息化、政府信息资源整合等新理念和新技术。

企业是人类经济活动中最活跃的基本单位，对信息技术和信息资源的需求超越了任何组织。企业信息资源管理属于微观层次的信息资源管理范畴，是指企业为达到预定的目标，运用现代的管理方法和手段对与企业相关的信息资源和信息活动进行组织、规划、协调和控制，以实现对企业信息资源的合理开发和有效利用。企业是以利润最大化为目标的经济组织，这就决定了企业信息资源管理有别于政府部门、学术机构等非营利组织的信息资源管理，更具有特殊性和复杂性，同时也使得企业信息资源管理成为整个信息资源管理的重要研究领域。企业信息资源的开发与管理极大地推动了企业信息化乃至人类社会信息化的进程。

1.4　信息资源管理的管理与技术基础

信息资源管理的管理基础主要来自于管理科学和组织行为学，而技术基础主要来源于信息技术和信息化。

1.4.1　信息资源管理的管理基础

1. 管理科学的主要理论

信息资源管理源于管理领域，它从诞生之日起就大量吸取了管理科学的理论和方法来充实自己。因此有人将信息资源管理看作是管理科学的一种分支理论或者发展方向。

管理科学通常有广义和狭义两种理解。广义管理科学是指有关管理的科学，包括古往今来的所有管理理论（如科学管理理论、管理科学理论、系统管理理论和人际关系学说等）。狭义管理科学仅指西方管理科学中的数量学派，它几乎是运筹学的同义词。

由于管理理论和实践的发展，作为组织资源之一的信息资源日益成为影响组织管理效果和效率的重要因素。因此，如何更加合理地管理和利用信息资源，使其发挥更大的作用就成为管理学研究的新领域，由此促进了信息资源管理学科的形成和发展。

古今中外的管理科学理论极其丰富，下面主要介绍作为信息资源管理理论先导的重要管理科学流派及其管理思想。如果没有特殊说明，这里所指的管理科学均指广义管理科学，通常将其进一步细分为古典管理理论、行为科学理论和现代管理理论三个发展阶段。

1）古典管理理论

古典管理理论阶段是管理理论的最初形成阶段，其奠基人有：

- 科学管理之父 F.W.Taylor；
- 管理理论之父 H.Fayol；
- 组织理论之父 Max Weber。

这一阶段的研究侧重于从管理职能、组织方式等方面研究效率问题，对人的心理因素考虑很少或根本不去考虑。

2）行为科学理论

行为科学理论阶段重视研究人的心理、行为等对高效率地实现组织目标（效果）的影响作用。这一时期具有代表性的理论主要包括需求层次理论、双因素理论、激励需求理论、X理论—Y理论和全面质量管理理论。

3）现代管理理论

现代管理理论是在传统组织理论和行为组织理论的基础上，注重组织的系统性和开放性，认识到组织环境对组织结构和管理的影响，强调信息资源、信息技术以及知识对组织管理的重要性，将组织理论提高到一个新的高度。

2. 信息资源的组织管理

"组织"这一概念既是动词又是名词。作为动词，是指组织工作，即对由人组成的集体中各个成员的角色安排、任务分派；作为名词，是指由两个或两个以上的人为了一个共同目的自觉地协调其行动的系统。企业作为以利润最大化为目标的经济组织，在信息管理的组织结构方面更具有特殊性和复杂性，并成为整个信息管理的重要研究领域。

20世纪90年代以前，大多数组织采用传统的层次结构。层次结构由于受管理幅度限制，致使层次不断加多，带来的结果是最高层进行标准化和行动控制越来越困难。20世纪90年代以后，许多人感到旧的组织架构已不能适应企业的需要，于是出现了组织大变革。20世纪90年代的网络革命、C/S结构使分布式处理和分布式智能成为可能，也使公司可能去建造信息时代的组织。

这个组织是一种具有灵活性、创造性的学习型、协作型组织。那么，何为学习型组织？学习型组织是指能够有效地进行集体学习，不断改善自身收集、管理与运用知识的能力，以获得成功的一种组织。学习型组织具有以下特征：

（1）强调学习。在激烈的市场竞争和经济浪潮中，适应能力强。

（2）鼓励创新。创新是信息时代企业适应市场的主要措施，企业只有不断创新才能在竞争中立于不败之地。

（3）组织结构扁平化。信息时代由于管理工具和方式的改进，组织中减少了管理的层次，而强调管理的幅度，强调自我管理。

（4）信息时代中信息技术是推动企业提高劳动生产率的关键，因此当代企业的高层领导都必须意识到信息技术对于企业生存和发展的重要作用。

（5）人始终是整个管理过程中的主题，尊重个人、强调个人和企业的共同成长，这样既能满足个人的目标与追求，又能实现企业的快速发展。

学习型组织的核心就是不断学习。通观当今学习型组织的特征，可以发现学习有两种基本类型：一是单向学习，即以一个我们坚信正确的基本认知框架为前提，去获取解决一个比较小的问题的诀窍；二是双向学习，即超越现有的认知框架，创立新的认知体系。《第五项修炼》的作者彼得·圣吉认为，学习型组织作为企业竞争优势的源泉，具有能动地创造学习和被动地适应学习这两种能力。他认为，有志于使企业建设成学习型组织的管理者应该做5件事情，即所谓的5项修炼：运用系统思考、努力自我超越、挑战心智模式、建立共同远景、促进团队学习。

总之，信息时代的组织具有以下特性：

（1）组织结构：管理的宽幅在不断地增加，而管理的层次在不断地缩减，即所谓的扁平式管理。

（2）权利与决策：企业管理中，各部门、各机构之间用分享的权利与决策代替了定义清楚的权限。

（3）运行过程：企业加快了集成的、顺畅的、同步的产品和服务运送过程；高效率、灵活地运行。

（4）管理过程：高效率、灵活地管理。

3. 信息资源的人员管理

21 世纪在向人类展现出迷人前景的同时，又向人类提出了非常严峻的挑战。这是一个高度合作又高度竞争的时代。这种竞争主要是科学技术的竞争和人才的竞争。谁能拥有具有高度竞争能力的一大批人才，谁就能掌握竞争的主动权。为此，世界各国都在加紧和加快人力资源的教育、培养、存储和开发。

许多企业的总裁都说："人是我们所有资源中最宝贵的资源。"人的因素决定一个企业的成败。大多数企业认为能否有效地管理人力资源是他们所面临的最为艰巨的挑战。近些年来，所有的组织都在 IT 化，以计算机、通信技术来武装自己，改变工作流程，协调与客户的关系，提高自己的竞争能力。

人力资源管理就是有效地发挥企业中的每位员工参与企业运作的过程。而对 IT 人员管理的对象主要可以分为三类：信息技术人员、信息管理人员和信息管理辅助人员。信息技术人员包括系统分析员、系统设计员、应用程序员、维护程序员、程序库管理员、系统程序员、数据通信专家和数据库管理员等，其主要职责是保证企业 Intranet 及构建于其上的企业信息资源管理技术装备的建立和正常运转。信息管理人员包括用户需求分析员、信息资源调查员、信息资源管理系统效果评测员、信息资源管理系统与企业内外各有关方面关系协调员、信息资源安全保护及增殖管理员等，其主要职责是在一定的环境中，利用各种信息技术与信息资源更好地支持企业的各项活动，促进企业所拥有的各类信息资源的增殖。信息管理辅助人员包括法律专家、经济分析评估员、社会心理专家和公共关系专家等，其主要职责是协助信息管理人员更好地实施各项信息资源管理工作和活动。

在企业 IT 管理工作中，最关键的人物是 CIO，只有在 CIO 的领导下，企业的 IT 管理工作才能顺利地展开。CIO（Chief Information Officers）常译为首席信息官或信息主管，是自 20 世纪 80 年代以来在以美国为代表的西方国家中的一些大型企业里设置的一个引人注目的高层职位。

团队管理和沟通管理是 IT 人员管理中的两个重要环节：

（1）IT 团队管理。团队是一组成员为实现一个共同的目标而协调地工作。企业团队工作是否有成效会直接影响管理过程的成败，尽管需要计划以及 CIO 的工作技能，但团队管理成功与否才是企业成功的关键。团队管理的过程也就是团队建设的过程，IT 团队建设既包括促进作为团队的成员为工作多做贡献，也包括提高团队作为一个整体发挥作用的能力。个体的培养是团队建设的基础，团队的建设是实现工作目标的关键内容。团队建设是一个特殊进行的过程，它是 CIO 和团队每位成员的共同职责。

建设一个团队需要完成的工作包括定义团队成员的责任和权限、制定管理章程、招募团队成员、管理团队接口界面和相互关系等。

（2）沟通管理。在人员管理中，沟通是不可忽视的。信息主管重要的工作之一就是沟通，通常企业管理需要花费较多的时间用于上下级之间、员工之间的沟通。良好的交流才能获取足够的信息，发现潜在的问题。企业管理需要有效的沟通以确保我们在适当的时间以低价的方式使正确的信息被合适的人所获得。

沟通是信息交换的过程，信息通过一般的符号、标志或者行为系统在个人之间交换。沟通管理就是确定利益相关者的信息交流和沟通的需求，确定谁需要信息，需要什么信息，何时需要，以及如何将信息分发给他们。

4. 信息资源管理的文化建设

信息资源管理理念也可以理解为一种信息文化。信息文化的核心就是指信息价值观和信息规范。

所谓信息价值观是指组织上下对信息、信息资源、知识及其价值和重要性的认知，其实质是确立信息资源观念，肯定信息的价值，尊重信息工作者，切实发挥信息在组织运行、管理和发展过程中的特殊作用，如"知识就是力量"、"信息就是时间"、"信息就是金钱"等理念实质上就是信息价值观。一个组织所信奉的价值观通常决定着它的实际行动，反之，一个组织的行为也可以证实它实际信奉的价值观。信奉"信息价值观"不是喊口号，而要看行动。具体地讲，可以从三个方面衡量一个组织的"信息价值观"：

（1）信息在组织中的地位。信息投资及其在组织预算中所占的比重就是衡量一个组织中"信息价值观"的一个客观标准。

（2）信息工作者特别是知识工作者在组织中的地位。组织信息工作者相对于其他工作者的工资待遇是衡量一个组织中"信息价值观"的又一个标准。

（3）组织文化中的信息文化成分及其分量。通常组织中流传的故事、日常惯例和仪式、标识、权力结构等都有助于识别一个组织的信息价值观。

所谓信息规范是指组织在运行和发展过程中形成的用以控制、调整、干预组织信息行为的各种手段，主要包括信息法律、信息政策、信息标准和信息制度等。信息法律通常是由政府立法部门制定的，如《著作权法》、《专利法》、《商标法》和《计算机软件保护条例》等，组织借以调整和约束组织内部的信息行为和保护组织的合法权益。信息政策和信息标准包括外部和内部两部分，外部信息政策和信息标准来源于国际组织、国家和地方政府、行业组织等不同类型和级别的部门，内部信息政策和信息标准主要是外部信息政策和信息标准的具体化。信息制度则主要是组织制定的确保组织信息管理和信息工作正常和高效运行的规范体系，这是组织内部信息规范的主体形式。

信息价值观和信息规范本身也是组织在长期的发展过程中所积累的资源，这种资源必须内化为组织管理者和员工的理想、目标、信仰、习惯和自觉的行为方式，才能充分地实现其价值。而为了促进信息文化的内化，组织必须为所有管理者和员工提供学习的机会和创造学习的环境，必须实施全员信息教育，真正使信息文化深入人心、流传久远。

培育组织信息文化主要有两种途径：一种是潜移默化，通过引进信息技术、增强组织的信息资源管理功能、鼓励创新、设计组织形象以及组织领导层的引导垂范等方式，逐步树立新的信息价值观和建立新的信息规范体系；另一种是宣传教育，通过宣传信息知识和理论以及组织信息资源管理、信息技术、信息技能、信息经济（包括知识经济）等方面的培训和教育活动，强化全体员工的信息意识，加速组织信息化的进程，全面建设新型的信息文化。需要指出，无论采用哪种途径，都不能把建设组织信息文化等同于建设组织的信息中心，不能把组织的信息资源建设与开发仅仅看作是组织信息人员的任务，借用管理学中的"木桶原理"，可以这么说，组织信息文化的功效将取决于木桶最短的那块木板——信息文化没有渗入的地方将会阻滞信息文化的进一步发展。

信息资源管理理念是信息资源管理实践的升华，是组织信息文化的产物，是信息资源管理思想的具体表现形式。培育和提倡信息资源管理理念有利于培养组织员工的创新思维和学习意识，有利于造就学习型组织，有利于组织的长治久安和可持续发展。

1.4.2　信息资源管理的技术基础及管理

无论是基于信息资源生命周期的信息资源识别、提取、加工和利用过程，还是基于信息资源管理的需求分析、信源分析、信息采集与转换、信息组织、信息存储、信息检索、信息开发和信息传递过程，都需要相应的信息技术或信息方法来实现。

信息技术（Information Technology）作为信息资源管理的技术基础，笼统地说是能够延长或扩展人的信息能力的手段和方法。但这里更愿意将信息技术的内涵限定在下面定义的范围内，即信息技术是指在计算机和通信技术支持下用以获取、加工、存储、变换、显示和传输文字、数值、图像、视频、音频以及语音信息，并且包括提供设备和信息服务两大方面的方法与设备的总称。

由于在信息技术中信息的传递是通过现代的通信技术来完成的，处理信息是通过各种类型的计算机（智能工具）来完成的，而信息要为人类所利用，必须可以控制，因此也有人认为信息技术简单地说就是 3C，即 Computer（计算机）、Communication（通信）和 Control（控制），也就是 IT = Computer + Communication + Control。这个表述给出了信息技术最主要的技术特征。

1. IT 管理的概念

IT 管理即信息技术管理，它是企业的信息及信息系统的运营，确定 IT 目标以及实现此目标所采取的行动。IT 管理包括 IT 如何影响企业战略，如何建好企业信息处理平台，IT 组织在企业的定位，IT 对企业信息管理等内容。

（1）IT 对企业的战略性影响。IT 在不同方面影响了不同的行业以及其中的企业。例如，行业都经历了重大的组织战略变革——战略赖以执行的"价值链"和企业角色的变化。其中一些企业甚至可能失去了原来的角色，IT 应用让他们的服务观念发生了革命。像美国的 L.L.Bean 这样的零售商利用信息技术，通过交互式的多媒体和因特网，可以直接把产品清单分发到客户手里，而顾客可以通过电话或者因特网订购货物和使用安全的信用卡网络支付。信息技术的飞速发展使得企业同时实现产品高质量、生产高速度和生产低成本成为可能。越来越多的企业开始发现 IT 创新已经成为战略必需品。

（2）IT 技术处理平台。以 IT 为基础的平台在飞速发展，并且从根本上动摇了现有的以 IT 为基础的系统的经济价值。但同时也该看到，它也提供了新的 IT 机遇。当机遇出现的时候，很多实际应用将从处理基础事务转移到建设诸如因特网的公共设施等通信手段上来。

20 世纪八九十年代，通信能力和信息存储能力大大提高，使得企业纷纷开始了多种技术平台的整合。企业将计算、办公辅助和预测技术的管理整合，并提高标准的重要性。通过标准和政策的结合，上述技术的整合使企业把实际业务机遇转化为资本的能力得到增强。目前，大多数企业都在努力尝试进行技术集成，很多企业现在都已成功地完成了整合工作。在管理中，将把这些技术看作一个整体，这主要是由于以下两个原因：首先，大多数重要的 IT 应用都需要一个广泛的物理通信网络支持。其次，运用单独管理的技术执行 IT 应用工程的开发工作是非常困难的，而且还不能保证低成本高效率。

（3）IT 对企业信息管理。多年来，信息技术的快速发展对企业和信息管理提出了很大的挑战，这就迫使人们对企业的性质必须进行重新再思考。回顾历史发展过程，一些成功的企业由于应用了 IT，大大提高了劳动生产率，扩展了市场占有率，取得了竞争优势。而另一些企业在 IT 上由于反应迟钝，导致在激烈的市场竞争中处于被动地位，有的甚至无法正常维持运转直至倒闭。当今社会，IT 已经渗入到各种企业领域，不管你喜欢不喜欢，IT 无所不在。因此历史发展到现在，企业应用 IT 已绝不只是技术问题，而是一个非常重要的管理问题。

2．IT 管理的作用

当今的世界已经实现了由工业经济向以信息和知识为基础的服务经济的转变。企业的经营也越来越依靠于知识和掌握知识的人才。由于世界经济环境的错综复杂、变化莫测，这给企业把握市场动向造成了很大的困难。要解决这个困难，使企业尽快适应市场并且得以生存和发展，企业就要学习，必须不断地积累知识，依靠知识组织好自身的变革。在知识爆炸的时代，学习知识、掌握知识已远远超过了人的接受能力，促使人们不得不依靠工具，依靠 IT。依赖 IT 不仅在于可以帮助企业学习，而且可以帮助企业实现其战略任务。

20 年前，当国内的企业开始接触财务管理软件时，企业的财务主管突然发现这些小软件一下子让他们从月度报表编制的繁重工作中解脱出来。20 年后，当企业开始使用企业资源计划（ERP）管理系统时，一下子感受到了信息实时跟踪对业务决策的巨大贡献。还是在 20 年前，购买一套软件和去超市购物一样简单；20 年后，为了上一套业务系统，上至管理层，下至业务部门，除了软件公司外还要管理咨询公司。这种变化的背后原因是 IT 正在利用其自身的特点，使其在企业中的属性从具体的工具变为业务和管理组成元素。IT 的作用和影响力已经从单一的业务部门扩散到企业的方方面面；企业的运营管理方式和业务手段也逐步"IT 化"；甚至企业的管理模式和流程的优化都是因为 IT 的存在而成为可能。

对于从事金融服务的企业，如银行、证券公司，它们的业务完全是依赖 IT 系统来实现的。IT 和日常业务的关系就如"水和船"的关系，即有支撑的积极内涵，也有导致商业灾难的可能性。对于传统制造型企业来说，对信息系统的依赖程度没有金融服务行业的高，但是随着设计和制造手段的信息化，以及企业级资源管理系统的普及，IT 方面投入的力度正逐步加大，这种依赖性也开始增强。某企业在顺利实施 ERP 系统后，就因为服务器的瘫痪造成生产停滞，客户的订单无法变为生产计划和物料采购计划而下发到生产部门。

1.4.3　信息资源管理方法

最初也是最基本的信息资源管理方法是思维方法,这是信息资源开发和利用的充分必要条件;具备了思维方法,人类开始探索和完善的是信息资源的表述和交流方法,语言是仅次于思维方法的信息资源管理方法;思维方法和语言形成之后,人类开始探索和制造各种观察和分析工具以提高信息资源的生产效率,望远镜、显微镜、红外线仪器、X 光仪器、声纳系统、各种光谱分析仪器等都延长了人类的感官,使人类能够获得更多、更丰富的信息资源;解决了信息的来源问题,人类开始解决信息资源的载体以寻求较长期地保存信息资源和跨代传播信息资源,甲骨、纸草纸、泥板、竹简、羊皮、纸张、胶片、磁盘、光盘和芯片等信息载体技术的发明都极大地推动了不同时代信息资源管理的发展;解决了信息资源的载体问题,人类又开始寻找大规模复制信息资源的方法,印刷术的发明及其进步和完善基本上解决了这个问题;信息资源的规模生产解决后,人类需要在更广阔的空间传播这些信息资源,电报、电话、电视、卫星、微波通信和因特网等信息技术就是应人类信息资源传播的需求而产生的。在上述各种信息技术的基础上,人类还发明了模仿思维的信息加工和处理技术,如计算机技术等。事实上,正是计算机技术及其在企业和政府部门的应用为现代信息资源管理理论的产生创造了条件。

信息资源管理是方法论导向的学科,直言之,是一种方法论学科。信息资源管理的方法论导向同样是由信息资源的性质决定的。人类生产和生活的每一个领域都生产和需要信息资源,从绝对的意义上讲,每个人类个体或组织都既是信息资源的生产者也是信息资源的消费者,每个人类个体或组织都需要了解和掌握信息资源管理理论和方法,而这种横贯人类各学科的理论统称为横断学科。一般的横断学科都是方法论学科,如信息论、系统论、控制论,即所谓的"三论"就是典型的横断学科。但与"三论"等方法论学科相比,信息资源管理具有较明显的特殊性,这种特殊性主要表现为技术依赖性。

信息资源管理是基于信息技术的管理方法,它虽然也涉及信息资源的生产和利用,但其核心是信息资源的管理,作为信息资源生命周期两端的信息资源生产和信息资源利用是由人类个体和组织承担的,也就是说,信息资源管理的对象是人类已经生产出来的信息资源,任务是收集、组织、存储、开发这些信息资源并根据人类个体和组织的需要为他们提供信息资源。为此,信息资源管理需要硬的信息技术作为支撑,需要软的信息方法作为手段。在当前信息技术迅速发展和普及的环境中,信息方法已经大多通过软件或硬件的形式被技术化,所以信息资源管理也就更为依赖技术。

信息技术为信息资源管理提供了最基本的手段和工具。现代信息技术又是以信息系统和信息网络的方式联结起来支持信息资源管理的。从某种意义上讲,各种各样的信息系统和信息网络就是现代信息资源管理思想的物化形式,现代信息资源管理则是基于信息系统和信息网络的管理理论与方法。

1.4.4　信息化

20 世纪后半叶以来,特别是 80 年代以后,世界的经济形势,尤其是企业面临的环境发生了很大的变化：

第一，经济活动全球化的趋势大为加强。经济活动的全球化导致市场的国际化，顾客可与国内和国外有关企业联系，购买所需的产品和服务，这对国内企业构成了新的威胁。

第二，社会经济迅速发展，科学技术不断进步，市场竞争日益加剧，对企业的组织与管理提出了新的挑战。要求企业对市场信息和用户需求的变更反应灵敏。

第三，现代科学技术特别是电子信息技术的迅速发展和广泛应用，使人们的工作、生活以及思维方式发生了重大的变革，为企业的生产与经营提供了日臻完善的手段。

以上变化进一步提高了信息资源的重要性，信息活动日益成为人们社会生活活动的重要组成部分。信息活动是指对信息的收集、传输、加工与利用等活动。信息活动过程也就是信息资源开发、利用和管理的过程。

信息化是指人们信息活动的规模不断增长以致在国民经济中占主导地位的过程。这是继工业化之后生产力发展的新阶段，将对社会经济的发展以致整个人类文明产生巨大深远的影响。

信息化以信息产业在国民经济中的比重，信息技术在传统产业中的应用程度和国家信息基础设施建设水平为主要标志。

信息化建设包括信息的生产和应用两大方面。信息生产要求发展一系列高新信息技术及产业，既涉及微电子产品、通信器材和设施、计算机软硬件、网络设备的制造等领域，又涉及信息和数据的采集、处理、存储等领域。信息技术在经济领域的应用主要表现在用信息技术改造和提升农业、工业、服务业等传统产业上。20世纪90年代以来，信息产业对国民生产总值增长的贡献不断上升，已经成为当代经济发展的主要驱动力之一。由信息化驱动的经济结构调整，将大大提高各种物质和能量资源的利用效率，大大提高企业在市场经济中的竞争力。抓住信息化这个机遇，将促使我国经济增长方式从高投入、高消耗、低效益、低质量的粗放型增长转变为高速度、高效益、低投入、低消耗的集约型增长，提高我国经济在国际上的竞争力。

Internet/Intranet 技术的兴起给企业业务流程、管理模式、组织机构的重组乃至整体的发展带来新的机会，并将导致产业结构及企业经营方式的变革。信息化不是一个静止孤立的概念，它的内涵和特点在不同的历史发展阶段有不同的表现，信息化与信息技术的发展、信息产业的形成、信息产品的涌现、信息市场的完善、信息系统的建设以及信息化社会的出现等现象密不可分。尤其是自20世纪90年代以来，信息化呈现出鲜明的时代特色。

信息资源是信息化的基础。开发利用信息资源是信息化的核心，随着社会、经济和科学技术的发展，社会信息量不仅急剧增长，而且成为现代社会发展的重要支柱和战略资源。随着信息技术的发展，社会经济需求的增长，以信息技术为依托、以生产和提供信息产品和信息服务为主业的新兴的信息产业迅速崛起，信息技术的发展速度超过了其他任何一类科学技术。

信息化的任务十分广泛，涉及许多方面。在社会经济的各种活动中，例如在政府、企业、组织的决策管理与公众的日常生活中，信息和信息处理的作用大大提高，从而使社会的工作效率与管理水平达到一个全新的水平。为了提供满足各种需求的信息资源、信息产品和信息服务，各种不同规模、不同类型的信息处理系统建设起来，并开始稳定、正常的运行，成为社会生活不可缺少的、基本的组成部分。为支持信息系统的工作，遍及全社会的通信及其他有关的基础设施（如计算机网络、数据交换中心和个人计算机等）得到全面发展，并且投入正常运行。为支持信息系统和基础设施，相关的信息技术得到充分发展，相应的设备制造产业也得到充分发展，为信息处理系统和通信系统的正常运行提供设备和技术保证。

信息化的具体建设内容包括：

（1）信息基础设施建设。信息化的基础是网络化。信息基础设施的建设主题是信息网络，指以计算机技术、网络通信技术为基础组成的电话网、广播电视网、计算机网和无线网等信息传输网络，对应信息高速公路（是"国家信息基础结构（National Information Infrastructure，NII）"的通称）中的路。

（2）发展信息技术及其应用。通信技术、数字化技术、微电子技术、高效能计算机技术、数据库技术、多媒体技术和网络技术。

（3）开发信息资源，发展信息系统。在信息化建设中，当信息网络建立以后，没有信息系统的建设，信息交流就没有可靠的保障（相当于高速公路中没有车）；没有信息资源就等于无源之水、无本之木（车中没有货）。

这里信息资源的开发主要是信息资源计算机化、数据库化和网络化。具体地说，是将数据、声音、图像、文字和影视等多种形式的信息经过处理和加工以后储存于计算机中，实现计算机化的管理和交换。

（4）发展信息产业。信息产业化和产业信息化是信息化的重要标志。产业信息化是指国民经济的产业部门大量使用先进的信息技术手段，加强对信息资源的开发利用；而信息产业化是指与信息的生产、流通、分配、消费直接相关的组织机构，在遵循市场经济规律，立足于产业化要求的基础上生存与发展，并在宏观上形成信息产业这一国民经济的相对独立的产业部门。发展信息产业，不仅直接影响信息化的水平，带动信息技术的发展、信息需求刺激和信息资源的开发利用，而且影响着产业信息化，关系着经济结构调整和国家的发展战略。

（5）信息环境建设。信息环境是指信息活动中各种因素的集合。信息环境建设包括两个方面：一是外部环境建设，指改善影响社会信息化进程的政治、经济等因素；二是内部环境建设，指改善与信息化有直接关系的技术、科学、文化和教育等因素。

讨论案例 1-1：迅达交运集团的信息化之路

孙董事长在宽敞明亮的办公室里翻看着公司的资料。正是傍晚时分，夕阳透过大大的落地窗洒在孙董事长的身上，暖暖的，越加显出他勤奋的样子。微微皱了下眉，长长舒了一口气，孙董事长起身拨通了王副董事长的电话。

孙董事长到迅达交运集团有一个多月了，在这一个多月里，他渐渐熟悉了公司的各方面状况，针对于集团信息化相关的方面进行了重点调查。

迅达交运集团是集交通综合运输、海陆空运代理、车辆检测维修、地产物业开发、综合进出口贸易、国际国内物流、基础工程建设、商贸购销运存、宾馆旅游娱乐、系列交易市场等多元经营于一体的大型企业集团，其核心企业是迅达交运集团公司。集团拥有高中档客车、集装箱专用车、大型牵引车、大型自卸车及配套装卸、施工机械6500辆（台），32 000吨载重吨位，具有全国同行业一流的运载能力。

集团的业务能力和运营状况都较良好，这一点孙董事长看在眼里高兴在心里。然而，作为一个交通运输集团，集团内部的信息化水平却难以与集团的迅速发展相匹配。集团在发展的过程中，"信息孤岛"日渐突出。随着企业计算机技术运用的不断深入，不同软件间，尤其是不同部门间的数据信息不能共享，设计、管理、生产的数据不能共享，数据出现了脱节和不一致。这一点势必成为集团进一步发展，不断提高效率，优化资源配置，全面走向信息化的一大障碍。这也只是其中的一点问题，其他的孙董事长想具体听听在集团干了近10年主管集团信息化项目的王副董事长的想法，孙董事长正想着，王副董事长敲门走了进来。

孙董事长把自己内心的想法缓缓讲给王副董事长听，王副董事长静静听着，时而点点头回应。

听后，王副董事长思考了片刻，说："近两年来，我也逐渐地发现了集团信息化不断暴露出的相关问题，回想我们6年前开始走上集团信息化道路的时候，基于当时对企业信息化建设的理解，由信息管理科牵头，制订了《迅达交运集团信息化发展规划》。该规划的制订对企业的信息化发展方向起到了指导性的作用，为企业推行信息化建设奠定了基础，起到了积极而有益的作用。但通过对企业信息管理师相关知识系统的学习后，对该企业的信息化发展规划有了新的认识和理解，从中发现了一些问题。科学的意识，慎重的思考还是缺乏的。"王副董事长顿了顿，接着说："信息孤岛只是集团内部信息化过程中出现的问题之一。"以下这些方面都是我们面临的挑战。

"首先，缺乏对企业信息化建设系统科学的认识。在之前整个规划中，无论是从对信息化建设中存在的问题和挑战的分析，还是信息化建设方案和目的的分析，都明显地缺乏一个整体性的认识，没有对企业信息化建设中存在的问题和解决方法进行科学系统而深入的分析，对信息化建设缺乏应有的认识，缺少必要的专业化知识，对MIS、ERP等缺乏了解。大量的分析是基于感性认识而不是理性科学的分析判断。

其次，缺乏对信息化建设的整体规划，规划中只提到了加大企业信息化管理的投资力度、采用计算机处理数据、进行网络建设，但对投资的侧重点、数据采集与处理规则、基础信息的科学编码、网络建设规模和结构等都没有一个明确的方向，缺乏一个科学的整体规划。

再次，缺乏整体组织性。规划中，虽然对本企业的信息化建设进行了一些构想，但受到知识面不足、概念不清的影响，并没有涉及方案或项目的实施方法，没有指定方案的具体实施部门和相应的配合部门以及人员构成，没有指定一个强有力的领导小组。这样就造成了规划中各方案在实施过程中的困难和不可落实性，使得各个方案并不能按照规划的要求顺利实施。

最后，方案的局限性。在规划中提出了分别改造和完善财务、生产及各生产区和公司机关的局域网，组建公司的满足外部协作与敏捷反应的远程分布式系统，建立和使用电子商务系统、客户关系管理系统、供应商管理系统及企业资源计划，建立和应用科学的决策模型与决策支持系统。但由于缺乏系统科学的认识，使方案有很大的局限性。"

听完了王副董事长的汇报后，孙董事长心里又清楚了几分，一个计划在内心中逐渐成型，他决定明天上午开一个讨论会议，看看大家的意见如何。

坐在会议厅里，孙董事长略微有些紧张，他不确定大家对于初来乍到的他的提议会有什么反应。轻咳两声，他宣布会议开始。

"……今天我们会议主要是想讨论一下集团进一步信息化建设的相关问题。不知道大家有什么见解。"

短时间的沉默之后，集团信息部负责人马主任说："企业内部的信息化设施过于陈旧，随着集团的不断发展，渐渐暴露出大量的问题。在竞争如此激烈的今天，信息化的进一步升级建设可以说是迫在眉睫。"

孙董事长点点头，示意马主任继续说下去。

马主任略加思考，说道："首先，之前各系统之间数据的一致性、编码的科学性、数据的传递规则、数据的采集和组织原则等关系到信息化建设成败的基础性工作都没有充分考虑，造成目前所完成的几个系统之间缺乏科学合理的组织，各部门采集的数据难以被其他部门的系统加工利用，系统之间没有有机的联系，无法进行数据的统一处理，数据不能共享，形成了新的信息孤岛。

其次，当时规划提出的新的概念，如电子商务、ERP 等，缺乏专门人才和组织机构来指导，重要的是企业当时并不具备进行这些系统建设的条件。这样，规划中的新概念也只能成为概念而无法实施。

最后，对信息传递的基础网络设施已不能满足需求增长。由于以前公司的网络规模较小，对于网络的建设缺乏整体规划，随着企业内部网络的不断扩大、网络设备迅速增加、网络版应用软件日益普及、数据访问量呈几何级数增加，网络管理和维护的难度大大增加。因此，需要对整个企业的网络建设进行新的规划和设计，以满足日益增长的数据访问需求。"

孙董事长微微调整了一下坐姿，接着说道："那么，大家又打算如何深入发展或者改革我们的信息化事业呢？"

马主任看了一眼王副董事长，他正低头做着记录，听到孙董事长的问题，他抬起头来，说道："今年 4 月份，我们的兄弟企业——刀项天交通集团安装了 VPN，构建了整个集团公司内部虚拟广域专用网络。5 月份又引进了 ioffice.net 信息管理平台，并在此基础上首先推出了办公模块，包括发文收文管理、报表系统、项目协作、人员信息管理、公告板、用户管理和图形化流程管理等项目功能。它们初步实现了全面协作办公，促使交通集团各企业之间的信息交流更为稳定、快捷、安全、可靠，实现了分布式和移动办公，从而大大提高了工作效率和质量。"

"而我们在信息化建设升级的过程中面临的选择是要全面升级，以新代旧，还是在原有的基础上进行整合与升级。前者需要大量的人力物力的投入，此间的升级过程也会非常复杂；后者省时省力，而从长远角度看，又显得治标不治本。"

孙董事长不是没有想过这个问题，他听王副董事长继续说下去。

"从之前的信息化建设所暴露出来的问题，我们可以说得到了一定的经验教训，如果再次进行信息化的升级建设，有很多方面是需要注意的。比如，信息化建设的产品由谁开发，请专门的开发公司还是我们自己；我们是从 MIS 入手，还是直接引进 ERP；应该以何种心态看待信息化的成本和效益；在现有集团班子的带领下，如何避免一个整体性计划不了了之的结束。而这些与是否有一个整体性的科学的规划，与领导的大力支持和足够的重视，与集团是否有先进的管理理念等有很大关系……"

会议进行得很顺利，孙董事长回到办公室，正值中午时分，他走到窗前，窗外车水马龙，行人来去匆匆，各自忙碌，阳光洒遍大地的每一个角落，他突然意识到：阳光是这个世界给每个人的礼物，而迅达交运集团更美好的明天，必然是阳光灿烂……

讨论题

1. 迅达交运集团信息化建设主要存在哪些问题？
2. 在信息化建设升级的过程中，你认为迅达交运集团应当从哪入手？
3. 如果你是孙董事长，你将如何推进集团的信息化建设？

讨论案例 1-2：渤海港务公司信息化规划

从渤海港务公司总经理张明那间面向大海的办公室向外望去，海风习习，海浪朵朵，美丽的渤海一如往日的迷人，繁忙的码头一如往日的井井有条，一切看起来都是有条不紊。但是张总的心里却并不平静，当渤海港务公司总经理3年了，企业在他的带领下一年一个台阶，样样业务都不落后，成为了港务系统快速发展的典型。领导的肯定，职工的信任都让他感到欣慰。但最近的一件事却让他如鲠在喉。公司的一个大客户因为发送货物周转时间过长，延误了交货期而承担了巨额的违约金，该客户找到公司理论，虽然公司给予了耐心的解释，但该客户仍然表示以后可能不再通过渤海公司周转业务，而转向80公里外的 XX 港。损失一个客户固然可以通过其他途径弥补，但是如果引起多米诺骨牌效应，那后果就不堪设想了。其中的原因他也大概进行了调查：渤海港务公司的主要竞争对手——XX 港最近进行了信息系统集成改造，大大加快了货物的周转速度，为客户赢得了宝贵的时间，因此许多企业都表示如果渤海港务公司不能提供同样的服务，他们就将成为 XX 港的客户。

为解决这件事情，他今天召集公司主管业务的副总经理和信息中心的主任来共同商量一个对策……

1. 公司概况

渤海港务公司是滨海港务局的下属企业，距滨海市30公里，与滨海经济技术开发区、滨海保税区连成一体，并得尽全国主铁路干线、全省高等级公路及国际航空港之便，是滨海市乃至整个华东北地区经济发展的重要推进器。

渤海港务公司现有职工1200人（其中管理人员240人），是以散装货物为主（如煤炭、散装化肥等），提供货物装卸、仓储及中转服务的大型港口企业。公司所属的渤海港是国家"八五"重点建设项目，按计划共分三期完成：一期工程1～10#泊位及其配套设备于1995年全面投产，年吞吐能力近千万吨；二期工程11～20#泊位于1999年建设完成，新增吞吐能力1200万吨；三期工程21～40#泊位于2004年完成，再次新增吞吐能力2229万吨，形成了环渤海最大的煤炭、化肥、粮食、矿物中转批发中心。

渤海港务公司设总经理、书记各1人，副书记、工会主席各1人，副总经理5人，副总工程师2人，副总经济师1人。公司总部设有11个部，分别为办公室、人力资源部、生产业务部、机电设备部、财务部、企业发展部、安全生产监督部、公路运输管理部、纪委审计监察部、合资合作企业管理部、党委工作部。工会设有综合部、生产部。下属分公司、附属单位等共计 29 家。渤海港务公司实行总经理负责制，其组织机构如图 1-2 所示。

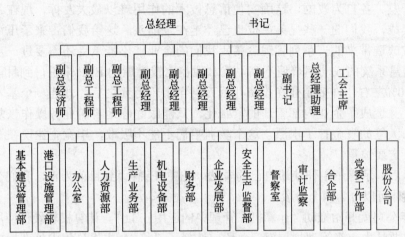

图 1-2　渤海港务公司组织结构图

渤海港务公司领导层认识到：市场经济的发展使得客户对现代物流的需求显得极为迫切，公司想要在将来的竞争中站稳脚跟，必须利用本公司天然的人流、货流、商流、资金流、技术流、信息流的聚集点的资源优势，大力向现代物流企业转变。因此，渤海港务公司制订了"以低成本运营、与客户共同成长、全面改革现有体制、发展现代物流大港"的企业经营发展战略。

2. 公司信息化现状

9 点钟，主管业务的李副总和主管调度的刘主任先后到了，信息中心王主任随后也拿着一叠资料进来了。张总把自己的想法和大伙交流了一下，然后先让刘主任谈一下自己的想法。

刘主任说："目前随着 11～20# 泊位的投入使用，公司的业务量大大增加，并且最近货物的种类、存储及搬运要求越来越多样，越来越随机，货物的物理化学特性也越来越复杂，各种具有吸湿性、锈蚀性、脆弱性、自热性、自燃性、危险性、污染性的货物为调度添加了极大的难度。我公司正在逐渐向全球化方向发展，面对的客户多种多样，包括船运公司、货主、海关等，而不同的客户有不同的需求。这些新情况使得公司原有的信息系统越来越显得捉襟见肘，力不从心。信息流不畅，物流不畅，货物周转时间长，客户满意率日渐低下。

具体表现为：

慢：信息传递、处理慢，无法为客户提供货物装卸、在途的实时动态信息查询。

粗：计划调度工具落后，原有系统不能详尽细致地分析客户的需求，出错率高。

散：数据分散，出自多家，共享性差，经常各部门报上来的数字不一致，领导难以据此做出判断和决策。

重：信息沟通不及时，造成大量的重复性劳动，既浪费了人力物力资本，又延迟了货物进出港的时间。

要从根本上解决这些问题，最好是把原来的信息系统进行集成化改造。"

张总听完后点了点头，转向李副总，李副总对刘主任讲的观点表示基本认同，但他对信息系统集成改造可能带来的管理上的冲击和系统成功率表示了担忧："我们原来的系统是分散开发、各自为政的，这确实使信息技术的作用难以最大发挥，现在各个企业都在搞系统集成，我们的一些兄弟单位也已经走在了前头，这给我们带来了压力，但是信息系统集成改造带来的一系列管理震荡，我们的企业能不能承受还需要进一步验证。另外，目前信息系统的成功率普遍不高，就拿现在比较时髦的 ERP 来说，到目前为止其成功率只有 10%左右，许多企业在投资几百万甚至上千万元之后，却连一个基本的报表都不能提供，又造成了企业内部管理的紧张化，只能眼睁睁地看着业务操作恢复到以前的手工状态，大笔的资金打了水漂，这个教训咱们不能不吸取，毕竟企业现在资金并不宽裕，投资一定要慎重。"

张总听后，示意王主任谈谈自己的看法。王主任说："到目前为止，我们公司的信息系统开发大体可以分为两个阶段：

1995 年公司就开始推动'计算机在管理中的应用'工作，计算机软硬件应用平台的选型、引进主要是由上级管理规划部门负责，选择了'终端+主机'集中处理模式作为网络运行平台。1996 年，上级管理部门将引进的设备（美国 XXX 公司的 VBX 小型机）划拨给我公司。设备到位后，为了满足生产的要求，委托东海市信息技术公司开发了'销售管理系统'，该系统 1997 年交付使用。但随着我们公司业务的迅速发展，最初设计的'销售管理系统'在使用不到一年后就暴露出难以适应销售多元化的问题。

1998 年年底，信息中心自主开发的基于计算机局域网和客户端/服务器运行环境的'销售管理系统'开发完成，并投入运行。随后，在 1998 年到 2001 年年底期间，我们又根据各业务部门的要求先后开发了生产管理、设备管理和物资管理等大大小小二十多个系统。这些系统最初都能较好地满足各业务部门的需求，但由于公司业务发展太快，这些系统的生命多数没超过 1 年，而且'信息孤岛'现象非常严重。另外，由于信息中心工作人员的流动频率非常大，系统开发队伍不稳定，使得各系统的软硬件平台、网络计算模式和界面风格等千差万别，一方面数据不易互联互通；另一方面系统维护的工作量非常大。

除了上述自行开发的信息系统外，公司还购买了神算公司的通用会计核算系统。这个会计软件在技术上是非常出色的，在国内也比较有名气，但由于没有考虑公司的实际情况，使用这个软件后并没有完全满足公司的业务需求，换言之，有点不太解渴，购买软件的投入与使用软件带来的实际效果不相符。

总体来说，我们现有的系统是不能满足业务发展需求的，系统开发存在分散性和滞后性，这一方面与我们的业务发展太快有关；另一方面是由于我们的系统开发缺少总体规划，如果这一次我们要进行系统集成改造的话，一定要做一个充分的、长远的规划，避免出现以前那样系统时效过短的局面。"

张总听完后说："我近一段时间对几个兄弟单位进行了一些调查，发现有一些单位已经走在了前面，信息系统集成改造已经取得了不小的成效，尤其是咱们的竞争对手 XX 港口，现在他们的平均货物周转时间比我们至少短 12 个小时，劳动消耗也比我们减少 40%左右，这对我们来说是一个不小的压力。现在已经有一些客户提出如果我们不能提供同样的服务，他们就会到 XX 港口那里，这也是我今天找你们来的主要原因，对这个情况我们不能坐视不管，任由它发展下去。这件事就请王主任去落实，尽快组织队伍进行开发。这次开发一定要有一个总体规划，增强对未来的预见性和系统的可拓展性，要进行充分的论证，避免重蹈覆辙。今天就讨论到这里。"

3. 公司信息化建设中的关键因素

两天后，王主任向张总表示这个工作太复杂，他们部门自己恐怕难以完成。刚开始，张总非常恼火，认为信息中心工作人员"拈轻怕重"，准备按公司制度对信息中心负责人进行处理。但静下心后，张总决定还是先与王主任谈谈，了解一下情况。

张总："任务前几天咱们都已经安排好了，你们信息中心现在却不想接受这一任务，是因为技术人员太少、能力不强，还是有其他什么原因？"

王主任："从公司对我们这个部门的定位来看，信息中心主要负责计算机软硬件设备的维修、维护工作，因此我们的软件开发人员储备不足，但这并不是主要原因。信息中心现有的 6 个工作人员基本上都是计算机相关专业毕业的，而且比较年轻，学习能力强，如果真要开发软件，这些人在技术上应该没问题。即使人员不足，还可以再录用一些大学毕业生……"

张总："那你为什么不接受这一任务呢？人员和经费都不会有太大的问题，而且这件事已列为本年度公司的头等大事，你就放手干吧，经费不成问题。"

王主任："我们认为人员和经费只是问题的一个方面，但不是主要的。最重要的原因是我们仍然不清楚应该怎样从整体上规划系统。具体的编程、系统维护等工作我们都能干好，但我们感觉，公司现在做的这件事并不是'计算机如何在管理领域中应用'这么简单的问题，不是开发一两个信息系统就可以解决的。"

张总："那你认为主要的难点在哪里呢？"

王主任："总的来说，这些年来公司在计算机应用方面的投入不小，但效果都不太好，我觉得其中原因可能是我们只注重系统开发等技术问题，而忽略了组织机构变革等管理因素。"

张总："那你有什么好的建议呢？"

王主任："我们可以考虑借助于外脑，聘请一些既懂管理又懂信息技术的复合专家来指导我们的信息化建设。"

张总："好吧，你负责联系此事。"

一周后，经王主任提议，公司聘请了本市 XX 管理咨询公司的王先生为公司做信息化咨询，之后在王先生的组织下成立了由咨询公司专家和渤海港务公司信息中心工作人员组成的联合项目组。张总对项目小组的成立表示祝贺，并要求公司相关部门予以大力配合，共同开展工作。

进驻公司第一天，在听取了渤海港务公司的信息化建设基本情况之后，王先生对张总说："企业信息化不是单纯的技术问题，而是一个管理范畴。通过信息技术的应用改善业务流程、优化组织结构、提高生产效率、降低经营成本，从而增强市场竞争力是企业信息化的本质和目的。由此可以想象，企业信息化是一个变革和再造的过程，更是一个复杂的系统工程，势必涉及企业生产经营的方方面面，因此，如果不从总体和战略角度考虑问题，而仅仅在技术层面上做文章，简单地把希望寄托于几个信息系统的开发上，不仅管理目标无法完整实现，就连信息系统开发这项工作本身也难以顺利进行，最后有可能导致'得不偿失、事与愿违'的结果出现。事实上，许多企业的信息技术应用没能取得预期的管理效果和效益，多数是因为没有认识到和理解上述道理。"

张总听完王先生的一席话沉思半晌，他对王先生说："如此说来，我原来把问题想简单了，难怪信息中心主任不敢轻易接任务呢！我现在感到这是一个牵一发而动全身的战略问题，直接关系到我公司的经营成败，需要由决策层直接领导运作！"

王先生非常赞同："我建议尽快成立以公司主要领导为组长的信息化领导小组，并首先着手公司信息化战略规划的制订，同时制定信息化标准规范和信息化全员培训计划，从组织和措施两方面大力度保证信息化建设的顺利进行。"

翌日，公司召开经理办公会，专门研究信息化战略决策问题，正式成立渤海港务公司信息化领导小组及其办公室。领导小组由公司领导和各业务部门及职能部门主要负责人组成，信息办由信息中心王主任担任主任，办公地点暂设在信息中心，并邀请王先生所在管理咨询公司作为顾问单位。

4. 信息化建设步骤

随后，信息办召开了第一次工作会议。会上，王先生作为顾问就下一步工作步骤提出了以下建议：第一，开展信息化建设前期调研，为制订信息化战略规划奠定基础；第二，制订起草《渤海港务公司信息化战略规划》，并相应制订信息化标准规范和信息化全员培训计划；第三，以信息化战略规划为指针，在组织、制度、措施保证下，科学、规范地开展信息系统开发工作……信息中心王主任作为信息办主任肯定了王先生的工作建议，他指出，公司领导从企业经营战略的高度直接抓信息化工作，既是对我们的鼓励，又是对我们的鞭策，我们一定要充分利用公司信息化领导小组为此项工作创造的全方位便利条件，调动全公司各部门甚至每一个员工的积极性，在王先生等专家的指导下，以严谨的作风和科学的态度，坚持实事求是和效率、效益第一的原则，把我公司的信息化建设推向一个崭新的阶段。

在王先生的带领下，信息办组织相关人员投入了前期调研工作。由于领导小组强有力的协调机制，调研工作进行得比较顺利。一周后，王先生、王主任等人对港口业的信息化水平、东海公司的信息化现状都有了一个总体的把握。调查主要包括以下三个方面。

1）行业和竞争对手信息化现状

通过调查王先生发现，由于港口是重要的基础设施，国家和当地政府都对港口信息化给予了重点扶持，因此该行业信息化水平普遍高于其他行业。自 20 世纪 80 年代该行业初步引入信息化管理以来，一般港口企业均已具备了货运、调度业务信息系统，实现了生产计划、车船动态、装卸作业、进出码头等分散环节的计算机管理。还有少数企业已经实现了内部网络集成和网上开展业务。渤海港务公司的主要竞争对手 XX 港更是走在了前头，不仅实现了企业内部的信息系统集成，而且实现了港口信息网络与海关网络的互联，集装箱舱单及验放信息的共享，从而极大地加快了货物周转速度，缩短了过港时间，这对渤海港务公司是一个较大的挑战。

2）公司信息化优势条件

（1）生产管理、调度管理、设备管理和财务管理等单项信息系统的开发使用为公司的信息化建设打下了一个比较好的基础。

（2）公司刚刚通过 ISO 认证，业务流程、管理流程比较规范，为企业进一步的信息化建设创造了有利条件。

（3）公司领导层和管理层对企业信息化建设已产生较强的使命感和紧迫感，因此信息化推动阻力相对较小。

3）公司信息化进一步发展的瓶颈

（1）企业业务流程复杂，工作内容多样，目前市场上缺乏较适用的管理信息系统软件，自行开发又存在较大的难度。

（2）企业组织结构仍然是传统的金字塔式结构，与信息化要求的扁平组织模式存在较大差距，体制变革任务艰巨。

（3）企业信息化管理机构仍处于较低层次，管理制度、全员培训制度不完善，一般员工的信息化意识不强。

调研结束后，王先生和王主任向张总作了全面的总结汇报，在介绍完渤海港务公司的信息化现状后王先生说："目前公司信息化建设已由战术地位提升为战略地位，由局部推进转变为整体推进，由技术驱动转变为业务驱动，它涉及信息基础设施、企业管理体制变革、企业经营战略等多个方面，因此进行信息化建设必须首先从企业经营战略出发，根据企业发展现状和信息化基础条件，把信息化建设与企业经营战略有机地结合起来，形成目标清晰、定位准确、措施得力的信息化战略，这样才能做到有的放矢，胸有成竹，避免信息化建设的盲目性和不必要的浪费。

因此，我们下一步的工作是从企业经营发展战略出发，制订公司的信息化战略，以指导企业今后的信息化工作。这一工作是整个信息化建设的重中之重，关系着信息化建设的成败，必须给予充分重视。"

王先生认为整个信息化战略规划应从以下三个维度来考虑：

首先，经营战略层面。目前，随着信息技术的迅猛发展和普及，市场变化速度加快，企业竞争越加激烈，企业经营战略的实现已经离不开信息技术的支撑，企业信息化成为企业生存发展、实现经营战略目标的必然选择。

公司在依据企业经营战略制订信息化战略规划时，可以采取自上而下的方法：

（1）在企业战略分析的基础上明确企业经营战略目标。这种战略目标具有全局性、长期性。如果可能，可进一步将总体战略目标分解为阶段目标。阶段目标有历史性，有较为明确的时间划分。

（2）针对战略目标的要求，在企业经营、生产、销售和研发等各方面分解为功能目标，确定实现功能目标需要具备的条件，列出一定期限内的建设内容和采取的措施，形成一整套目标功能体系。

（3）从上述体系中分析信息化的支撑作用，从而确定信息化建设的总体框架，形成企业战略目标指导下的信息化建设内容，确定信息化战略需求。

其次，管理运作层面。企业的中间机构和中间管理人员是企业生存和发展的中坚力量，也是信息化建设的重要推动力量和实施者，在进行信息化战略规划时一定要考虑到信息化对他们的影响，信息化是否会受到他们的抵触等。根据经验，许多企业在进行信息化建设时，由于涉及组织机构的变革、业务流程的重组、分工授权的重新界定，触犯了一些中层管理人员的利益，引起他们明里暗里的抵触，使得信息化建设难以顺利进行。这个因素在进行信息化战略规划时一定要给予充分的重视，确保整个信息化建设顺利进行。同时，在优化业务流程的基础上客观确定未来信息系统的主要功能特征应该是信息化战略规划的关键内容，在此方面的设计不应该受任何人为因素的影响。因此，针对管理运作层面，信息化战略规划需要着重考虑业务流程重组、组织结构调整、信息系统功能设置和配套措施等问题。

最后，基础数据层面。企业信息化的成功是建立在对企业基础数据的科学管理上的，企业在进行信息化建设时必须有完整准确、能反映企业生产运营实际情况的基础数据，否则就会造成一种"垃圾进、垃圾出"的状况，即向系统输入错误的原始信息，系统经过运算得出更加错误的结论，根本无法为管理和决策提供有效支持，使信息化完全失去价值，这是人们最不愿看到的情况。因此在信息化建设初期就要以企业信息资源规划（IRP）思想为指导，对企业基础数据进行科学规范的整合，确保企业信息资源的完整、准确。此项工作也应该在信息化战略规划中具体表现。

张总听完汇报后对信息办近一段时间的工作给予了充分肯定，他同时感到自己现在对信息化建设有了更深的理解，对本公司的信息化现状有了更透彻的把握，他希望信息办尽快制定出符合本公司实际的信息化战略规划，并在此基础上相应制定信息化标准规范和信息化全员培训计划。

张总："王主任，你们和王先生密切配合，尽快把公司的信息化战略搞出来。"

王主任："我有个想法，我们最好先对同行企业实地考察考察。"

张总："必要性大吗？"

王主任："很有必要，这样可以了解一下同行业企业信息化实施状况，尤其是实施过程中的经验和教训，为咱们公司制订信息化战略提供个参照。"

张总："是不是大部分企业都需要这样做？"

王主任："我有个朋友在一家制药公司做信息中心主任，他们公司的信息化建设搞得挺好的。他们就是在制订战略规划前，组织了由副总、技术人员、信息化专家组成的考察队伍，对业内信息化建设做得比较成功的企业进行了考察，考察后拿出了详尽的考察报告，为公司的信息化建设明确了方向和目标，而且借鉴别的公司的经验教训，可以少走很多弯路。"

王先生："我非常同意王主任的看法，从企业信息化建设的基本步骤来看，即使是不同行业，也是有不少相似的路要走，同样有东西可以拿来做参考。"

王主任："我向这个朋友要了一份他们公司的考察报告，也正是看了这份报告，我才有了这个想法的。"

张总说："那拿出来让大家也学习学习吧，看是不是还能再进一步开拓思路。"

王主任赶紧拿出一份《X医药公司同行业信息化建设考察报告》给大家看。看了这份考察报告，张总认为有必要到同行业中的几个成功企业去进行一番考察，于是派李副总带队到南方几个港口去考察学习。

10天后，李副总考察归来，表示收获颇丰，不仅在思想上对信息化有了更加深入的认识，对别人的经验教训也了解了不少。张总很高兴，于是授权李副总全权负责信息化建设日常领导工作。李副总找来王先生和王主任，商量如何制订公司的信息化战略规划。王先生详细向李副总讲解了战略规划制订的基本步骤和战略规划报告所应包含的内容，并交给他一份《信息化战略规划报告撰写要点》，供他参考。

经过对同行业信息化建设经验教训的参考和借鉴，结合本公司的实际情况，王先生、王主任带领信息办一班人马，在与李副总、公司主要领导以及领导小组成员反复论证后，终于提出了公司的信息化战略规划。

信息化战略规划制订完成后，在王先生的指导下，信息办进一步制定了公司的信息化标准规范和全员信息化培训计划。同时，王先生还建议，公司在信息化建设起步时就应该考虑建立信息化评价指标体系，以便在信息化实施过程中能够动态地衡量开发和建设效果，从而有利于信息化建设始终保持正确方向。他向信息办提供了一份《X 集团信息化考核评分标准》，希望能对大家有所借鉴。

讨论题

1．如果你是信息中心王主任，你将如何应对张总交给你的工作？

2．你认为渤海港务公司请外脑有必要吗？

3．你认为王先生确定信息化的思路是否得当？

4．现在请你来完成公司的信息化战略规划，你将撰写哪几部分？

本章小结

1.1 节首先阐述了信息资源的内涵和作用，介绍了信息资源的不同分类方法和本书采用的面向管理对象的分类方法；紧接着，1.2 节介绍了信息资源管理的发展历程和信息资源管理的内涵，介绍了不同学者对信息资源管理内涵的理解；1.3 节比较详细地介绍了信息资源管理的不同管理层面，介绍了在政府和企业两个领域信息资源管理的主要内容；1.4 节对信息资源管理的相关管理理论和信息技术基础进行了介绍，阐述了信息化是信息资源管理的基础和内容之一；最后给出了两个企业信息化建设的综合案例。

思考题

1．信息资源有哪些重要特征？

2．你认为信息资源应当如何分类？

3．信息资源管理阶段与前一发展阶段相比的主要不同是什么？

4．你认为信息资源管理的重点应落在哪一层上？为什么？

5．信息资源管理在管理学中与哪一种管理最相近？

6．信息化与信息资源管理有何关系？

参考文献

[1] 赖茂生. 信息资源管理教程. 北京：清华大学出版社，2006.

[2] 马费成，赖茂生. 信息资源管理. 北京：高等教育出版社，2006.

［3］马费成．信息资源开发与管理．北京：电子工业出版社，2004．

［4］陈庄．信息资源组织与管理．北京：清华大学出版社，2005．

［5］薛华成．信息资源管理．北京：高等教育出版社，2002．

［6］肖明．信息资源管理．北京：电子工业出版社，2002．

［7］马费成，李纲，查先进．信息资源管理．武汉：武汉大学出版社，2001．

［8］卢泰宏，沙勇忠．信息资源管理．兰州：兰州大学出版社，1998．

［9］杜栋．信息管理学教程．北京：清华大学出版社，2002．

［10］孟广均，霍国庆，罗曼．信息资源管理导论．第2版．北京：科学出版社，2003．

［11］霍国庆．信息资源管理的起源与发展．图书馆，1997年第6期．

［12］甘利人．企业信息化建设与管理．北京：北京大学出版社，2001．

第2章

数据信息资源管理

本章学习目标

- 理解数据信息资源的含义。
- 掌握数据仓库的内涵和设计方法。
- 掌握数据集成的主要方法。
- 领会数据挖掘新方法。
- 了解商务智能。

引导案例：渤海港务公司数据集成

渤海港务公司在制订了信息化战略规划后，信息化建设有了明确方向，公司认为可以开始进行信息系统开发了。

在信息中心王主任的具体领导下，到 2005 年，渤海港务公司基础数据操作层面的系统已经基本建设完成，各应用系统的覆盖范围也大大增加，其中生产系统、物资管理系统、人事工资系统已在全港的范围内得到充分应用，电子港务平台通过两年多时间的推广应用也已在全港管理层面全面展开，这其中包括 OA 办公系统、物资审批、合同审批管理系统、安全管理系统及短信超市的建设。

随着信息化建设的深入，信息中心在系统开发中发现各个部门的信息系统由于所用的系统数据库不同（有 Oracle、SQL Server，还有 Access 数据库），各个系统之间数据访问比较烦琐。因为数据库的格式不统一，各个数据库之间难以实现互相访问，非常不便于对数据的管理，而且间接取数据难以实现数据的实时访问，给各职能部门工作带来不便，特别是对调度室的影响最大。

张总也听到了反映，他让信息中心王主任考虑一下这个问题，拿出一个解决方案。一个月后，在公司信息化领导小组例会上，王主任提出了信息系统整合的设想，将之前开发的电子港务平台、生产系统、物资管理系统和财务系统等集成起来。张总对该设想很感兴趣。

张总说："如果真能把这些系统集成到一个平台上，将大大地提高我们的工作效率和决策能力，那你们就抓紧做吧。"

与会的其他人员也感觉这个设想很好，并就如何实现提出了一些疑问和建议。

王主任回到信息中心立即召集中心人员商量如何具体实施信息系统集成。大家发言踊跃，小张说："我们建立港口数据仓库吧，这样可以实现数据的统一访问和管理。"但小李不认同小张的想法，他说："数据仓库固然可以实现数据的统一访问和管理，但建设时间过长，特别是已建立的各系统不能得到很好的移植和利用，不如采用中间件，工作量不大，还能充分利用之前的各系统。"

王主任说："这两种方案我之前都考虑过，但感觉都不适合我们港口。我们港口企业是服务型的大型企业，对信息系统的依赖程度很高，对稳定性、安全性的要求也很高。经过这一段的调研，我发现 IBM 推出的 ESB（企业服务总线）是企业信息系统集成的一种先进框架，应该很适合我们。"

听到王主任的想法，大家感到很新鲜，但又对 ESB 不甚了解，无话可说。于是，王主任说："由于 ESB 是一种新的集成方法，大家还不熟悉，我们今天的讨论就先到这，大家回去后上网查查资料，结合我们的任务，分析 ESB 的特点和适用性，周末我们再讨论，争取拿出一个整合方案。"

经过多年的信息化建设，国内诸多的企业已建立 MIS、MRP II 和 ERP、CRM 等众多信息系统，这些信息系统的运作产生了大量的数据信息，而这些数据信息也被逐渐认为是企业重要的信息资源，是企业经营战略决策的基础。

在企业的信息系统环境中，信息资源体现为在信息系统中存储、流动、转换、展示的数据。虽然人们已经认识到数据资源的重要性，但目前这些数据资源大多处于待开发状态，其价值并没有得到充分开发和利用。据有关专家估计，目前被利用的数据只有 5%～10%，并且我们能分析的数据大多限于数据库中的数据。那么如何进行数据的处理和深加工，把大量的数据转换成可靠的、有用的信息以提升信息的价值，更好地辅助决策，这是信息资源开发与利用问题，也是企业信息化建设的发展方向。

数据是信息的基本存在形式，在现代信息系统中居于核心地位，因而可以说，信息资源开发与利用的基础是数据资源的开发与利用。

数据资源的开发与利用包含着两个层面的含义：首先，数据应当得到有效的组织和管理，才能通过系统化的应用服务于组织的管理和决策；其次，对数据资源的利用存在着一个由浅入深，由单一到综合的提升过程。一般而言，根据组织管理和决策支持的层次，数据资源的开发与利用可以分为事务处理、分析处理和知识发现三个层次，并且应用的层次越高，对数据管理和综合性要求也就越高。这三个层次分别回答发生了什么，为何会发生以及将会发生什么三个问题。

本章重点介绍分析处理和知识发现两个层次，2.1 节介绍分析处理的核心内容——数据仓库，给出一个港口数据仓库设计的具体实例；2.2 节介绍数据集成的主要方法；2.3 节比较详细地介绍数据资源开发与利用的知识发现层面——数据挖掘的主要方法，给出一个电信企业挖掘客户话单的具体实例；2.4 节介绍商务智能理念和最新发展与应用。

2.1 数据仓库

现在对数据的处理可以分为两种：操作型处理和分析型处理。

操作型处理主要是指在线事务处理（OLTP），也就是普通的日常操作，侧重于组织的业务职能的自动化，典型处理形式是统计报表和数据查询，比如 ATM 机的取款、查余额、飞机订票等。

但是，随着数据量越来越大，查询越来越复杂，事务处理逐渐出现了许多难以克服的问题。其中最严重的有以下两个。

（1）缺乏组织性。

各个部门在进行分析的时候，为了不影响联机效率并取得对数据的全权控制，都是利用自己的抽取程序将所关心的一小部分数据从原始数据库中抽取出来，再对其进行分析。每个部门或单位都这样各行其是地进行抽取，并且在抽取的基础上还有进一步的抽取。这种横向与纵向的无节制的发展必然导致"蜘蛛网（Spider Web）"的产生。导致对同一问题的分析，不同节点会产生不同甚至截然相反的结果，这必然使决策者无从下手。

（2）效率极为低下，数据难以转化为有用的信息。

一个公司每一阶段的业务所积累的大量数据只是一种处于原始状态的资源，管理层要想在此基础上生成一个报告，就会遇到很大困难。前面提到，传统的应用于 OLTP 的 DB 是面向应用、事务驱动的，数据还常常被分散在多个子系统中。为了将这些零碎而且结构各不相同的数据统一起来，就要为各种数据类型定制相关转化程序，最终将所有数据集成以供分析之用，并产生整体报告。这是一个复杂而繁重的工作。

分析型处理主要是在线分析处理（OLAP），侧重于对信息的分析，主要用来分析数据，做决策之用，通常涉及对信息的切分、多维化、前推、回溯以及回答 what-if 问题，比如银行对顾客信用的评估等。

分析处理层次上，人们要求信息系统具有对多方面数据进行综合性分析的能力，这就要求建立一个面向分析的、集成保存大量历史数据的新型数据管理机制，这一机制就是数据仓库（Data Warehouse）。

数据仓库的提出是以关系数据库、Internet、并行处理和分布式技术的飞速发展为基础的。随着信息技术的不断发展，围绕业务产生了大量的信息系统，企业拥有大量数据，但缺乏合理有效的组织利用，导致有用信息贫乏，而数据仓库技术能够实现将数据从异构数据源中抽取并整合到统一的平台上，最终将数据转化为辅助管理层决策的信息。

2.1.1　数据仓库的特征与结构

1. 数据仓库的定义与特征

数据仓库的概念产生于 20 世纪 80 年代中期。数据仓库之父 William H.Inmon 在 1991 年出版的《构建数据仓库（Building the Data Warehouse）》一书中对数据仓库定义如下："数据仓库（Data Warehouse）是面向主题的（Subject Oriented）、集成的（Integrated）、相对稳定的（Non-Volatile）、反映历史变化（Time Variant）的数据集合，用于支持管理决策（Decision Making Support）"。主题是指数据仓库用于决策时所涉及的核心问题，例如经营成果、营销渠道和客户关系等。面向主题要求数据仓库组织的数据具有针对性、完整性、一致性和统一性，要求基于主题进行组织，而不是像业务支撑系统那样是按照业务功能进行组织的。集成是指对分散在不同的业务系统中的数据结果抽取、加工、整理，汇总到数据仓库中的过程。数据仓库是为决策服务的，历史数据一旦记入数据仓库就会长期得到保留，不能轻易地删改，具有相对稳定性。同时，随着时间的推移，新的数据源源不断补充进来，数据仓库有效地反映数据的历史变化。

数据管理已经历了人工管理、文件系统和数据库系统三个阶段，数据仓库则是数据管理的更高级形态，与数据库管理有很大的不同。

（1）功能不同。数据库是面向业务的，是对事务处理的支持，具备简单的查询功能；数据仓库是面向决策的，主要是对数据的分析处理。

（2）粒度不同。数据的粒度是指描述现实事物数据的详略程度。数据越详细，粒度就越小；反之，数据越粗略，粒度就越大。数据库的数据往往是细粒度的原始数据，而数据仓库的数据是经过处理的数据，粒度相对较大。

（3）来源不同。数据库的数据一般是业务数据的原始记录，随着业务的开展，不断地更新和加载。数据仓库集成来自企业内部和外部的异构数据，并经过清洗、筛选和转载等处理，具有统计性和综合性。

（4）时效不同。数据库通常采纳和使用当前数据，为在线业务实时地开展服务，因而数据更新频率较高，对数据的处理过程较快，用时较少。数据仓库主要是对历史数据的分析和处理，因此数据长期保留，相对稳定，数据量相对较大，操作处理时间较长。

（5）范围不同。数据库是面向业务的，数据具有专用性和局部性的特征。数据仓库面向主题，具有广泛性、综合性和普遍性特征。

作为一种信息管理技术，数据仓库能够对分布在企业的各种数据进行再加工，从而形成一个综合的、面向分析的环境，以更好地为决策者提供各种有效的数据分析，起到决策支持的作用。

从数据仓库的定义可知，它有 4 点基本特征：面向主题、集成的、相对稳定、随时间不断变化的。

（1）面向主题。

主题是一个在较高层次将数据归类的标准，每一个主题基本对应一个宏观的分析领域。比如，一个保险公司的数据仓库所组织的主题可能为客户、政策、保险金、索赔。而按应用来组织则可能是汽车保险、生命保险、健康保险、伤亡保险。由此可以看出，基于主题组织的数据被划分为各自独立的领域，每个领域有自己的逻辑内涵，互不交叉。而基于应用的数据组织则完全不同，它的数据只是为处理具体应用而组织在一起的。应用是客观世界既定的，它对于数据内容的划分未必适用于分析所需。"主题"在数据仓库中是由一系列表实现的。也就是说，依然是基于关系数据库的。虽然现在许多人认为多维数据库更适用于建立数据仓库，它以多维数组形式存储数据，但"大多数多维数据库在数据量超过10G 字节时效率不佳"。

（2）集成的。

在数据进入数据仓库之前必然要经过加工与集成，这一步实际上是数据仓库建设中最关键、最复杂的一步。首先，要统一原始数据中的所有矛盾之处，如字段的同名异义、异名同义、单位不统一、字长不一致等，还要将原始数据结构做一个从面向应用到面向主题的大转变。

（3）相对稳定。

它反映的是历史数据的内容，而不是处理联机数据，因而数据经集成进入数据仓库后是极少或根本不更新的，它一般只有载入和访问。

（4）随时间不断变化的。

表现在以下几个方面：首先，数据仓库内的数据时限要远远长于操作型环境中的数据时限。前者一般在5～10年；而后者只有60～90天。数据仓库保存数据时限较长是为了适应 DSS 进行趋势分析的要求。其次，操作型环境包含当前数据，即在存取一刹那是正确、有效的数据，而数据仓库中的数据都是历史数据。最后，数据仓库数据的码键都包含时间项，从而标明了该数据的历史时期。

2. 数据仓库体系结构

业务处理系统的设计目的在于加快数据登录和检索速度，以及数据之间的相关性和一致性，着重对于少量记录的操作；而数据仓库技术完成的是复杂的分析查询操作，对大量数据的汇总与分类，最终辅助管理层决策。

概括来说，数据仓库的体系结构是一种典型的 C/S 结构，客户端工作包括客户交互、格式化查询及结果和报表的生成等；服务器端对数据源进行操作，完成各种辅助决策的 SQL 查询、复杂的计算和各类综合功能。

目前数据仓库最普遍的形式是三层结构，即数据源层、数据仓库管理系统层和前端工具层。

1）数据源层

数据源层包括操作数据库和外部信息源。数据仓库系统的源数据取自 MIS 系统和 OLTP 系统所产生的操作型数据。同时，数据源还包括大量的外部数据，如顾问公司提供的本行业的统计数据、竞争者的市场占有率数据、财政指标的标准值等。利用这些外来数据，再结合公司内部数据来检查公司的表现如何，了解行业发展趋势及与其他企业进行协作或对比。

2）数据仓库管理系统层

数据仓库管理系统层是数据存储管理的主要部分，包括 ETL、数据存储，同时为数据展示提供接口。

系统中的数据是当前的、详细的，并且不断更新变化的。数据仓库需要把操作型系统产生的源数据、历史数据经过一系列的变化集成到数据仓库中。这些变化主要包括抽取（Extraction）、转换（Transformation）和加载（Loading），简称为 ETL 工具。最终在数据仓库中，数据有一致的数据形式，以便于分析决策，同时还要对这些数据进行维护，确保数据的正确性。数据仓库管理系统层还为前端工具层提供工具接口，使各种展示查询工具通过这个接口对数据进行分析展示。

3）前端工具层

前端工具层包括查询、分析、OLAP 和数据挖掘等。终端工具用于获取数据仓库中的信息，主要包括各种桌面产品、定制的分析工具和客户程序。通过前端的分析工具分析查询仓库中的数据，挖掘其中的信息，并通过报表等各种形式展示。

本质上讲，数据仓库是数据面向决策按照一定的规则重新组织、充分利用的过程。数据仓库体系实现数据来源、数据获取、数据存储、数据访问、数据分析和数据展示等功能，涉及元数据（Metadata）、ETL（Extraction-Transformation-Loading，数据提取、转换和加载）、操作数据存储（Operational Data Store，ODS）和数据集市（Data Mart）等技术方法。

在数据仓库领域中，元数据是关于数据的数据（data about data），或者说是描述数据的数据（data that describes data）。元数据是用于描述数据及其环境的数据，它对业务数据的描述帮助用户使用数据；对数据环境的描述支持系统对数据的管理和维护，例如关于数据项存储方法的元数据能支持系统以最有效的方式访问数据。在数据仓库系统中，元数据机制的系统管理功能包括：描述在数据仓库中的所有数据；定义进入数据仓库中的数据和从数据仓库中产生的数据；跟踪业务事件，抽取和记录相关的数据；记录并检测系统数据一致性的要求和执行情况；衡量数据质量。

在数据仓库体系中，数据获取是通过 ETL 实现的。ETL 负责将分布的、异构数据源中的数据如关系数据、平面数据文件等抽取到临时中间层后进行清洗、转换、集成，最后加载到数据仓库或数据集市中，成为联机分析处理、数据挖掘的基础。

ODS 是数据仓库体系结构中的一个可选部分，ODS 具备数据仓库的部分特征，是面向主题的、集成的、当前或接近当前的、不断变化的数据。ODS 的主要作用包括：

（1）在业务系统和数据仓库之间形成一个隔离层，存放从业务系统直接抽取出来的数据，这些数据从数据结构、数据之间的逻辑关系上都与业务系统基本保持一致。ODS 在抽取过程中极大地降低了数据转化的复杂性，而主要关注数据抽取的接口、数据量大小、抽取方式等方面的问题。

（2）转移一部分业务系统细节查询的功能。ODS 的数据从粒度、组织方式等各个方面都保持了与业务系统的一致，那么原来由业务系统产生的报表、细节数据的查询自然能够从 ODS 中进行，从而降低了业务系统的查询压力。

（3）完成数据仓库中不能完成的一些功能。具有细粒度的业务数据保留在 ODS 中，在某些特殊的应用中，就可以把细节数据查询的功能转移到 ODS 来完成，而且 ODS 的数据模型按照面向主题的方式进行存储，可以方便地支持多维分析等查询功能。

数据集市也叫数据市场，是从数据仓库里面抽取出来的具有专业特点的数据子集，是主题单一、规模较小的数据仓库。从范围上来说，数据集市的数据从企业范围的数据库、数据仓库，或者是更加专业的数据仓库中抽取出来的，满足专业用户群体的特殊需求。数据集市一般作为局部数据仓库和部门级数据仓库，服务于单个部门或部分用户。数据集市面向具体部门、业务单元或特定应用，规模较小，便于快速实现，而且成本较低，短期内可以获得明显成果。

2.1.2 港口数据仓库构建实例

本节首先分析港口业务流程和现有港口数据，从而确定数据仓库主题，接着针对港口运营分析主题采用三级数据模型方法实现数据仓库的设计，即概念模型、逻辑模型和物理模型的设计。

1. 港口业务及数据分析

这里所提的港口均指北方 Y 港。Y 港是一个国有大中型港口企业。与传统数据库面向应用进行数据组织的特点相对应，数据仓库的一个典型特征是要求数据按照其自然属性来组织，即面向主题，因此在构建数据仓库之前必须确定分析主题。分析港口业务流程和港口数据是为了明确界定港口数据仓库的概念模型，确定主题，它决定着数据仓库建设的成败和质量的好坏。

1）业务分析

港口生产的目的就是要充分利用港口的人力和设备，安全、优质、高效地完成水陆和水运网络中货物及旅客的转运服务。港口生产的主要对象是货物，而货物的装卸过程就是港口企业的主要生产过程。港口生产业务流程是从业务科签订业务合同到船到港后港口集团生产部门进行合同核实、配工装卸、库场堆存，以及最后的生成登记账并进行相应理货这样一个完整过程，其业务模型如图 2-1 所示。

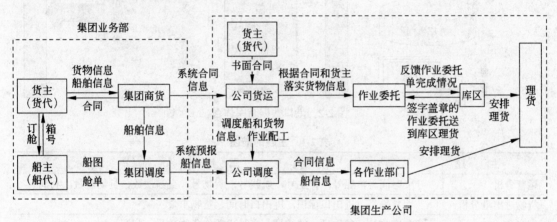

图 2-1　港口生产业务模型

2）数据分析

通过以上业务分析，可以看出港口交易涉及多个部门，而每个部门有着各自的数据库系统，存储着各自的交易数据，主要包括港口客户管理、仓库管理、船舶管理、车辆调度和货物管理等。这里所涉及的源数据表均来自 Y 港 2006 年一整年的生产业务数据表，共300 多张表，包括合同货物流向表、合同表、合同货物表、货物表、船舶表、装卸表和登记账表等，这些数据有的是现有信息系统中的业务数据，也有外部文件数据。数据仓库系统中的数据就是从这些业务数据库中提取出来，按照各个主题对数据进行一定的数据预处理，最终以统一格式的清洁的数据存储在数据仓库中，以多维数据模型存储来辅助高层决策。数据仓库中数据的来源、处理、保存和展示如图 2-2 所示。

3）主题确定

港口高层管理人员关心的主要指标有三个，即货物重量、交易次数和合同金额，在分析数据仓库的主题以及建模过程中就要围绕这三个方面进行。通过对管理人员决策需求的详细了解和对港口业务流程的详细分析，可以得出港口数据仓库的运营分析、货物进出港分析、客户分析、船舶进出港分析、泊位能力分析、堆场空置率分析和设备资产管理等几个主题，表 2-1 对主要的主题进行了描述。

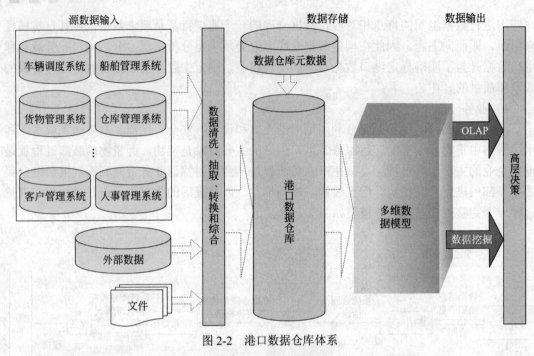

图 2-2　港口数据仓库体系

表 2-1　主题的描述

主　题	属　性　组
运营分析	时间号，船号，货主号，航线号，货物号，交易次数，货物重量，利润
货物进出港分析	货物号，进出口标识，进出口时间，货物重量
客户分析	客户号，货物号，航线号，交易次数，货物重量，利润
船舶进出港分析	船舶号，货物号，进出港标识，进出港时间，货物重量
泊位能力分析	船号，泊位号，船到港时间，船离港时间，货物号，货物重量

其中，港口的运营是港口最基本的活动，是一切数据分析的基础。因此，主要是针对港口运营分析这个主题进行数据仓库的构建。

2. 数据模型设计

港口数据仓库数据模型设计采用三级数据模型的方法，即概念模型、逻辑模型和物理模型。对于数据仓库，这三级数据模型分别对应于数据仓库中的信息包图设计、星型图设计及物理数据模型设计。

1）概念模型设计

概念模型设计也就是通常所说的需求分析，在与用户交流的过程中，确定数据仓库建立所需的数据源，建立容易理解的数据模型，有效地完成用户查询和数据之间的映射，涉及数据仓库使用者所提出的决策问题。

数据仓库的概念模型是面向企业全局建立的，它为集成来自各个事务处理系统的数据提供了统一的概念视图。概念模型的设计是在较高的抽象层次上的设计，一方面要对企业现有数据库中数据内容有一个完整而清晰的认识；另一方面，数据仓库是对原有数据库系统中的数据进行集成和重组而组成的数据集合，要充分了解决策者对数据分析的需求，通过确定系统边界和定义主题域来反映数据仓库的概念模型。

由于数据仓库的多维性，利用原始的数据流程图分析已经不能满足需求，超立方体可以表示多维数据，但是其直观性比较差，尤其当超过三维时，数据的采集和表示都比较困难。因此改用信息包图的方法来表示多维数据。信息包图是基于用户要求所建立的相关信息包，采用二维表格的形式来表示信息需求的多维特型，它有三个重要的对象：维度、粒度和指标对象。

下面主要是针对港口运营分析主题采用信息包图的方法构建数据仓库概念模型的过程：

（1）界定港口运营分析模型的边界。

针对目前港口运营生产的实际情况，根据业务分析和决策需求，要求所构建的港口运营分析数据仓库能提供以下几个方面的决策支持：

① 不同时期、各地货主生产情况的分析与比较；

② 哪些货物、货主的交易量大，港口获得的利润多；

③ 货主一般采用什么类型的船，走哪条航线，运什么样的货物；

④ 其他。

因此，建立港口运营分析数据仓库所需的数据包括货主信息数据、船舶信息数据、货物信息数据、航线信息数据、运营时间数据和港口运营利润数据。

（2）确定主要的主题域。

① 定义指标对象。指标对象也就是事实表中的度量，它是在维度空间衡量信息的一种方法，通过一个基准比较所得到的数量值，比如交易次数。

② 定义维度。维度是一个物理特征，它是访问和表达信息的一个途径。例如时间、货物类型、货主、船舶和航线可以作为维度。

③ 定义粒度。粒度是一个维度内为提供详细分类信息而定义的特定分类，其中的成员是为了辨别和区分特定的数据而定义的。如时间维度，年、季度、月份可以作为时间维粒度。图 2-3 显示了所有维的粒度定义。

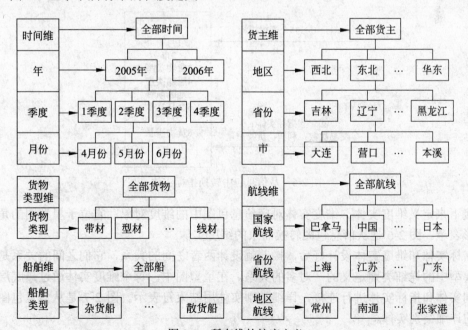

图 2-3　所有维的粒度定义

各种详细信息类别确定后，接下来就需要将各个维度对象、指标对象以及粒度对象用信息打包的方式形成一个完整的信息包图。如图 2-4 所示。

维度				
所有时间	所有货主	货物类型	船舶	航线
年	地区	货物类型	船舶类型	国家航线
季度	省份			省份航线
月份	市			地区航线
指标对象：交易次数　利润　货物重量				

图 2-4　港口运营情况信息包图

2）逻辑模型设计

建立了完整的信息包图后，就需要将信息包图转换成星型图。按照转换的原则，首先定义指标实体，指标实体是由数据指标和逻辑指标构成，信息包图的指标对象对应着星型图中的数据指标，而信息包图中每个维度的最低级类别可以纳入到逻辑指标中，这样得到的数据指标和逻辑指标共同构成了星型图中的指标实体。该指标实体位于星型图的中央，用矩形表示。图 2-5 就是从信息包图转换而来的指标实体。

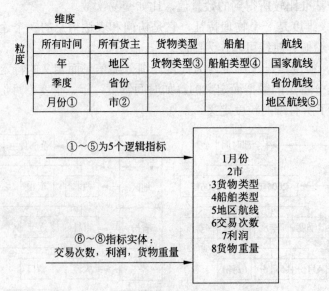

图 2-5　从信息包中转换指标实体

接下来定义维度实体。维度实体对应信息包图中的维度对象，它位于星型图的角上，用菱形表示。图 2-6 是从信息包图转换而来的维度实体。

指标实体和维度实体设计好后，接着就设计两者之间的关系，它们之间的关系是通过逻辑模型中的详细类别定义的一对多的关系。在星型图中，每个维度实体通过最底层的详细类别实体和指标实体进行连接，详细类别实体用结束符表示。图 2-7 是从信息包图转换而来的详细类别实体。

所有时间
所有货主
货物类型
船舶
航线
年
地区
货物类型
船舶类型
国家航线
季度
省份
省份航线
月份
市
地区航线
年
季度
月份
地区
省份
市
货物
类型
船舶
类型
国家航线
省份航线
地区航线
时间
货主
货物类型
船舶
航线

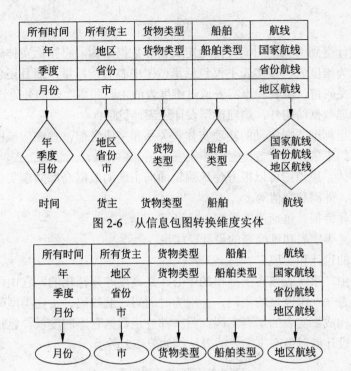

图 2-6　从信息包图转换维度实体

所有时间
所有货主
货物类型
船舶
航线
年
地区
货物类型
船舶类型
国家航线
季度
省份
省份航线
月份
市
地区航线
月份
市
货物类型
船舶类型
地区航线

图 2-7　从信息包图转换详细类别实体

有了各种实体后，就可以建立完整的港口生产星型图。图 2-8 展示了从信息包图转换而来的星型图。

时间
月份
1
货主
市
2
航线
地区航线
6
1月份
2市
3船舶类型
4其他
5货物类型
6地区航线
7交易次数
利润
货物重量
3
船舶类型
5
货物类型
船舶
货物
4
其他
其他

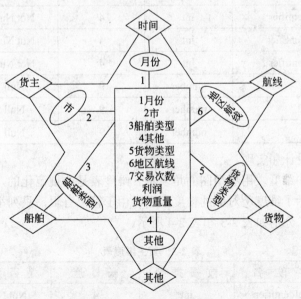

图 2-8　港口生产星型图

3）物理模型设计

针对港口生产主题建立好了星型图后，要在综合考虑该星型图的指标实体、维度实体和详细类别实体的基础上，确定数据仓库中事实表和维度表的物理结构以及它们之间的相互约束关系。

根据逻辑设计得到的星型图能方便地定义物理数据结构。将指标实体转化为事实表，将维度实体转化为维度表，事实表不仅包括星型图中心的指标量，而且还包括星型图角上的维度实体中的主码值，维表和事实表通过维度表的主码和事实表的外码连接。

除了建立物理数据结构外，物理模型设计还应该包括：

（1）定义数据标准。在定义的物理实体、关系和字段之前，首先应该明确命名约定，包括数据类型、约束条件、设备、索引和缺省等。

（2）定义实体。星型图可以很方便地确定面向主题的数据仓库共享实体，完整定义其属性，包括主码、外码和空值等。

（3）确定实体特征。包括值的类型、长度等。

下面分别描述事实表和维度表的设计及实现。

（1）事实表的设计和实现。

在星型模型中，事实表包含于星型的中心，是高度非规范化的，它由两部分组成：一部分是其周围的表——维度表的主码，分别为时间码、航线码、货物类型码、货主码和船舶码，它们共同构成事实表的组合主码；另一部分是数据仓库的度量，包括交易次数、货物重量和利润。设计港口生产事实表的表结构如表 2-2 所示。

表 2-2　港口生产事实表

列　名	字　段　名	数　据　类　型	长　度	是否为空	约　束
货物标识	CargoIdentifier	int	4	Not Null	<PK，FK>
货主标识	ShipperIdentifier	int	4	Not Null	<PK，FK>
船舶标识	ShipIdentifier	int	4	Not Null	<PK，FK>
时间标识	TimeIdentifier	int	4	Not Null	<PK，FK>
航线标识	LineIdentifier	int	4	Not Null	<PK，FK>
利润	Profit	number	9	Null	
货物重量	Weight	number	9	Null	
交易次数	Ct	number	9	Null	

（2）维度表的设计和实现。

在星型模型中，维度表用星型图的角表示。维度表是非规范化的，每个维度都有其对应的维度表，它显示了维度所对应的粒度级别。由于篇幅有限，只列举了货主维度表和航线维度表的表结构，分别如表 2-3 和表 2-4 所示。

表 2-3　货主维度表

列　名	字　段　名	数　据　类　型	长　度	是否为空	约　束
地点标识	TimeIdentifier	int	4	Not Null	Primary Key
地区	Religion	char	5	Null	
省份	Province	char	10	Null	
市	City	char	20	Null	

表 2-4　航线维度表

列　　名	字　段　名	数 据 类 型	长　　度	是 否 为 空	约　　束
航线标识	LineIdentifier	int	4	Not Null	Primary Key
国家航线	Country	char	20	Null	
省份航线	Province	char	20	Null	
地区航线	City	char	20	Null	

2.2　数据集成

始于 20 世纪 90 年代中期的大规模推进信息化运动，使得国内众多企业过渡到了以 ERP、CRM 和电子商务等信息系统来进行业务流程管理的阶段。然而，越来越多的数据积累，不断出现的信息孤岛，使得企业的信息资产不仅分散且利用率相对低下。在这一背景下应运而生的数据集成需求日渐强烈。

2.2.1　数据集成的含义和作用

数据集成（Data Integration），也称数据整合，是能够提升企业业务响应能力的关键技术之一。但要给"数据集成"下一个定义并不容易，对于具有不同技术背景、不同知识体系的人而言，其概念的差异性明显。

对开发人员而言，数据集成往往等同于数据联合，即把分散在不同位置的数据集中起来；对架构师来说，数据集成通常意味着应用消息的互联；而对 IT 系统的使用者业务人员来说，他们希望数据集成并不是"服务"、"数据库"和"数据仓库"等概念的堆砌，而是真正数据语义的集中。

而从项目实施的流程与结果上看，数据集成需要拥有一个狭义的定义，即数据集成代表着不同系统、不同存储介质中的数据被集成到同质数据环境中，并以统一数据视图的形式予以展现，供将来信息检索、分析处理等应用的技术。图 2-9 显示了数据集成系统模型。

数据集成屏蔽了各种异构数据间的差异，通过异构数据集成系统统一操作。因此集成的异构

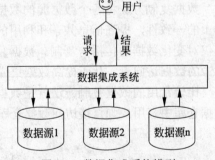

图 2-9　数据集成系统模型

数据对用户来说是统一的和无差异的。通过数据集成，可以通过更集中的方式管理和控制数据，从而创造更大的规模效应。更重要的是，可以将存储作为一项资源来管理。

数据集成不是对企业原有技术和模式的颠覆，而是把企业中来源于不同系统、不同平台的各种数据整合起来以更准确地响应需求。它也不是简单地把数据集中起来，而是在详细分析了既有系统及数据后建立全局概念模型的基础上对原有数据进行综合，建立面向决策主题的数据集合。

通过数据资源集成，使得企业现有的多种业务系统、多种异构数据源能够并存，能够

很好地保证数据的完整性、唯一性、相关性、一致性、有效性以及正确性，并实现异构数据源动态、及时的互访和信息的挖掘及综合利用，既保护了企业的原有信息化投资，又提供了应用系统由旧向新、系统平台由低向高的平滑过渡，能够满足企业低成本、阶段性、可扩展性信息系统建设的需要。将数据集成应用到业务系统可以带来如下好处：

(1) 消除信息孤岛，使业务系统形成互通互联的整体；

(2) 提供满足信息安全的统一数据发布平台；

(3) 提供了已有业务系统升级的新手段；

(4) 为建立决策系统提供了数据准备；

(5) 解决了数据不规范、编码不一致等问题；

(6) 形成了"按需定制"的信息架构。

2.2.2 数据集成的一般架构

在过去的几年时间里，国内很多行业通过"数据大集中"对自己的 IT 系统进行了不同程度的整合，如金融、电信和政府机构等，以建立适合自己行业特点的、能够在相对较长的时间周期内适应新技术和新市场需求变化的"适应型 IT 架构"。

数据集成是企业数据战略的重要组成部分，其实现框架由不同层次和种类的技术所构成。

自从 20 世纪 80 年代以来，异构多数据库系统一直是数据库领域的一个主要研究方向。进入 90 年代后，由于计算机网络技术的迅猛发展，对数据库又有了新的要求：各种数据库中的信息不仅需要在 Internet 上发布，而且大量的应用需要能够同时访问多个数据库中的数据。

为了解决异构数据库之间的互联集成问题，国际化标准组织和各数据库厂家做了不懈的努力。目前，有以下几种比较常见的异构数据集成方法。

1. 数据复制方法

数据复制方法将各个数据源的数据复制到与其相关的其他数据源上，并维护数据源整体上的一致性，提高信息共享和利用的效率。数据复制可以是整个数据源的复制，也可以是仅对变化数据的传播与复制。数据复制方法可以减少用户使用数据集成系统时对异构数据源的数据访问量，从而提高数据集成系统的性能。

比较常用的数据复制方法就是数据仓库方法。该方法将各个数据源的数据复制到同一数据仓库中，用户则直接访问数据仓库获取数据。体系结构如图 2-10 所示。

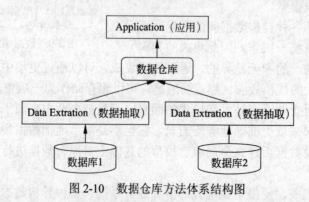

图 2-10　数据仓库方法体系结构图

运用数据仓库技术是国内外大中型企业进行数据资源整合普遍采用的方案，而 ETL（Extraction，Transformation，Loading）是数据仓库技术中最为重要和投资最大的部分。从各行业的最佳实践方法论中可以看到，运用 ETL 工具比传统的非 ETL 工具的解决方案效率要高很多。

2. 中间件集成方法

中间件集成方法是一种典型的模式集成方法。

模式集成（Schema Integration）是人们最早采用的数据集成方法，也是其他数据集成方法的基础。其基本思想是在构建集成系统时，将各数据源共享的数据视图集成为全局模式（Global Schema），供用户按照全局模式透明地访问各数据源的数据。全局模式描述了数据源共享数据的结构、语义及操作等。用户直接在全局模式的基础上提交请求，由数据集成系统处理这些请求，转换成各个数据源在本地数据视图基础上能够执行的请求。

数据集成中间件位于异构数据源系统（数据层）和应用程序（应用层）之间，向下协调各数据源系统，向上为访问集成数据的应用提供统一数据模式和数据访问的通用接口。

基于中间件的数据集成系统主要包括中间件和包装器，其中每个数据源对应一个包装器，中间件通过包装器和各个数据源交互，如图 2-11 所示。用户在全局数据模式的基础上向中间件发出查询请求。中间件处理用户请求，将其转换成各个数据源能够处理的子查询请求，并对此过程进行优化，以提高查询处理的并发性，减少响应时间。包装器是对特定数据源进行了封装，将其数据模型转换为系统所采用的通用模型，并提供一致的访问机制。中间件将各个子查询请求发送给包装器，由包装器来和其封装的数据源交互，执行子查询请求，并将结果返回给中间件。

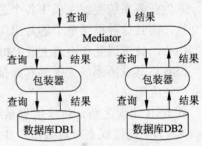

图 2-11　中间件集成方法结构图

2.2.3　数据信息系统集成

美国信息化专家米切（Mische）于 20 世纪 90 年代初揭示了信息系统整合与数据管理密不可分，系统整合期的重要特征就是做好数据组织，或者说信息系统整合的实质就是数据整合和集成。

信息系统集成的内容丰富，可以从广度和深度两个维度来考虑。

从集成的广度来讲，信息系统集成由易到难有如下集成：部门内部的信息系统集成、部门之间的信息系统集成、企业级的信息系统集成、与有稳定关系的合作伙伴之间的信息系统集成和与随机遇到伙伴之间的信息系统集成。

从集成的深度来讲，从易到难的集成主要有数据的集成、应用系统的集成和业务流程的集成。

信息系统的集成可以扩展包括各种标准的统一和硬件网络平台的集成。平台的集成是为了实现系统的集成，要求底层的结构、软件、硬件以及异构网络的特殊需求等必须集成。

1. 集成信息系统模型

信息系统的集成是将那些孤立运行的计算机应用系统整合成企业集成信息系统（EIIS），它是一个三维系统模型，第一维是管理运行层次，自上而下包括战略管理、战术管理、运行管理和业务管理 4 个层次；第二维是职能部门的划分，例如生产部、市场营销部、财务部、人事部和技术部等；第三维是信息处理功能，包括数据处理、信息形成、问题分析和统筹规划 4 个层次。这种三维模型既面向功能也面向数据流，在功能方面强调集成化的信息系统跨部门、跨功能、各层次贯通和各种功能能够结合的集约化管理特征。但这些功能模块的实现必须是在集成的数据环境中运行，因此数据规划实现集成化的数据环境是实现系统集成的基础。

2. 基于 ESB 的系统整合

ESB（Enterprise Service Bus，企业服务总线）是中间件技术与 Web Service 等技术结合的产物，也是 SOA（Service-Oriented Architecture）系统中的核心基础设施。

ESB 的定义通常如下：它是由中间件技术实现并支持的面向服务架构的一组基础架构功能，支持异构环境中的服务、消息以及基于事件的交互。它采用类似计算机主板总线模式，其他业务系统类似主板中各个芯片。通过芯片针脚外挂到主板总线，实现数据的传输和交换，而且这种框架单个芯片出现故障不影响其他芯片的正常工作。CPU 类似 ESB 的控制中心，负责调度和协调主板上每个芯片的正常工作。

ESB 以其业务系统无关性和即插即用方式，目前已经逐步在国内电信、金融和运输等行业广泛应用。

在 ESB 出现之前，传统信息系统整合采用高耦合方案，即将 N 个系统互连，将产生 $N \times (N-1)$ 个连接或点对点接口，并且在集成第 $N+1$ 个应用系统时，需要开发、文档化、测试和维护 $2N$ 套新的接口，必须修改每个已有的应用程序中的代码以包括进新的接口。这是低效且实际不可行的方案。

由于基于 ESB 的数据共享与交换平台采用总线方式，成功解决了传统集成方案接口多样性的难题。而总线方式是产生最小接口数目 N 的最优解决方案，能大量消除功能交叉的冗余代码，增加了代码的可重用性，降低了系统的维护难度，增强了系统的可扩展性和健壮性，缩短了开发周期，适应了业务的快速变化，增强了系统的敏捷性，真正做到了以业务为中心和面向服务。

ESB 的出现改变了传统的软件架构，可以提供比传统中间件产品更为廉价的解决方案，同时它还可以消除不同应用系统之间的技术差异，让不同的应用服务协调运作，实现不同服务之间的通信与整合。ESB 也因此在分布式应用系统集成方面成为一种新的集成范例，为企业提供了一种保护目前投资的新的可选方案。

讨论案例：渤海港务公司的整合方案

周末，讨论如期进行，这一次因为有了前面的准备，讨论异常热烈。

小李说："我查资料发现，ESB 跟我上次提到的中间件方法有直接的关系，在 ESB 模式下，各业务系统以插件形式部署在 ESB 端点，系统间没有直接的通信通道，跟传统点对点的连接方式有很大的不同，该模式系统间依赖性低，任何系统都独立运行，不受其他业务系统运行状态的影响。这样就可以把我们的平台和系统集成起来。"集成方案如图 2-12 所示。

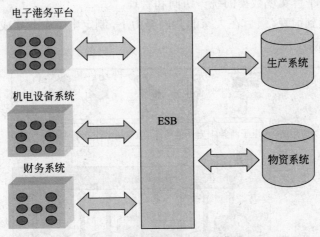

图 2-12　ESB 模式下的系统集成

小张说："ESB 的低耦合性质固然好，但对于我们港口企业，数据安全性更重要。我查了一下，ESB 以服务形式开放接口，内部结构透明。服务接收者无须关心服务提供者内部数据结构，服务提供者也没这个义务为对方开放数据访问权限。保证了服务提供者系统数据的安全性，服务接收者只能在服务有限范围内访问服务提供者。"

信息中心资历最老的老刘更关心系统的稳定性，在他看来系统的稳定性才是根本。关于这一点，王主任也有相同的看法。王主任解释道："ESB 采用总线结构部署企业内部应用系统，系统间通过 ESB 实现数据共享与访问，并不通过直链方式。因此，任何一个系统出现故障，只有与该系统相关系统的对应模块不可用，并不影响系统的其他应用模块的正常运行。整个服务链处于正常工作状态。如图 2-13 所示（红色代表故障点）。

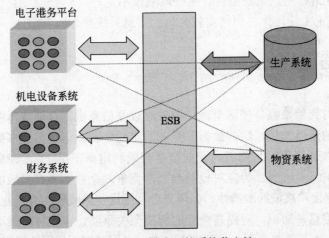

图 2-13　ESB 模式下的系统稳定性

"比如生产系统出现故障不能正常运行，导致 ESB 到生产系统通道不可用，同时其他业务系统的模块访问生产系统时，ESB 迅速反馈不可访问的应答信息，系统内部其他与生产系统无关的模块可以正常运行，完全不受影响。这正是我选择 ESB 的原因。所以，我考虑我们企业可不可以在原来 J2EE 系统三层架构的基础上增加一层虚拟中间层，即中间业务平台，通过这个平台实现数据的统一访问和管理。"

讨论一直持续到很晚，最后在大家的共同努力下，制定出了企业集成 ESB 的系统架构，具体如图 2-14 所示。

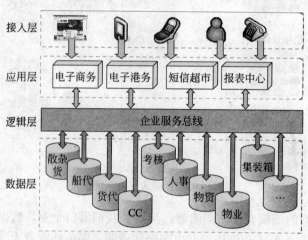

图 2-14　集成 ESB 的系统架构图

次周，王主任将整合方案提交给张总，张总说："好，我马上让办公室安排相关人员会议，到时你把方案报告给大家，你准备一下。"

王主任的整合方案得到与会中高层经理的赞同，张总当即批准执行。

随后，整合工作正式进入执行阶段。

讨论题

1. 你认为王主任提出的信息系统整合方案是否恰当？
2. 使用 ESB 进行信息系统整合有哪些风险或不足？
3. 如果你是王主任，你将如何实施公司的信息系统整合？

2.3　数据挖掘

随着信息化时代的来临、经济全球化的发展以及信息数据存储成本的不断下降，企业数据正在以惊人的速度增长，这些数据是企业的重要资源，但目前大多数的企业并未对其进一步的利用。统计表明，目前国内企业数据有效利用率不足 7%，许多决策是在没有充分信息支持的情况下做出的。为应对日益激烈的竞争，企业需要有灵敏的感觉和快速反应能力，提高反应速度和决策的准确性。如何充分利用这些隐藏着巨大商业价值的数据资产，提炼出有价值的信息、知识，对提高企业的智能至关重要。在这种背景下，数据挖掘思想和技术应运而生。本节将在前面两节基础上，进一步探讨深入利用数据资源的第三个层次，即面向管理决策的数据挖掘和知识发现。

2.3.1　数据挖掘概述

1.　数据挖掘的含义及演化过程

面对数据的飞速增长，面对这些"堆积如山"的数据集合，我们如何理解并有效地利用这些数据呢？又如何从这大量的数据中发现隐藏在其后的规律呢？我们需要一种高级的新技术，这种新的技术就是数据挖掘（Data Mining）。

数据挖掘的定义很多，在不同的教科书中有不同的定义。数据挖掘又称为数据开采、数据发掘等，它也可看作知识发现（Knowledge Discovery in Databases，KDD）。如果一定要区别两者，通常用 KDD 指在数据中发现有用的知识的过程，而数据挖掘是指从数据中萃取模式的有用程序算法。知识发现通常用在科学研究中，而数据挖掘多用在工程、商业中。从定义上来看，有从技术角度给出的，也有从商业角度给出的。从技术角度看，数据挖掘是从大量的、不完全的、有噪声的、模糊的、随机的实际数据中发现并提取隐藏在其中的有用信息或知识的过程。那么，何为知识呢？从广义上理解，数据、信息都是知识的表现形式，但是人们更多的是把概念、规则、模式和规律等看作知识。这里所说的知识发现，不是要求发现放之四海而皆准的真理，也不是要去发现崭新的自然科学定理和纯数学公式，更不是什么机器定理证明。实际上，所有发现的知识都是相对的，是有特定前提和约束条件，面向特定领域的，同时还要能够易于被用户理解。最好能用自然语言表达所发现的结果。

在数据挖掘中，人们把原始数据看作是形成知识的源泉，好像从矿石中采矿或淘金一样。所以，数据挖掘形象一点说就是在数据山中挖金子，不过这里的金子是知识（Knowledge），这也就是数据挖掘名字的由来。

从商业应用角度来看，数据挖掘是一种崭新的商业信息处理技术，可以描述为按企业既定业务目标，对大量的企业数据进行探索和分析，揭示隐藏的、未知的或验证已知的商业规律，并进一步将其模式化的数据处理方法。它最吸引人的地方就是能够建立预测型而不是回顾型的模型。因此，数据挖掘是一门交叉学科，它把人们对数据的应用从低层次的简单查询提升到从数据库中挖掘知识，提供决策支持。

数据挖掘技术其实是信息技术逐渐演化的结果，它使数据库技术进入了一个更高级的阶段，它不仅能对过去的数据进行查询和遍历，并且能够找出过去数据之间的潜在联系，从而促进信息的传递。

数据挖掘与传统数据分析的本质区别在于数据挖掘是在没有明确假设的前提下去挖掘信息、发现知识，即数据挖掘是要发现那些不能靠直觉发现的信息或知识，甚至是违背直觉的信息或知识，而且挖掘出的信息越是出乎意料就可能越有价值。在商业应用中最典型的例子就是多次被人们广泛引证的"尿布与啤酒"的经典例子：Wal*Mart 公司利用数据挖掘技术分析商品之间的关联，意外地发现跟尿布一起销售最多的商品竟是啤酒（后续调查得知，先生们为小孩买尿布时又随手带回两瓶啤酒）。公司依此采取简单的同架放置措施，使得销量双双增长。这一发现之所以意外，是因为经理和销售专家事前也不知道尿布与啤酒有如此大的关联。

数据挖掘是一个发现过程，它从大量的数据中挖掘隐藏在数据中的模式和关系，是一种挖掘性的分析工具，主要是利用各种分析方法主动地去挖掘大量数据中蕴涵的规律，数据挖掘在本质上是一个归纳的过程。数据挖掘不是验证某个假定的模式的正确性，而是基于历史数据主动发现有用的模式。发现型模式也称为数据驱动型模式。数据挖掘获得的通常都是预测性信息，即通过历史数据发现发展趋势，是对未来的预测。

2. 数据挖掘对象与流程

在数据挖掘中，人们把原始数据作为像矿石或沙子一样的挖掘对象，它可以是结构化的，如关系数据库中的数据；也可以是半结构化的，如文本、图形、图像数据，甚至是分布在网络上的异构型数据，所以数据库、数据仓库、Web 甚至数据文件都是它的挖掘对象。

在这里要特别注意的是，数据挖掘是因为数据对象的丰富而采取的一种提取技术，所提取出的"金子"表示为概念、规则和规律等知识形式。

数据挖掘的整个过程可粗略地分为问题定义（Task Definition）、数据准备和预处理（Data Preparation and Preprocessing）、数据挖掘（Data Mining），以及结果的解释和评估（Interpretation and Evaluation）。

（1）问题定义。数据挖掘是为了在大量数据中发现有用的令人感兴趣的信息，因此发现何种知识就成为整个过程中第一个也是最重要的一个阶段。在问题定义过程中，数据挖掘人员必须和领域专家以及最终用户紧密协作，一方面明确实际工作对数据挖掘的要求；另一方面通过对各种学习算法的对比进而确定可用的学习算法。后续的学习算法选择和数据集准备都是在此基础上进行的。

（2）数据收集和预处理。数据准备又可分为三个子步骤：数据选取（Data Selection）、数据预处理（Data Preprocessing）和数据变换（Data Transformation）。

数据选取的目的是确定发现任务的操作对象，即目标数据（Target Data），是根据用户的需要从原始数据库中抽取的一组数据。数据预处理一般可能包括消除噪声、推导计算缺值数据、消除重复记录、完成数据类型转换（如把连续值数据转换为离散型的数据，以便于符号归纳；或是把离散型的转换为连续值型的，以便于神经网络）等。当数据挖掘的对象是数据仓库时，一般来说，数据预处理已经在生成数据仓库时完成了。数据变换的主要目的是消减数据维数或降维（Dimension Reduction），即从初始特征中找出真正有用的特征以减少数据挖掘时要考虑的特征或变量个数。

（3）数据挖掘。数据挖掘阶段首先根据对问题的定义明确挖掘的任务或目的，如分类、聚类、关联规则发现或序列模式发现等。确定了挖掘任务后，就要决定使用什么样的算法。选择实现算法有两个考虑因素：一是不同的数据有不同的特点，因此需要用与之相关的算法来挖掘；二是用户或实际运行系统的要求，有的用户可能希望获取描述型的（Descriptive）、容易理解的知识（采用规则表示的挖掘方法显然要好于神经网络之类的方法），而有的用户只是希望获取预测准确度尽可能高的预测型（Predictive）知识，并不在意获取的知识是否易于理解。关于数据挖掘所采用的一些常用算法，在下面章节将给出详细的描述。

（4）评估与表示模式。评估根据某种兴趣度度量，识别表示知识的真正有趣的模式。知识表示阶段使用可视化和知识表示技术，向用户提供挖掘的知识。数据挖掘阶段发现出来的模式，经过评估，可能存在冗余或无关的模式，这时需要将其剔除；也有可能模式不满足用户要求，这时则需要整个发现过程回退到前续阶段，如重新选取数据、采用新的数据变换方法、设定新的参数值，甚至换一种算法等。另外，数据挖掘由于最终是面向人类用户的，因此可能要对发现的模式进行可视化，或者把结果转换为用户易懂的另一种表示，如把分类决策树转换为 if…then…规则。

数据挖掘仅仅是整个过程中的一个步骤。数据挖掘质量的好坏有两个影响要素：一是所采用的数据挖掘技术的有效性；二是用于挖掘的数据的质量和数量（数据量的大小）。如果选择了错误的数据或不适当的属性，或对数据进行了不适当的转换，则挖掘的结果必然不佳。

整个挖掘过程是一个不断反馈的过程。比如，用户在挖掘途中发现选择的数据不太好，或使用的挖掘技术产生不了期望的结果。这时，用户需要重复先前的过程，甚至从头重新开始。

可视化在数据挖掘的各个阶段都起着重要的作用，特别是在数据准备阶段，用户可能要使用散点图、直方图等统计可视化技术来显示有关数据，以期对数据有一个初步的了解，从而为更好地选取数据打下基础。在挖掘阶段，用户要使用与领域问题有关的可视化工具。在表示结果阶段，可能要用到可视化技术以使得发现的知识更易于理解。

3. 数据挖掘模式与方法简介

模式是用某种语言形成的表达式，它可用来描述数据集中数据的特性，表达式所描述的数据是数据集的一个子集。

数据挖掘的任务是从数据集中发现模式。模式有很多种类型，在实际应用中往往根据模式的实际作用将其分为两大类：预测型（Predictive）模式和描述型（Descriptive）模式。

预测型模式是可以根据数据项的值精确确定某种结果的模式。挖掘预测型模式所使用的数据也都是可以明确知道结果的。在建立这些模式时，一般使用一部分数据作为样本；用另一部分数据来检验、校正模式。例如，根据各种动物的资料可以建立这样的模式：凡是胎生的动物都是哺乳类动物，当有新的动物资料时，就可以根据这个模式判别此动物是否是哺乳动物。属于这类模式的有三种，分别是：

（1）分类（Classification）模式。分类是按一定标准把数据对象划归到所属类别中。分类模式是一个分类函数，它能够把数据集中的数据项映射到某个给定的类上。

（2）回归（Regression）模式。回归模式的函数定义与分类模式相似，它们的差别在于分类模式的预测值是离散的，回归模式的预测值是连续的。

（3）时间序列模式。时间序列模式根据数据随时间变化的趋势预测将来的值。

描述型模式是对数据中存在的规则做一种描述，或者根据数据的相似性把数据分组。描述型模式不能直接用于预测。这类模式在模式建立前是未知的，模式的产生不受任何监督。例如，地球上70%的表面被水覆盖，30%是土地。属于这一类的模式有：

（1）聚类（Clustering）模式。聚类是识别一组数据对象的内在规律，从而将对象分组，构成相似对象类。聚类模式与分类模式不同，聚类不包含预定义的或隐藏的关系及模式，所有对象的类属关系都是未知的。

（2）关联（Association）模式。关联模式是数据项之间的联系规则。联系是事件驱动的，即联系存在于两个共生的事件之间。

（3）序列模式。序列模式表示数据之间的时间关联性。与关联模式类似，序列模式也是事件驱动。

　　要建立和实现上述模式，就需要数据挖掘技术和方法。数据挖掘采用机器学习、统计和数据库等方法进行知识学习，因此常用的数据挖掘技术可以分为统计分析类、知识发现类和其他类型的三大类。统计分析（或称为数据分析）技术中使用的数据挖掘模型有线性分析和非线性分析、回归分析、时间序列分析、最近邻算法和聚类分析等技术。利用这些技术可以检查那些异常形式的数据，然后利用各种统计模型和数学模型解释这些数据，解释隐藏在这些数据背后的市场规律和商业机会。

　　知识发现类数据挖掘技术是与统计类数据挖掘完全不同的一种挖掘技术，它可以从数据仓库的大量数据中筛选信息，寻找市场可能出现的运营模式，发掘人们所不知道的事实。知识发现类数据挖掘技术包含人工神经网络、决策树、遗传算法、粗糙集和关联规则发现等。

　　其他数据挖掘技术中包含文本数据挖掘、Web 数据挖掘、空间数据挖掘、分布式数据挖掘和可视化系统等。

　　在挖掘目的和矿藏已探明的情况下，能否挖掘出金子的关键就在于是否懂得适宜的采掘方法。下一节将详细介绍几种数据挖掘方法。

2.3.2　数据挖掘算法

　　上节介绍了数据挖掘的几种模式和方法类，本节主要介绍三种比较实用的数据挖掘算法，并最后给出一个应用实例。

1. 决策树算法

先考虑一个分类问题。我们从计算机商那里得到这样一张统计表，如表 2-5 所示。

表 2-5　购买计算机统计表

标 识 号	年　　龄	收　　入	学　　生	信　誉　度	购买计算机
1	<30	高	否	普通	否
2	<30	高	否	高	否
3	30~40	高	否	普通	是
4	>40	中	否	普通	是
5	>40	低	是	普通	否
6	>40	低	是	高	是
7	30~40	低	是	高	否
8	<30	中	否	普通	是
9	<30	低	是	普通	是
10	>40	中	是	普通	是
11	<30	中	是	高	是
12	30~40	中	否	高	是
13	30~40	高	是	普通	是
14	>40	中	否	高	否

你能否通过这张表得到一些购买计算机的规则，并通过这些规则去判断某人是否会买计算机。

这是一个预测型模式问题，实现方法之一是决策树算法。

决策树（Decision Tree）算法是一种运用归纳算法（Inductive Algorithms）产生的树型结构的预测模型。该算法利用信息论中的信息增益（Information Gain）寻找数据库历史数据中具有最大信息量的字段，建立决策树的一个结点，再根据该属性的不同取值建立树的分支；在每个分支子集中重复建立决策树的下层结点和分支，这样便生成一棵决策树；接下来还要对决策树进行剪枝处理，最后将决策树转化为规则。运用这些规则，就可以对新事例（数据对象）进行分类。

国际上最有影响和最早的决策树算法是 Bayes 和 Quiulan 的 ID3 算法。

1）算法步骤

ID3 算法的过程如下：

（1）从训练集中随机选择一个既含正例又含反例的子集（称为窗口）。

（2）用下面的建树算法对当前窗口形成一棵决策树。

（3）对训练集（窗口除外）中例子用所得决策树进行类别判定，找出错判的例子。

（4）若存在错判的例子，把它们插入窗口，转步骤（2），否则结束。

ID3 算法中的建树算法用于形成一棵决策树，它由 5 步组成：

（1）对当前例子集合，计算各属性的信息增益（它涉及信息熵理论，见下面的公式）。

（2）选择信息增益最大的属性 A1。

（3）把在 A1 处取值相同的对象归于同一子集，A1 取几个值就得有几个子集。

（4）对既含正例又含反例的子集，递归调用建树算法。

（5）若子集仅含正例或反例，对应分枝标上 P 或 N，返回调用处。

2）计算信息增益

设 S 是由 s 个数据例子组成的集合，m 是类属性（决定分出多少类的属性，一般是最后一列）不同值的个数，$s_i(i=1,\cdots,m)$ 是 S 中属于类 $C_i(i=1,\cdots,m)$ 的例子数。先定义信息熵：

$$I(s_1, s_2, \cdots, s_m) = -\sum_{i=1}^{m} p_i \log_2(p_i)$$

其中 p_i 是一个概率。

再设属性 A（任一属性，如年龄）有 v 个不同值 $\{a_1, a_2, \ldots, a_v\}$。属性 A 用于分割 S 成为 v 个子集 $\{S_1, S_2, \ldots, S_v\}$，其中 S_j 包含那些值为 a_j 的 S 中的例子（若选 A 作为检验属性，则这些子集就是该结点上生出的分枝）。设 s_{ij} 是类 C_i 在子集 S_j 的例子数，则属性 A 的条件熵（期望信息）定义为：

$$E(A) = \sum_{j=1}^{v} \frac{s_{1j} + \cdots + s_{mj}}{s} I(s_{1j}, \cdots, s_{mj})$$

这里 $\sum_{j=1}^{v} \frac{s_{1j} + \cdots + s_{mj}}{s}$ 作为第 j 个子集的权数，也是子集中的例子数。最后，定义属性 A 的信息增益为：

$$Gain(A) = I(s_1, s_2, \cdots, s_m) - E(A)$$

3）生成决策树

为了看清楚如何生成决策树，再回到前面的问题。

在这个问题中，类属性标号是买计算机，它有两个不同的值（yes，no），即 $m = 2$。令 C1 对应 yes 类，C2 对应 no 类，则 C1 中有 9 个例子，C2 中有 5 个例子。现在有一个人的属性描述为（42，收入中等，非学生，信誉极好），他会购买计算机吗？

我们一起来推导。首先计算信息熵：

$$I(s_1 : s_2) = I(9 : 5) = -\frac{9}{14}\log_2\frac{9}{14} - \frac{5}{14}\log_2\frac{5}{14} = 0.940$$

再来计算每一个属性的条件熵和信息增益。对于年龄属性：

$$\text{for age=" < 30":} \quad s_{11}=2 \quad s_{21}=3 \quad I(s_{11} : s_{21})=0.971$$
$$\text{for age="30 ~ 40":} \quad s_{12}=4 \quad s_{22}=0 \quad I(s_{12} : s_{22})=0$$
$$\text{for age=" > 40":} \quad s_{13}=3 \quad s_{23}=2 \quad I(s_{13} : s_{23})=0.971$$

$$E(age)=\frac{5}{14}I(s_{11} : s_{21})+\frac{4}{14}I(s_{12} : s_{22})+\frac{5}{14}I(s_{13} : s_{23})=0.694 .$$

$$Gain(age)=I(s_1 : s_2)-E(age)=0.246$$

类似地，计算得到 Gain(income) = 0.029，Gain(student) = 0.151，Gain(credit_rating)= 0.048。

其次，建决策树的树根和分枝。由于 age 在所有属性中具有最高信息增益，因此选它作为检验属性（树根）。这样一个结点便产生，将其标为 age，分枝便是每一个属性值。样本（对象集）随即被分成三个分枝，这三个分枝分别是 <30={1, 2, 8, 9, 11}；30~40={3, 7, 12, 13}；>40 = {4, 5, 6, 10, 14}（预处理的结果）。注意第二个分枝中的所有例子均同属 yes 类，因此一个叶结点便产生了，将其标记为 yes。其余两个分枝子集既含有正例（类属性取值 yes），又含有反例（类属性取值 no），将递归调用建树算法。

再递归建树分别对 <30 和 >40 子集利用 ID3 算法，在每个子集中对各属性求信息增益。计算结果表明，对 <30 分支，具有最大信息增益的属性是 student，而对 >40 分支，具有最大信息增益的属性是 credit_rating，于是产生了第二层的结点。继续分支，判断发现各分支点都是叶结点。

最后，由算法得到的决策树如图 2-15 所示。

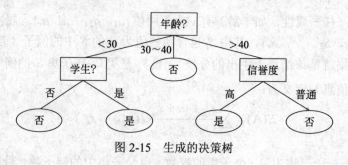

图 2-15　生成的决策树

4）抽取规则

决策树方法最后的知识形式是决策树或决策规则树，这对用户不是很直观，因此应对决策树和决策规则树进行必要的转换，形成易被用户理解的知识形式。例如，可以从决策树中抽取出分类规则，写成 IF-THEN 的规则形式。

从上述决策树图抽取的规则是：

```
IF age = "<30" AND student = no THEN buys computer = no
IF age = "<30" AND student = yes THEN buys computer = yes
IF age = "30~40" THEN buys computer = yes
IF age = ">40" AND credit rating = excellent THEN buys computer = yes
IF age = ">40" AND credit rating = fair THEN buys computer = no
```

得到这些规则后，就可对大量的数据对象进行分类，并可将这些规则放入决策支持系统或专家系统的知识库中。

现在就可以回答前面提出的问题了，即这个人会买计算机。

决策树方法的最大优点是直观。其缺点是随着数据复杂性的提高，分支数将增加，管理的难度越来越大。此外，该方法也存在数据的缺值处理问题。

2. k-means 算法

k-means 算法是典型的聚类分析方法，属于数据挖掘的描述型模式。

聚类分析方法最初是作为统计学的分支，并在统计学领域得到广泛的研究和应用。在数据挖掘中，聚类分析主要集中在聚类方法的可伸缩性，对聚类复杂形状和类型的数据有效性，高维聚类分析技术以及针对大型数据库中混合数值和分类数据的聚类方法上。

聚类分析方法的思想是：一个具有 m 个字段（属性）的记录（元组），在数据挖掘系统中被视为 m 维空间的一个点，在用户参与下，对各个维（轴）施以加权，构造出一个 m 维空间的距离公式，例如最简单的欧氏距离（即距离等于在各轴上的位移的平方和的平方根）。被分类的对象就像 m 维空间中的天体，然后以距离原则被划分为星系或星团。同一个对象集合采用不同的距离公式，即表达了不同的考察角度，有不同的聚类结果。k-means 算法可以描述为：给定类的个数 k，将 n 个对象 $x_1, \cdots, x_j, \cdots, x_n$ 分到 k 个类中去，使得类内对象之间的相似性最大，而类之间的相似性最小。其迭代步骤如下：

（1）任意选取 k 个对象作为 k 个初始的类中心 $c_1, \cdots, c_l, \cdots, c_k$。

（2）将余下的对象分到各个类中去（根据与类中心距离最相近的原则）。

（3）计算各个类 C_i 的均值，得出新的类中心，转到步骤（2）。

（4）这样循环直到 k 个类中心（即类的均值）固定下来。

$$\min P(U,C) = \sum_{l=1}^{k} \sum_{i=1}^{n} u_{il} d(x_i, c_l)$$

$$\text{s.t.} \sum_{l=1}^{k} u_{il} = 1, \quad u_{il} \geqslant 0, \quad i = 1, \cdots, n; \ l = 1, \cdots, k$$

K-means 算法可抽象为如下数学问题（P）：

其中 U 是 n 行 k 列的分割（权）矩阵，用于表示每个对象在哪个聚类中，$C = \{c_1, \cdots, c_k\}$ 是聚类结果的集合，$d(x_i, c_i) = \| x_i - c_i \|^2$ 是两个对象之间的距离。

问题（P）是一个最优化问题，直接求解它有一定的困难。但可将它划归为问题 1 和问题 2 两步求解：

（1）问题 1：固定 $C = C^*$，解决简化后的问题 $P(U, C^*)$，即指定聚类。

（2）问题 2：固定 $U=U^*$，解决简化后的问题 $P(U^*, C)$，即聚类中心的修改。k-means 算法中的第（1）步可如下递推得到：

对 $i=1,\cdots,n$

$$\begin{cases} u_{il}=1, & \text{如果 } d(x^i,c^l) \leqslant d(x^i,c^s), \text{ 对 } 1 \leqslant s \leqslant k \\ u_{is}=0, & \text{如果 } s \neq l \end{cases}$$

而算法中的第（2）步可如下求得：

$$c_j^l = \frac{\sum_{i=1}^{n} u_{il} x_j^i}{\sum_{i=1}^{n} u_{il}}, \quad \text{对 } 1 \leqslant l \leqslant k, \ 1 \leqslant j \leqslant m$$

其中，m 是描述对象特征（或属性）的个数，x_j^i 和 c_j^l 分别是第 i 个对象 x^i 和第 l 个聚类中心的第 j 个属性值。

K-means 算法的具体实现见后面的实例。

3. FP-growth 算法

FP-growth 算法是一种有效的关联规则挖掘算法，也是描述型模式的实现算法。

关联规则（Association Rule）是数据挖掘的一种主要形式，而且是无指导学习系统中最普遍的知识发现形式，它在大型数据项集中"淘金"。这里的金子是指人们感兴趣的规则——能够提供一些原先不知道，或者不能明确表达出来的有关数据集的信息。

关联规则挖掘的一个典型例子是市场篮子分析（Market Basket Analysis），即分析哪些商品顾客最有可能一起购买。

在描述一个关联规则时，有两个重要的参数：一个是关联规则对事物数据库 D 的支持度（Support）；另一个是关联规则对 D 的可信度（Confident）。它们分别定义为：

Support(A→B) = D 中包含 A 和 B 的事物数/D 中全体事物数

Confident(A→B) = D 中包含 A 和 B 的事物数/D 中包含 A 的事物数

可信度就是指在出现了数据项集 A 的事物中，数据项集 B 也同时出现的概率有多大。例如，购买了彩电的顾客中有 80%的顾客同时也购买了 VCD，则可信度为 80%。而支持度描述了数据项集 A 和 B 同时出现在同一事物中的概率有多大。例如，来到商场的 2000 位顾客中有 40 位顾客同时购买了彩电和 VCD，那么支持度就是 2%。

显然，可信度表示规则的强度，支持度表示规则的频度。可信度和支持度均大于给定阈值的规则称为强规则。数据挖掘的主要兴趣就是对强规则的采掘。

FP-growth 算法的前身是 Apriori 算法。

Apriori 算法采用的思想：频繁项集的所有非空子集必须也是频繁的。通过频繁模式连接生成中的剪枝步大大减少了候选项集的产生，从而大大提高了频繁模式的挖掘。然而，Apriori 算法存在两个方面的问题：

（1）算法将花费较大的开销来处理数目特别大的候选项集。当 1-项集有 10^4 个时，将产生 10^7 个 2-项候选集。此外，假如事务数据库中存在长度为 100 的频繁项目集，如{a_1, a_2, $\cdots$, a_{100}}，那么算法必须产生多达 $2^{100} \approx 10^{30}$ 个候选集，要计算和检查它们的频繁性几乎是不可能的。

（2）每生成一个候选集，就要扫描数据库一次，以确定其支持度。也就是说需要扫描
（$n+1$）次数据库，n 为最长模式的长度。

为了克服 Apriori 算法的两个缺点，Han 等人提出了一种新的基于 FP-树的频繁模式增
长方法（FP-growth 算法）。该算法在挖掘频繁模式时不产生候选集，大大提高了挖掘的效
率。FP-growth 算法采用分治策略，它的基本思想是将提供频繁项集的数据库压缩到一棵
频繁模式树（FP-树），但仍保留项集关联信息。然后，将这种压缩后的数据库分成一组条
件数据库（一种特殊类型的投影数据库，也称为条件模式基），每个关联一个频繁项，并分
别挖掘每个数据库。整个过程分为两步：第一步是构建 FP-树；第二步是在构造的 FP-树上
进行挖掘频繁模式。FP-增长方式将发现长频繁模式的问题转换成递归地发现一些短模式，
然后进行连接后缀，它是用最不频繁的项作后缀，提供了好的选择性，该方法大大降低了
搜索开销。同时，该方法的整个过程也只需要扫描两次数据库，第一遍扫描数据库搜集频
繁 1-项集；第二遍扫描数据库是为了构建 FP-树。

相比于 Apriori 算法，FP-growth 算法主要有两个优点：一个是不需要产生大量的候选
项集，仅需要构造 FP-树和条件模式树，通过频繁模式增长产生频繁项集；另一个是对事
务数据库仅需两次遍历，与频繁项集的长度无关，在频繁项集较短和较长的情况下均可获
得较好的性能。但是 FP-growth 算法也有其自身的缺点，比如 FP-growth 算法只是用来挖
掘单层单维的频繁模式；当数据库很大时，构造整个数据库的 FP-树不能放入内存；
FP-growth 算法仅仅把最小支持度作为限定条件，不能很好地挖掘出有意义的模式等。

2.3.3　应用实例——某市网通小灵通通话记录的分析

1. 问题描述

在日趋激烈的电信市场竞争中，企业只有通过了解和分析某一产品潜在消费群体的特
征，才能在未来的市场竞争中取得主动权。在市场决策中需要很多支持信息，传统的市场
调查数据分析主要是用统计方法对调查数据进行单项统计处理，而如何揭示事物间客观存
在而未被人所知的内在联系（如某种类型用户的通话习惯、通话时长和通话类别等）则具
有更重要的实际意义。多年来，电信企业在信息化改造方面投入了大量的资金，现今电信
企业已能将用户信息以及用户通话情况信息完整地保存在数据库里。但遗憾的是，由于缺
乏有效的分析工具和方法，这些长年累月的海量数据被电信运营商丢弃在一旁。

目前公司所使用的信息系统都是利用简单的统计方法来反映预先设定的统计目标，如
每天 24 小时内各地区、各类用户的通话状况，账单费用分段统计等简单的统计信息，而无
法更深入地得知信息之间的内在联系。本节正是基于这种应用背景而采用数据挖掘技术来
进行有益的尝试，以便得到一些知识。

网通公司的小灵通业务从 2002 年开展业务以来已拥有 30 多万客户，每月收入 700 万
元，用户话单 1600 万张左右，因此实验中我们有针对性地选择了一部分数据（约 1/10），
共 144 万条。本节尝试使用聚集算法对小灵通通话记录进行分类研究，以期发现各类用户
的特点。

2. 挖掘过程

本实例数据挖掘采用 Microsoft SQL Server 2000 Analysis Services。出于安全性考虑，

分析系统无法和运行的"97系统"和"计费系统"直接相连。因此在数据挖掘一开始，首先需要从"97系统"中导出与分析主题相关的数据，以文本形式存储。实验选择了该市网通2005年2月21日至2005年3月20日的一个表的数据（小灵通号码倒数第二位为0的记录）。

数据挖掘主要由以下几步组成：

（1）数据清理和集成。

该步骤是在数据库导入程序中具体实现的。

实现对原始数据进行消除噪声、格式转换、空缺值设置和数据集成等操作，并形成合法的记录导入本地数据库，同时舍弃那些非法记录，方便后续的数据挖掘工作，如对call0数据进行导入处理时，其格式和MS SQL Server中的时间格式不兼容，需进行格式转化处理。具体来说，系统中上网时间字段取值"Feb 20 2005 8:41:51:000PM"，但SQL Server：中是无法直接接受这种数据格式的，需要在数据清理和集成步骤中对其进行自动转换。同时，出于商业需要，计费系统中时间的取值精确到毫秒，显然在数据挖掘过程中这些信息是不需要的，为了节省数据库空间，也为了提高算法效率，可以将这些信息直接丢弃。这样，经过格式转换后的结果为"2005-02-20 8:41:51PM"。

（2）数据选择。

数据选择是由分析主题直接决定的，其核心任务是从数据库中选择和检索与分析主题相关的数据。

小灵通通话记录表中某些字段信息在聚集挖掘中是不需要的，如用户名、通话结束时间、会话ID和接入端口等信息都非用户所关心的，因此在数据选择这一步要更加明确分析主题。确定哪些信息是需要的，哪些信息是相关的，哪些字段是可以舍弃的，这与整个挖掘的成功与否息息相关。

由于数据缺乏对用户属性的定义，因此我们由身份证字段推理出用户年龄和用户性别字段，增加挖掘的有益内容。最终我们选择了电话号码（num）、用户类别（user_type）、用户年龄（age）、用户性别（gender）、用户所在区县（bureau_name）、通话时长（timelen）、通话费用（fee）、通话类别（call_type）和通话时间段共9项字段信息作为挖掘的主题。

号码　通话类型　开始时间　通话时长　费用

8984903，21，Feb 22 2005 11:57:46:000AM，17，50

8776206，30，Feb 22 2005 11:57:20:000AM，45，22

8972801，21，Feb 22 2005 11:58:10:000AM，2，50

8904104，30，Feb 22 2005 11:56:06:000AM，128，22

8871404，30，Feb 22 2005 11:57:30:000AM，44，22

8770900，21，Feb 22 2005 11:54:09:000AM，245，250

8060606，30，Feb 22 2005 11:55:15:000AM，182，33

8904405，21，Feb 22 2005 11:58:11:000AM，11，50

8864703，30，Feb 22 2005 11:58:16:000AM，9，22

8773405，30，Feb 22 2005 11:57:45:000AM，40，22

8874801，21，Feb 22 2005 11:55:42:000AM，165，150

8904200，30，Feb 22 2005 11:58:18:000AM，13，22

8950807，21，Feb 22 2005 11:57:56:000AM，40，50

8061600，30，Feb 22 2005 11:58:29:000AM，11，11

8820502，30，Feb 22 2005 11:58:02:000AM，37，22

（3）数据变换。

数据变换的任务是在前面工作的基础上将数据转换成适合数据挖掘的形式。由数据选择后的数据表 5.2 清楚地看出，每个字段的取值都是连续型或离散型的。为了便于数据的处理分类，需要对选择后的数据进行一些变换。

将开始时间和通话时长连续型的数据变为离散化，分段归类。

"通话开始时间"startdt 分割为 D1[0:0,7:59]，D2[8:00,17:59]，D3[18:00 ,20:59]，D4[21:00,24:59]。其意义是 D1 代表开始通话时间在 0～7 点 59 分之间，D2、D3、D4 可依此类推。

"通话时长"timelen 分割为 T1[0 3]，T2[3 5]，T3[5 10]，T4[10 30]，T5[30 ∞]。其意义是 T1 表示通话时长在 1～3 分钟之间，T2、T3、T4 可依此类推，T5 表示通话时长大于 30 分钟。

（4）利用 K-means 算法进行数据挖掘。

数据挖掘的所有前期准备工作都已完成，下面利用 Microsoft SQL Server 2000 Analysis Services 的 K-means 聚集算法进行挖掘分析。

3．试验结果分析

根据前文所介绍的一系列准备工作，现在可正式运行挖掘分析系统。

分析维度：通话类别、通话时长、通话开始时间段、用户类别。

主要分析指标：用户群的通话特点。

聚集分类数：5。

分析总话单数：1 370 988 张。

聚类结果如图 2-16 所示，得到的 5 类通话行为分析如下：

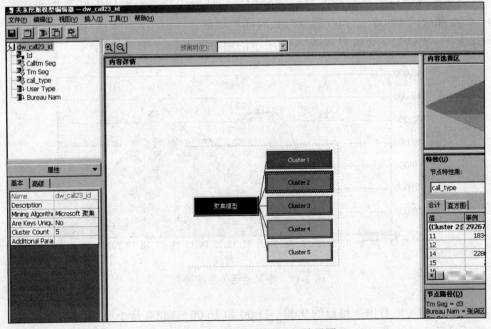

图 2-16　通话记录挖掘运行结果图

第一类通话话单总量为 390 815 张，占总话单量的 28.5%，该类通话为本地网市内通话，通话时长在 1 分钟内，用户类别为个人用户、网通职工、个体经营业主和事业单位职工，通话时段分布在 8:00～11:00，13:00～17:00。

第二类通话话单总量为 283 004 张，占总话单量的 20.6%，该类通话为本地网区间通话，通话时长在 1 分钟内，用户类别为事业单位、企业单位、个人、单位公免，通话时段分布在 8:00～11:00，13:00～17:00，该类用户集中在全市的各个区县。

该类话单可以和第一类话单合并，合并后该类话单占总话单的 49.1%，通话特点是在正常上班时间 8:00～11:00，13:00～17:00 进行，通话时间都在 1 分钟内，属于一般性的沟通。

第三类通话话单总量为 240 270 张，占总话单量的 17.5%，该类通话为国内长途、国内 IP 长途和本地网市内通话，通话时长在 2～30 分钟之间，用户类别为个人用户，通话时段分布在 12:00～13:00，19:00～22:00。

该类话单说明个人用户通常在中午和晚上休息时间进行较长时间的通话，属于深度沟通。

第四类通话话单总量为 237 713 张，占总话单量的 17.3%，该类通话为国内长途、国内 IP 长途和本地网市内通话，通话时长在 1 分钟内，用户类别为企业单位、单位公免、私人住宅电话、职工，通话时段分布在 6:00～12:00 和 17:00。

该类话单很有意思，它反映了人们工作的一种习惯。在早晨上班时处理一些较复杂的工作，与外地用户沟通，而下班前有一些重要的事情还需要长途通话进行沟通。

第五类通话话单总量为 219 183 张，占总话单量的 16.0%，该类通话为国内长途、国内 IP 长途和本地网市内通话，通话时长在 3～30 分钟之间，用户类别为个人、企业单位、事业单位用户，通话时段分布在 6:00～7:00 和 19:00～23:00。

该类话单应该说明在某些区有一部分用户与外地用户有着密切的联系，通常在早上 6:00～7:00 和夜间 19:00～23:00 进行较长时间的通话。

由以上分类结果还可以发现图 2-17 所示的通话特点。

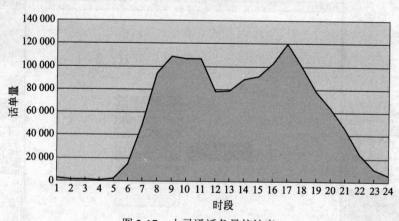

图 2-17　小灵通话务量统计表

由图 2-17 中可以看出，每日的 9:00～11:00 和 16:00～18:00 是小灵通通话高峰期。

通话时长小于 1 分钟的话单占总话单的 64.43%，3 分钟内的话单占总话单的 90.2%，大多数通话都是一般性的沟通。

本地网市内和区间电话通话占总话单的 94.4%，市内用户的联系是最为密切的。

一般个人进行较长时间的国内和国际长途通话都集中在夜间 19:00~22:00，这条规则与日常生活中的情况相吻合。

2.4　商务智能

2.4.1　商务智能概述

商务智能的概念最早由 Gartner Group Inc.的分析师 Howard Dresner 于 1989 年提出，用来描述采用数据实证方法为商务决策服务的技术。商务智能以企业信息资源为基础，借助于计算技术和计算方法对企业经营状况和未来发展提供决策支持。商务智能是提高企业决策能力、决策效率和决策效益的理论、技术和方法，通过对业务数据的智能化处理，创造和积累商务知识和见解，改进决策水平，指导有效的行动，完善业务流程，提升企业经营的效率和效益，增强企业综合竞争力。

从理论角度，商务智能面向经营管理和决策，涉及管理和决策的基础理论和相关业务知识和经验。管理和决策智能化的终极结果是决策的自动化，实现这一目标需要结合业务特点和规律，构建商务智能的理论。从技术角度，商务智能以建设商务智能系统为核心，运用软件工程技术、数据仓库技术、网络技术、联机分析技术和数据挖掘技术等，结合管理和决策技术，最大限度地实现管理和决策行为的自动化。从方法角度，商务智能以数据为基础，计算方法为工具，通过数学模型的建立，运用统计分析、神经网络、遗传算法、模糊数学和决策方法等，提升数据处理和数据挖掘的能力。

1. 商务智能的作用

在电子商务时代，商务数据以每年 1.3 倍的速度迅速递增，大约 18 个月数据量就翻一番。在经济全球化的大背景下，企业竞争能力直接影响企业的生存和发展。竞争能力提升的关键问题是决策能力，是对未来发展的预知能力和采取的行动。商务智能的重要意义就在于充分运用业务数据，预测市场未来走向，分析、处理既往数据，为企业经营管理提供决策支持。商务智能的作用主要体现在以下三个方面：

（1）整合数据，充分利用信息资源。

及时、准确、完整的信息是正确决策的基础，也是商务智能的前提条件。商务智能从数据整合入手，通过对数据的抽取、转换和加载（Extraction-Transformation-Loading，ETL），构建面向决策的数据仓库，为正确、完整、合理地掌握现实经营管理状况，分析预测未来发展趋势，评价经营业绩和效果，建立良好的数据基础。

（2）处理数据，充分发挥数据价值。

借助于统计分析、时间序列分析、数据挖掘和智能计算等方法，商务智能综合海量数据，进行判断、分析、推理，最大限度地发挥历史数据的价值，为经营管理决策服务。历史数据是对过去发生业务的客观度量，孕育着潜在的规律，预示着未来发展方向。商务智能的智慧源于对潜在规律的揭示和运用。

（3）决策支持，提高企业的竞争力。

商务智能的核心作用是辅助支持经营管理决策。通过数据整合、处理，帮助决策者把握市场、技术、资源状况，制定合适的营销策略，有效管理客户关系，规避经营风险，降低成本，提高效率和效益，提高市场响应能力。

2. 商务智能的架构体系

商务智能的架构体系是指构成商务智能的诸要素之间的关系以及由此构成的总体解决方案，是发挥商务智能功能作用的基础。Gartner 的商务智能架构由业务层、技术层、功能层、组织层和商务层 5 个层次自下而上构成层次结构，如图 2-18 所示。

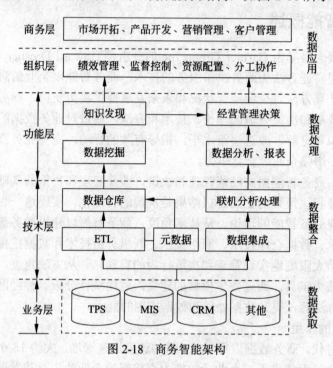

图 2-18　商务智能架构

3. 商务智能的过程

商务智能是从历史数据中认知和描述有价值的信息的过程。完整的商务智能过程包括数据获取、数据整合、数据处理和数据应用 4 个环节，如图 2-18 所示。

（1）数据获取是商务智能的基础工作。企业经营过程中，各个业务部门形成和积累的业务数据是数据获取源泉。事务处理系统、管理信息系统和客户关系管理系统等是利用企业现有系统获取数据的直接途径。没有完整、准确的数据获取，就没有商务智能发挥作用的舞台。

（2）数据整合是对海量、纷繁数据梳理的过程，面向决策行为，数据抽取、分类、转换、结构化和重构是前提基础，数据仓库技术是解决数据整合的有效工具。

（3）数据处理是商务智能依托的技术手段。数据的智能化处理方法是数据隐含价值的提炼过程，通过数据挖掘、联机分析处理和智能计算等方法改变历史数据的形态，捕捉数据集合中的模式和规律，以灵活的查询、统计、报表的方式为经营决策服务。

（4）数据应用是商务智能的最终目标。企业组织行为中的绩效管理、监督控制、资源配置、分工协作、结构完善和流程优化等工作内容，商务活动中的市场开拓、产品开发、营销管理和客户管理等业务内容，在商务智能的基础上得到及时、准确、强有力的支持。

2.4.2　商务智能系统

企业信息化建设从行政管理系统（Office Information System，OIS）、事务处理系统（Transaction Processing System，TPS）、管理信息系统（Management Information System，MIS）、经理信息系统（Executive Information System，EIS）、决策支持系统（Decision Supporting System，DSS）发展到商务智能系统（Business Intelligence System，BIS），体现由简单到复杂、由单一业务到综合业务、由人工处理到自动处理的发展过程。商务智能系统是实现企业经营管理和决策自动化的系统，一般由数据仓库或数据集市、查询报表、联机分析、数据挖掘、数据备份和恢复等组成，如图 2-19 所示。

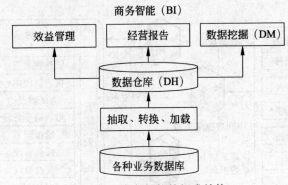

图 2-19　商务智能的组成结构

1. 商务智能系统的主要功能

商务智能系统的主要功能如下：

（1）数据管理。

数据管理包括大量数据的搜集、分类、抽取、转换、装载、清洗、存储和集成。数据是决策分析的基础，正确、有效的数据管理是商务智能的前提保障。数据管理需要集成内部和外部关于市场状况、技术革新和资源配置等信息。面向决策分析，数据经过整理，构建面向主题的数据仓库。

（2）数据分析。

商务智能系统能根据历史数据实现销售分析、顾客分析、供应链分析、绩效分析、财务分析以及预测和评估，依托强大的计算机处理能力和数据挖掘、知识发现、统计分析等算法为决策者解读历史数据，预测未来发展。

（3）数据呈现。

商务智能系统具有强大的文字、图表输出功能，能通过建立数据立方形成多维数据集，面向用户需要以多种方式展示。

（4）知识发现。

商务智能最突出的特点在于知识的获取和描述，商务智能系统具有从大型数据库中提取知识的能力。隐含在数据中的有价值的信息通过概念、规则、规律和模式等表达方式，利用数据挖掘技术获取和描述，指导决策经营者深化对现实状况的认知。

（5）业务优化。

商务智能系统通过建模分析指导企业组织结构和业务过程的优化，成本控制和运营效率是业务优化的目标。

（6）决策支持。

根据企业的经营目标，商务智能系统具有选择合理投资组合、优化资源配置的功能，它不仅为企业战略目标的制定提供依据，也为企业日常经营管理提供自动化决策。系统可根据公司章程和业务规则自动排班定产、调整库存、协调人力资源，发挥智能决策的作用。

2. 商务智能系统的处理流程

商务智能系统是对业务数据获取、分析、汇总、呈现的过程，如图 2-20 所示。它根据不同业务系统提供的数据构建数据仓库，通过决策应用服务器对业务数据分析处理，最后以报表方式提供使用。

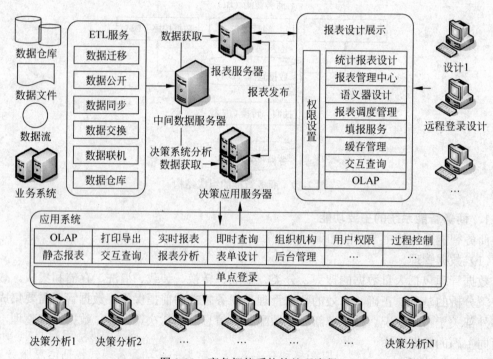

图 2-20　商务智能系统的处理流程

3. 商务智能系统的技术特点

（1）智能报表。

商务智能系统不仅能够提供日常的会计报表、产品报表，也能在报表提交的同时提供智能化的功能。智能报表具有随机形成、自动流转、预警提示、统计汇总和定时报送等智能化功能。

（2）智能查询。

商务智能系统除了具备按条件查询的基本功能外，可以实现任意查询和分析。通过权限控制，企业各级各类岗位的数据可见范围不同，在可见的数据范围内，运用数据立方技术，用户任意组织数据立方中的实体（即研究对象，如产品、供应商和代理商等）和度量（即对象的属性，如产品的单价、销售量、销售额和利润等），以多维的方式对数据建模、制表、展示。采用多维分析功能，用户可以对报表进行分页、旋转、排序、筛选、浏览以及钻取等操作，以及对数据立方进行切片和切块，满足用户个性化查询的需要。

（3）数据挖掘。

商务智能系统的数据挖掘功能是智能化的体现。数据挖掘是从历史数据中利用数据分析的各种算法，通过分析、归纳和整合等方式萃取有用的信息或模式，为经营管理的决策服务。数据挖掘主要实现分类、估计、预测、关联分组和聚类等功能。

2.4.3　商务智能的应用

商务智能可基于数据分析和处理发挥智能作用，因此往往在存在大量业务数据的领域大显身手。作为辅助决策的重要手段，商务智能能够提高企业科学决策水平，提升企业的核心竞争力，创造商业价值。目前，商务智能应用领域非常广泛，如金融业（银行业、保险业、证券业）、通信业、交通业、制造业、医疗卫生、电子政务和电子商务等。

1.　商务智能在金融领域的应用

银行、保险和证券等金融领域涉及海量的用户、资金和交易信息，并且具备完整的业务处理信息系统，为商务智能的开展提供了坚实的数据基础，金融业运用商务智能给企业带来巨大的商业利益。

（1）商务智能有助于整合金融企业的资源，使成本控制、盈利分析和绩效评估智能化。

（2）智能化评估用户信用等级，控制市场风险、信贷风险和运营风险。

（3）智能化客户关系管理，发展增值服务和个性化服务，扩大用户群体和业务范围。

（4）智能化交易情况分析，强化反洗钱工作力度，打击非法交易行为。

2.　移动商务智能

随着无线通信网络的覆盖面积的扩大，手机、掌上电脑（Personal Digital Assistant，PDA）和车载移动设备等移动终端设备的普及，移动商务（Mobile Commerce，MC）已经深入人们的工作和生活。通话、收发邮件、聊天、网络游戏、短信、网络影视、信息查询、股票交易、网上支付和导航等都可以在移动终端实现。常见的移动商务模式包括信息服务、移动广告、移动销售和移动办公等。

移动商务智能是商务智能在移动商务领域的应用，主要是通过移动商务终端获取商务智能系统经过联机分析处理、数据挖掘处理的结果，以达到智能查询、辅助决策的作用。移动商务智能具有智能性、移动性、个性化和主动性等特点。目前，移动商务智能在客户关系管理、移动支付、移动证券分析和交易、移动学习等方面得到了实际的应用。

3.　商务智能在客户关系管理中的应用

客户关系管理与商务智能的结合在客户群体分类、客户信用和价值评估、客户行为预测等诸多方面发挥积极作用。

（1）客户分析。

商务智能可根据已有客户的基本信息（性别、年龄、职业、收入和宗教等）、交易记录（产品类型、数量、价值、频次和季节性等）发现客户的消费需求、消费偏好、消费能力、消费周期和信誉度等综合信息，从而指导企业改进产品线、开发潜在的用户、激励忠实用户、预防客户流失。

（2）市场营销策略分析。

在客户分析基础上利用仿真技术优化市场营销策略，获得最大的成功。

（3）成本效益分析。

综合分析企业成本和收入，匹配收入与费用关系及其差额，分析经济活动的曲线，为降低成本、提高利润选择解决问题的突破点。商务智能有利于理解业务的动力和趋势，衡量员工的绩效，改善各方的利益关系，提高客户的忠诚度，创造更多的获利机会。

（4）分析和防范欺诈行为。

防范不法分子的商业欺诈行为是企业规避意外风险、保持经营秩序的重要举措。采用数据挖掘的学习算法模型，用欺诈行为的数据样本进行训练，再用该模型检验客户数据，可以侦测出有欺诈倾向的客户。采用数据挖掘的孤立点检查技术可识别异常交易行为，防范欺诈行为。目前，数据挖掘技术和统计方法在信用卡欺诈、洗黑钱、电子商务欺诈和电信欺诈等方面发挥着越来越重要的作用。

4. 商务智能在供应链管理中的应用

供应链管理本质上是物流的控制与管理，涉及运输、仓储、配送、包装、库存控制和客户管理等环节的协调和优化。因此，智能供应链管理系统包括产品管理、包装管理、库存管理、运输管理以及知识库管理。

5. 商务智能在应急管理中的应用

自然灾害、事故灾难、瘟疫蔓延、恐怖袭击和群体事件等突发事件对公共安全构成极大威胁。应急管理需要在突发事件的第一时间正确选择解决方案、合理配置和快速调动应急资源，最大限度地减低生命财产损失，避免衍生灾害的发展。

智能应急管理系统要以突发事件数据库、资源状况数据库、技术方法模型库和预案数据库为基础，在突发事件出现后迅速形成解决方案。智能应急管理系统一般由应急信息处理系统、应急决策指挥系统、应急处理反馈系统和突发事件知识系统组成。

应急信息处理系统具有可视化、智能化、界面友好的特点。采用信息采集技术，对灾害进行全方位、多视角的信息收集、存储、传递、集成、分析和整理，并能够可视化展示。为实现商务智能的多维服务，需要建立应急信息数据库、地理环境数据库、应急救援信息数据库、应急专家数据库和案例数据库。

应急决策指挥系统以科学技术为支撑，在应急信息处理系统的支持下，应对不同类型和状况的突发事件，迅速拟定响应方案，调动人力、物力、财力快速解决关键问题，控制事态的发展。

应急处理反馈系统实时掌握突发事件的发展状态，反馈突发事件的处理结果，调查事件的原因和责任，评估灾害的影响，总结经验教训。应急处理反馈系统包括善后处理系统、调查评估系统和结果反馈系统。

讨论案例：新亚集团协同商务

大型国有商业企业新亚集团希望有一套系统能把历年信息化投入产生的、已经存放在基层企业并且对经营有用的数据从各个单一的数据库中剥离出来，提供更多的信息给决策层。这样的系统不是像 ERP 一样从最底层的模块建立起来，然后再去改变所有商业流程，进行流程重组去适应信息系统，而是希望借助协同商务。

在协同商务平台上，新亚集团总部可直接向下属企业采集数据，因为集团的经营数据都来自于下属企业。新亚集团 IT 主管李翔说："基层企业不希望公司总部今天你来拿一个数据，明天他来拿一个数据，弄得他们疲于应付。今后，他只要把相关数据挂到平台上，就可以供需要的部门调用，过去他们只能提供数据，而得不到反馈，以后我们也可以为基层企业提供信息，比如说同行业的销售排名等一些对他们有益的信息。"

新亚集团的信息化之路是从 20 世纪 90 年代初开始的，虽然目前的信息化水平总体而言不是非常成熟，但公司自上而下对信息化的重视程度和投入力度都在"升温"。新亚集团曾做过一项统计，从 1990 年开始，总公司及下属企业用于信息化建设的投资累计已经达到 5000 万元。

作为新亚集团从事信息技术工作的专职人员，IT 主管李翔对此相当清楚。新亚集团在过去的 10 多年里投入 5000 万元，建立了集团公司和下属企业的信息化应用的基础，同时也培养了一批信息化应用人员，积累了一定的信息化实施经验。

不过过去的投入大都比较分散，这些孤立的信息和数据并不能很好地被公司本部的管理所利用。李翔说："因而，我们急需一套系统将这些数据采集、分类、汇总，尽快传递到需要的人手中。这样一来很容易让人想到 ERP，我们确实也看过一些 ERP 供应商的解决方案，但它们大都更多适用于制造型企业，而新亚的商业业态有多变性的特点，今天我可能卖快餐，过几天可能就转型或投资其他行业了，业态的多变性决定了我们不可能使用现在状态的 ERP。"

然而，商业企业同样有对数据的需求，新亚集团就希望有一套系统能把已经存放在基层企业，并且对经营有用的数据从各个单一的数据库中剥离出来，提供更多的信息给决策层。这是他们最迫切的，而不是像 ERP 一样从最底层的模块建立起来，然后再去改变所有商业流程，进行流程重组去适应信息系统。新亚的目的是继续进行一些相对小的投入，激活以前投入得来的数据，着重把现有的数据资源整合好，以发挥更好的作用，而不是推倒以前的平台。

有着 IT 从业经验的李翔，虽说也是刚刚接触协同商务的概念，但是他很快意识到这可能是企业信息化发展的一个方向，尤其对新亚集团这样的商业企业更加适合。

"商业活动发展到今天，决定成败的早已不是依靠一两项技术的掌握，也不是规模的盲目扩张，而是对信息资源处理速度的角逐。如何及时准确地了解有价值的信息，并进行智能分析研究，形成企业各种决策的依据，快速作出反应，抢占市场先机，将是所有企业面临的问题，以信息化手段带动企业管理的提升已是毫无争议的发展出路。"李翔如是说。

本案例在《计算机世界》（2007 年 7 月基础上改编）。

　　讨论题

　　1. 新亚集团的整合设想是否恰当？是否可行？

　　2. 如果你是新亚集团的信息主管，在面临数据整合时，你会在 ERP 和协同商务系统两者中选择哪一个？请陈述你选择的理由。

　　3. 协同商务能实现新亚集团的目标吗？为了实现新亚集团的目标，还应做哪些工作？

本章小结

　　本章阐述了数据资源开发利用的重要性和三个层次。在此基础上，2.1 节介绍了数据分析处理的核心内容——数据仓库的概念、特征和结构，给出一个港口数据仓库设计的具体实例；2.2 节介绍了数据集成的两种主要方法及数据信息系统集成的新方案，编写了港口信息系统集成案例；2.3 节比较详细地介绍了数据资源开发与利用的知识发现层面——数据挖掘的主要方法，给出一个电信企业挖掘客户话单的具体实例；2.4 节阐述了商务智能的概念、作用、架构和过程，介绍了商务智能系统的主要功能、处理流程、核心技术和最新发展与应用；最后给出了一个协同商务综合案例。

思考题

　　1. 数据仓库的主要思想和作用是什么？

　　2. 数据集成有什么作用？如何进行数据集成？

　　3. 数据挖掘有哪些主要模式？

　　4. 商务智能的理念是什么？它都包括哪些主要技术？

　　5. 智能商务有什么作用？智能商务系统有哪些主要功能？

　　6. 智能商务的组成结构包括哪些部分？

参考文献

　　[1] 陈国青，郭迅华. 信息系统管理. 北京：中国人民大学出版社，2005.

　　[2] 仲秋雁. 管理信息系统. 北京：清华大学出版社，2009.

　　[3] Inmon W.H.Building the Data Warehouse（3rd Edition）. John Wiley & Sons，2002.

　　[4] 张维明，邓苏，刘青宝，陈卫东等. 数据仓库原理与应用. 北京：电子工业出版社，2002.

　　[5] 潘明霞. 营口港 OLAP 立方体的多维关联分析模型研究. 大连理工大学学位论文，2008-12.

　　[6] Han J，Kamber M.Data Mining Concepts and Techniques. 北京：机械工业出版社，2001.

　　[7] 赵卫东. 商务智能. 北京：清华大学出版社，2009.

［8］李一军，闫相斌，邹鹏．商务智能．北京：高等教育出版社，2009.

［9］夏火松．商务智能．北京：科学出版社，2010.

［10］谢邦昌．商务智能与数据挖掘．北京：机械工业出版社，2008.

［11］张公让，李建洋，贾瑞玉．商务智能与数据挖掘．北京：北京大学出版社，2010.

第3章

文献信息资源管理

本章学习目标

- 了解三种文献信息源及主要的文献采集途径。
- 掌握网络检索系统的主要类型和检索方式。
- 掌握文献信息资源挖掘的理论知识和主要方法。
- 明确文献信息资源服务的主要方式和发展趋势。
- 理解文献信息资源配置及知识产权保护的重要性。

引导案例：从翻卡到网络书库

以前，翻阅数十个柜子的目录卡片才能在图书馆内找到一本书，如今轻点鼠标就能随时随地看到珍贵的古籍。60年来，中国读者跨越了怎样的信息鸿沟？未来，我们能否将"图书馆"带在身边？

"原来两百年前曹雪芹写《红楼梦》时住过的北京菜市口是这样的。"2009年盛夏，在首都图书馆内，一位年轻的读者在计算机屏幕前发出了低声嗟叹。

带这位年轻读者穿越时空的不是时间机器，而是首都图书馆数字信息库中的珍贵资料——《乾隆京城全图》。让普通读者坐在图书馆舒适的阅览室里轻点鼠标就可以一览1750年前后北京城的样子，这要归功于首都图书馆建起的数字图书馆。

1. 翻卡找书

40年前，也是盛夏里的一天，年轻的馆员韩朴正在首都图书馆整理手头的资料，一位身着灰蓝色中山装的男子快步走上前来说："同志，我要查一些珍贵的历史资料，跑了好多地方都没找齐，听说你们这儿比较全，请帮我找一下。"

韩朴热情地接待了这位读者。仔细看过清单，他发觉所列资料和书目虽然很少见，但记忆中大多在馆内见过。然而，按照当时首都图书馆的目录管理体系，要一下子找全这么多资料并不是一件容易的事。于是韩朴请来了几位同事，一起翻首都图书馆的宝贝疙瘩——足足装了几十抽屉的"图书目录"。

"在当时，首都图书馆的卡片目录在条目数量、分类和查找效率上都是全国图书馆业内数得上的。而且首都图书馆自建立之初，就确立了为广大民众服务的方向。"如今韩朴已经从首都图书馆副馆长的岗位上退休了，据他介绍，首都图书馆是辛亥革命后我国第一个面向普通民众的图书馆，到 1956 年，首都图书馆藏书就已达 99.2 万册、职工 122 人、馆舍万余平方米，进入全国大型公共图书馆行列。而首都图书馆与文化部一起花费巨资进行的大规模书籍修缮与整理工作也就此展开，纸介质的图书目录随即建立。

但尽管如此，经过好一番查找，韩朴和他的同事才终于找齐了书籍和资料。在当年，像这样的查找过程在图书馆里非常常见。然而，韩朴已经开始思考，这样的查询能不能变得更高效，更便捷呢？

2. 数字化编目

时间到了 20 世纪 80 年代，在改革开放大潮的推动下，来图书馆"充电"的人越来越多。然而，我国图书馆馆藏文献的基本检索工具仍然是打字油印的卡片目录系统，依然是用数十个目录抽屉组成一个目录柜，数十个目录柜就组成一套目录系统。

"这样的管理方式不仅效率低，而且占用空间巨大。"韩朴介绍说，同样一种目录卡片至少需要印刷 6 张，分别组建成分类、书名、著者三套专供读者使用的目录，以及另外三套专供公务使用的目录系统。"当时国内图书馆中鲜见主题目录，并非缺少理论和方法，而是由于同一种文献会分出平行的或是相互组配的若干主题，以这个基数再乘以 6 套，需要的空间以及人工成本在当时是难以实现和承受的。"韩朴表示。

如何才能提高目录系统的使用效率呢？

正在思索之际，由于工作需要，韩朴委托一位美国普林斯顿大学的学者朋友检索该校图书馆所藏 1949 年以前出版的北京地方资料。由于当时还不具备网络通信的条件和能力，两周后，韩朴才收到邮局送来的厚厚的一份邮件，其中装的是通过 OCLC 联机系统检索出来的几十所著名大学图书馆收藏的数百条相关文献的目录及其详细收藏地点的信息。OCLC 联机系统主要通过由 OCLC（联机计算机图书馆中心）设计运行的联机通讯网，向成员馆及其他组织提供各种处理过程、产品和参考服务，也接收来自因特网的访问。国外图书馆的信息化水平让韩朴很是羡慕。

"当年，中国图书馆若想要达到国外图书馆的检索状态，就要使用数据库技术，对本馆收藏的文献进行数字化编目，建立起关于馆藏文献的完整的元数据库，才能通过局域网络提供馆内应用。除了要对新进馆的图书进行数字化编目外，还需采用回溯建库的方式，将以往已编目完成的上百万条卡片式目录全部数字化。这对于那些历史悠久、藏书丰富的大型图书馆而言，肯定是一个极为浩大的工程，更不用提与此相关的资金、设备、技术、人员和时间投入了。"

不过从那时开始，我国也开始走上了图书馆信息化之路。据韩朴回忆，20 世纪 80 年代末 90 年代初，现代化的信息技术开始在图书馆中应用，首先是从文献管理，即文献编目的应用开始。数据库软件的应用让编目告别了"卡片目录"时代，而随着放卡片的柜子成为"文物"，为找到一本书花半天时间翻卡片的情景也成了回忆。

然而，文献编目的信息化只是我国图书馆信息化的开始，面对信息时代越来越多的读者需求，文献资料本身的保护和传播需要更高效的方式。1997 年，北京市人民政府决定投资兴建一座智能化、现代化的图书馆。首都图书馆的信息化进程也由此从编目检索进入了大规模的数字化阶段。

3. 随身书库

韩朴还记得，20 世纪 90 年代，欧洲著名的汉学家施舟人特意来京寻访首都图书馆珍藏的有关东岳庙碑林的一套拓片，却因为资料正在进行保护性整理而未能如愿。这本身就是一种矛盾：越有价值的文献资料，图书馆就越有责任精心保管好，而这些资料也就越难被借阅。当时甚至有人开玩笑地说："那些珍贵的文献，只有吃书的虫子能看见。"

如何解决这一矛盾？在韩朴看来，文献资料的数字化就是一种很好的解决方法，不仅利于保护，且更有利于广泛发挥文献的价值。

"我国图书馆业数字化进程始于 20 世纪 90 年代中期前后，各地图书馆纷纷建立'电子阅览室'，直接向读者提供计算机终端设备，供读者上网使用，还试验性地将一些不涉及版权的珍贵资料扫描、数字化后提供给读者。"韩朴介绍说，早在 20 世纪 80 年代后期，我国图书馆业就引进了缩微技术，对珍贵的文献进行全国规模的缩微复制，同时提供缩微阅读设备以便读者阅览。到了 20 世纪 90 年代后期，图书馆业又引进了更为先进的扫描复制技术，并开始有计划地建立针对原始文献的对象数据库。而 2000 年以后，图书馆的数字化变革达到高潮，直接将缩微胶片的内容转化为数字文档的设备和软件的应用，大大提高了文献数字化的效率。

与此同时，很多图书馆开始针对本馆的特藏，有计划地建设数字化的专题文献资源库，并在此基础上建立相关的专业网站。例如，首都图书馆的大型多媒体资源库《北京记忆》，便以文本、图形、音频和视频等数字形式提供了北京地方文献的全文资源、北京历史照片资源、北京地方艺术多媒体资源，以及舆图、金石拓片、专题讲座和艺术档案等地方文献资源，打破了馆藏文献信息传播的时空界限。

在此期间，2001 年，首图新馆正式启用，实现了与 11 个区县图书馆、33 个乡镇街道图书馆的联合检索、网上阅览、馆际互借和资源共享，构建了北京市公共图书馆信息服务网络平台。目前，作为全国文化信息共享工程北京分中心，首都图书馆已开通了数十个基层分中心，借助现代化的通信手段，身处山区的读者也可以安享丰富的文化大餐。

而据韩朴介绍，首都图书馆目前正在建设的二期工程内的数字图书馆将为北京市建立起现代化的数字图书馆信息服务体系，特别是如完善信息网络服务、拓展文献传递服务、定题服务、跟踪服务、情报研究服务、完善网上免费咨询、网上信息导航及推送等服务，使得图书馆服务更开放、更人性、更舒适。

"不仅如此，首都图书馆也在加强网站建设。未来读者将更加方便地通过无线网络，随时随地地访问自己的随身图书馆。"韩朴说。

（案例来源：李敬. 图书馆：从翻卡到网络书库. 计算机世界，2009.9.21，第 84 版）

文献是信息的主要载体，是一类极其重要且最常被使用的信息资源，信息资源管理最早即起源于文献信息资源的管理。文献内涵很广，它是一种有内容可识别和理解的载体，以文字、图像、符号、声频和视频等为主要记录手段，以存储和传递信息和知识为主要目的。文献记录、传递的信息和知识称为文献信息，以文献为载体的信息资源就是文献信息资源，它是信息资源的一种最重要的组成部分，其特点在于它是储存在脑外的物质载体，便于社会传播和利用，可跨越时空并可多次反复使用。通俗地讲，图书、论文、报纸和研究报告等文档及它们的电子形式都属于文献信息资源。

文献信息资源的发展经历了不同的历史发展阶段，记录着每个时期人们从事生产斗争和科学实验的经历与结果，是人类共同的知识财富和精神财富。随着人类社会的发展，人类知识总量急速增长，文艺科研等方面的硕果大量涌现，再加上文献承载技术的不断发展进步，如今的文献信息资源已如天空繁星般难以数计。尤其在近 20 年来，文献数量和文献品种都达到了历史的顶峰。然而，物极必反，人们一边享受着文献信息资源的极大丰富和日益便捷的信息获取渠道；另一边则不得不苦恼地忍受着"信息爆炸"与"信息污染"等问题的困扰。

如何解决文献信息资源的相对无限性与个人极微小的需求的有限性之间的对冲问题，以及如何平衡有效文献信息资源的获取成本大小与个人精力多少、需求时效的急迫程度、获取资源的收益（或价值）大小等之间的杠杆问题，为当今的文献信息资源的发展与研究提出了很严峻的课题。而当前的文献信息资源环境、技术与新发展动向也是理论研究者和实际工作者们都极为关注的热点问题和热点领域之一。

文献信息资源如同物质资源和能源资源一样具有稀缺性（有限性），需要文献信息资源的持有者运用现代化的管理手段和管理方法对其进行采集、组织、规划、协调、配置和控制，进而对其进行开发利用，为文献信息资源的使用者提供基本的或更高级的文献信息服务的过程，概括地说就是要进行文献信息资源管理。

当然，随着信息技术的发展和因特网的广泛普及，文献信息资源管理的内涵、方式和所涉及的技术都极大地丰富起来，案例中所提到的"数字图书馆"和"随身书库"都能让我们感受到这巨大的变化。那么在当前的因特网环境下，文献信息资源管理到底有哪些内容是需要我们重新学习和更加关注的呢？希望在看完本章内容以后，你能找到想要的答案。

3.1　文献信息资源采集

现在人们正处在一个知识量激增的年代，据估计，现在世界上每年发表的科技论文约500 万篇，出版的图书约为 50 万种，此外还有大量的特种文献出版。另外，情报信息的载体形式也更加多样化，有印刷型、缩微型、机器型和声像型等。要在这样一个浩如烟海的知识海洋中找到所需要的信息，不掌握情报检索的方法和技能是根本不行的。因此，不管是研究人员还是实际工作者，尤其是情报工作者都要掌握这项技术。

文献信息资源采集就是对文献信息的收集和获取，它是整个文献信息资源管理活动的首要阶段，也是文献信息资源开发与利用的基础和前期工作。

文献信息资源采集从采集内容来讲，可理解为两层含义：一是文献本身的获取，一般通过购买、交换、接收、申请、复制和网络搜索等途径获得；二是文献内容的获取，属文献挖掘层次。这部分内容将在 3.3 节中进行介绍。

3.1.1　文献信息源

获取文献首先需要确定文献信息源，文献信息源可分为传统文献信息源、电子文献信息源和网络文献信息源三大类。

传统文献信息源是我们比较熟悉的，按其出版形式可分为图书、期刊（也称杂志）、专利文献、研究报告、学位论文、会议文献、政府出版物（包括行政性文件和科技文献）、标准文献、产品样本和科技档案等十几类。

电子文献信息源是随着计算机与通信技术的高速发展而出现的一种新型文献资源形式，它主要是指以电子形式存储在光、磁等存储介质（如 CD-ROM、磁盘）上并能通过计算机、通信设备再现出来的文献信息资源。电子文献信息资源的前身又被称为计算机可读型文献或机读型文献，如电子图书、电子报刊、电子图谱或照片、光盘数据库电子产品、联机数据库电子产品及软件类出版物等。

网络文献信息源则是一种崭新的以数字化形式记录、以多媒体形式表达，存储在网络计算机磁介质、光介质以及各类网络通信介质上，并通过计算机网络通信方式产生、发布、存取和传递的"海量"存储型信息，即在计算机网络上以各种方式存在并传播的文献信息内容的集合。

对于前两种文献信息源，可以在不同的文献信息资源管理机构或部门（如图书馆、档案馆文献中心、情报中心、政府部门、协会和学会、编辑出版印刷和发行机构、广播电视新闻机构、科研机构、企业）中收集和获取。图书馆显然是我们最常使用也是最具规模的文献信息源存储机构，但网络文献信息源只能借助于因特网（Internet 或 Web）。

1. 图书馆、数字图书馆、移动图书馆

关于图书馆，自不必多说，国家图书馆、高校图书馆、专门图书馆和公共图书馆等，收藏着大量的图书、报刊和论文等文献信息资源，担负着保存文化遗产、开发信息资源、参与社会教育等重要职能。然而，随着信息技术的发展，需要存储和传播的信息量越来越大，信息的种类和形式越来越丰富，给传统图书馆的机制提出了巨大挑战，"数字图书馆"的设想应运而生。20 世纪 90 年代初，随着数字化技术、信息存储技术、数据库技术和网络通信技术等一系列技术的突破，加上因特网的推广和普及，数字图书馆真正走向了现实。

例如，美国国会图书馆（世界上最大的图书馆）的"美国记忆"和"美国数字图书馆"计划、英国的"电子图书馆"计划、法国国家图书馆的"资源数字化"计划、联合国教科文组织的"世界记忆"计划等都是国际数字图书馆建设的标志性工程。我国也借由"中国实验型数字图书馆"项目计划拉开了数字图书馆建设的序幕，如今已有中国数字图书馆、超星数字图书馆、书生之家数字图书馆和 360 个人数字图书馆等上百个数字图书馆投入使用。

数字图书馆（Digital Library），即是用数字技术处理和存储各种文献信息资源的图书馆，实质上是一种多媒体制作的分布式信息系统。它把各种不同载体、不同地理位置的信息资源用数字技术存储，以便于跨越区域、面向对象的网络查询和传播，它涉及信息资源加工、存储、检索、传输和利用的全过程。通俗地说，数字图书馆就是虚拟的、没有围墙的图书馆，是基于网络环境下共建共享的可扩展的知识网络系统，是超大规模的、分布式的、便于使用的、没有时空限制的、可以实现跨库无缝链接与智能检索的知识中心。

数字图书馆是高技术的产物，信息技术的集成在数字图书馆的建设中扮演了非常重要的角色。具体来说，其涉及数字化技术、超大规模数据库技术、网络技术、多媒体信息处理技术、信息压缩与传送技术、分布式处理技术、安全保密技术、可靠性技术、数据仓库与联机分析处理技术、信息抽取技术、数据挖掘技术、基于内容的检索技术和自然语言理解技术等。

数字图书馆是一种新型的图书馆形态，是传统图书馆在信息时代的发展，它不但包含了传统图书馆的功能，向社会公众提供相应的服务，还融合了其他信息资源（如博物馆、档案馆等）的一些功能，提供综合的公共信息访问服务。可以这样说，数字图书馆将成为未来社会的公共信息中心和枢纽。数字图书馆的本质在于信息数字化，而数字化也是图书馆在未来的主要发展方向。

除了"数字图书馆"外，"移动图书馆"也是未来发展的一种重要趋势。可以说历史上每一次的技术革新都会刺激相关行业产生变化，目前 3G 技术（第三代移动通信技术）的成熟以及三大通信运营商对其应用不遗余力的推广，使得通过使用手机接入因特网的用户迅速扩张。据国家工业和信息化部统计，截至 2010 年 4 月底，我国手机用户超过 7.86 亿，手机网民总数超过了 2.33 亿。这一切在图书馆领域带来的变化是"移动图书馆"由概念转变为现实。

移动图书馆是指依托成熟的无线移动网络、因特网以及多媒体技术，使人们不受时间、地点和空间的限制，通过各种便携移动设备（手机、PDA、手持阅读器、平板电脑和 MP4 等）方便灵活地进行图书馆的信息查询、浏览和获取资源内容的服务。在 3G 技术成熟、3G 网络普及、3G 用户数量迅猛增长之前，移动图书馆作为一个名词尽管已被频繁使用，但往往无法实现其真正的内涵功能。比如，某种手持设备存储有几千种电子书、期刊与报纸，即被宣称为是移动图书馆，但它更多的仍是"可以移动"的存储器加浏览器的概念（仍需到特定资源数据库下载存储少量内容，脱离了接入点就无法更新），无法做到随时随地在线随意查看图书馆多达几千万乃至上亿数量的馆藏文献。

移动图书馆更加突出了图书馆界对于 E 环境下读者的 E 需求的重视程度，在经历了十余年数字图书馆的发展后，"移动服务"将会是未来图书馆服务的最主要形态。

2. Web 网页、数据库、开放存取

"网络就是传媒"，"网页就是出版物"。据中国互联网网络信息中心发布的《第 28 次中国因特网发展状况统计报告》称，截至 2011 年 6 月中国网民规模达到 4.85 亿，因特网普及率攀升至 36.2%。因特网为电子文献信息源的存储和使用提供了最广泛、最便捷、最低廉的信息资源环境，较之印刷出版物，它具有可修改性、可链接性、传播速度快、更新速度快、阅读自主性以及可互动性等显而易见的优点。

因特网存储网络文献信息源的方式主要有两种：一是网页及数据库；二是开放存取资源（Open Access，OA）。

打开网页是目前较为常规和普遍使用的获取信息来源的一种方式。网页存储文献信息资源的形式大致包括两类，即网页搜索引擎（如 AltaVista、Google、Baidu 和 Infoseek 等）和网络资源指南（如 Yahoo!、ODP、www virtual library、新浪、腾讯、网易和搜狐等，后4 个并称为"中国四大门户"；以及一些专业性或专题类的网络资源指南，比如各种教学网、学科资源网站等）。

网络数据库将数据和资源共享两种技术结合在一起，也叫 Web 数据库，是科研工作者、学习者和企业等进行教学、科研、学习和技术研发诸项活动中进行信息检索的最重要工具之一。对于报刊、会议论文、学位论文及专利等不同的文献资源类型，因特网上有许多可供免费使用且内容丰富的数据库。同时各高校图书馆也不同程度地自建、购买了多种数据库，一些高校馆还提供特色数据库的免费建设（如 CALIS 资助兰州大学图书馆研制的敦煌

学数据库，能提供敦煌绘画和彩塑数据库、敦煌学研究文献数据库等免费检索），另有一些高校馆对免费网络数据库进行整合，建立了免费数据库导航（如浙江大学图书馆网页上设有"网上免费资源"栏目，收录了近 20 个免费资源，包括学位论文、期刊和法律文件等内容）。

常用的网络数据库，包括教育资源库（如中国基础教育网、中国高等教育文献保障系统 CALIS 联合目录公共检索系统）、学术类网络数据库（如中国期刊网、万方数据知识服务平台、维普全文数据库、Elsevier Science 电子期刊全文库和 IEEE 数据库等）和专利文献数据库（中国知识产权网、美国专利商标局全文数据库等）。

开放存取，又称为开放获取（Open Access，OA），是指 20 世纪 90 年代由国际科技界、学术界、出版界、信息传播界为推动科研成果利用网络自由传播而发起的一项运动。它依托网络技术，采用"发表付费，阅读免费"的形式，通过自归文档和开放存取期刊两种途径实现开放期刊、开放图书、开放课件和学习对象仓储等内容的知识共享。

开放存取资源就是指在因特网上免费提供的，允许任何用户阅读、下载、复制、传播、打印和检索的文献资源。开放存取不是一个技术问题，而是一个观念和文化问题。越来越多的开放期刊创建，越来越多的大学建立了自己的 OA 仓储。以下是部分国外和国内开放存取免费资源的网址链接。

国外：

1. DOAJ：Directory of Open Access Journals[开放期刊目录]（http://www.doaj.org/），专门 OA 期刊文献检索系统，收录了 5691 份学术期刊，其中 2436 份期刊可以搜索到文献全文内容。

2. arXiv.org（http://arxiv.org/），提供物理学、数学、非线性科学、计算机科学和数量植物学等方面的全文文献。

3. SPARC：Scholarly Publishing and Academic Resources Coalition [学术出版与学术资源联盟]（http://www.arl.org/sparc/）。

4. PLoS：Public Library of Science[科学公共图书馆]（http://www.plos.org/），提供各种科学与医学文献。

5. HighWire Press[海威出版社]（http://highwire.stanford.edu/），全球最大的提供免费全文的学术文献出版商，于 1995 年由美国斯坦福大学图书馆创立，收录的期刊包括生命科学、医学、物理学和社会科学。

6. IEEE[国际电气电子工程师协会]（http://ieeexplore.ieee.org/Xplore/guesthome.jsp）。

7. Find Articles[论文搜索网]（http://www.findarticles.com/），提供多种顶级刊物的上百万篇论文，涵盖艺术与娱乐、汽车、商业与金融、计算机与技术、健康与健身、新闻与社会、科学教育、体育等各个方面的内容。

8. American Chemical Society[美国化学学会]（http://www.acs.org/），ACS 建立的电子期刊全文资料库，提供该学会出版的 31 种电子期刊，收录年限涵盖近年来的最新资料。

9. The National Academies Press[美国学术出版社]（http://www.nap.edu/browse.html），美国国家科学院（National Academies）创建的，每年出版约 200 本有关科学、工程、健康及其相关政策等方面的书籍。提供 2500 多种可以免费网上阅览的电子图书。体现了在科学与健康领域最具权威性的见解和观点。

10. Intellectual Property Digital Library[知识产权数字图书馆]（http://www.wipo.int/ipdl/en/），由世界知识产权组织（WIPO）于 1988 年建立，旨在推动世界各国的知识产权组织进行知识产权信息的交流，提供各种专利文献、商标等的检索。

国内：

1. 中国科技论文在线（http://www.paper.edu.cn/），提供国内优秀学者论文、在线发表论文、各种科技期刊论文（各种大学学报与科技期刊）全文。此外，还提供对国外免费数据库的链接。

2. 中国预印本服务系统（http://prep.istic.ac.cn/eprint/index.jsp），提供国内科研工作者自由提交的科技文章，一般只限于学术性文章。系统的收录范围按学科分为 5 大类：自然科学、农业科学、医药科学、工程与技术科学、人文与社会科学。

3. 香港科技大学图书馆知识库（http://repository.ust.hk/dspace/），由香港科技大学图书馆开发的一个数字化学术成果存储与交流知识库，收有由该校教学科研人员和博士生提交的论文（包括已发表和待发表的）、会议论文、预印本、博士学位论文、研究与技术报告、工作论文和演示稿全文。

4. 中国科学院科学数据库（http://www.sdb.ac.cn/），内容涵盖了化学、生物、天文、材料、腐蚀、光学机械、自然资源、能源、生态环境、湖泊、湿地、冰川、大气、古气候、动物、水生生物和遥感等多种学科。科学数据库基于中国科技网对国内外用户提供服务。

5. 北京大学生物信息中心（http://www.cbi.pku.edu.cn/chinese/）。

6. 北大法律信息网（http://www.chinalawinfo.com/index.asp）。

7. 中国医学生物信息网（http://cmbi.bjmu.edu.cn/）。

8. 中国民间美术信息服务系统（http://www.seu.edu.cn/art/ar.htm）。

9. 音乐数据库检索系统（http://202.120.13.26/music.htm）。

10. 中国微生物信息网络（http://micronet.im.ac.cn/chinese/chinese.html）。

11. 中国知识产权网（http://www.cnipr.com/），提供国内知识产权信息的检索、咨询服务。

12. 人民日报网络版数据库（http://search.people.com.cn/was40/people/GB/index.htm）。

（资料来源：http://hi.baidu.com/liaimin/blog/item/a0ce2df5c5fa7a21bc310994.html，李巧红提供）

3.1.2 文献信息采集途径

我们将获取文献信息的渠道称为文献信息采集途径，不同的信息用户经常利用不同的文献采集途径，不同类型的文献获取渠道也有所不同。

对于文献本身来说，常用的采集途径主要有以下几种：

（1）采购

尽管在信息技术的支持下，人们可以利用多种现代化的方式来获取文献信息资源，但采购仍然是我们获取和积累有价值的文献信息的重要方式。采购是一种经常性的、稳定的、系统的采集和获取文献信息资源的有效方式，无论对团体还是个人都非常适用，尤其对于许多公开出版的书刊和发行的数据库来说，必须根据国内外公开发行的各种指南来购买。

采购通常包括订购、现购、邮购和委托代购等具体方式，可以根据采购规模和自己的需要进行选择。

（2）交换

各个文献信息管理机构之间进行文献交换也是收集文献信息的一种重要方式。某一单位利用本机构所拥有的文献信息资源（如出版物等）通过一定的资料或信息交换制度与其他单位进行交换，互相调剂、互相补充，扩大文献信息来源。

交换的文献信息资源多属于内部资料、非卖品，不能通过采购或其他方式获得，只有通过交换取得。直接交换资料，不通过其他中间环节（如发行商或书商），有利于迅速及时地获取文献信息。

（3）征集和接收

征集是收集地方文献信息资源过程中最常使用的方式，主要是指向地方、民间有关单位或个人征集历史档案、书籍和手稿等。

接收则是根据呈缴本制度、档案移交制度或捐赠协议等，由特定的文献信息资源管理机构或部门接收有关的文献信息资源。接收是获得档案和特定文献资料等的主要方式。

（4）索取或申请

对于尚未发表的文献信息资源或未通过正式渠道流通的文献信息资源，以及已经发表或公开流通但还不够详细、完备和全面的文献信息资源，根据需要与可能，可以通过通信联系或直接派人联系取得，这种方式称为索取。

有的文献信息资源不必通过采购或交换取得，而可以免费索取，如厂商为推销产品而免费赠送的产品样本、说明书、期刊、产品目录甚至是实物样品，有些机构为推广经验，扩大影响而赠送一些小册子之类的材料，还有一些学术团体、信息机构、出版社和书店常开展一些免费赠阅活动等。

还有一些文献资料是针对某一类特定的对象的，除此范围外的其他一些单位或个人一般无法取得，这种情况下可以采取申请的方式进行索取。比如，对一些国外的资料可以通过业务联系或学会、协会关系，或设法委托具有这些关系的第三者间接索取。再如，对一些特定的机密性文献资料，可根据需要，也可根据相关规定（如信息公开法律）向政府有关部门申请获得这些资料。

（5）调查

调查也是经常使用的一种文献信息资源采集方式，而且用调查的方式不仅可以获得记录型的文献信息资源，还可以获得非记录型的文献信息资源，尤其是零次信息（即第一手资料）。

调查收集文献信息资源虽然不如其他采集方式一样系统而且连续，数量也不够多，但其速度快、质量高、准确性好、针对性强，是获得文献信息的有效方法。调查既包括访谈，也包括对实物、现场的实地考察搜集，如现场调查、访问调查（直接面谈和电话采访）、问卷调查和样品调查等。

（6）检索

检索是以手工方式或计算机方式从各类不同的数据库和信息系统中查询所需要的文献信息的方法。

手工检索主要通过各类检索工具（如图书馆目录）获得文献信息资源的线索，如果需要原始信息（如全文文献），还要进行二次检索；计算机检索不仅可以获得文献信息资源的线索，还能直接获得原始信息（如全文检索）。计算机检索又包括联机检索、光盘检索和因特网检索三种，在以后的章节中会详细介绍其相关内容。

当前，以计算机为工具通过网络进行检索正在取代手工检索、脱机检索、联机检索而成为文献信息检索的主流，几乎所有图书馆目录、参考工具书、全文资料、图形图像信息、各种重要的数据库和大型信息系统等都已连接上网，集成了一个极其丰富、潜力无限的高速信息网络世界。通过网络检索，文献信息资源的获取变得更加便宜，而且网络检索有诸多优势，如检索速度快、对通信线路要求较低、检索成本低、可以快速脱机打印检索结果等，因此代表了系统检索发展的方向。

（7）开放存取

开放存取是一种新型的文献获取方式，这里不再重复介绍。

（8）其他

文献信息资源采集的途径还有很多，诸如租借、复制、接收捐赠和咨询等。

上述各种文献信息资源的采集途径和获取方法不仅适合于各种文献信息资源机构或团体，而且也适合于个人用户。两者的不同只体现在采集规模上，而个人在使用上述采集方法时更有灵活性和针对性，可以通过调查和掌握现有的不同数据库、检索工具、网站、搜索引擎、各种征订目录、出版目录、书商广告、出版预报和新书周报等，随时掌握文献信息的线索，以便实时跟踪并具有选择性地搜集所需的文献信息资源。

讨论案例：日本人是如何得到大庆油田情报的

20 世纪 60 年代中国开发大庆油田，唯独日本和中国谈成了争求设计的买卖。原因是别的国家的设计均不符合中国大庆油田的要求，而日本则事先按大庆油田的要求进行产品设计，等待中国人去购买。那么，日本人是怎样知道大庆油田的产品设计要求的呢？让我们来看看下面的具体过程。

中国大庆油田的位置、规模和加工能力是严格保密的。日本为了确定能否和中国做成炼油设备的交易，迫切需要知道大庆油田的位置、规模和加工能力。为此，日本情报机构从中国公开的刊物中收集了大量有关的信息，对所收集的信息进行了严格的定性及定量处理后得出了有关大庆油田的位置、规模和加工能力的准确情报。

首先，日本情报机构从 1964 年的《人民日报》上看到了题为"大庆精神大庆人"的报道，从而判断出：中国的大庆油田确有其事。以此为线索，日本情报机构开始全面搜集中国报刊、杂志上有关大庆的报道。在 1966 年的一期《中国画报》上，日本情报机构看到了王进喜站在钻机旁的那张著名的照片，他们根据照片上王进喜的服装衣着确定，只有在北纬 46°～48° 的区域内冬季才有可能穿这样的衣服，因此大庆油田可能在冬季为零下 30° 的齐齐哈尔与哈尔滨之间的东北北部地区。之后，来中国的日本人坐火车时发现，来往的油罐车上有很厚的一层土，从土的颜色和厚度，日本情报机构得出了"大庆油田在北满"的结论。1966 年 10 月，日本情报机构又对《人民中国》杂志上发表的王进喜的事迹介绍进行了详细的分析，从中知道了"最早钻井是在北安附近着手的"，并从人拉肩扛钻井设备的运输情况中判明：井场离火车站不会太远。在王进喜的事迹报道中有这样一段话，王进喜一到马家窑看到大片荒野说："好大的油海！我们要把石油工业落后的帽子丢到太平洋去。"于是，日本情报机构从伪满旧地图上查到："马家窑是位于黑龙江海伦县东南的一个村子，在北安铁路上一个小车站东边十多公里处。"经过对大量有关信息严格的定性与定量分析，日本情报机构终于得到了大庆油田位置的准确情报。

其次，为了弄清楚大庆油田的规模，日本情报机构对王进喜的事迹作了进一步的分析。报道说："王进喜是玉门油矿的工人，是 1959 年到北京参加国庆之后志愿去大庆的。"日本情报机构由此断定：大庆油田在 1959 年以前就开钻了。对于大庆油田的规模，日本情报机构分析后认为："马家窑是大庆油田的北端，即北起海伦的庆安，西南穿过哈尔滨与齐齐哈尔之间的安达附近，包括公主岭西南的大赍，南北 400 公里的范围。"估计从东北北部到松辽油田统称为"大庆"。

最后，为了弄清楚大庆炼油厂的加工能力，日本情报机构从 1966 年的一期《中国画报》上找到了一张炼油厂反应塔照片，从反应塔上的扶手栏杆（一般为一米多）与塔的相对比例推知塔直径约 5m，从而计算出大庆炼油厂年加工原油能力约为 100 万吨，而在 1966 年大庆已有 820 口井出油，年产 360 万吨，估计到 1971 年大庆年产量可增至 1200 万吨。

通过以上对大庆油田位置、规模和加工能力的情报分析后，日本决策机构推断："中国在近几年中必然会感到炼油设备不足，买日本的轻油裂解设备是完全可能的，所要买的设备规模和数量要满足每天炼油 1 万吨的需要。"

这是日本在 1966 年根据公开报刊点滴信息做出的判断和决策。果然，中国政府不久向世界市场寻求石油开采设备，日本财团以最快的速度和最符合中国设计要求的设备获得中国巨额订货，赚了一笔巨额利润。此时，西方石油工业大国都目瞪口呆，还未回过味来呢。

（资料来源：张翠英. 竞争情报分析. 北京：科学出版社，2008.）

讨论题

1. 上述案例中，日本人采集大庆油田情报的过程中涉及哪些信息来源？
2. 为什么日本人有如此强烈的信息意识？

3.2　文献信息资源检索

文献信息资源检索（以下简称"文献检索"）是指根据特定用户在特定时间和条件下的需求，运用某种检索工具，按照一定的过程、方法和技术，从各种各样的文献信息资源中查出所需的信息，以形成用户所需要的信息资源的过程。其实质是将描述特定用户所需文献信息的提问特征（检索课题）与文献集合（检索工具或数据库）中的检索标识进行比较，从中找出与提问特征一致或基本一致（相匹配）的应用过程。

文献检索在实际工作和科研活动中具有很重要的意义，有助于用户特别是科研工作者充分利用文献信息资源，避免重复劳动和重复生产；有助于用户缩短获取文献信息的时间，提高工作效率；有助于决策者根据检索到的信息进行决策活动。

　　文献检索是一种相关性检索，它不直接解答用户提出的问题本身，只限于提供与之相关的文献资料以供参考。其检索的类型可依据多种不同的角度进行划分，如按照检索对象和目的可划分为题录（目录）检索、文摘检索、全文检索、数据检索和事实检索等，按照检索工具的发展可划分为手工检索和计算机检索。

3.2.1　文献检索系统简介

　　目前实现文献检索的主要设施是计算机检索系统，它于 20 世纪 60 年代进入生产性开发和实际应用时期，70 年代开始向联机化和网络化发展。用户向计算机检索系统中输入一个用户提问，即可与计算机检索系统数据库中存储的文献信息集合实现自动匹配，从而在文献数据库中自动地分拣出所需要的文献信息。

　　计算机检索系统通常由硬件（计算机及外围设备）、软件（系统软件和情报检索软件）和数据库（文献或数据集合）三部分组成。

　　计算机检索系统有许多不同类型，如脱机检索系统、联机检索系统、光盘检索系统和网络检索系统等，下面主要介绍目前使用广泛的三种检索系统。

1. 联机检索系统

　　联机检索系统曾经是一种最便利、使用最广泛的计算机检索系统。不管位于何处，它都允许用户以联机会话方式直接访问系统及其数据库。

　　20 世纪 70 年代计算机分时系统的出现，通信技术改进，使得许多终端、远距离跨区域检索信息的技术得以推广，联机检索系统因而得到快速的发展。而数据库生产的迅速发展及计算机的大量涌现，更使得联机检索系统蓬勃发展。

　　联机检索无须委托，直接面向最终用户，在检索过程中是"人机对话方式"，具有很强的交互功能，而且能及时取得检索结果，但是检索指令复杂，需要依赖专业检索人员。

　　常见的联机检索系统主要有 Dialog 系统、STN 系统和 ORBIT 系统。

　　Dialog 系统是世界上最大的联机检索系统，从 1972 年建立第一个商用数据库到现在，已成为拥有近 600 个集文献信息系统、专业信息库、事实信息和全文信息于一体的大型专业数据库，约占全世界机读文献总量的 50%以上，收录了世界各国 6 万多种期刊中的论文、专利说明书等 5 亿多条。

　　STN 系统（The Scientific and Technical Information Network，国际科技信息网络）创建于 1983 年，由美国化学文摘服务社（CAS）、德国卡尔斯鲁专业情报中心（FIZ-Karlsruhe）和日本科技情报中心（JICST）三家共同创建。STN 系统目前有 200 多个数据库，主要涉及各学科领域及综合性科学技术方面的论文和专利，同时提供众多公司、供应商等方面的商情信息（如生物商情、化工产品等）。它是世界上第一个实现图形检索的系统，能够实现化学物质的结构检索，且 STN 系统中的 CA 数据库含文摘，比 Dialog 中的 CA 数据库要全面和详细。

　　ORBIT 系统是美国系统发展公司（SDC）开发的仅次于 Dialog 的国际联机系统，它拥有 120 个文档和 0.6 亿篇文献，约占世界机读文献总量的 25%，其特色是对汽车工程、石油、化工、医学、环境科学、生物化学、安全科学和运动科学等学科文献收录较全，并对一些使用价值较高的数据库拥有独家经营服务权，如 APILIT（炼油文摘）、TULSA（石油文摘）和 PAPRA（橡胶塑料工业文摘）等。

2. 光盘检索系统

CD-ROM 光盘是 20 世纪 70 年代在计算机技术、激光技术等现代新科技成果的基础上发展起来的新型电子出版物，它具有信息存储密度高、容量大、读取速度快、存储信息类型多等优点。更重要的是使用 CD-ROM 光盘检索费用大大低于联机检索，从而促使计算机检索成本迅速下降，由此光盘检索系统应运而生。

光盘检索系统主要用于单机或局域网中，摆脱了联机检索时主机的约束，不受通信条件的限制，而且检索途径完善，检索功能强大。

常见的光盘检索系统主要有 INSPEC 光盘、NTIS 光盘和 EI COMPENDEX 光盘等。

INSPEC，即英国《科学文摘》（也称为 SA，Science Abstracts），是全球著名的科技文摘数据库之一，是理工学科最重要、使用最为频繁的数据库之一，是物理学、电子工程、电子学、计算机科学及信息技术领域的权威性文摘索引数据库，由英国机电工程师学会（IEE，1871 年成立）出版，专业面覆盖物理、电子与电气工程、计算机与控制工程、信息技术、生产和制造工程等领域，还收录材料科学、海洋学、核工程、天文地理、生物医学工程和生物物理学等领域的内容。INSPEC 收录了自 1898 年以来全球 80 个国家出版的 4000 多种科技期刊、2000 多种会议论文集及其他出版物的文摘信息。截至 2007 年 1 月，INSPEC 收录文献超过 900 万条，每年新增约 50 万条文献，数据每周更新。

NTIS（National Technical Information Service）是美国国家技术情报社出版的美国政府报告文摘题录数据库，即美国政府报告数据库。它以收录美国政府立项研究及开发的项目报告为主，可以检索 1964 年以来美国商业部（PB）、能源部（DOE）、国防部（AD）和航空航天部（NASA）4 大报告的文摘索引信息，少量收录西欧、日本及世界各国（包括中国）的科学研究报告。该数据库中 75% 的文献是科技报告，其他文献有专利、会议论文、期刊论文和翻译文献；25% 的文献是美国以外的文献；90% 的文献是英文文献。专业内容覆盖科学技术的各个领域。该数据库所对应的印刷型刊物为《Government Reports Announcements & Index（GRA & I）》和《Government Inventions for Licensing》。NTIS 数据库在 CSA 数据库的 IDS 平台上提供使用，任何一台接入校园网的计算机均可访问。

EI COMPENDEX，即美国《工程索引》，主旨是对全世界工程与技术领域文献提供全面、准确、快速的报道，可通过 Kningt Ridder 公司的 OnDisc 光盘软件以及 DialogORBIT 国际联机检索系统等进行检索。EI 收录了全世界 5400 多种工程类期刊、会议论文集和技术报告，涉及 175 个学科和工程专业，包括核技术、生物工程、交通运输、化学和工艺工程、照明和光学技术、农业工程和食品技术、计算机和数据处理、应用物理、电子和通信、控制工程、土木工程、机械工程、材料工程、石油、宇航、汽车工程以及这些领域的子学科与其他主要的工程领域。用户可检索到 1969 年至今的文献。该数据库每周更新数据，每年增加大约 250 000 条新记录，以确保用户可以跟踪其所在领域的最新进展。Ei Compendex Web 是《工程索引》的网络版。

3. 网络检索系统

进入 20 世纪 90 年代后，随着网络技术的发展，尤其是因特网的迅猛发展，计算机检索进入一个崭新的时期。检索系统进入各种通信网络，每个系统的计算机成为网路上的节点，每个节点连接多个检索终端，各个节点之间以通信线路彼此相连，网络上的任何一个终端都可以联机检索所有数据库的数据，从而形成了网络检索系统。

网络检索同联机检索的主机和用户终端的主从关系不同。客户端和服务器是等同关系，只要遵守共同协议，一个服务器就可被多个客户端访问。

Internet 检索系统分成两大类型：第一类是搜索引擎类的检索系统，主要检索 Internet 上发布的信息，也称为 Web 检索系统；第二类是查找自身数据库资源（如数据库资源、文件资源等）的检索系统。

（1）搜索引擎。

搜索引擎（Search Engine）是一种在 Internet 上查找信息的工具，它将各站点内容按主题组织起来，用户输入要查找的关键词，引擎就会在自己的数据库中找出与该词相匹配的文献，并将结果显示给用户。

搜索引擎的种类有很多，主要的包括全文搜索引擎（如 Google、百度和 Lycos 等）、目录搜索引擎（如 Yahoo!、新浪等）、元搜索引擎（如 InfoSpace、Dogpile、Vicisimo 和搜星等）和垂直搜索引擎（专注于特定的搜索领域，如机票搜索、旅游搜索、生活搜索、小说搜索和视频搜索等）等。

搜索引擎在文献检索中的应用非常普遍。搜索引擎的技术也在不断发展，搜索引擎将越来越贴近人们的需求。

（2）查找自身数据库资源。

搜索引擎的主要功能是提供网络的导航与检索服务，帮助用户快速地浏览查找所需站点。但在检索或采集大批量的文献时，搜索引擎就不那么方便了。幸运的是，很多 Internet 检索系统自身携带数据库资源，解决了这一大问题。

常见的这类检索系统有书目检索系统（如联机公共检索目录 OPAC），全文检索系统（如中国学术期刊全文数据库、万方全文数据库和维普全文数据库等），事实、数值和其他专题检索系统（如 DIALOG 的商业信息摘要数据库、Gale 公司的便捷书架、彼得森研究生指南）等。

3.2.2　文献检索方法及策略

1. 检索方法

文献检索方法是指根据现有的检索工具，能够省时、省力获取最佳检索效果而采用的检索顺序和途径。对传统文献检索时，一般来说有直接法（也称为常用法，又包括顺查法、倒查法和抽查法三种）、引文法和综合法三种。

引文法是指利用已经掌握的文献末尾所列的参考文献进行逐一地追溯查找"引文"的一种最简便的扩大信息来源的方法，也叫追踪法或引文追溯法。具体的检索方法有两种：一种是利用原始文献新附的参考文献追溯检索；另一种是利用专门编制的引文索引进行追溯查找。引文法像滚雪球一样，依据文献间的引用关系获得越来越多的内容相关文献。综合法是把直接法和引文法两种方法加以综合运用的方法，也称为循环法、交替法或分段法。它既要利用检索工具进行常规检索，又要利用文献后所附参考文献进行追溯检索，分期分段地交替使用这两种方法。

而随着因特网的逐渐普及和各种网络检索工具的快速发展，人们越来越普遍地开始使用网络检索系统来检索各种信息。那么，应该使用怎样的检索方法来快速有效地获取网络文献信息呢？

当使用网络检索工具时，用户首先需要找到提供网络文献信息源的服务器（即各服务器在网上的地址 URL），然后顺着该地址去访问服务器提供的信息。一般检索方法有浏览法、链接法、通过网络资源指南（Resource Guide）和利用搜索引擎进行查找等。

（1）浏览法。

即在日常的网络浏览、漫游过程中，意外或偶然地发现一些有用的信息。这种方法目的性不是很强，具有不可预见性和偶然性。

（2）链接法。

指用户在阅读超文本文档时，利用文档的链接从一个网页转向另一个相关网页，类似传统文献检索的"引文法"。此方式可以在很短的时间内获得大量相关信息，但也有可能在"顺链而行"中偏离了检索目标，或迷失于网络信息空间中，而且找到合适的检索起点也并不容易。个人用户在网络浏览的过程中常常通过创建书签（Bookmark）或热链（Hot linker）来将一些常用的、优秀的站点地址记录下来，组织成目录以备今后之需。但这种做法只能满足个别、即时的需要，相对于整个网络信息的发展，其检索功能似乎是微不足道的。

（3）通过网络资源指南（Resource Guide）来查找信息。

前面提到各种网络资源指南，有综合性的主题分类树体系的网络资源指南，如 Yahoo!、www virtual library 和 The Argus Clearinghouse 等，以及专业性或专题类的网络资源指南，几乎每一个学科专业、重要课题、研究领域的网络资源指南都可在 Internet 上找到。这类网络资源指南类似于传统的文献检索工具——书目之书目（Bibliography of Bibliographies），或专题书目，国外有学者称之为 Web of Webs 或 Webliographies，其任务就是方便对网络信息资源的智能性获取。它们通常由专业人员在对网络信息资源进行鉴别、选择、评价、组织的基础上编制而成，对有目的的网络信息发现具有重要的指导、导引作用。

其局限性在于，由于对网络资源指南的管理、维护跟不上网络信息的增长速度，导致其收录范围不够全面，新颖性、及时性可能不够强；且用户还要受标引者分类思想的控制。要想集中地检索、发现此类专业性的网络资源指南，可通过 The Argus Clearinghouse（面向主题的 Internet 资源指南）、The WWW Virtual Library（万维网虚拟图书馆）和 Edinburgh Engineering Virtual Library（工程虚拟图书馆）等，按照其学科分类体系逐层地浏览、查找就可发现相应专题的网络资源指南。

（4）利用搜索引擎来查找信息。

这是较为常规、普遍的网络信息检索方式。用户提出检索要求，搜索引擎代替用户在数据库中进行检索，并将检索结果提供给用户。它几乎支持所有的检索功能，如布尔检索、词组检索、截词检索和字段检索等。利用搜索引擎进行检索的优点是省时省力，简单方便，检索速度快，范围广，能及时获取新增信息。其缺点在于，由于采用计算机软件自动进行信息的加工、处理，且检索软件的智能性不是很高，造成检索的准确性不是很理想，与人们的检索需求及对检索效率的期望有一定差距。搜索引擎检索方法可分为两类：目录式搜索引擎和全文式搜索引擎。

2. 检索策略

文献检索策略是检索前制定的概念组配和执行顺序的方案，也就是在分析检索提问的基础上确定检索的数据库、检索的用词，并明确检索词之间的逻辑关系和查找步骤的科学安排。在计算机检索过程中，检索策略具体表述为检索式。

检索式将各个检索概念之间的逻辑关系、位置关系等用检索系统规定的各种组配符连接起来，成为机器可识别和执行的命令形式。检索式的构造原理有布尔检索、位置检索、截词检索和限制检索。

布尔检索（Boolean Search）利用布尔逻辑算符（AND、OR、NOT）进行检索词或代码的逻辑组配，是信息检索中最常用的一种策略。

位置检索（Proximity Search）根据检索词之间的位置关系来定义命中记录，它允许指定两词之间的词序和词距。词序是指两词之间的前后顺序，词距是指两词之间间隔的单词数。不同的检索系统的位置操作符不同。

截词检索（Truncation Search）就是在检索提问表达式中用特定的截词符号（*、？、#等）表示检索词的某部分允许有一定的词形变化，因此检索词的不变部分加上由截词符号所代表的任何变化式所构成的词汇都是合法检索词。截词法常有左截、右截、中间截断和中间屏蔽 4 种形式。如 "educat*" 相当于 "educate，education，educational，educator"，"？computer" 相当于 "minicomputer，microcomputers" 等。

限制检索（Limitation Search）是将检索词限定在某一范围内进行检索的方法，以提高检索效率。常用在字段限制中，即利用前、后缀符进行的字段检索，将提问词限定在标题、著者、文摘、关键词和刊名等字段中出现，以提高命中记录的相关度。

3.2.3 文献检索效率评价

检索效率是评价一个检索系统性能优劣的质量标准，贯穿于文献检索的全过程。衡量检索效率的指标有很多。早在 1969 年，英国学者克列威尔顿（Cleverdon）提出了一套比较完整的评价检索系统的指标，包括如下 6 个主要指标：

（1）系统的收录范围，即系统中包含相关内容的程度。

（2）时滞，即从系统接受检索请求到给出结果之间的时间间隔。

（3）输出形式。

（4）用户参与程度。

（5）系统检全率（Recall Ratio），即请求结果中被实际检索到相关内容占系统中的相关内容的比率。

（6）系统检准率（Precision Ratio），即请求结果中实际相关内容占结果总量的比率。

一般地，检全率和检准率被看作是检索系统效率的重要衡量指标。当然，也可以将与检全率和检准率相对应的漏检率和误检率看作是检索系统效率的衡量指标。

设 N 是系统中记录的总数，A 表示系统中相关的记录数，B 表示检中的记录数，则检

$$\text{全率} = \frac{|A \cap B|}{|A|}, \text{漏检率} = 1 - \text{检全率} = \frac{|A \cap \overline{B}|}{|A|}, \text{检准率} = \frac{|A \cap B|}{|B|}, \text{误检率} = 1 - \text{检准率} = \frac{|\overline{A} \cap B|}{|A|}。$$

明显地可以知道，检全率与检准率之间存在着互逆关系，若要提高检全率，检准率就会降低；反之亦然。检索系统的任务在于努力提高其检索效率，也就是说在客观允许达到

的范围内尽可能实现最佳的效果。

3.2.4 典型文献检索工具的应用

1. EI

EI（《工程索引》）是工程技术领域的综合性检索工具，报道美国工程学会图书馆所收藏的工程技术文献。收录学科分为两大部分：首选收录学科（"CORE" areas）和选择性收录学科。"CORE" areas（Journals that publish entirely in these disciplines are called "CORE" Journals）包括 Chemical（化学），Civil（土木），Electrical/Electronic（电气/电子），Mechanical（机械），Metallurgical、Mining and Petroleum Engineering（冶金矿业及石油工程），Computer Engineering and Software（计算机工程及软件）。

出版标准（英文刊名、ISSN、CODEN 和出版社信息等）；论文相关信息规范、齐全（英文题名、作者、参考文献和关键词等）；优先录用英文论文，网络版（EI Compendex Web）于 2007 年收录了中国期刊 200 多种（其中 core journal 为 150 多种）。EI 数据库界面如图 3-1 所示。

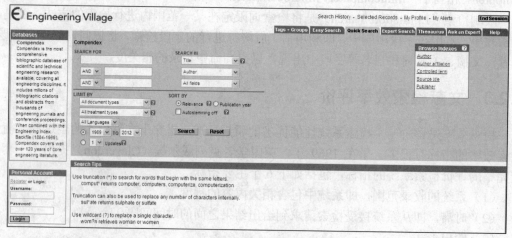

图 3-1 EI 数据库界面

EI 查收录的几种主要途径如下：

（1）根据文章题名（推荐）。

查找准确，但限于知道文章的英文题名。

若为英文题名，在 title 字段中直接输入题名即可，但注意避免题名中包含数据库系统不识别的符号（如括号），以及有特殊拼写方法的词（如化学分子式），检索时将这些词或符号去掉。若检索中文题名，在只知道中文题名时可先通过中刊网或维普查到英文题目。

（2）根据作者名以及作者单位。

拼法多，既容易漏检又容易多检，适合一次性查找某人发表的较多文章。

有时看文章发表的刊物是否是 EI 来源刊，可以起到初步判断的作用。如不是，则终止检索。EI 的来源刊如下：

（1）EI 收录期刊是动态变化的，即每年可能会有新收录进去的刊物，也会有停止收录的刊物。EI 来源刊中的每一篇文章并不一定都被收录，是有所选择的。

（2）EI 中国（http://www.ei.org.cn）可查到最新的国内期刊列表以及各刊的收录情况。所有被 EI 收录或收录过的期刊可通过检索平台或 Browse Indexes 进行浏览和检索。

（3）没有英文名或其中文章没有英文题名和摘要的期刊不会被 EI 收录。

2. SCI

SCI（《科学引文索引》）是由美国科学信息研究所（ISI）于 1961 年创办出版的引文数据库，是覆盖生命科学、临床医学、物理化学、农业、生物和工程技术等方面的综合性检索刊物，尤其能反映自然科学研究的学术水平，是目前国际上三大检索系统中最著名的一种。SCI 检索系统界面如图 3-2 所示。

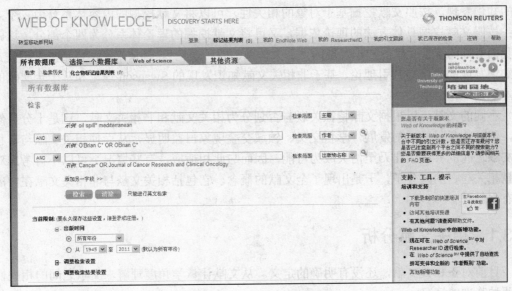

图 3-2　SCI 检索系统界面

SCI 查收录的几种途径如下：

（1）根据文章题名。

查找准确，但限于知道文章的英文题名。如果只知道中文题名时，可先通过中刊网或维普查到英文题目。

（2）根据作者及作者单位查找。

方法 1：在字段 author 及 address 中输入查询内容即可。

人名拼写规则：姓（全拼）+名（首字母）。

作者单位著录规则：地名需缩写，去掉 of 等介词。

判定期刊是否被 SCIE 收录，可利用 Publication Name 字段后面的"索引"功能。利用 ISI 中文网站 http://www.thomsonscientific.com.cn/index.htm 可查看被 SCIE 当前所收录的期刊。

SCIE 在收录文章时是整刊收录的，也就是说如果某刊被 SCIE 收录，其中的文章都会被收录。SCIE 收录期刊也是动态变化的，有的期刊可能以前被收录，现在不被收录，或以前没收录，现在开始收录。

ISI Web of Knowledge 检索平台包括多个数据库，可同时检索也可选择。某个数据库检索，检索时应注意数据库的选择。

3.3 文献信息资源挖掘

采集和检索来的文献信息资源需要深度开发，即通过"文献挖掘"的方式来实现和提升文献信息资源的价值和用途。文献信息资源挖掘，简称"文献挖掘"，有助于更好地开发和利用文献信息。

文献挖掘是指从采集和检索来的大量文献信息资源中发现知识，简言之，就是基于文献的知识发现。按照文献挖掘基于对象的相关性，可以将文献挖掘的内容体系分为三个方面；按照文献挖掘具体方法的理论依据，又可将文献挖掘的理论体系分为四个部分。这就是我们俗称的基于文献的知识发现的"三大体系、四种理论"。具体来说，包括基于相关文献知识发现的共词与共引理论、基于非相关文献知识发现的 Swanson 理论和基于全文献的文本挖掘理论。

不同的文献可以根据文献特征关联与否划分为相关文献和非相关文献，这是十分显然的，但随着学科领域的发展，学科交叉、领域交叠现象日益明显，从而使相关文献与非相关文献之间的界线淡化乃至消失成为可能，因而与此相适应，有些情况下可以不再考虑对文献相关与否的区分了，于是出现了全文献的概念，它包括相关文献与非相关文献在内的所有文献。

3.3.1 相关文献分析

目前对于相关文献，还没有明确的定义。从文献计量学角度理解，文献之间的相关性有两种基本的情况。

一是外部相关或表面相关，即文献之间在文献外部特征上的相似程度，如标题、著者、著者机构和地址等。由于文献外部特征的唯一性，外部相关往往是以文献的精确匹配表现出来的，这一点也常用于文献信息资源检索的基本检索过程。

二是内容相关，即文献之间在内容上的关联程度，由两篇或多篇文献在体现文献主题特征的主题词或关键词的共现频次反映出来。共现频次越高，表示文献之间的相关度越强，反之亦然。

在基于相关文献的知识发现研究中，主要关注文献之间的内容相关，并以此入手提取重要的深层次信息，而外部相关只作为研究的辅助手段。

相关文献分析，即基于相关文献的知识发现研究，就是基于文献共词理论和共引理论对彼此在内容上有直接关联的文献进行聚类、比较和分析，从中识别和抽取有价值的信息。

1. 共词分析

1）共词分析原理

共词分析法（Co-word Analysis）是文献计量学的一种重要方法，也是内容分析法的常用方法之一。其思想来源于文献计量学的引文耦合与共被引概念，即当两个能够表达某一学科领域研究主题或研究方向的专业术语（一般为主题词或关键词）在同一篇文献中出现时，表明这两个词之间具有一定的内在关系，并且出现的次数越多，表明它们的关系越密切、距离越近。

共词分析原理主要是对具体某一组词分别两两统计它们在同一篇文献中出现的次数，在此基础上利用现代统计技术如因子分析、聚类分析和多维尺度分析等多元分析方法，进一步按这种"距离"将一个学科内的重要主题词或关键词加以分类，从而归纳出该学科的研究热点、结构与范式。不仅如此，利用现代信息技术和统计软件图形显示功能，还能够将分析结果直观形象地显现出来，进而达到可视化的效果。

2）共词分析方法体系发展的历程

共词分析方法体系自 20 世纪 70 年代末由法国文献计量学家首先提出，80 年代中后期由 Callon 和 Law 等人正式确立，至今已历经三代发展，即从最初的纯粹基于数学指标体系（如包容指数和临近指数）的共词分析到随后的基于数学模型、空间坐标、网络比较等的共词分析直至新一代的结合数据库内容结构分析等新方法的综合性共词分析。这三代共词分析方法的核心原理未变，不同的只是基于共词原理确定研究对象之间关系的标准体系、表达方式以及应用价值取向发生了变化。

早期的共词分析理论研究以 Serge Bauin（1979、1981）、Law 和 Whittaker（1986）、Whittaker（1989）、Callon（1986、1991）等学者为代表，他们构建起的基于数学指标体系的共词分析方法致力于揭示相关文献之间由共词的数学关系所表达的关联。该阶段的应用成果研究主要有：揭示了相关文献所代表的特定领域内的研究主题、主题的层次及其关系以及由研究主题所映射的具体研究方向之间的关系；揭示了研究主题接近所属领域热点问题的程度；考察特定领域内科学研究主题的变迁；以及区分科学子领域，确定学科结构。这一阶段的共词分析理论仅是揭示了由简单的量化关系所反映的文献之间的表层、外在的关联，而且因其前提和依据过于理想化而削弱了其实际应用的可信度，所以有较大的局限性。

中期的研究者以 Turner 等（1988）、Courtial 和 Law（1989）、Turner 和 Rojouan（1991）、Callon 等（1991、1996）、Coulter 等（1988）为代表，他们确立了基于数学模型、空间坐标和网络比较等的共词分析，将基于文献发现的应用研究引向了深入。该方法试图将单一而抽象的数学指标以具体的可视化结果形象直观地表达，并借此发现研究对象之间的深层关联。该阶段的应用研究成果有：同时从内外联系的角度揭示出特定领域内研究主题之间以及目标研究主题同其他研究主题之间的关系；揭示出研究主题的研究成熟度，并得到了分级渐进的研究现状及进展可视化结果；揭示出特定领域的不同子领域的研究演化模式及相互关系，勾画出研究主题的生命周期；预测特定领域的知识发展趋势等。与早期研究相比，中期的研究更注重方法的系统性，将研究对象纳入时空坐标，提高了其应用结果同实际情况的拟合度和置信度，拓展了共词分析的应用范围，但仍没有完全摆脱纯数学界定和推测，因而其适应性仍然有限。

新时期的应用研究注意到了将单纯的共词分析同其他辅助方法进行有机结合，其中最具代表性的是以 R.N.Kostoff 为首的基于数据库内容结构分析的共词分析方法（Database Tomography，DT）。该方法自 1990 年尝试至今已趋于成熟，取得了诸多重要成果：总结出了许多新的文献分布规律（如基础学科和应用学科的论文及研究者的分布的差异、被每一被引期刊所引用的平均作者数的变化趋势等），并给出了合理解释；提出基于"自然类"的新的主题分类方式，使得主题领域内的知识结构、研究层次以及科研活动的活跃程度等被得以充分揭示；利用自上而下的共现聚类的分类体系精确地确定出主题领域的发展方向；实现了动态的基于相关文献的发现过程；能够有效揭示和挖掘特定领域内的研究空白和知识创新点；将共词分析的应用实质性地提高到了服务战略决策的高度。

3）共词分析方法的步骤

共词分析方法主要有如下几个步骤：

（1）文献获取。

（2）关键词的确定。

（3）构建关键词共词矩阵和相异矩阵。

（4）多元统计分析，揭示领域研究热点和发展趋势。

共词分析方法的实现细节可见下面的实例。

2. 共引分析

1）共引分析原理

共引或称同引（Co-citation），是指两篇文献同时被后来的其他文献所引用，其基本原理主要是以具有一定学科代表性的一批文献为分析对象，利用聚类分析、多维尺度等多元统计分析方法，借助计算机，把众多的分析对象之间错综复杂的共引网状关系简化为数目相对较少的若干类群之间的关系并直观地表示出来，在此基础上分析研究分析对象所代表的学科及文献的结构和特点。

具有共引关系的文献之间借共引强度体现彼此间的关联度和内容的相似性，同时基于共引关系所形成的文献共引网络将学科之间的关联与亲疏直观地呈现出来。

共引分析的理论基础是同时被引用的文献在主题上具有或多或少的相似性，同被引次数可以测度文献在内容方面的相关度。

由共引分析得出的结论往往不能反映新文献所代表的研究主题，从而其更适于研究成熟学科的研究范式，不适于学科的研究热点研究。

2）共引分析理论体系发展的历程

与共词理论发展类似，自从 1973 年 H.Small 首先提出文献共引分析至今共引理论的发展也大致经历了三代。共引关系从最初的单纯的文献本身延伸到诸如词的共引、著者共引、期刊共引、主题共引和类的共引等一系列基于文献的共引关系；共引分析方法也由单一的文献计量方法发展到多种方法与技术的综合运用；伴随共引分析理论与方法的演进与发展，其应用也不断引向深入，共引分析目前已成为基于文献的知识发现的不可或缺的手段。

早期以 Irina Marshakova（1973），Henry Small（1973）等为代表学者，主要关注由共引文献之间的简单量化关系所反映的文献间的继承关联、由文献所代表的特定领域、主题之间的关系等。

中期以 White 和 Griffith（1981）将共引关系引向著者为标志，随着与文献相关的共引关系对象范围的扩大，基于共引分析发现的应用研究也被推向了新的高度。该阶段的研究成果有：揭示了科学研究中研究者个人及群体之间的交流规律；将共引关系的应用引向科研动态监测和学科发展的预测；进一步揭示了期刊分布规律，为特定领域核心期刊的确定提供了新的依据和捷径；开始从用户角度（期刊共引、机构共引）揭示学科间的关联、交叉和渗透等。

自 20 世纪 90 年代至今，也就是共引分析理论成熟之后，基于共引分析发现的应用研究大致沿两大方向发展：一是在已有成果基础上的继承性研究，以 Small、Kevin W.Boyack 和 Shuan Goldfich 等为代表，将共引分析用于揭示领域学科关系的探索引向深入；二是将共引分析应用到更泛化的真正的知识层面，以 Kostoff 等为代表，他将一半文献计量学方法、计算机辅助分析和专家决策等同共引分析有机结合，一方面克服了单纯依靠共引分析的局限性，更重要的是极大地拓展了基于共引分析发现的应用前景。

3）共引分析与共词分析的相同与不同点

由于作品（作者）被引用的时间距离其发表时间具有一定的滞后性，因此共引分析法更适用于比较成熟、规范的学科；而共词分析法所研究的是某一学科领域当前学术文献所集中关注的主题，比较适合探讨新兴学科的研究热点、知识结构及其发展趋势。这是因为新兴学科的研究往往参与者甚众，作品内容比较分散，被引用情况不稳定，尚未形成比较固定的学术流派，而主题词和关键词却能很好地表现该学科的研究领域、研究热点与发展方向。

相同点：

（1）都需要确定分析领域，将原始矩阵转化为相关矩阵。

（2）都可以用于揭示研究领域的发展过程，信息检索和反映学科结构。

不同点：

（1）数据的获取方式不同。共词分析数据直接从选择的文献中抽取词汇，而共引分析数据的获得需要一些引文数据库。

（2）应用范围不同，共词方法的应用范围比共引方法小。共词方法的分析基础是词或词组，共引分析的对象是文献，也可以选择多领域进行分析。

3.3.2　共词分析方法实例

为了使学生和读者更好地理解共词分析方法的实际应用，提高学生的动手能力，我们设置了实验教学课时。下面是一个学生的实验报告。

我国近年来应急预案的发展方向与研究热点
——基于共词分析

1. 实验内容

随着我国汶川地震，我国南方雪灾、旱灾，日本福岛核事故等一系列自然突发事件以及藏独分子等公共突发事件的频繁发生，如何在这些事故发生之时及时作出正确、有效的决策，处理好人员安排、资源配置、医疗资源配置等资源的安排配置越来越成为一个关注热点。

为了研究中国学术界在应急预案方面的研究重点、研究方向以及是否各大学术机构之间的研究合作关联性，笔者采用共词分析的方法对我国近年来应急预案的发展方向与研究热点进行分析。

本次实验具体内容包括：

（1）文献资源检索。

（2）文献处理。

（3）文献挖掘。

（4）分析我国近年来应急预案的发展方向与研究热点。

（5）总结本实验研究、分析优缺点。

2. 文献获取与数据收集

本实验采用中国学术期刊网（CNKI）全文数据库并选择网络数据总库，时间是2004—2011年，指定来源为核心刊物，指定主题为"应急预案"，共搜索到1346篇文献信息，搜索过程如图3-3所示。

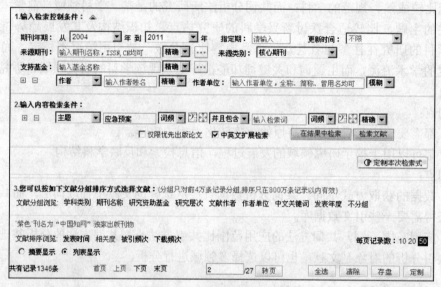

图3-3　文献搜索截图（CNKI）

将搜索到的文献数据以自定义的方式，选择"题名"、"作者"、"关键词"、"单位"、"摘要"、"刊名"、ISSN项目输出，并导入Excel，以便于后续处理。原始数据如图3-4所示。

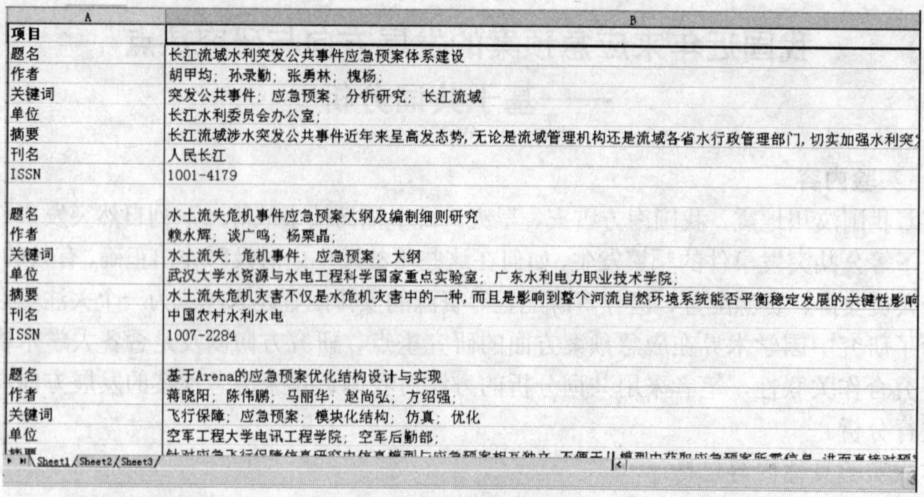

图3-4　原始数据（部分）

3. 数据处理

1) 文献数据初步处理

经过初步筛选，将关键词缺乏、无作者、摘要内容无关、新闻报告以及其他在《萌芽》等杂志发表的文章全部剔除，并剔除摘要，最终剩余 805 篇主要文献数据，再将数据进行合并汇总，最终汇总如图 3-5 所示。

number	author	keyword	institution	journal	ISNN
			数据汇总		
1	胡甲均;孙录勤;张勇林;桃杨;	突发公共事件;应急预案;分析研究;长江流域	长江水利委员会办公室;	人民长江	1001-4179
2	赖永辉,谈厂鸣,栗果晶;	水土流失;危机事件;应急预案;大纲	武汉大学水资源与水电工程科学国家重点实验室; 广东水利	中国农村水利水电	1007-2284
3	蒋晓阳,陈伟鹏,马丽华,赵尚仙,方绍强;	飞行保障;应急预案;模块化结构;仿真,优化	空军工程大学电讯工程学院; 空军后勤部;	计算机工程与设计	1000-7024
4	秦劲松;殷卫红;李永斌;	多校区;日常教学危机;应急预案	上海电力学院选课与考试中心; 上海电力学院教务处;	教育与职业	1004-3985
5	高明;李文云;袁德君;蒋亚坤;马玲;	FTA;应急预案;基本事件;完备度;量化分析	云南电力调度中心; 水文水资源与水利工程科学国家重点…	水利水运工程学报	1009-640X
6	张士辰;李雷;	溃坝;应急预案;预见性;评价方法	南京水利科学研究院;	水利水运工程学报	1009-640X
7	邓慰,李晓飞,宋卫平,赵霞;	突发事件;应急预案;非煤矿山	中钢集团武汉安全环保研究院; 中钢矿业开发有限公司; 中…	工业安全与环保	1001-425X
8	郭德勇,郑茂杰,程伟,刘金城;	煤与瓦斯突出;应急预案;灾害评估;应急组织	中国矿业大学(北京)资源与安全工程学院; 平顶山煤业(集团…	煤炭学报	0253-9993
9	时训先,钟茂华,付学华,朱渊臣;	重大事故;应急预案;评审	中国安全生产科学研究院;	中国安全生产科学技术	1673-193X
10	赵山峰;李学峰;李昊;	水污染;突发事件;应急预案;黄河	郑州大学; 黄河流域水资源保护局; 河海大学;	人民黄河	1000-1379
11	姜明均;苏丹;蒯涵;刘庭全;	应急预案;安全疏散;人员密集场所	公安部天津消防研究所; 黑龙江省消防总队;	消防科学与技术	1009-0029
12	刘沛林;刘春腊;	冰雪灾害;应急预案;我国南方;某地区	北京大学城市与环境学院; 衡阳师范学院资源环境与旅游管…	热带地理	1009-5675
13	赵忠刚;姚安林;	支权模型;应急预案;质量优选	中国石油天然气管道科学研究院; 西南石油大学;	油气储运	1000-8241
14	朱玉贵;	消防部队;灭火救援;大型运动会;应急预案	黑龙江省消防总队;	消防科学与技术	1009-0029
15	李华;赵道君;范文;朱先民;	本体;应急预案;应急管理;Protégé;SUMO	天津大学管理学院; 武警天津市总队政治部; 国家知识产权…	中国安全生产科学技术	1000-0135
16	潘红磊,贺红旭,谢萍,梁赭;	海外项目;应急预案;社会安全	中国石油集团安全环保技术研究院; 中国石油天然气集团公司	中国安全生产科学技术	1673-193X
17	刘海龙,李雄飞,董立岩;	突发事件;应急预案;模糊评估;评判函数;预案	吉林大学计算机科学与技术学院;	中国安全科学学报	1003-3033
18	赵丽琴;袁缨;谭童禄;	城市地下公共空间;事故;应急预案	中国矿业大学(北京)管理学院; 石家庄学院数学系;	现代城市研究	1009-6000
19	李慧;赵艳博;林逢春;	环境污染事故;编制指南;异同点;中美	华东师范大学资源与环境科学学院环境科学系;	中国安全科学学报	1003-3033
20	朱荀;	图书馆;危机管理;地震灾害;应急预案	北京大学信息管理系;	图书情报工作	0252-3116

图 3-5　表征中国应急预案文献数据库（部分）

2) 关键词处理

(1) 关键词结构。

运用 Excel 的数据分析功能——分列，将关键词进一步处理，处理结果如图 3-6 所示。

文章名	关键词A	关键词B	关键词C	关键词D	关键词E
1	突发公共事件	应急预案	分析研究	长江流域	
2	水土流失	危机事件	应急预案	大纲	
3	飞行保障	应急预案	模块化结构	仿真	优化
4	多校区	日常教学危机	应急预案		
5	FTA	应急预案	基本事件	完备度	量化分析
6	溃坝	应急预案	预见性	评价方法	
7	突发事件	应急预案	非煤矿山		
8	煤与瓦斯突出	应急预案	灾害评估	应急组织	
9	重大事故	应急预案	评审		
10	水污染	突发事件	应急预案	黄河	
11	应急预案	安全疏散	人员密集场所		
12	冰雪灾害	应急预案	我国南方	某地区	
13	支权模型	应急预案	质量优选		
14	消防部队	灭火救援	大型运动会	应急预案	
15	本体	应急预案	应急管理	Protégé	SUMO
16	海外项目	突发事件	应急预案	社会安全	
17	突发事件	应急预案	模糊评估	评判函数	预案评估
18	城市地下公共空间	事故	应急预案		
19	环境污染事故	应急预案	编制指南	异同点	中美
20	图书馆	危机管理	地震灾害	应急预案	
21	城市灾害	应急预案	基本要素	灾害管理	
22	应急预案	危机管理	预案管理		
23	档案馆	应急预案	编制		
24	ABC本体	工作流	应急预案		
25	应急预案	必要条件	作用逻辑		
26	应急预案	克林霉素	急救流程	护理管理	
27	应急预案	水源地	移动风险源	危险化学品	
28	应急预案	直觉模糊集	预案评估	TOPSIS法	
29	突发事件	应急预案	规划实施评价	预案实施评价	结果评价
30	应急预案	预案评价	层次分析法	G法	预案评估
31	主题抽取	词汇链	语义相关		
32	完备性	评估指标体系	环境污染事故	应急预案	上海市
33	GIS	应急预案	动态模拟		
34	应急预案	评价	完备性分析法(FTA)	不完备度	

图 3-6　应急预案关键词初步处理表

（2）关键词筛选。

利用 Excel 的统计功能将所有关键词进行词频统计，获得原始关键词 4232 个。选择词频不低于 7 次的关键词，筛选出 53 个关键词作为高频词。其中，关键词"应急预案"词频354 次，为最高频次。但鉴于"应急预案"与本研究内容完全重合，在共词分析中难以发挥作用，予以舍弃，得到最终高频关键词 52 个，如表 3-1 所示。

表 3-1 高频关键词筛选结果（频次≥7）

序号	关键词	词频	序号	关键词	词频	序号	关键词	词频
1	应急管理	123	19	风险管理	15	37	评价	8
2	突发事件	100	20	应急措施	15	38	体系建设	8
3	突发公共事件	41	21	环境风险	14	39	图书馆	8
4	应急救援	38	22	对策	11	40	应急工作	8
5	应急机制	30	23	环境保护	11	41	应急监测	8
6	自然灾害	29	24	应急管理体系	11	42	应急决策	8
7	突发公共卫生	26	25	管理体系	10	43	政府	8
8	危机管理	23	26	建立健全	10	44	档案馆	7
9	应急	23	27	抗震救灾	10	45	地理信息系统	7
10	应急处置	19	28	应急体系	10	46	环保部门	7
11	环境事件	18	29	应急准备	10	47	机制	7
12	应急突发事件	18	30	事故	9	48	疏散	7
13	应急响应	18	31	预警	9	49	突发	7
14	地震	17	32	预警机制	9	50	危险源	7
15	管理工作	17	33	安全管理	8	51	问题	7
16	地方政府	16	34	地震灾害	8	52	指标体系	7
17	应急处理	16	35	公共安全	8			
18	应急能力	16	36	环境安全	8			

（3）关键词共词矩阵。

由于表 3-1 中的这些关键词是有关应急预案文献中出现频次较高的词，它们从较大程度上能代表中国当前应急预案研究的热点。为了进一步了解这些关键词之间的联系，在建立的数据库中对表 3-1 中的高频关键词进行两两共词检索，统计它们在 805 篇文章中同时出现的频率，建立一个 52×52 关键词的共词矩阵。部分共词矩阵数据如图 3-7 所示。

共词矩阵为对称矩阵，主对角线的数据定义为缺失，非主对角线中单元格的数据为两个关键词共同出现的次数。如关键词"应急救援"与"应急管理"的共词频次为 6，即表示有 6 篇论文同时使用了这两个关键词。

（4）关键词相似矩阵。

由于将要运用的多元统计方法对矩阵的数据结构有不同的要求，为了统计分析的方便，也为了消除频次悬殊造成的影响，本文将相关矩阵转化为相似矩阵。

	A	B	C	D	E	F	G	H	I	J	K	L	M
1		应急管理	突发事件	突发公共事件	应急救援	应急机制	自然灾害	突发公共卫生事	危机管理	应急	应急处置	环境事件	应对突发事件
2	应急管理	123	24	9	6	6	6	1	5	0	9	10	4
3	突发事件	24	100	5	2	6	4	4	4	2	7	5	0
4	突发公共事件	9	5	41	6	8	5	0	1	0	2	1	5
5	应急救援	6	2	6	38	2	2	3	0	0	2	2	2
6	应急机制	6	6	8	2	30	0	3	3	0	1	2	3
7	自然灾害	6	4	5	2	0	29	0	0	0	1	0	3
8	突发公共卫生事	1	4	0	3	3	0	26	0	1	0	0	2
9	危机管理	5	4	1	0	3	0	0	23	0	0	0	0
10	应急	0	2	0	0	0	0	1	0	23	0	0	0
11	应急处置	9	7	2	2	1	1	0	0	0	19	4	4
12	环境事件	10	5	1	2	2	0	0	0	0	4	18	0
13	应对突发事件	4	0	5	2	3	3	2	0	0	4	0	18
14	应急响应	2	4	0	1	1	0	0	0	0	0	3	0
15	地震	0	0	1	1	0	1	0	0	1	0	0	1
16	管理工作	10	3	3	4	0	1	1	0	0	5	6	3

图 3-7 表征应急预案研究方向的关键词共词矩阵（部分）

共词矩阵转化为相似矩阵的具体方法是用 Ochiia 系数将共词矩阵转换成相似矩阵，即将共词矩阵中的每个数字都除以与之相关的两个关键词总频次开方的乘积，其计算公式是：

$$\frac{\text{A、B两词同时出现频次}}{\sqrt{\text{A词总出现频次}} \times \sqrt{\text{B词总出现频次}}}$$

此时对角线上的数据表示该词自身的相似程度，经上式计算均为 1。利用该公式进行计算，得到的部分相似矩阵如图 3-8 所示。

	A	B	C	D	E	F	G	H	I	J	K	L	M
1		应急管理	突发事件	突发公共事件	应急救援	应急机制	自然灾害	突发公共卫生	危机管理	应急	应急处置	环境事件	应对突发事件
2	应急管理	1	0.216400712	0.126735425	0.087762078	0.09877296	0.100461509	0.017683196	0.094005558	0	0.186171481	0.212525571	0.085010228
3	突发事件	0.216400712	1	0.078086881	0.032444284	0.109544512	0.074278135	0.078446454	0.083405766	0.041702883	0.160591014	0.11785113	0
4	突发公共事件	0.126735425	0.078086881	1	0.152008378	0.228106379	0.145003698	0	0.03256448	0	0.071657436	0.036810509	0.184052543
5	应急救援	0.087762078	0.032444284	0.152008378	1	0.059234888	0.060247523	0.095442714	0	0	0.074432293	0.076471911	0.076471911
6	应急机制	0.09877296	0.109544512	0.228106379	0.059234888	1	0	0.107417231	0.114208048	0	0.041885391	0.086066297	0.129099445
7	自然灾害	0.100461509	0.074278135	0.145003698	0.060247523	0	1	0	0	0	0.042601432	0	0.131306433
8	突发公共卫生	0.017683196	0.078446454	0	0.095442714	0.107417231	0	1	0	0.040893041	0	0	0.092450033
9	危机管理	0.094005558	0.083405766	0.03256448	0	0.114208048	0	0	1	0	0	0	0
10	应急	0	0.041702883	0	0	0	0	0.040893041	0	1	0	0	0
11	应急处置	0.186171481	0.160591014	0.071657436	0.074432293	0.041885391	0.042601432	0	0	0	1	0.216295228	0.216295228
12	环境事件	0.212525571	0.11785113	0.036810509	0.076471911	0.086066297	0	0	0	0	0.216295228	1	0
13	应对突发事件	0.085010228	0	0.184052543	0.076471911	0.129099445	0.131306433	0.092450033	0	0	0.216295228	0	1
14	应急响应	0.042505114	0.094280904	0	0.038235956	0.043033148	0	0	0	0	0	0.166666667	0
15	地震	0	0	0.037877701	0.039344474	0	0.045037735	0	0	0.050572174	0	0	0.057166195
16	管理工作	0.218687008	0.072760688	0.113633103	0.157377895	0	0.045037735	0.047565149	0	0	0.278207442	0.34299717	0.171498585

图 3-8 表征应急预案研究方向的关键词相似矩阵（部分）

相似矩阵中的数字表明其对应两个关键词之间的亲疏关系，数值越大表明关键词之间的距离越近，相似度越好；反之，数值越小表明关键词之间的距离越远，相似度越差。

（5）关键词相异矩阵。

由于相似矩阵中的 0 值过多，统计时容易造成误差过大，为了方便进一步处理，用 1 与全部相似矩阵中的数据相减，得到表示两词间相异程度的相异矩阵（如图 3-9 所示）。

相异矩阵中的数据表示不相似数据，数值越大表明关键词之间的距离越远，相似度越差；反之，数值越小表明关键词之间的距离越近，相似度越高。

4. 数据分析与挖掘

（1）聚类分析。

本实验采用层次聚类（Hierarchical Cluster），选择离差平方和法（Wards Method）与离散数据类型（Count）中的斐方（Phi-square Measure）方法。聚类分析结果部分树状图如图 3-10 所示，可以初步判断各关键词之间的关联程度。

	应急管理	突发事件	突发公共事件	应急救援	应急机制	自然灾害	突发公共卫生	危机管理	应急	应急处置	环境事件	应对突发事件	应急响应	
应急管理	0	0.783599288	0.873264575	0.912237922	0.90122704	0.899538491	0.982316804	0.905994442	1	0.813828519	0.787474429	0.914989772	0.957494886	
突发事件	0.783599288	0	0.921913119	0.967555716	0.890455488	0.925721865	0.921553546	0.916594234	0.958297117	0.839408986	0.88214887	1	0.905719096	
突发公共事件	0.873264575	0.921913119	0	0.847991622	0.940765112	0.854996302	1	0.96743552	1	0.928342564	0.963189491	0.815947457	1	0
应急救援	0.912237922	0.967555716	0.847991622	0	0.940765112	0.939752477	0.904557286	1	1	0.925567707	0.923528089	0.923528089	0.961764044	1
应急机制	0.90122704	0.890455488	0.771893621	0.940765112	0	1	0.892582769	0.885791952	1	0.958114609	0.913933703	0.870900555	0.956966852	
自然灾害	0.899538491	0.925721865	0.854996302	0.939752477	1	0	1	1	1	0.957398568	1	0.868693567	1	1
突发公共卫生	0.982316804	0.921553546	1	0.904557286	0.892582769	1	0	1	0.959106959	1	1	0.907549967	1	
危机管理	0.905994442	0.916594234	0.96743552	1	0.885791952	1	1	0	1	1	1	1	1	
应急	1	0.958297117	1	1	1	1	0.959106959	1	0	1	1	1	1	
应急处置	0.813828519	0.839408986	0.928342564	0.925567707	0.958114609	0.957398568	1	1	1	0	0.783704772	0.783704772	1	
环境事件	0.787474429	0.88214887	0.963189491	0.923528089	0.913933703	1	1	1	1	0.783704772	0	1	1	0.833333333
应对突发事件	0.914989772	1	0.815947457	0.923528089	0.870900555	0.868693567	0.907549967	1	1	0.783704772	1	0	0	
应急响应	0.957494886	0.905719096	1	0.961764044	0.956966852	1	1	1	1	1	0.833333333	1	0	
地震	1	0.962122299	0.960655528	1	1	0.954962265	1	1	0.949427826	1	1	0.942833805	1	
管理工作	0.781312992	0.927239312	0.886366897	0.842622105	1	0.954962265	0.952434851	1	1	1	0.721792558	0.65700283	0.828501415	1

图 3-9　表征应急预案研究方向的关键词相异矩阵（部分）

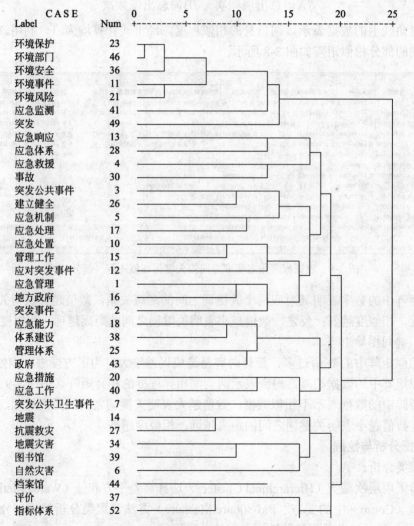

图 3-10　聚类分析结果部分树状图

（2）因子分析。

因子分析的目标是用尽可能少的因子去描述众多指标间的联系，其基本思想是把研究对象的变量分组，使同组内的变量相关性较高，不同组的变量相关性较低。每组变量称为一个公共因子，这样几个公共因子可以反映原资料大部分信息。

对相关矩阵使用 SPSS13.0 软件进行因子分析，选择"主成分法"、"平均正交法"，并选择"输出碎石图"，得到因子分析的结果如图 3-11 所示。

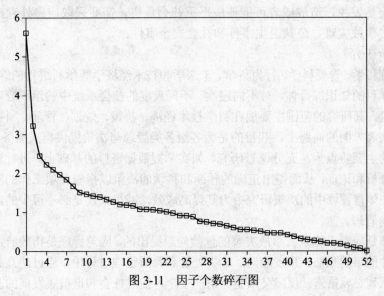

图 3-11 因子个数碎石图

因子个数碎石图直观地显示出因子分析的前 26 个因子类别是比较明晰的，根据因子载荷系数大于 0.5 对命名才有帮助的原则，26 个主成分命名如表 3-2 所示。

表 3-2 主成分因子

1 环保管理		2 突发事件	3 决策研究	4 应急工作	5 危机管理	6 评价
环境事件 0.901		突发公共事件 0.577	问题 0.621	应急工作 0.508	危机管理 0.565	7 体系
管理工作 0.575		应对突发事件 0.559	对策 0.661			
环境风险 0.832						
环境保护 0.891						
环境安全 0.800						
应急监测 0.553						
环保部门 0.881						
突发 0.563						
8 事故	9 应急处理	10 预警	11 机制	12 图书馆	13 政府	14 建立健全
15 疏散	16 危险源	17 应急准备	18 档案馆	19 地震灾害	20 应急管理	21 安全管理
22 地理信息系统	23 应急能力	24 应急措施	25 自然灾害	26 监测		

5．研究热点分析

根据上述国内应急预案领域的研究结构结合文献对结构，概括起来，国内对应急的研究热点集中在以下几点：

（1）环保管理。

从因子载荷系数来看，有关环保管理的关联性最强，包含了环境事件、管理工作、环境风险、环境保护、环境安全、应急预测、环保部门和突发。由此可见，国内对应急预案领域的研究在这几方面投入研究比较多，也可以知道这是一大研究热点。

（2）突发事件（Emergency）、事故。

根据我国 2007 年 11 月 1 日起施行的《中华人民共和国突发事件应对法》的规定，突发事件是指突然发生，造成或者可能造成严重社会危害，需要采取应急处置措施予以应对的自然灾害、事故灾难、公共卫生事件和社会安全事件。

（3）决策研究。

利用系统科学、管理科学、行为科学、未来学和技术经济学等学科进行的综合探讨活动。它是以上各学科的知识综合体，对不同层次、不同尺度的社会系统中的组织管理和决策问题进行综合研究，其研究的范围主要放在科学技术经济、决策、规划、管理、科技方法以及技术、工程咨询等方面的问题上。其目的是为各级各类管理与决策提供模式服务与科学计量。其研究方法的主要特点为在充分调查研究、如实掌握数据资料的基础上，进行定性与定量相结合的系统分析和论证，从而得出正确的预断和科学的决策以指导各项工作的实践获得理想的效果。它在体育领域中的决策研究中为其提高成效，减少失误是必不可少的。

（4）应急管理。

应急管理是应对于特重大事故灾害的危险问题提出的。应急管理是指政府及其他公共机构在突发事件的事前预防、事发应对、事中处置和善后管理过程中，通过建立必要的应对机制，采取一系列必要措施，保障公众生命财产安全，促进社会和谐健康发展的有关活动。

国家突发公共事件总体应急预案提出了 6 项工作原则，即以人为本，减少危害；居安思危，预防为主；统一领导，分级负责；依法规范，加强管理；快速反应，协调应对；依靠科技，提高素质。

（5）预警与机制。

预警与机制是指由能灵敏、准确地昭示风险前兆，并能及时提供警示的机构、制度、网络和举措等构成的预警系统，其作用在于超前反馈、及时布置、防风险于未然，打信息安全的主动仗。

6. 总结

本实验以中国全文学术期刊（CNKI）近 7 年（2004—2011）国内应急预案领域的关键词为基础，通过共词分析方法，结合 SPSS 软件的层次聚类功能以及因子分析功能，对研究热点以及国内研究现状、方向进行了分析，以期从整体上把握研究重点，同时对现在研究是否偏离实际作出一个判断，为进一步研究做相关参考。

总的来说，本实验总结如下：

（1）应急预案的研究是由实际引发的，并且随着实际效应而逐渐彰显重要性。

（2）国内应急预案研究多集中在管理层面，而较少从突发事故本身确定具体的流程，即对预案流程的研究不多。

（3）国内应急研究多集中在大城市或者说是影响力大的城市，研究机构多集中在医疗机构、预防中心等性质的单位。

（4）国内研究者很少跨单位、跨地域合作研究，大多是同单位、同机构研究人员合作研究，不同地域、不同机构的研究者合作甚少，这也从另一方面说明研究人员在对这一领域的交流不是很强。

（5）现阶段研究多集中于实际，针对性较强，但相应的也就缺乏系统、统一的研究，研究方向比较零散，关联性不强。

3.3.3　非相关文献分析

与相关文献相对，非相关文献是指在文献特征上没有共现特征，即文献之间不具有共同的主题词、关键词等体现文献内容特征的成分，它们在内容上没有直接关联。即使有关联，这种关联也是内隐的，不能仅从依据某一主题词或关键词所检索出的文献中发现这种关联。

基于非相关文献的知识发现就是挖掘非相关文献之间的内隐的逻辑关联，通过这种逻辑关联将两个原本相互独立的文献群中的有关信息进行拼合，从而获得无法单独从两个文献群中所获得的信息，即实现 "1+1>2" 的知识创新。

非相关文献分析（即基于非相关文献的知识发现）方法由 D. R. Swanson 首先发现并成功应用于医学领域。

1986 年，芝加哥大学医学教授 D.R.Swanson 在研究有关雷诺氏病（Raynaud's disease）的病因及治疗方法时偶然发现事先通过 fish oil 和 Raynaud's disease 为主题词检索到的两组文献之间并无关联，前者是关于鱼油的摄入能改善血液黏度异常的研究报道；后者是血液黏度异常可导致雷诺病的研究报道。但如果以 Raynaud's disease 将二者联系起来，则会得出鱼油有助于雷诺病治疗的结论，于是 Swanson 认为，对于两组非相关文献 A 和 C，可以通过某一主题词 B 建立二者的关联。该假设与其鱼油有助于雷诺病的治疗的结论被后来的临床研究所证实。

上述假设可推广为：如果文献 A 与 B 之间存在逻辑关联，同时文献 B 与 C 之间存在逻辑关联（A 和 C 相互独立），那么可以推定文献 A 同文献 C 存在逻辑关联，即如果 A→B，B→C，那么 A→C。

上述逻辑推导又被 Swanson 及其同事成功应用于后续的医学研究中：镁缺乏与神经系统疾病（1994）；消炎痛与阿尔茨海默病（1996）；雌激素与阿尔茨海默病（1996）；游离钙磷脂酶 A2 与精神分裂症（1998）；镁缺乏与偏头痛（1998）以及可作为生物武器的潜在病毒（2001）。Swanson 的基于非相关文献进行知识发现的探索和研究无疑为基于文献的知识发现开辟了新的途径。

此后，1993 年 Z.Chen 在 Swanson 理论的基础上，将上述逻辑推理应用深入到了探索文献内部的知识片段（知识单元）之间的逻辑关系，由此为建立不同专业领域的知识关联提供了一种新的途径。1996 年，M.D.Gordon 提出了中介文献的概念，并将中介文献扩展为中介文献群，从而推动了基于非相关文献发现的广度，建立了更为广泛的跨学科交流。

Swanson 本人在公布基于非相关文献发现方法后不久就开始了将该分析方法向数据库移植的尝试，1999 年他以 Arrowsmit 为名针对医学数据库 MEDLINE 设计了扩展其检索功能的人机交互检索系统，用于实现对连续两组非相关医学文献的中间文献的自动检索和非相关文献关联结构分析。Arrowsmit 系统目前已被成功应用于生物医学领域的多个分支领域，如预测药物的副作用，发现新的治疗方案，确定疾病的潜在危险因素，确定细胞生物反应的调节代理机制，发现潜在的可替代人体实验的动物样本等。

同年，Kenneth A.Cort 将这一方法用于 Wilson 人文数据库隐含知识关联的挖掘，首次揭示了此前从未被人文领域知晓的现代诗人 Robort Forst 同古希腊哲学家 Carneades 之间的思想关联，从而证实了基于非相关文献的知识发现方法具有普适性。

2001 年，Weer 等在总结前人研究成果的基础上提出了"两步法"的基于非相关文献的发现模式（即开放式的构建假设过程和封闭式的验证假设过程），并针对目前越来越普遍的语义分析环境提出了基于多字词的发现方法，即基于"概念"的非相关文献的知识发现。它不仅为将非相关文献的发现全面拓展至除生物医学领域的其他领域提供了借鉴，而且也为该理论用于自然语言环境的知识发现创造了可能。

其后，Kostoff 研究小组（2001）、Hristovski 等（2001、2003、2005）、Srinivasan 等（2001、2003）、Swanson 本人（2006）对 Swanson 理论及基于 Swanson 理论的分析系统的开发都有了新的进展。

非相关文献分析的具体方法包括基于单词的词频统计方法、基于短语的词频统计方法、基于概念的知识发现方法、基于概念的词频统计方法。

3.3.4　基于全文献的知识发现

显然，将文献分为相关文献和非相关文献是从文献特征关联与否的角度考虑的，若事先不对文献进行区分（实际上，随着学科、领域不断趋于交叉，相关文献与非相关文献之间的界线也在逐步趋于淡化），即不考虑文献之间是否关联，而将目标数据库的全部文献视为一个整体，则该目标数据库的全部文献就称为全文献。若对文献加以区分，则全文献可以理解为目标数据库中相关文献与非相关文献之和。

基于全文献的知识发现就是从全文本中挖掘文献关联和发现知识的过程，它同时兼顾基于相关文献和基于非相关文献发现的原理和方法。

基于全文献的知识发现就是通过对目标数据库中全部文献进行全文本分析挖掘，发现文献关联获知新知识的过程。

在此，文本挖掘（Text Mining），即"全文本挖掘（Full Text Mining）"的简称，它首先由 Kostoff 提出。

20 世纪 90 年代初，以 Kostoff、A.L.Porter 等为首的研究人员开始尝试从纯文本文件库中挖掘有价值的信息为各自所从事的科技情报研究服务，前者是在美国海军研究部项目开发 DT 方法之初；后者则是在为美国国防部高级研究计划署开发"科技机遇分析系统（TOAS）"早期，所取得的初步成果有：

（1）将文本挖掘用于文献检索，证明了利用文本的相关性反馈功能可以有效地提高文献检索的查全率和查准率。

（2）确定特定专业领域的科技基础结构，包括著者、期刊、实施组织和国家等的分布与构成情况。

上述对文本挖掘的初步尝试都仅限于使用文献计量学方法从目标数据库有关记录（主要是文摘）中进行有用信息的初步抽取与统计分析。

1998 年，Kostoff 等在美国海军研究部"文本挖掘试点项目"中对文本挖掘进行了全面尝试和系统开发。由于这一项目是针对科技管理的，因此 Kostoff 将其命名为"科技管理文本挖掘（TDM）"。该成果将文本挖掘成功用于目标研究领域的关系研究以及进展研究，将其作为参考决策，并揭示出目标研究领域研究链（包括研究发起人、研究者、机构和期刊等）的结构。

　　在后续研究中，文本挖掘在技术融合和系统性能两方面取得长足进展的同时，也将文本挖掘的应用范围向更广更深的层次拓展。Kostoff 进一步将 DT 与文献计量学融入文本挖掘，使得文本挖掘方法迎合了用户越来越多地依赖外部自动化技术的倾向，增强了文本挖掘方法的易用性。Porter 则将 TOAS 进一步完善，使得 TOAS 在开发初期的文本信息简单抽取与统计分析功能基础上具备了相当的文本数据挖掘和知识挖掘功能，其具体功能包括信息检索、知识获取、信息组织与表达、文本聚类和网络概念链接。基于这些功能，TOAS 可以作为科研规划、研发管理、科技竞争情报研究和战略决策制定等的辅助工具和手段。

　　进入 21 世纪初，文本挖掘理论开始走向成熟与完善。在继承文本挖掘重要观点的基础上，Kostoff 和 Porter 均将其所从事的文本挖掘研究直接界定为"科技文本挖掘（S&T Text Mining）"，使得文本挖掘更具专业性。他们进一步将整个科技文本挖掘过程概括为信息检索、信息处理和数据整合三个步骤。Kostoff 还根据文本挖掘过程的复杂程度将文本挖掘明确划分为两个层次：一是社会层次，是文本挖掘应用最一般和普遍意义上的层次，旨在为非专家群提供对一个特定专业领域某一问题和现象的高水平的理解与认识，它仅就问题或现象给出其总体趋势和泛化的分类；二是分析层次，是文本挖掘应用的特定层次，目的是为特定领域的专家就某一问题或现象提供细节性的深入见解，它不仅就问题或现象给出其总体趋势和泛化的分类，还要最终给出具体细节和最基础层分类。

　　基于此，这里的文本是指同文献相对应的以自然语言被表达的书面文本，它以字符代码序列被存储。文本挖掘与通常所说的"数据库知识发现（KDD）"有着本质的不同。

　　特别值得一提的是，Porter 在运用文本挖掘实证 Swanson 理论的过程中，将其推而广之，证实了基于全文献知识发现的优势。

　　2002 年，Porter 等就当时青蛙数量急剧下降这一问题运用文本挖掘方法进行了研究：首先从通常导致青蛙数量减少的原因——畸形入手，从 SCI 中获得关于畸形同两栖类数量下降的文献 A；然后考虑导致青蛙数量减少的其他重要因素，如紫外线辐射，据此获得文献 B，接下来扩大检索范围，即取消对生物类别的限制，在 MEDLINE 系统中就紫外线辐射的生物学影响进行一般性检索，结果获得了相当数量的涉及紫外线和 DNA 修复机制的文献 C；最后，请生物学家介入判断 DNA 修复机制是否可能在青蛙数量锐减方面起重要作用。

　　在此，从表面上看获取文献 C 与文献 A 之间关联的逻辑同基于非相关文献发现的推论（Swanson 理论）完全相同，即如果 A→B，B→C，那么 A→C，但是若稍加分析即可知二者有显著的差别。对 Swanson 理论来说，其推论的得出显然具有偶然性，因为事先并不知道有联结文献 A 与 C 的中介文献 B 的存在，B 的存在仅仅是基于一种假设，假设不成立，那么推论即无法实现，因此 Swanson 理论的前提是已知相互独立文献 A 和 C，中介文献 B 是目标文献（可以概括为 A→B→C，其中 A、C 为已知相互独立文献，这是推论的原始意义），整个过程具有明显的逆推性和假设性，因为有可能不存在所谓中介文献 B，即主题 A 与 C 的确无关。而在 Porter 等的文本挖掘方法中，推论的前提是已知关联文献 A 和 B，逻辑链末端的文献 C 为目标文献（可以概括为 A→B→C，其中 A 为已知文献，这是推论的原始意义），整个过程目标取向明确，即是要文献 B 找到同文献 A 相关的文献 C，因而是主动的，同时由于是基于正向逻辑，因此文献 B 和文献 C 获取的容易性和准确度也高。这样就使得推论的应用更具目的性和灵活性，即使只知道某结果，但由于推论的存在，仍然可以通过文本挖掘全面获得导致该结果的各主要因素。

将文本挖掘用于目标研究领域的背景分析，还可以获得比采用共词和共引方法进行研究背景分析更为全面深入的分析结果。利用文本挖掘对目标研究领域背景分析中，不仅获得了有关该领域的包括目标领域内相关主题和技术、整个目标研究领域的主题关系图、目标领域内相关主题的研究状况、这些主题或技术的研究影响力、"热门"主题和具有前景的主题、研究组织和团体，同样在关注该研究方向的本领域和其他领域的组织和个人在内的完整、系统的背景知识，更重要的是从"大场景"视角获得了同目标研究领域相关的其他完全不同领域的研究动向，进而揭示所关注研究方向的跨学科研究背景，这是以往方法所忽视和难以实现的。

此外，Porter 还从事了文本挖掘工具的开发，包括前文提到的 TOAS 和新的 Vantage Point。VantagePoint 是相对真正意义上的较为完整的文本挖掘工具，它整合了科技创新指示、科技创新流程（关系）图绘制和科技竞争情报分析等功能，可以就目标领域科研状况、科研要素和实体之间的关系以及科技界竞争状况进行较为全面系统的分析。

文本挖掘是数据挖掘的扩展。一般定义为从文本文件中抽取有趣的、不平凡的模式或知识的过程。而信息抽取（Information Extraction）则是指从自然语言文本中抽取事先确定的一类实体（Entities）以及这些实体间关系的详细信息，并将这些信息放入一种叫做模板的固定结构中。知识抽取有时候也作为文本挖掘的同义词。

知识抽取的过程一般分为三个步骤：首先是对文本进行预处理，然后对处理过的文本进行语言处理；最终的目标是获取知识。文本处理根据其原始文本是结构化文本、非结构化文本还是半结构化文本做相应的处理。文本的语言处理是知识抽取的核心，语言处理还需要相关的许多资源，包括语法、词典、规则和背景等知识库。知识抽取的结果也有很多种表示方式，有直接用自然语言表示的，也有转换为其他知识表示方式的，如逻辑表示法、框架表示法、对象表示法以及语义网表示法等。图 3-12 是知识抽取过程图。

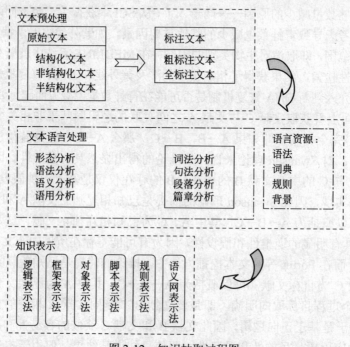

图 3-12　知识抽取过程图

讨论案例：深度语义文本分析挖掘

现在的营销者们开始关注文本语义分析，他们希望能从大量客户数据中挖掘到有价值的信息。这些数据来自客户服务调查、电子邮件、在线论坛，站点回复以及用户生成的博客等。这是一种聆听消费者意见的新方法。

Anderson 分析机构的专业分析师 Tom 曾从超过 100 万条顾客的反馈中挖掘信息。其中包括 25 万条采用 20 种不同语言的评论。对于人们评论的主观性和复杂性，他说："如果你让人们读完 100 条评论，你会发现他们很可能会夸大某些事情，对某些事情能轻描淡写，并完全忽略其他事情。例如，如果 100 个人里面有一个人提到了某件事，它可能会被忽略。但是如果 10 万个回复中有 1%的人说了同样的事情，它就会被认为是很重要的。人们会认为一个正在发展的新趋势出现了，或者说产品的缺陷开始浮出水面。"

文本分析的中心是从成百上千的无组织内容中抓取能够定性的评论，并通过其他营销手段进行补充说明。这些可做补充的手段包括竞争性信息搜集、正面或负面评论的数字统计、短期目标检测和长期花费价值测量等。

喜达屋酒店管理集团（Starwood）曾委托 Tom 在旅行者常去的 Flyer Talk 站点上进行文本分析。喜达屋发现顾客在谈及自己的酒店时，对于床铺和淋浴的讨论最富善意。而竞争者希尔顿饭店的客人则对食品和健康俱乐部最常给予正面评论。这说明喜达屋酒店在床铺上的千万元花费是有价值的，同时提醒他们在新的领域要做努力。现在喜达屋酒店开始专注于健康食品了。而所有这些观点的获得要比原来的委托调研省钱多了。

在最近对联合利华多芬品牌和它的防老产品广告活动进行的调查中，Tom 还挖掘了多芬自己的信息公告牌上的消费者意见。他将文本内容分为 43 种不同的心理属性。他们发现大部分张贴评论的妇女喜欢联合利华应用老年裸体模特所表现出的真实性。但是他们还发现了这些消费者有其他一些共同感觉。例如，有超过 50 个妇女不喜欢美女图片中所体现的"完美"概念。她们也经常谈论自己的妈妈、祖母和女儿，关心她们在媒体中的形象。实际上，每 10 个妇女中就有两个表达了对广告者所刻画的妇女形象的真实愤怒。

联合利华的客户意见经理 Catherine Cardoso 说："文本分析对于我们来说是一个新技术，我们对于其结果和从中表现的洞察力感到高兴。这种结果帮助我们超越广告活动之外进行深度理解。我们已经了解在讨论板上发表意见的人们的动机，我们的目标群中哪些事项是最被妇女所关注的，以及如何为她们创造更好的产品和信息。"

某公司的顾问和技术分析专家 Seth Grimes 说："在线世界到处都是信息，现在有必要针对它做点什么了。文本分析已经随着社交媒体和在线出版等领域的爆炸性成长一起成长。"

实际上，尽管博客领域和社交网络还不能被证明是伟大的广告媒体，但是文本分析则使它们具备了成为强有力营销工具的潜能。许多营销者对于如何能够挖掘社交网络给予了很多关注。而这类分析是如何释放社交网络价值的一种答案。

（参考：深度语义文本分析挖掘 释放社交网络价值. 2008. http://news.iresearch.cn/0468/20080304/77200.shtml）

讨论题

1．Tom 是如何为喜达屋酒店管理集团进行文本挖掘的？

2．Tom 从文本中挖掘出了什么知识？

3．你认为文本挖掘的最大困难是什么？

3.4　文献信息资源服务

现代文献信息服务是泛指一切以满足用户文献信息需求为目标的信息服务活动。文献信息资源服务是指文献信息机构（图书馆、档案馆、情报所和专利机构等）在文献信息资源的采集、检索与挖掘基础上，针对用户的信息需求，及时地将文献或文献信息提供给用户的活动。在这一过程中，文献信息资源管理的价值得以实现。

文献信息资源服务是一种基本的信息服务方式，是社会信息服务体系的重要内容。可以从下面两个角度来理解文献信息资源服务的重要意义。

（1）从用户角度考虑，它是用户对文献信息资源的利用过程，是文献信息用户衡量文献信息资源管理质量的关键过程。

（2）从信息管理过程考虑，它是文献信息管理过程中的最后一环。可以说，信息服务是对信息资源的一种高层次的开发行为，属于信息应用开发的范畴。

3.4.1　传统文献信息资源服务

1．文献信息资源服务的对象

文献信息资源服务涉及科研、技术、经济、文化、生产和管理等各个方面，不同行业的文献信息服务系统构成社会文献信息服务网络，从而从多方面满足用户的文献信息需求。因此，文献信息资源服务的对象是上述各种活动中利用文献信息资源或文献信息资源服务的所有个人或团体，包括科研人员、学生、企业部门、政府机构和普通群众等。

文献信息资源服务的用户按照不同的分类依据可做如下划分：

（1）按用户工作所属的学科范围可分为社会科学用户和自然科学用户两类。社会科学用户包括从事社会科学研究、教育和管理等方面的人员以及文化、艺术等方面的实际工作人员；自然科学用户包括基础科学、应用科学的研究人员、工农业生产技术人员、医生等。

（2）按用户的职业进行分类，包括国家领导人、决策管理人员、科学家、工程师、医生、作家、艺术家、生产技术人员、军事人员、商业人员、教师和学生等。

（3）按用户信息需求的表达情况可分为正式用户和潜在用户。

（4）按用户利用文献信息服务的能力和水平不同，可以将用户分为初级、中级和高级三个水平层次。

（5）按用户信息保证的等级进行分类，有一般用户、重点用户和特殊用户。

（6）按用户对文献信息服务的不同利用情况（即指信息服务的方式）进行分类，可以分为借阅用户、检索用户、咨询用户和定题服务用户等。

不同的信息用户类型会有不同的信息需求。对信息用户调研分析是做好文献信息资源服务的基础工作。

2. 文献信息资源服务的类型

文献信息资源服务本身按照不同的分类标准可以有多种分类方式。

（1）按照"服务"所提供的文献信息产品形式进行分类，可分为印刷型、电子型、图片照片型、音像型文献服务以及数据型文献服务。

（2）按照服务所提供的文献信息加工深度区分，包括一次文献信息服务（原始文献）、二次文献信息服务（目录、题录、文摘和索引等中间性产品）以及三次文献信息服务（综述文献、文献评价等文献研究成果）。

（3）按文献信息服务的内容区分，包括科技文献信息服务、经济文献信息服务、法律文献信息服务、军事文献信息服务和流通文献信息服务等。这些服务一般按照用户要求进行，具有专业领域明确、形式固定的特点。

（4）按文献信息资源服务的方式区分，包括文献借阅服务、文献复制服务、文献代译服务、文献信息检索服务、文献信息抽取服务、信息报道服务、专项委托服务、文献咨询服务、文献系统开发服务和文献信息代理服务等。

（5）按文献信息资源服务的手段，可分为人工信息服务（"手检"服务）、文献信息系统服务、网络文献信息服务和数字化文献信息服务（如文本服务、音频服务、视频服务和内容可视化服务等）。

（6）按照文献信息资源服务的对象范围，可分为单向服务和多向服务。单向服务是指面向某一具体用户进行的服务，针对性强；多向服务是指面向多个用户在某一范围内提供的服务，一般为信息服务部门的基础服务工作，适应面广，往往是无偿服务。

文献信息资源服务的分类依据很多，比如其他还有：按文献信息资源服务的收费情况分为有偿服务和无偿服务；根据文献信息资源服务的能动性分为主动服务和被动服务；按照文献信息资源服务持续的时间可以分为长期服务、短期服务和即时服务；按照文献信息资源服务的范围分为内部、外部和社会化（公众）信息服务等。

3. 文献信息资源服务的主要方式

在文献信息资源服务的分类方式中提到，按照其服务方式可分为多种类型。这里仅介绍现代科研活动和企业工作等过程中最常使用的两种方式：文献信息检索服务和文献信息抽取服务。

（1）文献信息检索服务。

文献信息检索服务是指根据用户的需求或提问从各类不同的数据库或信息系统中迅速、准确地查出与用户需求相符合的有价值的文献。本章 3.2 节中已经介绍了相关的文献检索系统、检索方法和检索策略等内容。

（2）文献信息抽取服务。

文献信息抽取服务是指信息机构的专业技术人员对搜集到的大量文献进行整理、处理，运用文本挖掘技术将信息抽取出来，进行表示、存储，供用户查询。

下面来认识一下信息抽取和信息抽取技术。

信息抽取（Information Extraction）是指在非结构化或结构化的文本文件中确定特定的信息。因而信息抽取的理论研究也主要基于两条研究路线进行发展：一是基于数据库知识发现（KDD）和数据挖掘（Data Mining）的路线研究从结构化的数据（如数据库中的数据）中发现新的知识；二是基于自然语言处理（NLP）和文本挖掘（Text Mining）的路线研究从非结构化或半结构化的数据（如 Word、HTML 和 PDF 文件）中发现新知识。

信息抽取有多种分类方式，如根据各种工具采用的原理分为如下 5 类：基于自然语言处理方式的信息抽取、包装器处理归纳方式的信息抽取、基于本体 Ontology 方式的信息抽取、基于 HTML 结构的信息抽取和基于 Web 查询的信息抽取等。

与"信息抽取"概念相一致的就是"信息抽取技术"，而我们更多提到的也是后者。

毋庸置疑，信息抽取技术主要是针对目前的信息过载和数据泛滥的情况，为解决人们获取信息的有效性和准确性问题而产生的。信息抽取技术对于从大量的文档中抽取需要的特定事实来说是非常有用的。

以因特网为例，网上的信息载体主要是文本，由此可以说在因特网上存在着这么一个巨大的文档库，若能将这一信息源充分利用起来，那对于那些把因特网当成是知识来源的人来说将是非常重要的事。通过信息抽取技术就可以实现把信息从不同文档中转换成数据库记录，从而把因特网变成巨大的数据库，便于查询、管理和使用。

信息抽取技术日渐成熟，并得到越来越多的人的关注和使用。信息抽取技术在文献信息服务中的应用包括以下两个主要方面：

（1）文献信息抽取。即从文献中抽取与用户所需内容相关的事实、信息的过程。文献信息抽取与文献信息检索的不同在于，它不仅指出某篇文献适合用户的需要，而且能够抽取出真正适合用户的那些信息片段给用户。二者的处理技术、功能和适用领域都有差别。

比如，从新闻报道（自由式文本）中抽取出恐怖袭击事件的详细情况：时间、地点、作案者、受害者、袭击目标和使用的武器等；从论文中抽取出摘要等。

文献信息抽取的结果可以直接向用户显示，也可作为原文信息检索的索引，或存储到数据库、电子表格中，以便于以后进一步分析。

值得提出的是，信息抽取技术并不试图全面理解整篇文档，只是对文档中包含相关信息的部分进行分析。至于哪些信息是相关的，那将由信息抽取系统设计时定下的领域范围而定。

（2）主题句抽取。每篇文献都有自己的主题，句子是构成篇章的基本单位。

文本的主题句是与文本主题相关的句子，它既是文本中心思想的重要载体，同时也是文本内容的集中体现。从文章中直接找出某些句子作为文章的主题叫做主题句抽取。

文本主题句的抽取任务涉及两个问题：

（1）抽取文本中可以作为候选主题句的句子。

（2）正确评估这些候选主题句表达文本概念的作用，从中挑选出最合适的句子作为主题句。

因而评价句子的重要性是主题句抽取的关键步骤，研究学者们运用很多种评估方法或设计算法，比如度量句子中词的权重、句子间相互关系以及借助文本的结构形式等来评估句子的重要性。

主题句抽取主要有两种方法：一是自动摘录，借助词频统计和关键词标识等来选取句子，最好根据拟定的权重计算选择主题句；二是基于理解的自动摘要。借助自然语言理解的研究成果，采用语法分析、语义分析和语用分析等手段，利用有关知识库进行判断、推理，得到主题句或与主题句意义相当的句子。主题句抽取属于知识发现的一种技术，它将全文的主要内容用较短的文字表现出来，节省了人们筛选要读阅文献的时间。如今，面对网上的海量文本信息，文献信息抽取服务越来越显示出它的重要性。

4. 文献信息资源服务的基本要求

文献信息资源服务作为文献信息机构的第一线工作，是联系用户与文献信息资源之间的桥梁，其目的是向用户提供他们所需的各类文献信息，确保应有的文献信息效益。文献信息资源服务的开展以文献信息服务人员付出一定的智力和体力劳动为前提，服务人员的劳动价值最终在用户信息利用活动中体现。同时，文献信息资源服务是直接获取用户反馈信息的"窗口"。通过服务，文献信息管理机构可以进一步掌握用户的基本情况、文献信息需求及其满足状况，可以检验文献信息服务的水准，这对于从整体上优化文献信息服务工作是必要的。

文献信息资源服务的质量是衡量文献信息服务社会效益的主要标志。文献信息资源服务的基本要求包括：

（1）服务的针对性。针对性是文献信息资源服务内容与服务对象的"匹配"问题。文献信息资源服务拥有具体的、可描述的信息服务对象，只有提供针对他们的特定需求的服务内容，才能达到文献信息服务的最根本目的。因而在文献信息源的搜集过程中和文献信息的提供与传递过程中注重用户需求调查，才能有针对性并有计划地为特定的用户找到特定的文献信息，满足用户的特定需求。

（2）服务的充分性。充分性是指充分利用各种条件和一切可能的设备，组织用户服务工作，同时充分掌握用户需求、工作情况及基本的信息条件，以确保所提供和传播的信息范围适当、内容完整和对需求的满足充分。

（3）服务的及时性。在文献信息资源服务中，文献信息服务机构必须及时了解用户的信息需求，并尽可能快地根据用户的需求来满足其需要。否则，一方面会失去信息服务的机会；另一方面可能使提供的信息失去时效。在信息服务中坚持时效性原则，要有广泛的用户联系渠道和高效的工作效率以及快速的信息传递渠道。

（4）服务的精练性。精练性是指在文献信息资源服务过程中向用户提供的文献信息内容要简明扼要，既能满足用户的需求，又不过多地耗费用户的时间与精力。要做到文献信息服务内容精练，必须提高信息服务人员的素质，使信息人员能够做到对一系列相关性信息进行比较、选择、分析、判断，向用户提供关键性的实用信息。

（5）文献信息提供的准确性。准确性是文献信息资源服务的最基本要求。要使服务具有准确性，需做到：对信息的搜集要准确，即文献信息服务机构必须保证有可靠的信息来源；对信息的判断要准确，即文献信息服务人员在工作过程中不出偏差。

（6）文献信息资源服务的效益性（经济效益、用户效益、社会效益）。文献信息服务通常是有偿服务，它要求既要保证文献信息服务机构与信息用户的经济效益，也要保证文献信息服务的社会效益。文献信息服务机构的效益保障是对服务机构劳动的承认和补偿；信息用户效益的保障就是要确保用户的投入—产出效益；社会效益的保障，既保障了信息用户在利用信息服务为自身带来经济利益的同时，也能带来社会效益。所以追求整体效益最大和供需双方互利是信息服务必须坚持的基本原则。

除以上基本要求外，文献信息资源服务与其他服务一样，必须强调服务人员的态度和服务的易用性等服务指标，同时优化服务结构与管理。

3.4.2　文献知识服务

21世纪被称为知识经济的社会，知识的生产、传播和利用已成为促进全球经济增长、推动社会进步最重要的力量，知识产业正在逐渐取代传统产业成为社会生产的主导产业，成为最重要、最具潜力的"阳光产业"。在此背景下，对传统的文献信息资源服务模式产生了极大的挑战。目前，文献服务正逐渐向知识服务发展。

知识服务（Knowledge Service，KS）是指一切为用户提供所需知识的服务，包括提供普通知识服务和提供专业知识服务等。该含义具体包括：

（1）知识服务是面向内容的服务。它根据用户的问题进行用户需求分析，对大量的信息进行知识挖掘，再通过聚类、分类找出各知识间隐含的关系，并从中找出与用户需求相匹配的知识，提供给用户。

（2）知识服务是增值的服务。服务的过程就是对信息进行吸取、整合、创新，成为可直接应用的知识，利用这些知识帮助用户实现知识创新，从而体现了知识的增值。

（3）知识服务不是简单层面上的初级形态的文献信息提供，而是高级形态的知识提供，是在知识层面或语义层面对数据、信息进行组织加工、挖掘、重组、浓缩以及变换形式，并以高度集成化的分布式网络平台传递这些资源内容。

知识服务是近年来图书情报学界在数字化、网络化形势下研究的一个新热点，它是社会信息化、知识化的产物，是为适应知识管理的需要而实施的一种深层次的服务形式，是图书情报工作的发展趋势。在知识应用和知识创新环境的影响下，获取有用的知识，充分利用和共享知识已成为一个人、一个机构乃至一个国家增强创新能力、提升竞争力的关键。知识经济离不开知识创新，知识创新离不开知识服务，由信息服务发展为知识服务是用户信息需求变化的必然。知识服务要求图书情报机构为用户提供知识含量更高，更加专业化、个性化，更具增值性、创新性的高智能服务。知识服务的根本目的就是解决用户的问题，帮助用户实现知识应用。

以高校图书馆为例，知识服务是高校图书馆较具优势的一种新型服务模式。它以学科为基础，采用先进的信息技术和网络技术，为高校图书馆用户提供深层次、知识化、专业化、个性化的集成服务，能够适应科技自主创新的要求，最大限度地满足高校科研人员的个性化信息与知识需求。因此，知识服务必将成为未来高校图书馆知识服务发展的主流。

当前，高校图书馆采用的知识服务模式主要有以下4种。

（1）学科馆员服务。

学科馆员服务是一种建立以用户需求为导向，以资源为核心，以知识服务为主体，以学科馆员为纽带的新型服务模式。它是根据特定的用户个体或群体服务对象的教学和科研方向，挑选具有一定学科专业背景、掌握现代信息服务技能的学科馆员组成。其主要职责是深入教学科研活动中，发现、挖掘、评价、组织和创造专业信息，提供知识服务。

开展学科馆员服务，有利于加强图书馆与教师之间的联系，有利于深化知识层面的服务，使图书馆服务工作按照学科专业而不是按照传统的文献工作流程来组织信息资源，服务内容不是简单的文献检索和文献提供，而是将用户需求与资源创造结合起来，形成馆院协调、灵活有序的工作模式，从而为教师提供高效、个性化、专业化的知识服务。

（2）学科导航服务。

高校图书馆根据学校所设置的专业学科，收集各种相关的信息、知识，并对其进行全面的系统化、综合化和适用化的分析、对比、归纳、综合、概括、推论，再融入图书馆员的智慧，使原有知识在更高层次上凝结为针对性更强、适用性更强、功能性更强的各种网络再生知识资源，为教学、科研提供网络环境和专业服务。

目前，很多高校图书馆都建立了重点学科导航库，如清华大学、北京大学和华东师范大学等都建立了本校学科特色的导航库，为学科的科研人员和读者查找资料大大节约了时间。因此，高校图书馆利用现代化技术将自己丰富的馆藏文献变成机读信息，应该说是能满足最广泛的需求，实现知识服务的最直接方式。

（3）定题知识服务。

定题知识服务主要是指针对用户的研究课题或重点知识需求，主动提供专业化的服务。用户的知识需求具有动态性，随着用户的研究方向与研究课题而变化，既相对独立又通常具有研究的延续性。用户可以用语词或语句方式，提供其常用的主题词、关键词、分类号，以及其他知识需求。图书馆则可以根据用户需求，进行针对性极强的专业化定制服务。

（4）一站式知识服务。

针对当前用户的知识需求，亟待数字图书馆提供较为全面的一站式知识服务，即只需要登录一个数字图书馆网站就可以满足用户的所有知识需求。例如，北京大学图书馆新版主页，即北京大学数字图书馆门户以一站式的、集成化、一体化的网络服务为特色，可以帮助读者更快速地查找图书馆资源，更便捷地利用图书馆服务。

在知识服务领域，人们一直希望通过有效的知识组织方式改变知识的结构，实现知识的自由存储、自由重组、自由获取与利用，以提高知识的服务效应，为人类的知识学习提供方便。知识元链接的理论在这方面作了有效的尝试。在知识结构中，知识元被称为组成知识的最小单元，用来表示一个个针对特定问题的解决方案。

CNKI 通过创建知识元库实现了知识元链接，这也是最为直接的知识服务。在 CNKI 的知识管理与服务系统中，以知识元库为转换中心建立知识元链接，各知识资源数据库中不同的知识信息通过描述与被描述的关系，依据知识元素关联成为一个非线性的整体，很好地实现了知识元解读。在知识元链接的引导下，用户可从知识元库中直接获取知识元及相关概念的解读，从其他知识源库中获取知识网络数据库更多的知识组合，同时存在于知识元描述和知识单元中的各相关知识点又可成为用户挖掘知识的新起点。通过知识元链接，CNKI 从微观上将其强大的知识资源组织成为内容关联的知识网络，方便读者通过关联线索发现知识内容，其所有资源都将由于这种链接方法可能成为某一知识元的"注释"或"参考文献"。在这里，用户自由地重组知识成为了可能，知识得到了延伸和扩展，知识服务得到了很好的实现。

3.4.3　文献知识元库构建实例

在抽取知识元后，需要利用知识元库对其进行存储和管理，以便提供知识服务。

知识元库是通过对文献信息资源的知识元素化加工，提取出具有独立性的知识元而构成的数据库。其特点是在一定的时空限定条件下，每个知识元都具有唯一性、独立性和完整性，各知识元之间通过知识网络链接在一起，不同的链接方式构成了不同的知识表达。

1. 文献知识内容的层次表示以及知识元描述

本实例对文献知识内容表示时把整篇文献的内容结构分为三个层次：整篇文献、句子包和知识元。以知识元作为文献的基本知识表示单位，可以对文献知识进行有效的描述。

对知识元结构的描述有多种方式，本实例把知识元的结构定义为表 3-3 所示的一个八元组：知识元={编号，名称，内容，主题，类型，来源，上下文，其他}。

表 3-3　知识元结构

编号	知识元编号、知识元的唯一性标识
名称	知识元研究的对象
内容	从文献中抽取的主题句
主题	从文献中抽取的主题词（按其重要性不同顺序排列）
类型	知识元的所属类型
来源	知识元所在文献
上下文	同一文献中，与此知识元相关的知识元
其他	知识元的其他相关说明

为了理解知识元结构，下面举一个知识元实例。

知识元编号：001

知识元名称：大学生网瘾现象

知识元内容：上网成瘾对大学生的身心健康及正常的学习、生活和发展都产生了极为不良的影响，对学校的学风、校风的建设以及学校的可持续发展有着很大的负面作用。由此可见，杜绝大学生网络成瘾已经成为时代的使命，成为人们亟待解决的问题。

主题词：网络成瘾　大学生　问题

类型：描述型知识元

来源：大学生网络成瘾的现象及对策研究

上下文：无

其他：无

2. 知识元库构建流程

知识元库构建的过程实质上就是对文献知识内容以知识元为基础进行表示、抽取、加工和存储的过程，最终以数据库的形式组织起来，以此为基础对知识元进行操作和管理。在对文献知识元库设计时，文献特征信息表和知识元表是必不可少的。利用文献特征信息表可通过查看文献基本信息来进行文献检索，而知识元表是进行知识检索的基础。同时建立句子包表、主题词表和主题句表既可以更清晰地表示文献知识内容，同时又减少了数据冗余，也强化了文献基本信息与文献所描述的知识内容之间的联系。知识元库构建具体过程如图 3-13 所示。

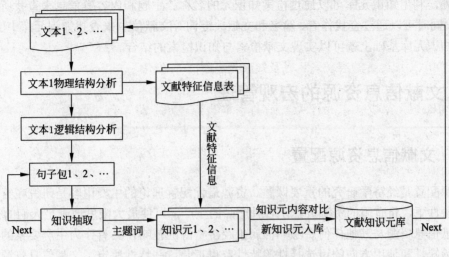

图 3-13　文献知识元库构建流程

3. 知识元库设计

为了保持数据的一致性，减少数据冗余，在知识元库设计时有必要建立几个辅助表，包括主题词表、主题句表和句子包表，其中主题词表和主题句表分别用于存储从文本中抽取出的主题词和主题句，句子包表则起到联结文献信息与其相应的知识元内容和主题的桥梁作用，知识元表通过与主题句表、主题词表和文献信息表的关联来完整地表达知识元的结构。各个表结构以及它们之间的具体关系如图 3-14 所示。

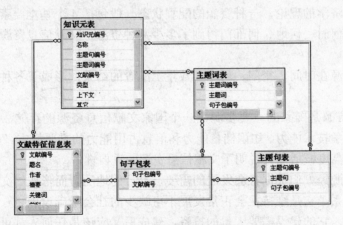

图 3-14　知识元库关系图

4. 知识元库应用分析

构建知识元库的主要目的是为了对知识进行有效的组织，同时利用其进行知识检索和知识服务。

相对于本体等描述方法，对文献知识用数据表和数据库的形式来描述相对来说比较简单、实用，操作起来也比较方便。通过知识元数据库可以对知识元进行修改和再加工，使知识元更加准确地描述文献知识的内容，同时知识元存入数据库时通过对知识元内容的比对可以有效减少知识元的重复，使人们真正获取所需要的知识。

另外，利用知识元库可以通过检索知识元的名称、主题和内容等信息来查找所需要的知识元，同时可以通过查找作者、篇名和文献关键词等文献信息来查找知识元库中的文献，这样在知识元库基础上就可以实现文献检索与知识检索的结合。

3.5　文献信息资源的宏观管理

3.5.1　文献信息资源配置

资源配置是经济学研究的重要课题。资源最优配置理论的主要内容是研究在给定的生产技术条件下，将有限的资源分配于各种产品的生产，以便最大限度地满足人们的需要。

文献信息资源与其他任何资源一样属于经济资源的范畴，具有作为生产要素的人类需求性、稀缺性和使用方向的可选择性等特性，也正是这些特性决定了文献信息资源配置的必要性与可能性。

1. 文献信息资源配置的概念

20 世纪 70 年代计算机化的文献信息管理技术成形后，出现了"文献资源"的概念。80 年代进而提出了"文献资源布局"的概念，代替了之前的"藏书布局"、"图书馆网"等描述某一范围内的文献收藏分布等问题。如果说"藏书布局"是研究一个图书馆内的藏书在各业务部门的分布问题，那么"文献资源布局"则研究的是一个国家范围内文献资源的分布与调控问题。应该说，文献资源布局与文献信息资源配置的范畴是基本吻合的。

按照资源经济学的理论，一种资源的配置状态一般包括 4 个基本要素：时间、空间、用途和数量，即何时、何地、何部门得到了多少某种资源，文献信息资源的配置状态也不例外。

文献信息资源在时间、空间、用途和数量上配置的结果，形成了各种各样的文献信息资源结构。

"文献信息资源是国家的重要资源，一个国家文献信息资源的存储、积累、开发、利用水平是国家科学技术能力、知识储备能力和信息占用能力的重要标志。"国家科委科技信息司（1996）的高度概括充分说明了文献信息资源的重要性。

文献信息资源经人们根据社会发展的需要，有目的地配置而形成的文献服务系统就是文献信息保障体系，它是维持社会正常发展不可缺少的社会基础设施之一。文献信息保障体系是公益性的，它的建设需要大量的投资，建成后又应该是任何人都可以免费或廉价地加以利用，不可能通过任何经营性活动收回投资。因此，文献信息资源的配置主要是政府行为，文献信息保障体系的建设需要政府投资来保证。通俗地说，把有限的资源以适当的数量配置到适当的地方和适当的部门，使之产生最大的效益，这就是合理配置文献信息资源所要达到的目标。

马费成、杨列勋（1993）给出了关于文献信息资源的配置目标的较为学术性的阐释。他们认为，"信息资源由三部分组成：信息生产者、信息和信息技术"，并把这三者分别称为信息资源的元资源、本资源和表资源。文献信息资源配置是指文献信息的元资源、本资源和表资源实现最为和谐、最为优化的过程，是使它们产生最大效应的状态。要使这种状态能够实现，取决于专业和行业领域的合作程度，也取决于全社会的支持与协作程度，是全社会的系统工程。因为在文献信息资源配置的过程中，不仅考虑资源的分布、资源拥有量、资源开发和利用状况，而且考虑区位政治、经济及其他状况。

　　理想状态的文献信息资源配置是指在配置过程中要实现政治上的公平性和经济上的合理性。政治上的公平性是指文献信息资源配置必须保证社会各阶层平等利用文献信息资源的机会与权利。经济上的合理性是指要用一定的配置成本取得最大的配置效益，或用最小的配置成本取得一定的配置效益，它们实质上都是要用尽可能小的配置成本取得尽可能大的配置效益。作为文献信息资源配置的理想状态，政治上的公平性和经济上的合理性又可以具体化为用户满意性信息需求的有效实现和追求文献信息资源配置效益最大化两个方面。

2. 文献信息资源配置的模式

　　文献信息资源配置可以按照多种分类标准进行模式分类。

　　首先，从文献信息资源配置主体来看，可以将其分为两种模式：文献信息资源配置的市场模式和文献信息资源配置的政府模式。

　　（1）市场模式。

　　市场能够通过价格信号以较低的成本自动地、合理地配置文献信息资源。文献信息资源的市场配置就是将文献信息资源作为商品，通过市场机制对文献信息商品生产、交换、分配、流通和消费的自组织过程实现的。文献信息资源配置的市场模式能根据市场供给，间接而自动地实现文献信息资源的优化配置，这不仅有利于优化文献信息资源生产要素组合，实现文献信息商品的产需衔接和供求均衡，更有利于发挥竞争和优胜劣汰机制的作用，提高文献信息资源配置的质量和效率。

　　（2）政府模式。

　　经济学研究认为，市场机制不是万能的，在存在市场支配力、外部性、公共物品和信息不对称等情况下，市场也会失灵。市场失灵使信息市场不能正常运行，进而导致其信息资源配置能力不能有效发挥。信息市场相对于物质产品市场更容易出现市场失灵，这是由于信息资源与有形的物质资源不同。文献信息资源中的很大一部分具有公共物品属性，因此要对文献信息资源进行优化配置不仅要考虑市场机制，更要考虑政府干预政策和用户需求。

　　其次，按照文献信息资源的市场化和非市场化两种机制，以及网络状态和非网络状态两种形式来分析不同情形下文献信息资源的配置方式，可以得到 4 种配置方式：非网络状态下的非市场化配置方式、非网络状态下的市场化配置方式、网络状态下的非市场化配置方式、网络状态下的市场化配置方式（如图 3-15 所示）。

　　信息服务机构需要采用适当的方式配置和组织信息资源来满足服务对象的需

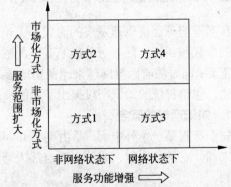

图 3-15　文献信息资源配置状态组合模式比较

求。从理论上讲，信息服务机构可以任意选用上述 4 种文献信息资源配置方式的一种或者是同时选两种或两种以上，向目标用户提供信息服务。

3. 文献信息资源配置效度评价

如何判断文献信息资源配置的效度是我们应该关注的问题。文献信息资源配置是复杂系统的集成过程，配置目的不仅使文献信息资源能够得以很好利用，而且还要体现其动态发展和不断增值与增殖。

对文献信息资源配置效度的判断应该利用现有的方法体系，建立一个综合性的效度评价模式。该模式应包括以下内容：文献信息资源配置状况和信息资源运用状况，在文献信息资源配置状况中则包括不同类型资源的配置与协调，资源配置的层次结构，资源配置的均衡结构等；在文献信息资源运用效果方面包括文献信息资源满足用户需求程度，资源传输的安全性和可靠性，资源检索的及时与准确度，资源获取成本投入与一般产品的投入产出关系比率。为了使文献信息资源更有系统性，还应该包括文献信息传输网络和通道的评价内容。

在评价体系中，主要考虑文献信息资源基础和文献信息资源效益。因为对于任何一个区域，无论文献信息资源怎样配置，首先取决于文献信息资源的原有基础。如果本区域的文献信息资源比较丰富，说明其文献信息与文献信息产品的生产能力比较强，假若采用相同的配置方法与模式，该区域的配置效果应该是比其他区域好。其次，在文献信息资源基础一定的前提下，对文献信息资源的配置，无论采用何种网络环境、何种传播渠道，以及何种信息技术与安全措施，归根到底是要从效果的角度来体现的，而这种效果既包括效率，更重要的是包括使用价值。因此，在文献信息资源基础和文献信息资源价值两项指标上设置的权重为 0.3，同时在文献信息资源结构和文献信息资源效率方面设置的权重为 0.2，这充分说明基础和效益的重要性，但又不可忽视结构与效率互补性。因为在信息资源总量一定的前提下，资源结构就显得较为重要，如果在效益一定的前提下，效率同样也显得比较重要。由此构成一个完整的信息资源效度评价体系。

正如意大利经济学家帕累托（V.Pareto）指出的，"在社会成员福利都不减少的条件下，已经无法通过生产与分配的更新安排和组合来增加任何社会成员的福利"。这时才达到资源配置的最优状态。

3.5.2　文献信息资源的产权保护

在当前对外经济飞速发展的时代，无论在国内还是在国外，越来越多的涉及有关知识产权的争议和纠纷，随着对外改革开放的进一步深入，对我国的知识产权进行保护就显得格外重要；同时随着因特网越来越密切地渗入到人们的日常生活中，各种文献信息数字化、网络化，也给传统的知识产权提出了新的命题和挑战。

1. 知识产权的概念

知识产权是一个外来词，是由英文 Intellectual Property 或 Intellectual Property rights 翻译过来的。它是指自然人或法人对自然人通过智力劳动所创造的智力成果依法确认并享有的权利。

知识产权的具体表现就是在一定时间内、一定地域上的独占排他权。知识产权只能授予一次。对知识产权的保护是有时间和地域限制的，超过保护期限的知识产权就进入公共领域，为人类共享。

知识产权并不是自然拥有的，它的获得需要国家相关法律的确认，并需履行一定的手续。知识产权保护制度及其法律保护体系一般是指一个国家的宪法、法律、法令和国家最高行政机关的规范文件对文学艺术著作、科学发现和发明专利及商标等各种权利取得程序、行使的原则、方法及其保护范围等构成的法律保护体系。

当今世界是知识经济时代，对知识产权的国际保护是十分重要的。

2. 数字化文献的知识产权保护

随着计算机技术、网络通信技术和多媒体技术的不断发展，各种形式的电子信息产品大量涌现。这种状况极大地丰富了信息资源，但也容易发生侵权行为，增加了保护著作权人合法权利的难度。在品种繁多的电子信息资源中，有一些重要的电子信息产品，应特别注意其知识产权的保护。

（1）数据库产品的知识产权保护。

数据库是信息社会为人们提供信息最方便有效的重要渠道。它是将搜集的各种数据或其他素材，按照一定的规则，以系统化或秩序化的方式组织存放在计算机存储设备中，供用户检索的一批信息的集合。欧共体委员会将它分为两大类：一类是由本身是版权客体的信息汇集而成的数据库；另一类是由非版权信息汇集而成的数据库。实际上，在种类繁多的数据库中，有相当一部分是由有版权信息和无版权信息组成的混合型数据库。

对有版权信息构成的数据库，实施版权保护已成共识，许多国家版权法都对此予以保护。如美国版权法规定此类数据库的作者必须尊重其作品中各个组成部分作者的权利，数据库作者只是对整体拥有版权。欧共体委员会也建议用现在的版权法通过保护编辑作品的方式来加以保护。我国对数据库的产权保护目前虽无单独、具体的规定，但自 1991 年 6 月 1 日施行《中华人民共和国著作权法》以后，又陆续制定和颁布了一系列与著作权法相配套的法律与法规，我们可以援引有关法律条文，对数据库进行著作权保护。比如，根据我国著作权法中保护编辑作品的条款（第 14 条）对这一类型数据库予以保护（在我国著作权法实施条例第五条第 11 款对编辑作品定义："编辑，指根据特定要求选择若干作品或者作品的片段汇集编排为一部作品。"）。

对于那些以事实信息或无版权材料的汇集为特征的数据库，实施何种法律保护，国际上争议很大，无明确的标准和规定。欧共体委员会于 1992 年通过的《数据库版权指令草案》中指出，"原创性"是判断数据库能否获得版权保护的标准，并且是唯一标准。"原创性"原则在世界版权界逐步得到肯定，但对其程度的掌握仍存在争议。数据库生产者认为这一原则过于苛刻，正在为放宽条件而努力。对于不存在"原创性"，但其开发者却花费了大量资金和精力的数据库，有的国家采取另外立法，采用《反不正当竞争法》和《商业秘密法》来提供保护。欧共体在 1996 年的《数据库保护指令》中对此赋予一项独立的"不公平抽取权"来补偿数据库制作者所付出的大量创造性劳动。

数据库作为信息集合物或编辑出版物受到版权法保护。使用中的焦点问题是复制问题，若处理不当极易造成侵权。从数据库中将信息套录到自己的计算机或其他载体上，或是从数据库中直接将受版权保护的信息套录在计算机中加以存储备用，只要数据库作品以一种被检索的方式存入记忆中，均被认为是一种复制行为。由于我国是《伯尔尼公约》和《世界版权公约》的成员国，对无版权材料汇集的国外数据库可按照我国《实施国际著作权条约的规定》的第 8 条（外国作品由不受保护的材料编辑而成，但是在材料的选取或编排上有独创性，依照著作权法第 14 条的规定予以保护。此种保护不排斥他人利用同样的材料进行编辑。）的规定执行。对无版权材料汇集的国内数据库，虽不受著作权法保护，但也应予以其他法来保护。因为这类数据库的生产者的确投入了大量的人力、技术和资金，若不加以保护，就会损害投资者的利益。有的学者提出用邻接权（数据库开发者主要获得复制权、发行权）来保护这类数据库，国内学术界普遍认为援引反不正当竞争法来保护此类数据库。

对于由有版权信息和无版权信息组成的混合型数据库怎样进行版权保护，情况更为复杂，尚有待于研究。一般来说，复制必须得到著作权人的许可，并支付其使用费。至于屏幕显示浏览，一般为个人学习、研究利用，多属于合理使用范围。为商业目的的全部或部分复制数据显然是侵权行为。概括地说，数据库的使用只有同数据库制作权人签订某项协议或合同才是合法的。

（2）数字化作品的知识产权保护。

所谓数字化，是指把原先纸质形式存储的信息以二进制方式转换为用电子计算机中的电磁信号存储的信息。经过转换而形成的作品称为数字化作品。数字化作品只是作品形式上的变化，没有给原作品增加新的创造，因而数字化可看作是一种电子复制行为。

网络环境下，数字化已成为使用作品的一个重要方式。它十分便利于计算机网络中传播和流通，极大地扩展了电子出版物的发行范围。另外，它的易复制性对数字化作品的使用管理和传统版权法提出难题。目前，国际版权组织正在成立一些小组来探讨对数字化作品侵权进行控制和赔偿的方法。英国出版商协会也提出各种控制方案，包括推行合同办法来控制电子复制。世界普遍的看法是要进一步合理地拓宽著作权中最重要的权利——复制权，乃至"复制"、"复制品"的概念。在电子复制过程中，若采用光学扫描仪或文献图像处理器，将受版权保护的作品转换为电子形式，或者将有版权的作品从印刷体形式重新录入电子文字处理格式，或是用电子传真发送受版权保护的作品等行为，必须经得作品权利人的同意，否则构成侵权。

3. 维护文献信息资源知识产权的对策

网络环境下，文献资源知识产权保护已成为当代情报信息领域的发展潮流。因此，图书情报工作的重要使命就是既要使文献资源共享符合法律与法规，维护知识产权，又要充分利用知识产权法的积极作用，促进文献资源开发利用活动的顺利开展。

（1）强化知识产权意识。

我国知识产权保护制度起步较晚，许多人对此缺乏了解，因此应加强宣传力度，普及知识产权保护意识。通过广泛宣传教育，使公众懂得知识产权基本知识，认识到知识产权法的规定无论是对权利人还是使用者都是合理的，自觉遵守知识产权制度。也应该认识到，科学技术的竞争归根到底是知识产权的竞争。没有任何一个国家会白白地把投入大量人力、物力和财力研究出来的具有高度市场竞争力的精神成果作为人类共同财富任人分享。只有增强知识产权保护意识，才能防止侵权行为的发生，使文献资源合理合法地开展下去。

（2）完善知识产权制度。

立足于我国国情，面向世界与未来，参考、借鉴国外知识产权法律制度的经验，对现行版权法的内容进行相应的修改、调整、扩充，对新出现的问题加以规范，构建一个完善的知识产权保护制度，以适应知识经济时代的客观要求和与国际知识产权保护标准接轨。

（3）成立著作权集体管理组织。

建立一个著作权集体管理组织，统一代表著作权人与作品使用者洽谈使用许可事宜，负责对各种侵权行为的监督和法律责任追究，提供各类版权信息数据库的检索。发达国家的实践经验证明，这是一种协调著者与用户关系，维护著作权人合法权益的有效途径。

（4）利用"合理使用"权利。

图书情报部门在遵守知识产权制度的同时，应当充分利用知识产权制度赋予知识使用者、传播者的合法权益，充分利用"合理使用"版权的权利，以促进文献信息资源共享的发展。

（5）重视知识产权保护新问题的研究。

人类已进入信息化社会，在信息化社会中，每一项信息技术的重大进步无不在知识产权领域引起反应。现在出现的电子出版物、多媒体和生物工程等信息技术都隐含或引发了许多知识产权保护的新问题。图书馆文献资源共享网络成员应成立有关机构，结合图书情报部门信息活动流程，开展图书馆知识产权保护对策研究，以指导实际工作，避免侵权行为。有关专家、学者应对知识产权保护问题引起重视并进行深入研究，制定出适应我国发展需要，顺应国际趋势的法律保护制度。

讨论案例：百度罪与罚：中国因特网知识产权保护迎来拐点

这个春天，一股"声讨百度"的浪潮如平地惊雷，震动了整个因特网。表面看去，这是一群文弱书生与江湖大佬的对决，但纠纷背后引发的却是两个产业之间的利益碰撞。对于多数文化工作者，在因特网无往不利的时代，选择成为沉默的鱼肉还是揭竿而起的义士已然是个问题。而对于中国因特网草莽江湖的最大渔利者百度而言，"文库纠纷"表面上是知识产权的冲突，背后则代表着数字出版对传统出版的逆袭。

1. 作家与首富的战争

中国首富李彦宏的噩梦从 3 月 15 日开始。这一天，贾平凹、韩寒等 50 位作家公开发布《中国作家声讨百度书》，指责百度文库"偷走了我们的作品，偷走了我们的权利，偷走了我们的财物，把百度文库变成了一个贼赃市场"。两天后，中国音像协会唱片工作委员会加入"战团"，公开声援文学界维权的呼吁和行动。

一纸檄文使得百度再次陷入侵权的舆论旋涡。而从 3 月 15 日到 4 月初，半个多月的拉锯战，双方态势与气焰的此消彼长成为两个群体之间的连环绝杀。众作家同仇敌忾，意气决然，而百度则从傲然到最终致歉并决意删除侵权文档。无论是针对百度文库的作家平台，还是努力去找音乐著作权协会对于词曲版权进行合作，百度终于开始了一系列的革命性措施。

遗憾的是，这并非一个行业的革命，正如这场纠纷最终没有演变成为两个行业之间的较量与清算。或者说，百度与作家们的战争已然结束，但对于中国知识产权保护领域的探索乃至文化行业与因特网行业共建双赢的讨论才刚刚开始。

2. 一场持久战

此番对百度的讨伐可谓一场持久战乃至心理战。

檄文发出，百度和往常一样未予理会，大约 10 天后才答应"见面谈谈"。于是，由中国文字著作权协会常务副总干事张洪波、出版人沈浩波等 6 人作为谈判代表，与百度公司代表见面。

谈判双方各执一词，一方不承认侵权，一方不愿让步，终于谈崩。

于是，众作家中的愣头青韩寒再次出面。3 月 25 日，韩寒在新浪博客发表长篇博文，公开炮轰百度。在题为《为了食油，声讨百度》的博文中，韩寒说："百度宣称，因特网的精神就是免费和共享，对于这点，我很不这么觉得。我认为，因特网的精神是自由和传播，并不是免费和共享。"

次日百度副总裁朱光公开回应，所谓百度文库，不过是用户自主上传的一个"公共分享平台"而已。百度并未"出版"任何作品，上传与下载全是用户自主行为，所以谈不上侵权。

很快，韩寒在名为《给李彦宏先生的一封信》的博文中大谈中国作家的可怜收入和尴尬处境。两篇博文，一硬一软，仿佛两颗重磅炸弹，引起网民强烈反响。其他作家也乘势而上，奋起手中之笔，全力讨伐，一时间炮声隆隆，好不热闹。

重压之下，百度终于表态。3 月 27 日，百度发表声明，就"伤害了一些作家的感情表示抱歉"，并表示 3 天之内"彻底处理文库中文学作品类侵权文档"。第二天，李彦宏也公开表态称"百度非常重视此问题"，并表示如果管不好"就关掉"。

3. 百度文库被诉史

事实上，这已不是百度文库面临的第一次"声讨"。自这个平台诞生之日起，围绕侵权、盗版、伤害作者利益的争议就从未停歇。

百度文库正式成立于 2009 年 12 月。2009 年 11 月，百度推出了百度知道"文档分享平台"。当年 12 月，这一平台正式更名为"百度文库"。百度文库自称的运行机制是用户可以在线阅读和下载多个领域的资料；平台所累积的文档均来自热心用户上传；百度自身不编辑或修改用户上传的文档内容。基于这样的机制，大量的文学作品以网友的名义被上传到百度文库的平台之中。

根据百度文库的统计数据显示，该平台文档拥有量一度达到近 2000 万份。据中国文著协常务副总干事张洪波说，其中文学作品大概在 10%左右，其中很多上传作品都没有取得作者的授权就能免费下载。"我们不责怪那些自发上传的朋友，只谴责百度公司的邪恶平台。"慕容雪村在声讨书中写道。

就在百度文库正式成立之后的 1 个月，中国文字著作权协会与盛大文学召开联合发布会指责百度文库侵权，盛大文学就旗下 5 部网络小说向百度提起诉讼。2010 年 11 月，盛大文学 CEO 侯小强开始在微博上炮轰百度文库，并表示"百度文库不死，中国原创文学必亡"。与此同时，作家陆琪征得上百位作者联合署名，呼吁成立行业维权组织。

2010 年 12 月 9 日，文著协、盛大文学与磨铁图书公司共同发布了《针对百度文库侵权盗版的联合声明》。到 2011 年的 3 月 15 日，慕容雪村联合近 50 名作家发布联合声明，再次声讨百度文库的侵权行为。

在张洪波看来，百度之所以能够规避自己侵权的风险，还有赖于"网络避风港原则"，即《信息网络传播权保护条例》中规定：网络存储及搜索提供商在接到权利人申请通知后，断开侵权的相关链接即可不承担赔偿责任。

上海律师协会副会长、复旦大学知识产权研究中心副主任陈乃蔚教授也认为，根据《世界知识产权组织版权条约》等国际法律公约，未经著作人许可，提供网络平台供他人上传、阅读、下载，无论是网络平台提供者还是上传者都涉嫌侵权。

与此同时，来自北京大学、清华大学、中央财经大学、中国社科院等院校的贺卫方、张卫平、甘功仁、刘仁文、阮齐林等 15 名法律专家公开发表了 1300 余字的《就百度公司及其负责人涉嫌侵犯著作权应依法追究责任的声援书》。声援书认为：百度公司及其负责人在其运营的包括百度文库在内的网站中，利用他人上传的大量侵权作品，增加自身流量及广告收益的行为已涉嫌《中华人民共和国刑法》第二百一十七条规定之侵犯著作权罪，属单位犯罪，且情节特别严重，百度公司及其负责人应按照现有法律规定承担相应的刑事责任。

4．是情感，也是利益

"此次作家们与百度的侵权纠纷中，双方都强调是为了读者，但争议背后的实质是利益争夺。"业内相关人士表示。而据江西高校出版社发行部邵碧玉透露，百度文库的文档免费分享模式严重影响到出版商、作家的切身利益。以江西高校出版社出版的《苏共亡党十年祭》为例，这本定价 22 元的书截至到 3 月 26 日已在百度文库上被浏览 1591 次，下载 393 次。"这给出版社带来的市场损失折半算也在 10 万元左右，且还未把电子版权转让款计算在内。这还只是普通书籍的市场损失，畅销书的损失比这不知要大多少。"

此前，侯小强也曾表示，百度盗版给盛大带来的损失一年超过 10 亿元。

"百度方面否认侵权，是不想把嘴里的美食吐出去。"张洪波说："问题的症结就在于百度公司能不能有效平衡各方利益，百度文库文档分享模式只兼顾到网站、读者的利益，却把版权人的利益排除在外，这种商业模式是在钻法律空子，是不能长久维持下去的。"

正如作家王海鸰在微博中所说："百度向遭盗作家致歉中说是伤害了作家的感情，伤害的明明是利益嘛！正是这用心缜密的措词让我瞬间深刻理解了同行们的愤怒。"

5．传统作家，网络维权

事实上，此次讨伐百度能在法律之外取得进展，众作家与音乐界人士的维权意识起到关键作用。而说来有趣，正是因特网时代"逼迫"一群曾经"不食人间烟火"的作家们奋起抵抗。王海鸰就举出一例。在下部队生活去酒泉卫星发射中心时，有人拿了一叠网上打印的《中国式离婚》（全本）请王海鸰签名，她签了，她想，沙漠里购书困难。那本书 22 元，王海鸰拿 12%的版税，卖出一本可得 2.64 元。

张洪波也介绍，在当初组织 50 位作家发表公开信时，没有任何一个传统出版业的代表站出来说要加入。"我认为可能是由于转企改制的时候，一些传统出版业没有认识到这个问题的复杂性和严重性。"张洪波希望作家能关注和重视自己作品的网络版权和信息网络传播权，并对侵权盗版行为进行维护。"百度文库模式的存在，对公众的版权意识是一种错误的教育。"事实上，可能仍有许多人不了解网络侵权的危害，也并不了解网络文学盗版的灰色产业链条。

中国作协副主席、全国政协委员张抗抗在今年两会期间提出了《坚决遏制对网络文学作品侵权的建议》的提案。该提案中就分析了这条灰色产业链的运作过程：首先，专业盗版网站通过技术手段获取成熟的文学网站每日更新的正版内容，原创作品上传更新后 5～10 分钟即可被疯狂盗播。然后盗版网站以"搜索引擎"为推广途径，大肆赚取网络流量，再以"广告联盟"为盈利途径，赚取巨额广告收入，而搜索引擎、广告联盟则与盗版网站按照一定比例共享"收益"。

在这条灰色产业链的扩张下，整个图书行业都将受到巨大影响，而每个人都将有自己的担忧。

6. 百度改错，产业进步吗

中国因特网在懵懂的起步中曾经给百度一个无比宽松的生长土壤。更为悲哀的是，在因特网发展并不十分成熟的当初，初进入中国的谷歌公司那些"不作恶"的信条一度成为本土因特网界的笑柄。

大概没有人能够忘记，谷歌进入中国本土初期就奉行搜索结果应该客观公正。但是百度在 2009 年"凤巢广告系统"未出台时，一直奉行完全的"竞价排名"。而据前谷歌高管说，对于谷歌公司一直推广的"非竞价排名系统"，网民根本就听不懂，甚至记者也不感兴趣。就在这样的环境下，百度迅速得到市场份额和广告收入。一直到 2008 年，随着网民数量的增加，以及网民对因特网认知的增加，"竞价排名风波"才促使百度推出改进的广告系统。

而有关百度的 MP3 音乐盗版链接问题，业界也是处于一种无能为力的状态。2005 年 6 月，国际唱片协会首次以百度 MP3 侵权为由，将百度告上法庭，最终法院以证据不足判处国际唱片协会败诉。2008 年 2 月，国际唱片协会再度将百度告上法庭，仍然以败诉收场。百度的理由是提供了因特网上的链接，而非存储在自己的服务器上。因此，百度得以利用众多侵权音乐网站的链接呈现，一次又一次地获得了巨大的流量。尽管百度曾经输掉了与音著协的官司，由于影响力小，罚金微不足道，也很快成为了因特网信息海洋中的一滴水。

可以说，在网络并未像今天如此发达的时代，因特网公司依靠宽松的环境以及民众模糊的认识，滋生不道德的盈利模式并不奇怪。但随着时代的向前，一个习惯于在商业王国的灰色地带里游走的企业是时候停下来面对顽疾，并给予网民一个诚实的交代。

百度在时代潮流中做出的变革是被动还是主动？著名 IT 评论人洪波认为，"在这个时代，如何定义版权，如何重新发现价值、分割利益，需要各方共同努力。这不仅是一个法律判断或者道德审判就能解决的问题，这是一次彻底的产业变革，不管你正视它还是忽视它，过去地永远过去了，你回不去了"。

而我们也有充分的理由相信，即使没有百度文库，网络版权也会很快被提上日程。传统的出版渠道正在被新的传播形式所取代，在这个过程中必然会阵痛不断。中国已加入世界贸易组织 11 年，11 年间，因特网企业必须渐渐学会如何应对知识产权壁垒并试探前行，如何在严格执法与善意守法间找到自己合理的活动空间是所有产业大佬要解决的问题。而诸如作家、音乐人等传统"匠人"行业，也必将在不远的未来受益于这一次次的抗争所取得的宝贵经验。

7. 判决有结果，但事情仍在继续

2011 年 6 月 10 日，历时一年多的盛大文学诉百度侵权案终于落槌宣判。上海市卢湾区法院一审判决，百度公司存在间接侵权和直接侵权行为，赔偿盛大文学经济损失人民币 50 万元以及合理费用人民币 44 500 元。百度公司法务部门负责人对此判决结果不服，表

示将提出上诉。

同时，这一判决结果很快引起网友热议。网友留言："这个判决还是比较给力的！""等待的一直就是赔偿额，侵权认定没有问题。"还有网友呼吁要加大网络知识产权保护力度，"把侵权人罚得肉疼"。对此判决结果，相关专家也表示，尽管盛大文学起诉百度取得了司法上的阶段性胜利，网络知识产权保护依然任重道远。

同济大学知识产权学院教授朱国华指出，当前网络版权保护还存在诸多困惑，一时难以"根治"，亟待我国完善相关法律法规，跟上文化产业和网络产业发展的步伐。

讨论题

1. 你对百度文库事件有什么样的看法？如果你是李彦宏，将如何应对目前的问题？

2. 电子书、视频和音乐下载等都是我们日常生活中接触最多的网络文献信息资源。在你使用这些资源的过程中是如何看待这些资源的免费与收费问题的，有没有想过它们的版权问题？

3. 结合身边的类似事件（如网络资源下载、学术论文抄袭），谈谈你对知识产权保护的认识。

本章小结

本章主要介绍了文献信息资源管理的相关内容，包括文献信息资源的采集、检索、挖掘、服务和宏观管理 5 个主要方面的内容。

3.1 节介绍了文献信息资源采集的两层含义、文献信息源的三种主要形式（传统文献信息源、电子文献信息源和网络文献信息源）、文献信息采集途径的内容，其中包括对图书馆、数字图书馆、移动图书馆、Web 网页及数据库和一种新的文献获取途径——开放存取（Open Access）做了简单叙述。

3.2 节探讨了几种典型的文献信息资源检索系统，并侧重讲解了使用网络检索系统的检索方法和检索策略，并以国外著名的数据库 EI 和 SCI 为例进行举例。

3.3 节承接文献信息资源采集的深层含义，展开对文献信息资源挖掘（又称基于文献的知识发现）内容的分析与介绍，介绍了基于文献的知识发现的"三大体系、四种理论"，并介绍了一个具体实例。

3.4 节以文献信息资源的最终价值体现——文献信息资源服务为核心，介绍其主要方法和进一步发展方向——知识服务，并进一步介绍了一个文献知识服务系统的构建过程。

3.5 节从宏观层面介绍了文献信息资源管理的相关内容，包括文献信息资源配置和文献信息资源的产权保护两个方面。

本章最后给出了相关的讨论案例。

思考题

1. 试归纳你日常生活和科研工作中所接触的文献信息资源和信息资源管理机构各有哪些？它们有什么特点？

2．文献信息采集都有哪些途径？你通常采用什么途径获取文献？

3．相关文献分析的理论基础是什么？

4．开放存取资源有什么特点？如何挖掘这种资源？

5．文本挖掘与文献知识发现有什么不同？

6．文献知识服务有哪些模式？

参考文献

［1］马费成．信息资源开发与管理．北京：电子工业出版社，2004．

［2］马费成，赖茂生．信息资源管理．北京：高等教育出版社，2006．

［3］马文峰．信息检索教程．北京：北京图书馆出版社，2009．

［4］邱君玉，门兆捷．现代连续出版物管理与利用．内蒙古：内蒙古人民出版社，2008．

［5］黄卫春，廖亚利．文献信息检索与利用．江西：江西高校出版社，2007．

［6］蔡莉静，陈晓毅．图书馆期刊管理与服务．北京：海洋出版社，2009．

［7］叶继元．信息检索导论．北京：电子工业出版社，2003．

［8］苏东出，石晓东，孙萍．数字图书馆技术导论．西安：西安地图出版社，2008．

［9］刘红军．信息管理概论．北京：科学出版社，2008．

［10］陈树年．大学文献信息检索教程．上海：华东理工大学出版社，2006．

［11］党跃武，谭祥金．信息管理导论．第2版．北京：高等教育出版社，2006．

［12］柯平，高洁．信息管理概论．第2版．北京：科学出版社，2007．

［13］张树良，冷伏海．基于文献的知识发现的应用进展研究．情报学报．2006，25（6）．

［14］张勤，马费成．国内知识管理研究结果探讨．情报学报．2008，27（1）．

［15］安新颖、冷伏海．基于非相关文献的知识发现原理研究．情报学报．2006，25（1）．

［16］胡昌平．信息服务与用户．武汉：武汉大学出版社，2008．

［17］刘秉文，王志国，李志勇．现代文献信息资源建设．内蒙古：内蒙古人民出版社，2008．

［18］苏新宁，任皓，吴春玉等．组织的知识管理．北京：国防工业出版社，2004．

［19］李霞，樊治平，冯博．知识服务的概念、特征与模式．情报科学，2007，25（10）．

［20］陈英群．知识服务的主要特征及其发展趋势．河南图书馆学刊，2002，22（6）．

［21］穆颖丽．高校图书馆知识服务及其实现对策探析．农业图书情报学刊，2010，22（5）．

［22］刘辉．信息资源配置方式的理论模式分析．中国图书馆学报，2005，2．

［23］裴成发．信息资源配置及其效度研究．中国图书馆学报，2005，5．

［24］李月明．对我国知识产权现状的分析与对策思考．科学与管理，2006，1．

第4章

网络信息资源管理

本章学习目标

- 了解网络信息资源的类型和特点。
- 掌握网络信息资源的分析方法。
- 掌握网络信息资源挖掘技术。
- 领会网络信息资源的综合管理手段。

引导案例：许经理的任务

2003 年 5 月的一天，正是"非典"肆虐，很多企业正常业务大受影响的时候，X 集团业务发展部经理许宏涛接到一个任务，集团老总要求他在最短的时间内收集一些"非典"对人体健康、对社会经济影响的资料，以便集团决策层认真研究"非典"对 X 集团业务发展带来的商机和影响，从而做出非常时期最佳的应对策略。

许宏涛 5 年前某大学信息管理专业毕业，因为工作勤奋、善于思考，去年年底被任命为部门经理。

接到任务后，许宏涛不敢怠慢，随即开始着手工作。那段期间各种媒体上有关"非典"的信息非常多，我曾经测算过一次，发现每一分钟因特网上新出现的与"非典"相关的信息就多达 600 多条。许宏涛事后回忆说："而且内容庞杂，五花八门，这些信息涉及对各行业的影响，对人体健康、生活方式的影响，还有如何防治"非典"，有关"非典"疫苗研究的信息，等等。"

集团老总所需要的"非典"信息显然有其针对性，许宏涛想。而要在很短的时间内从这海量的信息中精选出符合集团需要的信息，并不是一件很容易的事。许宏涛感到了任务的艰巨，该如何完成老总交给的任务呢？

21 世纪的社会是以数字技术、多媒体技术和网络技术为代表的信息技术迅速发展的社会。在信息社会当中，信息资源的交流与共享变得更加便捷与及时，信息资源的载体也越加广泛。以网络为载体的网络信息资源为我们带来了更加广阔的信息资源利用空间，我们可以足不出户而通晓天下事，也可以点击鼠标键而决胜于各种商务活动之中。网络信息资源为我们带来种种好处的同时，另一方面因其资源的纷繁复杂，又缺乏统一的组织与管理，使人们面对众多资源无法迅速获取有效的资源。网络信息资源管理的目的就是通过必要的管理方法和技术手段，使网络信息资源从无序到有序，提高网络信息的可获知能力，通过建立有效的信息筛选和过滤机制，为人们提供准确及时的信息服务。

网络信息资源作为一种新的信息资源形式，一方面为人们提供了一个更为广阔的信息检索和利用空间；另一方面，由于信息无限、无序、优劣混杂，缺乏统一的组织与控制，严重阻碍了信息资源的利用。为了对网络信息资源进行科学、规范、有效的管理，使之在经济发展和社会进步中发挥良好的作用，必须关注和研究网络信息资源的管理问题。

4.1　网络信息资源概述

网络信息资源是指目前因特网上各种以数字化形式表示的信息资源的总称。随着Internet 及其相关技术的发展，网络信息资源在各种信息资源中的作用就变得越来越重要。因特网是一种崭新的生活方式，其价值来自网络用户的知识和创造力，网络用户既是信息的使用者，又是信息的发布者。一般认为，在很大程度上，网络的增长和网络信息资源的动态快速增加是由用户驱动的，从信息资源的角度来说，因特网就是全球数字化信息资源的一个超级庞大的集合体。由于因特网本身的开放性特点，在因特网上不存在一个统一的中心服务器，所有节点在地位上是平等的。一方面，这种平等的地位使得因特网得到了空前的发展；另一方面，由于缺乏有效的统一管理机制，信息安全和信息质量都存在着一些令人担忧的问题。

与传统的信息资源相比，网络信息资源在数量、结构、分布和传播范围、载体形态、内涵、传递手段等方面都显示出新的特点。网络信息资源也称为虚拟信息资源，它是以数字化形式记录的，以多媒体形式表达的，存储在网络计算机磁介质、光介质以及各类通信介质上，并通过计算机网络通信方式进行传递的信息内容的集合。

简言之，网络信息资源就是指通过计算机网络可以利用的各种信息资源的总和。目前网络信息资源以因特网上的信息资源为主，同时也包括其他没有联入因特网的信息资源。

4.1.1　网络信息资源的特点

和其他形式的信息资源相比，网络信息资源具有以下主要特点：

（1）数字存储，网络传播。

信息资源由纸张上的文字变成磁性介质上的电磁信号或光介质上的光信息，使信息的存储、传递和查询更加方便，而且所存储的信息密度高、容量大，可以无损耗地被重复使用。

以数字化形式存在的信息，既可以在计算机内被高速处理，又可以通过通信网络进行远距离传送。

传统的信息存储载体为纸张、磁盘、磁带，而在网络时代，信息的存在是以网络为载体，以虚拟化的姿态展示的，人们得到的是网络上的信息，而不必过问信息是存储在磁盘上还是磁带上的，体现了网络资源的社会性和共享性。

（2）数量巨大，增长迅速。

因特网上信息资源的丰富和增长速度超过想象。仅就网站而言，我们目前无法统计因特网上到底有多少网站，但是可以从一些资料中看出因特网资源发展状况。目前最为著名的搜索引擎 Google 在写作本章的时候，首页上号称搜索 8,058,044,651 张网页，搜索 1,305,093,600 张图片，搜索的 Usenet 的信息超过 10 亿，Google 界面的可用语言超过 100 多种，国际域名 100 多个，Google 搜索结果所采用的语言就有 35 种之多。号称全球最大的中文搜索引擎 baidu.com 每天完成 6000 多万次搜索，可查询 6 亿中文网页。以 CNNIC 每年两次发布的《中国互联网络发展状况统计报告》数据为基础，截止 2009 年年底，中国网民规模达到 3.84 亿人，域名总数为 1682 万，其中 80%为.CN 域名，域名利用率正在增加；网站数量达到 323 万个，网站数量继续平稳增长；国际出口带宽达到 866 367Mb/s，增长迅速，年增长率达到 35.3%；自 2003 年开始，我国的网页规模基本保持翻番增长，2009 年网页数量达到 336 亿个，年增长率超过 100%，网页的规模反映了因特网的内容丰富程度。

（3）内容丰富，形式多样。

因特网是世界上最大的信息存储与传播的媒介，也是一个巨大的信息资源集合体，其内容丰富多彩，包罗万象。从内容上说，覆盖了不同学科、不同领域、不同地域、不同语言的信息资源；在表现形式上，包括了文本、图像、动画、音频和视频等，是多媒体、多语种、多类型信息的集合体。

（4）良莠不齐，变化频繁。

因特网上的各方在网络上既可以是信息的生产者、发布者，也可以是传播者和使用者，正式信息交流和非正式信息交流交织在一起，使传统的人类信息交流链的格局被打破，对于信息交流环境产生了深刻的影响。

因特网上资源的发布具有很大的自由性和任意性。信息资源的更迭、消亡无法预测，信息地址、信息链接、信息内容处于经常性的变动之中，无效的或者冗余的信息由于缺乏必要的过滤、质量控制和管理机制，学术信息、商业信息、政府信息、个人信息甚至包括一些隐私型的信息混为一体，质量良莠不齐。

大数量、多类型、多媒体、非规范、跨时间、跨地域、跨行业和多语种等特点，使得信息分布和构成缺乏结构和组织，信息源不仅分散无序，而且其更迭和消亡也往往无法预测，因此增大了信息资源管理的难度。

（5）结构复杂，分布广泛。

因特网通过 TCP/IP 将不同的网络连接在一起，对网络信息资源本身的组织管理并无统一的标准和规范。网络信息呈全球化分布结构，信息资源分别存储在不同国家、不同地区的服务器上，不同的服务器采用不同的操作系统及数据结构，字符界面、菜单方式、超文本方式等缺乏统一的管理机制，所以从整体上看，网络资源尚处于无序状态。

4.1.2 网络信息资源的类型

人们要开发利用网络信息资源，就必须先了解网络信息资源的类型。网络信息资源类型划分得是否得当，直接关系到整个网络信息资源管理工作的质量。从这个意义上说，网络信息资源类型划分的恰当程度也可以看作是网络信息资源管理科学程度的一个标志。

网络对人类信息交流史的最大贡献在于将以往各行其是的非正式信息交流、半正式信息交流和正式信息交流汇集在一个网络上，人们可以同时查询非正式、半正式和正式的信息。根据上述考虑，以人类信息交流方式作为一级划分标志，构建的网络信息资源类型体系如图4-1所示。

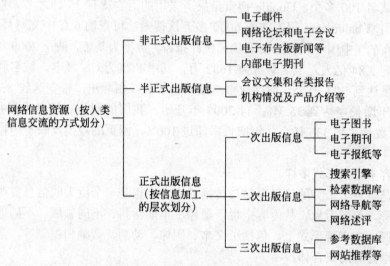

图 4-1　网络信息资源类型体系

4.1.3　从 Web1.0 到 Web2.0

Web2.0 代表的是一个新的网络阶段，它本身并没有特别的标准来进行描述，一般将促成这个阶段的各种技术和相关的产品服务统称为 Web2.0，这一新概念带动了技术和社会的新变革。

Web2.0 是相对 Web1.0 的新的一类因特网应用的统称。由 Web1.0 单纯通过网络浏览器浏览 HTML 网页模式到内容更丰富、联系性更强、工具性更强的 Web2.0 互联网模式的发展已经成为因特网新的发展趋势。Web1.0 的主要特点在于用户通过浏览器获取信息，Web2.0 则更注重用户的交互作用，用户既是网站内容的消费者（浏览者），也是网站内容的制造者。Web1.0 到 Web2.0 的转变，具体地说，从模式上是单纯的由"读"向"写"、"共同建设"发展。所以因特网下一步是要让所有的人都忙起来，用全民力量共同织出贴近生活的网。到目前为止，对于 Web2.0 概念的说明通常采用 Web2.0 典型应用案例介绍，加上对部分 Web2.0 相关技术的解释。下面从知识生产、内容生产和交互性等角度比较两者的区别。

（1）从知识生产的角度看，Web1.0 的任务是将以前没有放在网上的人类知识通过商业的力量放到网上去。Web2.0 的任务是将这些知识通过每个用户的浏览求知的力量，协作工作，把知识有机地组织起来，在这个过程中继续将知识深化，并产生新的思想火花。

（2）从内容产生的角度看，Web1.0 是以商业公司为主体把内容往网上搬，而 Web2.0 则是以用户为主，以简便随意方式，通过 Blog/PodCasting 方式把新内容往网上搬。

（3）从交互性看，Web1.0 是以网站对用户为主；Web2.0 是以 P2P 为主。

Web2.0 时代，用户在因特网上的作用越来越大，他们贡献内容，传播内容，而且提供了这些内容之间的链接关系和浏览路径。在 SNS 里面，内容是以用户为核心来组织的。Web2.0 是以用户为核心的因特网。

伴随着 Web2.0 的诞生，因特网进入了一个更加开放、交互性更强、由用户决定内容并参与共同建设的可读写网络阶段。Web2.0 让更多用户拥有了发言权，能够进行更广泛的交流和信息共享，这种"以用户为中心"的原则使信息呈现出与 Web1.0 环境下不同的特征：

（1）信息产生的原创性和海量化。在 Web2.0 环境下，用户不再是单纯地、被动地"读"或"索取"，而是自主参与到"写"和"贡献"中来，而且随着 Web2.0 用户的不断增多，网络原创信息也呈现出了井喷趋势，这无疑为想要在银河系量级的原创信息中去获取有价值信息的用户带来巨大难度。

（2）信息构成的微内容化和自组织性。微内容（Micro-content）来自于用户产生的各种数据，比如一个网志、评论、图片和收藏的书签等。可以说，Web2.0 每天都生产众多的微内容，也消费着同样多的微内容。这些微内容在 SNS、Tag 以及 Wiki 等社会性软件的影响下具有很强的自组织特性。

（3）信息质量更加良莠不齐。信息源的大众化与分散性使得信息的发布缺乏必要的控制，信息的质量更加良莠不齐。同时 Tag 的使用也使得信息的语义更加复杂化，这些由信息提供者本身或者信息消费者提供的语义标志的可信度以及准确度是否能够直接成为信息获取的重要依据，是 Web2.0 环境下网络挖掘面临的一个新的问题。

（4）完善的信息反馈机制。由于 Web2.0 网络是可读写的，用户的信息反馈可以随时进行，信息源同时也可以随时更新信息，这是一种真正的双通道交流模式，可以很好地实现信息的分众传播，即多点到多点的传播。

4.2　网络信息资源分析

21 世纪为因特网时代，网络信息资源的开发和利用在很大程度上决定了一个国家的经济水平、竞争实力。目前网络信息资源的开发与利用已成为我国信息化建设的核心内容，而如何从 Internet 上获取有价值的信息则成为从事各项工作和一般用户所必备的一项基本技能。

Web2.0 的出现不仅标志着因特网新生事物的产生，更提出了一种新的网络信息交流理念。Web 2.0 环境下，人们的思维观念和行为方式都产生了巨大的变化，以用户为中心和用户参与理念的提出开启了新"用户为王"的时代。用户既是网站内容的消费者，也是网站内容的创建者。

4.2.1　网络信息的过滤

因特网上如潮水般涌来的在线电子文档往往使用户感到十分的茫然，这些所谓的"信息过载"和"信息迷向"问题在提供给用户感兴趣信息的同时，也经常混有很多"噪音"。为了能够满足用户个人的需求，提供给用户真正感兴趣的信息，尽量屏蔽那些无用的信息，于是信息过滤技术应运而生。

网络信息过滤是根据信息与用户信息需求的相关性，运用一定的工具从动态的网络信息流中选取用户需要的信息或剔除用户不需要的信息的方法和过程，以满足特定用户的信息需求。

过滤的主要流程是识别、跟踪用户的信息需求，建立用户需求模型，然后在相应的文本流中搜索符合用户需求的文本，再利用反馈机制，改进需求模型。实现这一过程的关键技术是获得用户信息需求和解决信息过滤推荐的算法。即在时刻跟踪网上用户信息需求及其变化的同时，利用智能技术对它们进行匹配，并及时、主动地通知用户。

信息过滤系统的一般模型如图 4-2 所示。

图 4-2 中，一个或一组用户由于工作、学习和生活的需要产生了信息需求，这种需求在较长的一段时间里保持相对的稳定。在系统中，对动态的网络信息集不作预处理，只是当信息流经过系统时才运用一定的算法把信息揭示出来。也就是说，信息过滤应当集中在解决用户模版（Profile，也叫过滤模板）的表示以及 Ranking 的

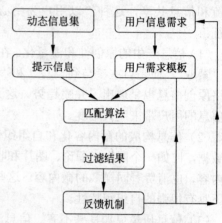

图 4-2　网络信息过滤系统模型

方法上。其实现的基本技术：一是根据用户提交的主题词或示例文本建立用户需求模型，即用户模板；二是构建文本向量空间模型的文本表示技术；三是用户模板与文本的匹配技术；四是信息反馈机制。下面介绍与这 4 个方面相关的问题。

（1）用户信息需求的获取与表示。

用户的信息需求必须以计算机能够识别的形式揭示出来，这就是用户需求模板。对于用户需求模板，可以是正向的，也可以是反向的，也就是说既可以揭示用户希望得到的信息，也可以描述用户希望剔除的信息。通常情况下，通过用户填写表单的方式来获取其信息需求。其方法最简单、经济，也是现在网络信息服务提供商最常使用的一种方式。这种方法的缺点是有时用户对自己的信息需求模糊不清，或很难选择准确的关键词。另外，由于是用户主动填写需求单，而系统不能主动跟踪用户的兴趣变化，其服务仍然是被动式的。

（2）文档的表示。

目前，较常用的文档表示模型主要有三种：布尔逻辑模型、向量空间模型和概率推理模型。

（3）匹配技术。

匹配算法和用户需求模板的描述方法、信息的揭示方法是相互联系的，常用的匹配模型有布尔模型、向量空间模型、概率模型、聚类模型、基于知识的表示模型以及混合模型等，主要任务是剔除不相关的信息、选取相关的信息并按相关性的大小提供给用户。现有的信息过滤系统一般利用关键词、规则或分类信息来表达用户需求，对于不同的表示方法可以采用不同的信息匹配算法。例如，对于利用关键词表达的系统，适合利用模型、向量空间模型或概率模型等。对于利用分类信息表达的系统，可以利用自动分类的方法等。

（4）信息反馈技术。

为了提高信息过滤的效率，系统还根据用户对过滤结果的反应通过反馈机制作用于用户和用户需求模板，使用户逐渐清晰自己的信息需求，对用户需求模板的描述也会越来越明确、具体。网络中的用户信息需求是处于动态变化之中，并且潜在需求会随着文献的提供逐渐明确，这就需要网络信息过滤系统不断地从用户那里直接或间接地获得反馈信息，并不断地对用户模板进行修改。传统的方法中，一是利用概率模型进行 Profile 中 Term 的权值调整和增减；二是利用向量空间法修正 Profile 方向。在整个系统中，用户需求模板的生成、信息的揭示、匹配算法和反馈机制是最为关键的部分。在现有技术条件下，全自动的信息过滤系统还处于试验阶段，为了提高实用性，往往会在这些关键部分进行必要的人工干预，如对动态的信息流先作预处理、人工修改用户需求模板等。

国内外的研究机构开发了一些实验性的信息过滤系统，但尚未达到实用阶段，特别是在汉语文本的过滤方面，汉语分词的切分、自然语言的理解，以及基于中文信息的网络信息过滤算法等方面还有许多技术难题有待进一步解决。

4.2.2　网络信息的集成

当今，网络中的信息杂乱繁多，海量的在线信息存在以下几个缺点：一是很多信息只有字面上的差异，实际上是相同的；二是很多数据具有关联性，应该组合起来提供更完整的信息；三是很多信息都是残缺的，而且可能引起矛盾。针对这个情况，有必要进行网络信息集成，让因特网为我们提供更加准确和完备的信息。

信息集成（Information Integration）从字面上理解是指对信息进行句法或语义层次上的处理，而实际上，在因特网环境中信息集成具有更加丰富的内涵。

首先是信息的获取。目前，人们从网络中获取信息一般都通过搜索引擎。几乎所有的搜索引擎都是关键字查询方式的，能够获取的信息非常粗糙，而且人们还需要亲自单击结果链接才能找到相关的详细页面。这种人机交互获取信息的方式不能直接作为信息集成的基础。由于用于集成的信息必须自动获取和结构化（即像数据库中的元组一样），因此应该有效地自动获取因特网中的信息，通过 4.2.1 节中的过滤过程将它们转换成类似数据库中元组的形式。

其次是信息的集成。因特网中的信息既冗余也不完善，我们需要对信息进行一定层次的转换和合成，使信息尽可能准确和完备。

长期以来，信息集成一直是现代数据库系统的中心问题，它实际上属于决策判断的范畴，主要探讨在多属性或多目标决策情境下，决策者主观上所使用的信息整合模式。分别有相加、平均、相乘及不等权重模式。信息集成技术的最终目标是发展一种融合过程、方法和工具的框架，用以支持在不确定环境下的决策判断。信息的集成实际上就是数据的集成、整合，这个过程意味着必须消除语义冲突，可以将语义简单地看作是数据（符号）所代表的概念的含义，以及这些含义之间的关系，是对数据的抽象或者更高层次的逻辑表示。对于计算机领域来说，语义一般是指用户对于那些用来描述现实世界的计算机概念的解释，即用户用来联系计算机表示和现实世界的途径。语义冲突包括简单的名字语义冲突（不同的名字代表相同的概念）及复杂的结构语义冲突（不同的模型表达同样的信息）。综合地讲，语义冲突会带来数据集成结果的冗余，干扰数据处理、发布和交换。

Web 信息集成的实质意义是为网络信息提供一种重新组织和理解的机制。它与传统信息集成的重要区别在于它的信息来源的极其广泛性和表现方式的多样性。Web 信息集成的过程是根据领域本体的内容，从因特网上采集信息，并将信息集成到领域本体中。语义 Web（Semantic Web）取得了很大成功，其关键在于语义数据的建立、集成和使用都十分容易。在语义 Web 中，使用本体（Ontology）来标记 Web 资源。简单地讲，本体实际上就是一种模式。尽管 Internet 上越来越多的网页是所谓的动态网页，即通过模板由机器自动产生的网页，但在这些网页里通常有固定的"模式"，网页与网页的不同之处仅仅在于内容，Web 页的模式代表一些概念及概念的分层关系，可以用本体这个概念来表达 Web 页的模式。另外，由于 Web 的去中心化（De-centralized）特性，用户或者软件开发者将越来越倾向于使用自己的本体来表示他们的数据或服务，因此 Web 信息集成实际上可以表述成一个模式发现的问题：怎样发现 Web 文档里面的语义结构并且对它们进行划分?换句话说，就是发现在模板驱动的 HTML 文档里的隐含模式并使它们显式化。

根据平台可以将网络信息集成划分为基于虚拟数据库的网络信息集成、基于 XML 的网络信息集成、基于 Web 数据仓库的网络信息集成、基于智能代理的网络信息数据的集成、基于 Web 服务的网络信息集成、基于本体的网络信息集成、基于开放链接的网络信息集成、基于跨库检索的网络信息集成、基于信息门户的网络信息集成等。

4.2.3　网络内容的分析

网络信息资源开发的目标是挖掘出隐藏在网络多媒体信息流之中的社会特征和规律，形成对人们具有不同层次效用的信息产品。有效的网络信息资源开发需要依赖各种内容开发技术和方法。网络内容分析是一种管理信息传播的重要手段，是与数字化环境相适应，具有新特征的研究技术。网络内容分析是网络信息安全核心理论与关键技术，对解决国民经济发展和国防建设具有重大意义。研究网络内容分析所涉及的新理论、新体系结构、新方法和新技术将是未来几年研究的重要挑战。

网络内容分析的对象是网络内容，而网络上的信息是依据网络的分层结构由上到下逐一封装，并经过分片、分段、编码和压缩等一系列复杂的操作，才最终成为网络中传输的以字节为单位的二进制数据，故要实现对网络内容的分析，首先必须将网络中的二进制数据还原成其原来的样子。从网络中采集数据，并对其进行逐层解析，最终还原网络内容的过程就是网络协议的还原。网络协议的还原是网络内容分析以及其他多种网络安全维护手段的基础。协议还原中的任一环节出现丢包或误解析都会造成还原内容的失真，在此基础上进行的匹配、分析和响应等操作也都将出现偏差，故网络协议还原的准确程度和效率将直接影响到网络安全维护的效果。

1. 网络内容分析的分类

网络内容分析的类型可以按照分析要素、媒体模式以及网络信息的传播流程进行划分。

（1）按分析要素分类。

分析要素是内容分析中最小同时也是最重要的单位，以网络内容分析采用的分析要素来划分，主要有词频分析、网页分析、网站分析和网络结构单元分析。词频分析是分析网络文本内容的常用方法，它以词汇作为分析要素，统计其出现的频次，分析和推断网络传播的内容。网页分析是以网络上某一 URL 所标识的 Web 页面为分析要素，对网页的内容进行分析。网站分析是以具有独立域名的 Web 站点作为基本分析要素。网站一般是关于某一题材的一系列网页，可从网站规模、内容和访问人数等方面展开分析。结构单元分析是以网络上的各种结构单元，包括站点、布告栏、聊天室、讨论组和电子邮件等作为分析单元，对它们的数量分布、结构特征、相互引证和联系等进行分析。

（2）按媒体形式分类。

网络的多媒体特点决定了网络内容分析可分为文本分析、图像分析、声音分析和视频分析等多种形式。文本分析是指忽略网页上的多媒体信息，只考虑文字本身的网络内容分析方法，是传统内容法在网络中的具体应用。声音分析是指对网页上的各种声音的音色、音调、响度和旋律等属性特征赋值，进行分析，以求对声音内涵做出分析。图像分析是指对网页上的各种图片进行分析，可通过构建各种特征索引数据库，将颜色、纹理和形状等视觉特征内容通过绘制直方图、共生矩阵及轮廓线等数据模型进行量化实现。视频分析是指对网络上非静态的播放文件进行分析，视频是传统内容分析很少涉及的一种媒体形式，却是网页上很常见的多媒体信息组织形式，它是声音和图像的连续播放，例如网络盛行的 Flash 动画。在进行网络内容分析的实证研究时，应根据实际情况，既要结合多种媒体形式，又要选择重点分析媒体，以真实反映网络的内容为基本原则。

（3）按网络信息的传播流程分类。

若对网络信息从发布到使用过程中的人进行分析，可分为网络信息发布和传播者分析及网络信息使用者分析。网络信息发布和传播者分析是指对网络信息资源的建设和传送者进行分析，通过他们所发布和传播的信息内容来推断其态度。网络信息使用者即网络用户，可从网上直接获取他们的外在显性表现，如网名、帖子等；也可以利用计算机技术跟踪用户的隐性网络行为，如获取和分析用户的登录信息、利用 Web 服务器日志文件以及 Cookie 技术进行调查等。

2. 网络内容分析的作用

网络内容分析具有传统内容分析法的基本特征，但又不是内容分析法范围的简单扩大，它具有以下几方面的作用和特点。

（1）描述网络信息资源。这是一种"记账式"的内容分析，主要目的是了解网络信息的发布者发送了多少特定信息，网民接收了多少特定信息，是对网络信息进行表面层次的分析，不涉及内容实质。因网络信息资源具有载体多媒体化、资源动态性、内容广泛性、时空跨度大等特点，而且不同的网络用户具有不同的信息需求和行为，这就决定了应该通过"记账式"内容分析了解信息的分布和利用情况，这正是网络信息计量学中对网上信息的直接计量问题。

（2）比较网络信息与社会现实。网络是一个开放的空间，信息的发布缺乏有效的审核和监管机制，信息的质量参差不齐。虽然有一些信息真实可靠，反映社会现实，但虚假、老化陈旧、污秽信息也随处可见，歪曲甚至丑化了社会现实。通过网络内容分析，比较网络信息与社会现实的差距，规范网络信息发布者行为是网络内容分析法的作用之一。

（3）描述网络信息内容的变化趋势。网络作为继广播、电视、报纸、杂志之后新兴的第五大媒体，能快速反映事物的发展及人们的态度和观点的变化过程，且网络信息具有覆盖面广、获得方便等优点，便于研究人员利用内容分析法反映事物的发展和变化，尤其对有关网络的主题，更是有不可替代的优势。

（4）推断网络信息发布和传播者的态度。网络信息的内容在一定程度上反映了信息发布和传播者对事物的看法和态度。虽然不能把网络信息的方方面面都和信息发布者与传播者直接挂钩，但在整体上可看作是他们社会面貌、阶级地位和意识形态的映像。例如通过网站所发布的对时政问题的讨论，可以推断其观点和立场；通过对不同网站的专栏设置和新闻内容的分析，可以推断其信息的传播倾向。

（5）评价网络传播的效果。通过对网络信息资源进行系统的内容分析和对网络用户调查的结果进行比较，可检验经常上网的用户是否产生与网络信息发布和传播者类似的态度，以评价网络传播的效果。网络内容分析对于网络传播效果的研究具有双重的作用：既可以通过内容中宣传、劝说和诱导性成分预测推断"当下"的效果，如对网络广告的效果研究；又可以对研究所取得的效果假设进行"此后"的证实，如培养分析的方法。

3. 网络内容分析的技术和工具

网络内容分析要以大量且无序的网络信息作为分析的基础，收集、分类和分析统计等工作若单靠人工操作，不仅会耗费大量人力和时间，甚至可能达不到目的，因此要尽量借助一些相应的技术和工具。

（1）数据收集技术。数据收集技术包括搜索引擎技术、Web 服务器日志、Cookie 技术和网络调查法等。搜索引擎利用自动收集网页的 Spider 程序收集大量网页，并建立索引数据库。当用户查找某个关键词的时候，将搜出所有页面内容中包含了该关键词的网页，并按与关键词的相关度排列。搜索引擎是人们最常用的信息检索方式，能帮助数据收集人员迅速找到所需信息，提高效率。由于搜索引擎的数据库各不相同，可同时使用多个，加强了抽样的可靠性。Web 服务器日志文件用于实时记录 Web 站点被访问的信息，如用户的 ID、受访 Web 页的 URL、用户的 IP 地址和访问时间等：服务器的运行信息，如发送字节数、接收字节数和处理时间等。Cookie 是一种软件技术，能够在用户端存储用户访问服务器的信息。Cookie 文件由响应浏览器 URL 请求的服务器程序发送的信息组成，是一个保存在用户端的文本信息。利用这两种技术能获得网络用户行为的原始信息，便于网络内容分析的开展。网络调查法由传统调查方法发展而来，具有反馈速度快、覆盖面广、成本低、不受时间和空间的限制等优点，所以一经出现便得到了广泛的应用，尤其是在网络研究方面，运用极其广泛。这种方法一般用于收集用户信息。

（2）数据分析技术。数据分析技术包括第 2 章介绍的数据仓库技术、数据挖掘技术等。

（3）数据分析和统计工具。对大量数据资料的内容逐一分析是非常烦琐的重复性工作，针对此问题，国外已开发了数十种软件工具，而且新品种和新版本不断推出。虽然功能不尽相同，但大多软件提供基本的文本分析功能，包括词频统计分析、类目频次统计分析和可视化。其中，词频统计分析是指软件提供一个文本中出现的所有词语及其出现次数的列表；类目频次统计分析允许用户指定"字典"，这就意味着可将一系列词或短语映射到一个词，从而形成一个类目；可视化是指当一个文本通过统计词频或类目频次得到相应数据以后，可以直接用聚类和多维层次分析的方法得到词间关系的树状图、二维图和三维图。

4.3　网络信息资源挖掘

Web 是一个巨大的信息源，它包含了丰富而动态的超链接信息，以及 Web 页面的访问和使用信息，这为数据挖掘提供了丰富的资源。网络挖掘（即 Web 挖掘）就是利用数据挖掘的技术从 Web 文档或服务上自动发现和抽取知识的过程。随着 Web2.0 的诞生，Web 数据的复杂性，特别是 Web2.0 中数据的新特征，使 Web 挖掘需要在传统数据挖掘的基础上探索和创新挖掘技术，以解决呈现的新难题。

网络信息挖掘是数据挖掘技术在网络信息处理中的应用。网络信息挖掘是从大量训练样本的基础上得到数据对象间的内在特征，并以此为依据进行有目的的信息提取。网络信息挖掘技术沿用了 Robot、全文检索等网络信息检索中的优秀成果，同时以知识库技术为基础，综合运用人工智能、模式识别、神经网络领域的各种技术。应用网络信息挖掘技术的智能搜索引擎系统能够获取用户个性化的信息需求，根据目标特征信息在网络上或者信息库中进行有目的的信息搜寻。

4.3.1　Web 挖掘的数据来源与分类

1. Web 挖掘的数据来源

从大量 Web 信息中获取有用的信息是 Web 数据挖掘的关键问题。如何获得准确、可靠的 Web 信息主要在于数据的来源。从理论上讲，Web 挖掘的数据来源是很宽泛的。凡是在 Web 站点中对用户有价值的数据都可以成为它挖掘的数据源。但是由于这些对象的数据形式及含义的差异，它们的挖掘技术会不同。

（1）服务器日志数据。

个人浏览 Web 服务器时，服务器方将会产生三种类型的日志文件：Server logs、Error logs 和 Cookie logs，这些日志用于记录用户访问的基本情况，因此是进行 Web 访问信息挖掘的主要数据源。

Server logs 文件格式如表 4-1 所示。由于 URI（Uniform Resource Identifier）比 URL（Uniform Resource Locator）蕴含信息更广，因此利用这种格式能够分析得到 Server logs 中很多有用的信息。错误日志（Error logs）存取请求失败的数据，例如丢失链接、授权失败或超时等。由于 HTTP 协议的特点，跟踪单个用户并非易事，服务器方可以采用 Cookie 的方式跟踪单个用户。Cookie 是由 Web 服务器产生的记号并由客户端持有，用于识别用户和用户的会话。Cookie 是一种标记，用于自动标记和跟踪站点 Web 的访问者。在电子商务的环境中，存储在 Cookie logs 中的信息可以作为交易信息。

通过对这三种日志的分析和挖掘，就可以开展 Web 访问信息挖掘。

（2）在线市场数据。

在线市场数据是指和市场活动相关的信息，如一个电子商务站点存储相关的电子商务信息。从内容上说，不同目的的商务网站有不同的商务信息，但这类数据通常是用传统的关系型数据库结构来存储数据。在线市场数据是业务数据，是进行业务相关分析的主体。用户的挖掘目标只有结合在线市场数据分析才能达到目的。

表 4-1　Server logs 文件格式

Field	Description
Date	Date，time，timezone of request
Client IP	Remote host IP and/or DNS entry
User name	Remote log name of the user
Bytes	Bytes transferred（sent and received）
Server	Server name，IP address and port
Request	URI query and stem
Status	http status code returned to the client
Service name	Requested service name
Time taken	Time taken for transaction to complete
Protocol version	Version of used transfer protocol
User agent	Service provider
Cookie	Cookie ID
Referrer	Previous page
…	…

（3）Web 页面。

现有的 Web 数据挖掘方法大都是针对 Web 页面开展的。目前的 Web 页面大多满足 HTML 标准。由于 HTML 页面包含文本和多媒体信息（包括图片、语音和图像），因此涉及数据挖掘领域中的文本挖掘和多媒体挖掘。现有的 HTML 页面内容缺乏标准的描述方式，难以挖掘。为了解决这个问题，1998 年 WWW 社团提出了 XML 语言标准。该标准通过把一些描述页面内容的标记（tag）添加到 HTML 页面中，用于对 HTML 页面内容进行自描述，例如对一个内容为科技论文的页面添加相关标记，描述其作者、关键词等。XML 的标记并不是限制死的，是由页面的创立者自己安排给出和定义的，但要遵循一定的规范。

（4）Web 页面超链接关系。

Web 页面之间的超链接关系是一种重要的资源，页面的设计者把他们认为是重要的页面地址添加到自己的页面上。显然，如果一个页面被很多页面引用，那么它一定是重要的，这就是从中需要挖掘的知识。

2. Web 挖掘的分类

Web 挖掘一般定义为：从与 Web 相关的资源和行为中抽取感兴趣的、有用的模式和隐含信息。Web 挖掘一般可分为三类：Web 内容挖掘（Web Content Mining）、Web 结构挖掘（Web Structure Mining）和 Web 使用记录的挖掘（Web Usage Mining）。

（1）Web 内容挖掘。

Web 内容挖掘是从文档内容或其描述中抽取知识的过程。Web 文档文本内容的挖掘、基于概念索引的资源发现以及基于代理的技术都属于这一类。Web 内容挖掘有两种策略：直接挖掘文档的内容或在其他工具搜索的基础上进行改进。

（2）Web 结构挖掘。

Web 结构挖掘是从 Web 的组织结构和链接关系中推导知识。由于文档之间的互连，Web 能够提供除文档内容之外的有用信息，利用这些信息可以对页面进行排序，发现重要的页面。这方面工作的代表有 PageRank 和 CLEVER。此外，在多层次 Web 数据仓库中也利用了页面的链接结构。

（3）Web 使用记录的挖掘。

Web 使用记录挖掘的主要目标则是从 Web 的访问记录中抽取感兴趣的模式。Web 中的每个服务器都保留了访问日志（Web Access Log），记录了关于用户访问和交互的信息，分析这些数据可以帮助理解用户的行为，从而改进站点的结构，或为用户提供个性化的服务。这方面的研究主要有两个方向：一般的访问模式追踪和个性化的使用记录追踪。一般的访问模式追踪通过分析使用记录来了解用户的访问模式和倾向，以改进站点的组织结构。而个性化的使用记录追踪则倾向于分析单个用户的偏好，其目的是根据不同用户的访问模式为每个用户提供定制的站点。

4.3.2　Web 内容挖掘

Web 内容挖掘可以认为是基本的 Web 检索工作的延伸。有许多不同的技术可以用于检索因特网信息，例如大多数搜索引擎采用关键词匹配技术。Web 内容挖掘建立在信息检索基础之上，它通过采用概念层次、用户概貌和页面链接技术等对传统的搜索引擎进行改进。我们知道，传统的搜索引擎通过爬虫去检索网页和收集信息，采用索引技术来存储信息，在查询阶段则给用户提供快速而准确的信息。因此，数据挖掘技术可以帮助搜索引擎提供更高效、规模更大的服务。

1. Web 内容挖掘的分类

一种 Web 挖掘的分类方法把 Web 内容挖掘分为代理人方法和数据库方法。

代理人方法是使用软件系统（代理）来完成内容挖掘。在最简单的情况下，检索机制也属于这一类，包括智能检索代理、信息过滤和个性化 Web 代理等。智能检索代理超越了简单的检索机制，它通过关键词之外的技术来完成检索。例如，可以利用用户模板或者其关心的知识领域。信息过滤利用信息检索技术、连接结构的知识和其他方法来分析和分类文档。个性化 Web 代理使用有关用户喜好的信息来指导它们的检索。

数据库方法是将所有的 Web 数据描述为一个数据库，意味着 Web 是一个多级的数据库并有多种查询语言指向 Web。Web 内容挖掘的基本技术是文本挖掘。文本挖掘的方式是有层次的系统。图 4-3 给出了一个文本挖掘的层次示意，顶端功能最简单，底层功能最复杂。

（1）关键词检索。最上面的是最简单的方式，它和传统的检索技术类似。

（2）挖掘项目关联。它不仅将注意力放在孤立的词的相同或相似信息上，而且聚焦在页面的信息之间的关联信息挖掘上，因而避免传统的信息检索技术带来的信息不精确和信息量过大等问题。

关键词	
项目关联	
相似检索	
分类	聚类
自然语言处理	

图 4-3　文本挖掘的层次

（3）相似性检索。与信息检索方法中的相似性检索方法类似，目的是找到相似内容的网页。

（4）信息分类和聚类。利用数据挖掘的分类和聚类技术实现页面的分类，将页面在一个更高层次上进行抽象和整理。

（5）自然语言处理。最下面的是最复杂的方式，它希望揭示自然语言处理技术中的语义，实现 Web 内容的更精确处理。

2. 爬虫与 Web 挖掘

爬虫（Crawler）是一个用来分解 Web 中超文本结构的工具。爬虫开始访问的这个页称为种子 URL。从一个网页开始，通过查阅和记录这个网页的所有链接并把它们排列起来，然后再从找到的新页面继续开始重复工作，这种工作可以收集到每个页面的信息（例如提取关键词和储存索引）。爬虫可能在访问一定数量的页面后停止搜索，产生索引，这个索引将覆盖旧的索引，上述爬虫叫做定期爬虫（Periodic Crawler）。增量式爬虫（Incremental Crawler）是最近研究的一种新技术，它不是完全重建索引，而是在旧索引的基础上仅仅增加一些新索引。

由于 Web 的数量相当巨大，一种兴趣爬虫（Focused Crawler）技术被提出。它仅访问与主题相关的页面，一旦发现一个页面与主题无关或者一个链接不必被继续跟踪，则很多从这个页面或链接开始的其他链接就不再访问了。由于聚焦用户感兴趣的页面，因此在有限的资源下可以获得更多感兴趣的页面信息，使内容的覆盖面更大，内容挖掘的信息含量增大。

3. Web 页面内容预处理

Web 访问信息挖掘的基础和最烦琐的工作是数据的预处理。预处理用户访问信息是整个数据准备的核心工作，也是开展下一阶段 Web 访问信息挖掘的基础。预处理阶段主要的工作是识别用户访问事务和访问片段。

站点的内容设置是依赖于商业文本的，和具体领域关系密切，是 Web 站点的内涵所在。Web 站点的功能最终都要落实到内容上来，因此对于挖掘而言，Web 内容既是重要的信息来源也是最难处理的部分。

Web 页面内容预处理的目的是把包括文本（Text）、图片（Image）、脚本（Script）和其他一些多媒体文件所包含的信息转换成可以实施 Web 挖掘算法的规格化形式。一般而言，分类或聚类是这样预处理的常用方法。

Web 页面内容预处理的首要工作是对页面的分类。分类信息或者可以由站点的设计者人工指定，或者由监督学习方法在对人工指定的训练集进行训练后自动进行。如果分类信息由人工指定，就意味着增加用户负担，有时由于网站设计者和挖掘系统设计者的利益点不同，很难实现 Web 挖掘。因此，自动化完成页面分类就是 Web 挖掘的基础性工作。具体采用的算法可以是 C4.5 或者朴素贝叶斯算法。另外，XML 语言也可以提供较为详细的分类知识。对文本内容的预处理是开展 Web 内容预处理研究的主要内容。

4. 对 Web 页面内文本信息的挖掘

挖掘的目标是对页面进行摘要和分类，在对页面进行摘要时，对每一个页面应用传统的文本摘要方法可以得到相应的摘要信息；在对页面进行分类时，分类器输入的是一个 Web 页面集（训练集），根据页面文本信息内容进行监督学习，然后就可以把学成的分类器用于分类每一个新输入的页面。

在处理阶段，要把这个 Web 页面集合文本信息转化成一个二维的数据表，其中列集为特征集，每一列是一个特征；行集为所有的页面集合，每一行为一个 Web 页面的特征集合。在文本学习中常用的方法是 TFIDF 向量表示法，它是一种文档的词集（Bag-of-Words）表示法，所有的词从文档中抽取出来，而不考虑词间的次序和文本的结构。

这种构造二维表的方法是：

（1）每一列为一个词，列集（特征集）为词典中所有有区分价值的词，所以整个列集可能有几十万列之多。

（2）每一行存储一个页面内词的信息，这时该页面中的所有词对应到列集（特征集）上，列集中的每一个列（词）如果在该页面中不出现，则其值为 0；如果出现 k 次，那么其值就为 k；页面中的词如果不出现在列集上，就说明该词不具有区分价值，可以放弃。这种方法可以表征出页面中词的频度。

（3）对文中页面来说，还需先分词，然后再进行以上两步处理。

这样构造的二维表表示的是 Web 页面集合的词的统计信息，最终就可以采用朴素贝叶斯方法或 k-正邻等方法进行分类挖掘。在挖掘之前，一般要先进行特征子集的选取，以降低维度。

5. 对 Web 页面内多媒体信息挖掘

总的挖掘过程是先要应用多媒体信息特征提取工具形成特征二维表，然后就可以采用传统的数据挖掘方法进行挖掘。

在特征提取阶段，利用多媒体信息提取工具进行特征提取。一般地，信息提取工具能够抽取出 Image 和 Video 的文件名、URL、父 URL、类型、键值表和颜色向量等。对这些特征可以进行如下挖掘操作。

（1）关联规则发现。例如，如果图像是"大"的而且与关键词"天空"有关，那么它是蓝色的概率为 68%。

（2）分类。根据提供的某种类标，针对特征集，利用决策树可以进行分类。

实例：Web 正文信息抽取

1. 网页预处理

对于 Web 上的网页，依据其网页类型可以将它们分为三类：有主题网页、Hub 网页和图片网页。在视觉上，大多数网页是容易区分类型的，因为这三种类型的网页往往有比较明显的视觉特征：有主题网页通过成段的文字描述一件或多件事物，虽然也会有图片和超链，但这些图片和超链并不是网页的主体，这类网页中往往包含大量的文字信息；图片网页中的内容是通过图片体现的，而文字仅仅是对图片的一个说明，因而文字信息不多；Hub 网页通常不会描述一件事物，而是提供指向相关网页的链接，因此 Hub 网页中超链比较密集。

本实例的研究对象是主题网页，即从主题网页中抽取出网页主题相关信息。这类网页通过一个或多个信息块来描述一个或多个主题。将网页中的那些描述主题信息的文本块称为网页的正文信息块。

研究发现，实验员手工标注网页正文时，人们往往是首先定位出正文的范围，然后在这个范围内细致地标出具体每个段落是否属于正文。本实例的处理方法是首先根据正文的特点确定出正文所在信息块，然后具体分析块内信息，删除块内噪音信息，抽取出网页的正文信息。

1）Web 网页特点

Web 网页是由普通文本及 HTML 标签组成的文档，它是以 HTML 源码的形式存储的，称为 HTML 文档。在 HTML 文档中，所有的 HTML 标签都用尖括号括起来。图 4-4 所示是一个 Web 页面 HTML 文档的典型结构。

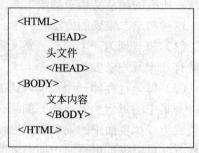

图 4-4　HTML 文档结构

HTML 文档是一种半结构化的文档，它通过定义一套标签来刻画网页显示时的页面。依据文档中标签的作用，可以将 HTML 标签分为三类：

（1）规划网页布局的标签。在视觉上，网页是由若干提供内容信息的区域（称为内容块）组成的，而内容块是由特定的标签规划出的（称为容器标签），而且容器标签是允许嵌套的，常用的容器标签有<table>、<tr>、<td>、<div>、<p>和<span>等。依据容器标签可以将网页表示成树状的结构，虽然树状结构描述的是网页内容的布局结构，但布局信息中隐含着网页内部各部分内容的相关性信息。

（2）描述显示特点的标签。在 HTML 标准中定义了一套标签来规范其包含的内容的显示方式（如字体变大、粗体和斜体），称为重要信息标签。常用的重要信息标签有<b>、<I>、<strong>、<h1>和<h2>等十几种，这类标签中的内容通常是网页作者希望引起读者注意的，因此隐含着一定的内容重要性信息。

（3）超链接相关的标签。超链接是 HTML 网页区别于传统文本的最明显特点之一，表示着网页间的关系。

根据 HTML 标签相互嵌套的特点，可以将 Web 页面解析成一棵标签树。本实例采用的是基于 DOM 的标签树构造的方法。

为了提高处理速度，在构建标签树之前，应先删除源文件中一些明显的噪音数据，如 HTML 注释及脚本等，以提高处理效率。

2）预处理—去噪

采用正则表达式来过滤噪音数据，分析 HTML 文档，<HEAD>标志中包含文档的标题、文档相关说明、文档使用的脚本、样式定义和文档名等文档的补充信息。而在浏览器中显示的用户可浏览到的信息则都在<BODY>部分，即正文信息都在<BODY>部分。因此，本实例只对<BODY>部分内容作处理。

统计分析大量的 HTML 文档发现，网页中包含的一些明显的噪音信息主要有：

（1）内部样式文本，即<style>…</style>样式块。

（2）JavaScript 脚本，即<script >…</ script>样式块。

（3）HTML 注释，即<!--……-->样式块。

（4）不包含在<BODY>标签内的全部内容，即<head>…</head>样式块。按照常识，网页的正文必然出现在<BODY>标签之后。

处理方法如表 4-2 所示。

表 4-2　删除冗余标记的具体内容与步骤

操　　作	正则表达式
删除\<head>和\</head>及其之间的内容	\<head[^>]*?>[\s\S]*?\</head>
删除\<script>和\</script>及其之间的内容	\<script[^>]*?>[\s\S]*?\</script>
删除\<style>和\</style>及其之间的内容	\<style[^>]*?>[\s\S]*?\</style>
删除\<!--和-->及其之间的内容	\<!--[^-]*-->

实验表明，经正则表达式去噪后，文档大小大概缩小为原来的 30%，大大简化了后续的工作。

2．确定正文信息块

本实例采用的是 DOM 解析的方法。DOM（Document Object Model 文档对象模型）给文档提供了一种结构化的表示方法，文档中的每个元素、属性都是树上的一个结点。图 4-5 是一个简单的 DOM 树结构图。

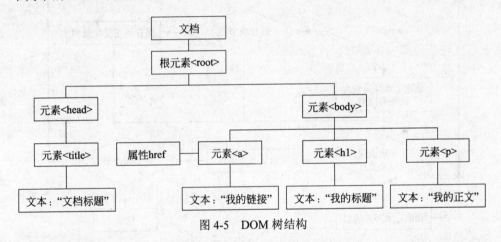

图 4-5　DOM 树结构

分析 DOM 树可知，在 DOM 树结构中，只有叶节点才真正包含有语义信息，要么是链接文本，要么是普通文本，而其余节点只起到结构格式作用。即所要抽取的正文文本内容都存在于叶子节点中，而正文的格式信息是由其余非叶子节点决定的。为了充分利用结构树的特点及正文信息特点，本文为节点树中的每个节点设置一个信息量，叶子节点的信息量由其包含的正文信息的特征决定，其余节点的信息量由节点类型及其所包含的叶子节点的信息量决定。节点信息量的具体计算方法将在下面具体描述。

通过对大量的有主题网页的分析知道，有主题网页中正文信息块的分布往往具有一定特点。利用这些特点，结合 DOM 树中节点信息量的分布特点，可以确定出正文信息块在树中的位置。

1）处理步骤

分析大量的主题网页，其页内文本往往具有以下特点：

（1）包含大量的文字信息，这些文字信息往往是完整的句子序列，包含完整的标点符号。

（2）正文信息往往分布在一个或几个相对集中的区域，在 DOM 树中表现为一棵或多棵子树。

由于文本节点全部分布在 DOM 树中的叶子节点，故采用深度优先遍历 DOM 树的方法，从叶子节点开始分析 DOM 树。具体处理步骤如图 4-6 所示。

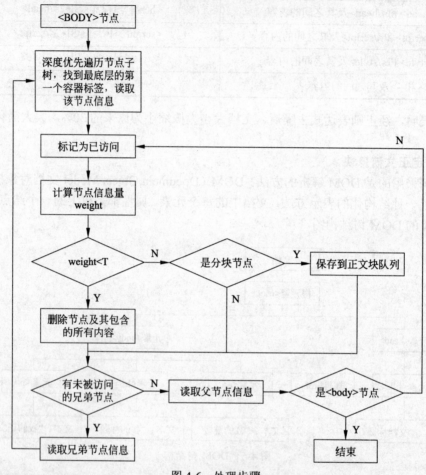

图 4-6　处理步骤

2）计算节点信息量

（1）叶子节点信息量的计算。

正文信息往往是完整的句子序列，所以通过节点包含的字数及标点符号来描述节点的信息量。

根据这个特点，定义叶子节点的信息量为：

$$weight = Text\_length * punct\_weight \tag{1}$$

其中 Text_length 表示文本长度及节点中文本的字数。

punct_weight 表示节点所包含的标点（{, 。! ; ? }）的贡献值。当标点数大于等于 5 的时候，标点加强了节点的正文支持度。当标点数大于等于 2 且小于 5 的时候，认为标点对节点的正文支持度不起作用，这时节点信息量完全由节点包含的正文字数决定。当标点数小于等于 1 的时候，标点数削弱了节点的正文支持度。

$$punct\_weight = \begin{cases} 2 & punt\_num \geqslant 5 \\ 1 & 2 \leqslant punt\_num < 5 \\ 0.5 & punt\_num \leqslant 2 \end{cases} \tag{2}$$

（2）非叶子节点的计算。

由于非叶子节点本身不包含任何文本信息，其信息量主要是由其包含的叶子节点信息量决定的。另外，考虑到标签作用不同，如标记网页中重要信息的标签及描述网页布局的标签，其信息量的计算也不同。

① 对于描述网页布局的非叶子节点 N（容器标签），其子节点为 N_i，i=1，2，…，n，节点 N 的信息量为：

$$weight = \lambda_1 \sum_{N_i} weight_i \quad (\lambda_1 \text{ 为参数}) \tag{3}$$

② 对于标记网页中重要信息的标签，如<strong>、<h1>、<h2>、<b>和<I>等，其信息量为：

$$weight = \lambda_2 \sum_{N_i} weight_i \quad (\lambda_2 \text{ 为参数}) \tag{4}$$

③ 对于超链接相关标签，如<a>、<img>，其信息量为：

$$weight = \lambda_3 \sum_{N_i} weight_i \quad (\lambda_3 \text{ 为参数}) \tag{5}$$

3）识别分块节点

对于描述网页布局的非叶子节点 N（容器标签），设其信息量为 weight，其包含的子节点的信息量为 $weight_i$（i=1,2,…,n）。

$$R = \frac{weight}{\max_i weight_i} \tag{6}$$

若 weight<T（本文取 T=20），表明节点 N 没有明显的正文特征，所以删除节点 N 及其所包含的全部内容。

若 R<Q，表明节点信息量也不具有明显增加的趋势，正文信息基本都在子节点中，则该节点可成为分块节点。阈值 Q 的大小决定了块的大小，取值太小，分块可能会太大；取值太大，分块粒度小，可能会丢失部分正文信息。通过实验发现，Q=0.7 时有较好的效果。

3. 块内噪音识别

经过上述处理后，就可以得到正文所在信息块。但是该正文块中仍然存在一些噪声需要辨别。

通过对大量网页观察，分析发现块内噪音一般存在下面的特点：

（1）不会很长，一般就是寥寥几个字，且不含标点信息。

（2）往往存在于文本块的头部或者尾部。

（3）若在中间，不与正文在同一行中出现，一般隔着若干空行或者成块出现。

根据这些特点，本实例以页面中显示的段落为基本单位分析正文信息块。依据 HTML 的标记定义，可以发现下列的标记是分段指示标记：〈P〉、〈BR〉、〈H1〉、〈H2〉、〈H3〉、〈H4〉、

〈H5〉、〈H6〉、〈TABLE〉、〈TR〉、〈HR〉、〈DIV〉和〈CENTER〉，而源 HTML 脚本中的回车符是可以忽略的。将位于这些标签对内，且不再被其他分割标签分割开的文字称为一个段落。

将抽取出来的信息按照段落顺序依次存储于一个字符串数组 string[]中，同时设置一个与之相对应的标识数组 mark[]，用于标识 string[i]是否是块内噪音，初始认为段落信息量 weight<10 的都为噪音：

$$\text{mark}[i] = \begin{cases} 1 & \text{weight}_i \geq Q \\ 0 & \text{weight}_i < Q \end{cases} \tag{7}$$

按照如下规则对标记为 0 的字串进行处理：

（1）若 mark[i]=0 位于文本的开头或者结尾，则认为其为块内噪音，其值不变。例如，对于标识数组{0，1，1，…，1，0，0}，认为前两个字串及最后一个字串都不是正文信息，其值不变。

（2）若 mark[i]=0 处于中间位置，且连续出现大于等于三次，例如对于标识数组{…，1，0，1，…}，认为该连续的字串都为块内噪音，其值不变。

顺序读出标记为 1 的字符串集，即得到所要抽取的正文信息。

4．实验及结论

为了论证本实例提出的算法的可行性，选择新浪、搜狐等网站进行新闻及博客类网页的正文提取实验。本实例采用广泛使用于信息检索和统计学分类领域的准确率和召回率两个度量值来评级抽取的质量。

召回率是抽取出的正文信息和网页实际包含的正文信息的比率，衡量的是抽取的全面性。准确率是抽取出的正确的信息与抽取出的信息总量的比率，衡量的是抽取的准确性。

通过与人工提取的正文进行比较与分析，得到的实验结果如表 4-3 所示。

表 4-3　抽 取 结 果

网 页 来 源	网 页 个 数	平均准确率	平均召回率
www.sina.com.cn	100	98.7%	95.3%
www.souhu.com	100	93.9%	96.7%
www.163.com	100	90.4%	96.5%
www.ifeng.com	100	92.2%	97.9%
www.xinhua.com	100	91.3%	99.4%

从表 4-3 可以看出，用本实例方法所抽取的正文准确率都能达到 90%以上。出现误差的原因在于各个网站的风格差异很大，有些网站正文包含的文字内容少，正文特征不明显，还有一些网站在正文中包含一些噪声信息，这些信息没有通过标签与正文部分分开，对于这样的信息，只能通过语义关系来判别其是否是广告信息。

4.3.3　Web 结构挖掘

网络中的链接可以展示出它们的链接目标的许多东西。网络不是单一的链接，一些站点是作为链接许多站点的核心。一组站点可以组成一个封闭的环境，它有许多内部的链接，但与其外部的链接很少甚至没有，如企业内部的局域网，它们不允许外部用户访问，但有时它们只是体现了一些特定网络客户群体对一些特定问题的兴趣。在全球的范围内，Web结构挖掘可以告诉我们一些站点的受欢迎程度和它同其他站点的距离。深入一步，还可以通过查看一个单独站点的网页的链接情况及相互间链接的情况来学习其内容结构。

1. 总体结构

从总体上看，网络是一个有向图，网页是图中的一个节点，每个链接是一条边。

在设计搜索引擎等服务时，对 Web 页面的链接结构进行挖掘以得出有用的知识是提高检索效率的重要手段。Web 页面的链接类似学术上的引用，因此一个重要的页面可能会有很多页面的链接指向它。也就是说，如果有很多链接指向一个页面，那么它一定是重要的页面。在网络中对于一个站点来说，通向它的链接越多，这个站点就会越重要。但是网络的动态性使得我们要得到一个关于链接的准确的视图是非常困难的。

2. 局部结构

理解了一个网络站点的局部结构，可以进一步更好地理解如何使用、如何改善这个站点。持续度（Stickiness）被用来测量浏览者在特定的网页或是站点上停留的时间的物理量。持续度通常被认为是一件好事，用户可以花费更多的时间停留在网页上。

（1）导航页。

导航页的存在是为了链接到其他页面。客户不必在导航页上花费太多的时间，而他们却会频繁地到这个页面上。对客户来说，导航页使他们能够很容易地找到他们想要找到的页面。通过比较从入口到目标网页所要求的点击数和浏览者平均的点击数，我们会得到一些关于怎样设计好的网络站点和怎样链接网页的建议。

（2）目标页。

浏览者通常花费大量的时间在目标页上。这一网页实际上给浏览者提供所要查找的信息、娱乐和商品，简而言之，目标页给浏览者提供所有的内容。

目标页一般是固定的。当浏览者在一个目标页上花费了大量的时间时，我们希望这是因为他们找到了他们所需要的东西。当然，并不是所有的浏览者都是这样的。或许他们有许多的疑惑，或者要求查到更多的东西，要么由于其他的原因使他们的输入速度非常慢，从而导致在此网页上花费了大量的时间。通过仔细分析登录数据，可以得到它们的不同之处。要指出重要的一点是，如果没有应用数据的配合，一个网站的静态结构是没有很大用处的。应用数据允许我们比较这个网站的结构，因为它反映了设计者的思想，也就是说反映的是这个网站及其实际的行为数据该如何使用。

（3）形成功能。

某个网站的局部功能很大程度上依赖于它的用途。网站有许多不同的模型。一个零售站点可能都是以同样的方式列出商品页面，并且建立了一个存储在关系数据库中的商品和价格的桥梁。有一些会模拟离线资源，如报纸或者杂志。其他的则包含可构建的会话，这些会话能够定制并能以多种方式排列，满足特殊客户的要求，这种站点诸如 yahoo.com 等。

3. PageRank 算法

PageRank 算法是一种 Web 挖掘技术，它能根据网页与查询向量的相似性程度进行排序以及提供网页快照等功能，在一定程度上满足了人们快速定位网页的需要。

PageRank 算法由搜索引擎 Google 的创始人 Larry Page 和 Sergey Brin 提出，它已经作

为搜索引擎 Google 的核心软件，并取得了很好的效果。

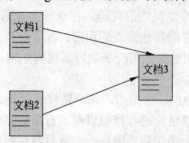

图 4-7　文档 1 和文档 2 是文档 3 的反向链接

PageRank 算法的基本思想是借鉴传统文献的引文分析方法，将被引用与否作为其重要程度的标准。它是一种基于反向链接对因特网上网页进行排序的链接分析方法，如图 4-7 所示。

每一个网页都有正向链接（出）和反向链接（入），PageRank 算法将一个页面的权重定义为其所有反向链接页面的权重之和。

实际应用中不可能获取一个页面的所有反向链接，但是该页面的所有正向链接都是可以获得的。

Google 又不单单只看链接数，对链入的页面重要性也进行分析。重要性高的页面链入会被给予较高的 PageRank 值。

1）PageRank 值的计算

将某个页面的 PageRank 除以存在于这个页面的正向链接，由此得到的值分别和正向链接所指向的页面的 PageRank 相加，即得到了被链接的页面的 PageRank，如图 4-8 所示。

2）PageRank 算法的数学实现

PageRank 完全不重视超链接文本的相关性和网页内容与主题的相关性，只考虑页面之间的链接关系。

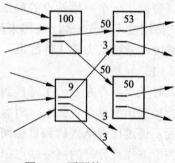

图 4-8　页面的 PageRank

PageRank 的计算公式可以定义为：

$$R(u) = c \sum_{v \in B_u} \frac{R(v)}{N_v}$$

其中，u 是一个页面，$R(u)$ 是页面 u 的 PageRank 值，B_u 是页面 u 的所有反向链接集合，$N_v = |R(v)|$ 表示页面 v 的所有正向链接（链出）的个数，c 则是归一化系数。

为了计算上的可行性，在个别场合将 PageRank 的计算公式改进为：

$$PR(A) = d + (1-d)(PR(L_i)/Out(L_i) + \ldots + PR(L_n)/Out(L_n))$$

其中，PR(A)是页面 A 的重要性值，即页面 A 的 PageRank 值；$PR(L_i)$是页面 L_i 的重要性值；L_i 是链入页面 A 的第 i 个页面；$Out(L_i)$是页面 L_i 链出页面的个数；d 是阻尼系数，一般为 0.85。

提高 PageRank 的要点大致有如下三个：

（1）反向链接数（单纯意义上的受欢迎度指标）。

（2）反向链接是否来自推荐度高的页面（有根据的受欢迎指标）。

（3）反向链接源页面的链接数（被选中的几率指标）。

以往的做法只是单纯地使用反向链接数来评价页面的重要性，但 PageRank 需要有优质页面的反向链接。

PageRank 自身是由 Google 定量，而与用户检索内容的表达式完全无关。

3）怎样求得 PageRank

令 A 是一个代表每个网页链接关系的矩阵，其中如果 u 指向 v，则 $A_{uv}=1/N_u$；否则 $A_{uv}=0$。由此，可以将上述公式用矩阵表示为 $R=cAR$，其中 R 是一个网页权重值的向量。此时，

R 就是 *A* 的一个与特征值 *c* 对应的特征向量。

具体如下：

从页面 *i* 链接到另一张页面 *j* 时，将其元素定义为 1，反之则定义为 0。

如果文件数是 *N*，则这个矩阵就为 *N × N* 的方阵。

PageRank 矩阵是把这个方阵转置后（为了将各列向量的总和变成 1），再把各个列向量除以各自的链接数（非零要素数）。这样作成的矩阵被称为"推移概率矩阵"。

倒置的理由是 PageRank 并非重视"链接到多少地方"，而是重视"被多少地方链接"。PageRank 的计算就是求这个推移概率矩阵最大特征值的特征向量。

下面来看一个简单的例子：考虑图 4-9 中有链接关系的 7 个 HTML 文件。

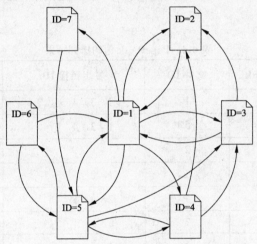

图 4-9　7 个 HTML 文件的链接关系

建立链接关系矩阵 *A* 如下：

$$A=\begin{bmatrix} 0 & 1 & 1 & 1 & 1 & 0 & 1 \\ 1 & 0 & 0 & 0 & 0 & 0 & 0 \\ 1 & 1 & 0 & 0 & 0 & 0 & 0 \\ 0 & 1 & 1 & 0 & 1 & 0 & 0 \\ 1 & 0 & 1 & 1 & 0 & 1 & 0 \\ 1 & 0 & 0 & 0 & 1 & 0 & 0 \\ 0 & 0 & 0 & 0 & 1 & 0 & 0 \end{bmatrix}$$

由矩阵 *A* 可以得到 PageRank 的推移概率矩阵 *M* 为：

$$M=\begin{bmatrix} 0 & 1 & 1/2 & 0 & 1/4 & 1/2 & 0 \\ 1/5 & 0 & 1/2 & 1/3 & 0 & 0 & 0 \\ 1/5 & 0 & 0 & 1/3 & 1/4 & 0 & 0 \\ 1/5 & 0 & 0 & 0 & 1/4 & 0 & 0 \\ 1/5 & 0 & 0 & 1/3 & 0 & 1/2 & 1 \\ 0 & 0 & 0 & 0 & 1/4 & 0 & 0 \\ 1/5 & 0 & 0 & 0 & 0 & 0 & 0 \end{bmatrix}$$

再由前面的关系，表示 PageRank 的向量 R（各个页面的等级数的队列）存在着 $R=cMR$ 的关系（c 为定量）。在这种情况下，R 相当于线性代数中的特征向量，c 相当于对应特征值的倒数。

为了求得 R，运用线性代数方法求这个正方矩阵 M 的最大特征值和对应特征向量。计算得知，最大特性值 λ 为 1，与之相对应的特征向量为：

EigenVector =（0.69946，0.38286，0.32396，0.24297，0.41231，0.10308，0.13989）

对概率向量进行标准化，得到：

PageRank =（0.303514，0.166134，0.140575，0.105431，0.178914，0.044728，0.060703）

将 PageRank 的评价按顺序排列得到（PageRank 小数点后 3 位四舍五入）表 4-4 所示的结果。

表 4-4　PageRank 值的排列结果

名　　次	PageRank	文件 ID	发出链接 ID	被链接 ID
1	0.304	1	2，3，4，5，7	2，3，5，6
2	0.179	5	1，3，4，6	1，4，6，7
3	0.166	2	1	1，3，4
4	0.141	3	1，2	1，4，5
5	0.105	4	2，3，5	1，5
6	0.061	7	5	1
7	0.045	6	1，5	5

从表 4-4 的排列结果可见：

（1）PageRank 的名次和反向链接的数目是基本一致的。

（2）ID =1 的文件的 PageRank 是 0.304，占据全体的 1/3，成为了第 1 位，这其中起到相当大效果的是从排在第 3 位的 ID = 2 页面中得到了所有的 PageRank（0.166）数。

（3）最后一名的 ID = 6 页面只有 ID = 1 的 15%的微弱评价，这可以理解为是因为没有来自 PageRank 很高的 ID =1 的链接而使其受很大的影响。

4）计算 PageRank 的收支

因为 $\lambda=1$，所以只要将各页的流入量单纯相加即可。譬如 ID = 1 的流入量为：

$$流入量 =（ID=2 发出的 Rank）+（ID=3 发出的 Rank）$$
$$+（ID=5 发出的 Rank）+（ID=6 发出的 Rank）$$
$$= 0.166 + 0.141/2 + 0.179/4 + 0.045/2 = 0.30375$$

其他页面 ID 的情况也一样，沿着各自的链接发出的 PageRank 等于此页面原有的 PageRank 除以发出链接数的值，而且和各自页面的 PageRank 收支相平衡。下面的 PageRank 推移图正表示了这个收支，如图 4-10 所示。

以上就是 PageRank 的基本原理。Google 做的就是大规模地处理这样的非常特征值问题。

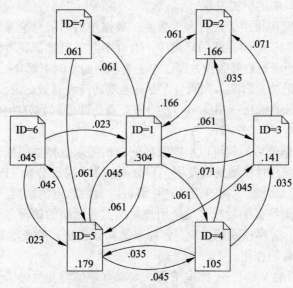

图 4-10　PageRank 推移图

5）改进的 PageRank 算法

上面介绍的 Lawernce Page 和 Sergey Brin 提出的基于随机冲浪模型的用户行为完全是一个不关心内容的行为，而事实上用户在当前页面进行浏览时，是会根据自己的主观判断来选择自己的下一个浏览目标的。

一般情况下，用户看到的只是超链接文本的内容，而看不到链接出来的网页的具体内容，而超链接文本在一定程度上也反映了网页的内容，所以凭主观判断，应该是超链接文本与搜索主题越相关，该链接被点击的可能性就越大，而不是 Lawernce Page 和 Sergey Brin 所说的随机从链接中选择一个页面进行浏览。

华盛顿大学计算机科学与工程系的 Matthew Richardson 和 Pedro Dominggos 提出了一个结合链接和内容信息的 PageRank 算法。

该改进算法 PR 值的计算公式是：

$$PR(A) = (1-d) + d \sum_{j \in F(A)} PR(j) * \frac{\beta_A}{\sum_{m \in O(j)} \beta_m}$$

其中，$F(A)$ 为 A 的链入网页，$O(j)$ 是网页 j 的链出网页，$\beta_j = LK[j] \times C[j]$ 是 j 网页和主题的相关系数，$LK[j]$ 是网页 j 的超链接文本和主题的相关性，$C[j]$ 是网页 j 的内容与主题的相关性。

4.3.4　Web 使用（日志）挖掘

通过挖掘 Web 日志记录能够得到用户访问 Web 页面的模式，通过分析和探究 Web 日志记录中的规律可以识别电子商务的潜在客户，增强对最终用户在因特网信息服务中的质量，同时交付并改进 Web 服务器系统的性能和结构。目前研究较多的 Web 使用记录挖掘技术和工具可分为两大类：模式发现和模式分析。

1．Web 使用记录中的模式发现

用户访问模式的发现采用了来自人工智能、数据挖掘和信息论等领域的成熟技术，从 Web 使用记录中挖掘知识。但在新的环境中，有许多新的问题需要考虑和研究。在模式发现中首先要解决的问题就是数据的预处理，它主要包括如下两个部分：一是数据清洗（Data Cleaning），包括无关记录的剔除、判断是否有重要的访问没有被记录、用户的识别等问题；二是事务识别（Transaction Identification），指将页面访问序列划分为代表 Web 事务或用户会话的逻辑单元。

在对事务进行了划分后，就可以根据具体的分析需求选择访问模式，发现的技术如路径分析、关联规则挖掘、时序模式以及聚类和分类技术。路径分析（Path Analysis）可以用来发现 Web 站点中最经常被访问的路径，从而可以调整站点的结构。在 Web 使用记录挖掘的环境下，关联规则挖掘的目标是发现用户对站点各页面的访问之间的关系，这对于电子商务是非常有用的。时序模式的发现、各种聚类和分类技术的采用对于 Web 使用记录中的模式发现都有其各自的作用。

现有 30 多种商用的 Web Log 挖掘工具，大部分速度慢并且做了一些假设以便减少要分析的 Log 文件的大小。这些工具的性能、包容性和分析的深度还有一定的限制。一般包含一些经常使用的报告、点击数和传输字节数的汇总报告、排名靠前的被请求的 URL、引用者以及最常用的浏览器列表、每个因特网域的点击次数、出错报告、目录树报告等。

2．模式的分析

如果没有合适的技术和工具来辅助分析人员的理解，采用各种技术挖掘出来的模式将不能得到很好的利用，所以开发各种分析技术和工具也是非常必要的。目前这个领域的工作还不是很多，是一个较新的领域。

可视化技术在其他领域中的应用已经取得了巨大的成功，因此对于理解 Web 用户的行为模式来讲也是一个自然的选择。现今已经实现 Web 的访问模式可视化。在 WEBMINE 系统中还提出了类似于 SGL 的形式化的查询机制，由于 Web Log 可以提供很多关于 Web 的信息，通过对日志文件的多维分析可以提供各种各样的统计报告，完成日常管理工作，发现潜在的客户、用户和市场等。相关/序列存取模式分析可以对服务器的缓存、预取和交换参数进行调整；趋势分析可以了解 Web 正在发生的变化；用户的个性化分析可以为用户提供定制的服务。

下面介绍一个系统的例子。Virtual-U 是一个基于服务器的软件系统，它具有个性化的设计、交付和增强通过 Web 发布的教育和训练课程的功能，由 Vgroup U-chat assignment submission course structuring teaching supporting workspace file upload grade book 和 sys admin 子系统组成。Virtual-U 的日志不记录如客户使用了浏览器的哪些功能，像页面内的回退、页面的翻滚等。对存放在缓存中页面的请求，对存放在代理服务器上页面的请求信息，Virtual-U 日志文件也有一些特殊情况。不同的用户调用相同的 CGI 脚本，相同的用户动作在不同的时间可能调用不同的 CGI 脚本，同一个用户有时使用不止一个浏览器。Virtual-U 有两个日志文件：一个日志文件包含浏览器的类型和请求的页面；另一个的格式如下：

```
dd23-125.compuserve.com rhuia [01/Apr/1997: 00: 03: 25-0800] GET /SFU/cgibin/
VG/VG dspmsg.cgiI ci= 40154 g mi= 49 HTTP/ 1.0*200 417
```

根据日志文件提供的信息，一个是做联机分析（OLAP），对一些常用的数据进行汇总，如统计由用户域和会话发出的单一动作的频率，统计各种不同错误的频率，将用户发出的动作划分为行为，例如 reading messages in a conference。通过联机分析可以回答诸如哪个部件或特征被经常/不经常引用、哪个事件是经常发生的、不同领域用户的分布情况和不同领域或不同地区用户的存取方式是否不同、有什么不同等问题。另一个是做联机挖掘（OLAM），包括模式分析和趋势分析。前者分析当增加或修改 Virtual-U 的 features 时，不同用户之间、不同课程之间、instructional designs 和 materials 之间的关系；后者分析用户行为随时间的变化趋势，网络流量随时间的变化趋势。通过联机挖掘可以回答一些深层次上的问题，例如各种部件和特征在什么上下文中使用，什么是典型的事件序列，在不同的用户中对资源的使用和存取模式有什么不同，针对课程的使用和存取模式有什么不同，对一个给定的环境全部的使用模式是什么，用户的行为随着时间是怎样变化的，随着服务质量（速度的快或慢）的变化，使用模式是怎样变化的，网络流量随时间的分布是什么？

3. Web 使用记录挖掘的基本流程

对 Web Log 进行分析和挖掘要经过一系列的数据准备工作和建模工作。首先要对 Web Log 进行清洗、过滤和转换，从中抽取感兴趣的数据。将 URL、动作、资源的类型、资源的大小、请求的时间、在资源上停留的时间、请求者的 Internet 域名、用户、服务器状态作为 Data Cube 的维变量，将对模块、页面和文件请求次数、来自不同 Internet 域请求次数、事件、会话、带宽、错误次数、不同浏览器种类、用户所在组织作为度量变量建立 Data Cube。通过对 Data Cube 的切块、切片分析可以回答哪些成分或特色被经常或偶尔使用，网络流量随时间的变化规律（按时、日、月等），用户在不同 Internet 域的分布情况，来自不同地区的用户在存取方式上是否有/有什么差异。利用成熟的数据挖掘技术（如特征、分类、关联、预测、时间序列分析和趋势分析）进行 Web 流量分析、典型的事件序列和用户行为模式分析、事务分析，可以回答成分和特色在什么上下文中被使用。

4. Web 使用挖掘技术

Web 使用挖掘的目的就是揭示隐藏在 Web 服务器的日志文件中的信息，将统计和数据挖掘方法应用到 Web 日志数据，能识别出有关用户网上行为模式，如用户和页面聚类，以及 Web 页面和用户组织之间可能存在的相关关系等。

目前，日志挖掘技术主要分为两大类：基于 Web 事务的方法和基于数据立方体的方法。

（1）基于事务的日志挖掘技术。是将数据挖掘技术应用于服务器日志文件，使用最大前向引用序列 MF 算法。它将用户会话分割成一系列的事务，然后采用与关联规则相类似的方法挖掘频繁访问序列，从而取得用户访问模式。其基本流程是预处理过程、序列模式识别以及序列模式分析。

（2）基于数据立方体的日志挖掘技术。根据服务器的日志文件，建立数据立方体（Data Cube），然后对数据立方体进行数据挖掘和联机分析处理。与基于事务的日志挖掘技术相似，这种方法同样要经过预处理、模式识别和模式分析三个步骤。

5. 基于 Web 挖掘的个性化与信息构建

Web2.0 的出现已经改变了人们的网络行为方式。个性化的服务作为 Web2.0 的核心特点，也是服务商开展新业务的研究方向。Web 个性化可以定义为利用 Web 数据来调节网站提供的信息和服务，以便满足特殊用户或特殊用户群体需求的一种过程。Web 个性化系统的目标就是"不经过用户明确的提问，而提供给用户所需求的信息"。

Web 个性化系统中的辅助功能主要包括两个部分，即个性检索服务和个性标识。个性检索服务是在 Web 使用挖掘的基础上，根据用户的导航行为、使用偏好和兴趣等，网站提供给用户个性化的信息检索服务，目的是为了更好的实现可用性。个性标识是用户登录网站后所使用的独特标识，该标识一般由用户自定义。个性标识可以通过 Web 使用挖掘或直接从用户资料中提取。

Web 个性化系统主要由 Web 使用挖掘和一些辅助的功能（个性检索服务、个性标识等）构成。Web 个性化系统的核心就是 Web 使用挖掘。

（1）用户资料收集。

为了实现网站的个性化，系统应该能够区分不同用户或用户群体，这个过程称为用户资料收集，即收集用户的偏好、性格特征以及活动的基础信息。

收集的用户信息可以是很少变化的静态信息，如统计信息，也可以是频繁改变的动态信息。这些信息或者是通过明显的方式获取，比如利用在线注册或提问的方式收集用户资料；或者是通过非明显的方式，比如通过记录每位用户的导航行为或偏好收集用户资料。后一种情况有两种方式：一是把每个用户看作一个组织的成员，创建集合用户资料；二是记录每个个体用户的变化。当作为一个群体记录用户时，采用的方法就是将 Web 使用挖掘技术应用于 Web 服务器日志，提取出模式和规则，创建集合用户资料。

（2）用户体验。

所谓用户体验，一般是指以服务为平台，以商品为服务内容，围绕消费者创造出值得消费者回忆的活动。用户体验有不同类型，如学习体验、娱乐体验和审美体验等。用户体验还可以有不同的形式，如主动参与、被动参与和融入情境等。Web 利用中的用户体验是指用户在网站上方便快捷地满足其各种需求的行为和感受，而用户体验的设计过程是网站为使用户获得较好的体验而进行的一系列网站设计工作。

信息空间的构建不仅包括对信息的理解，而且包括对用户体验的理解。信息空间的构建工作，如导航系统和标引检索系统等的建设，其目的就是为了获得良好的用户体验，而用户体验的设计实践过程与信息空间构建过程的本质是一致的。

基于 Web 挖掘的 Web 个性化是主动式的信息服务，就是将用户感兴趣的信息主动提供给用户。Web 个性化系统实现这项服务除了通过 Web 挖掘构建用户信息模型，即跟踪用户行为，学习、记忆用户兴趣，通过描述用户的兴趣来建立个性化用户模型外，还构建了个性化信息模型，即将个性化信息从全局信息空间中分离出来，这样在实际运用中可以达到更好的用户体验。用户体验的设计实践过程与 Web 个性化是完全重合的，它们都是基于对用户的理解。

（3）系统可用性。

所谓可用性通常是指某个特定产品在特定使用环境下为特定用户用于特定用途时所具有的有效性和用户主观满意度。此外，还包括自学习性、可记忆性和容错控制。

信息构建必须满足可用性。在构建时，需要进行可用性测试，找到并修改妨碍用户期望实现的问题。根据信息构建的内容，可以针对每一部分进行可用性测试。内容组织系统的可用性测试要求包括内容有序、分类清晰和语义明确等。网站导航系统的可用性测试要求包括导航标识清晰易懂并要具备一致性，相关链接要具有推荐作用，整体、局部和语境导航的合理性。标引检索系统的可用性测试要求是 FAQ 的可操作性、检索途径的多样性、结果排序的优化等。

Web 个性化的可用性主要是通过其核心即 Web 使用挖掘来实现。对 Web 数据进行挖掘，通过模式发现、统计分析、关联规则、聚类、序列模式和模式分析等方法并结合网站的内容和结构为用户提供个性化的信息和服务，从而满足可用性。相比而言，基于 Web 挖掘的 Web 个性化更能满足可用性的要求。

（4）Web 个性化与信息构建相结合的理论模型。

由于 Web 个性化与信息构建都是为了满足用户体验和可用性，因此二者在此基础上可以结合起来，互相补充，相互渗透，构建信息空间的同时也提供个性化的服务。Web 个性化与信息构建相结合的理论模型如图 4-11 所示。

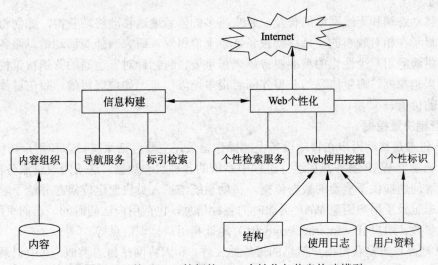

图 4-11　基于 Web 挖掘的 Web 个性化与信息构建模型

整个模型从上到下分为三部分：外部应用层 Internet 接口，中间逻辑层的信息构建与 Web 个性化，内部数据层是内容、结构、使用日志和用户资料等数据源。

模型从左到右分为两大部分，即信息构建和 Web 个性化系统，两者之间相互关联。信息构建为网站提供全局的信息空间，组织内容、导航系统、标引检索，是 Web 个性化的基础。而 Web 个性化是基于 Web 使用挖掘，从全局中根据用户个性标识分离个性化的组织内容、导航系统、提供个性化检索与服务。

整个模型对用户的入口是 Web 个性化系统。用户注册后，Web 挖掘功能模块对用户资料、使用日志进行分析，根据分析结果，结合信息构建全局的定义分离该用户个性化的网站首页。随着用户访问次数的增多，其个性化也就越加突出。这样，站点通过不断地完善个性化服务，从而满足用户体验和可用性。基于 Web 使用挖掘的 Web 个性化与信息构建相结合的网站将同时具有一定的智能性、自学习性和容错控制。

4.3.5　移动终端的挖掘

在移动通信设备中，终止来自或送至网络的无线传输，并将终端设备的能力适配到无线传输的部分称为移动终端（移动通信终端）。移动终端是指可以在移动中使用的计算机设备，广义地讲包括手机、笔记本、平板电脑、POS 机甚至包括车载计算机。但是大部分情况下是指手机或者具有多种应用功能的智能手机以及平板电脑。随着网络和技术朝着越来越宽带化的方向发展，移动通信产业将走向真正的移动信息时代。另外，随着集成电路技术的飞速发展，移动终端的处理能力已经拥有了强大的处理能力，移动终端正在从简单的通话工具变为一个综合信息处理平台。这也给移动终端增加了更加宽广的发展空间。

WAP（Wireless Application Protocol，无线应用协议）的目标是将 Internet 的丰富信息及先进的业务引入到移动电话等无线终端之中。WAP 定义可通用的平台，把目前 Internet 上 HTML 语言的信息转换成用 WML（Wireless Markup Language）描述的信息显示在移动电话的显示屏上。

随着移动终端和无线网络的普及，越来越多的信息通过移动终端获得，如何将海量信息有效地显示在相对较小的手持移动设备屏幕上值得深入研究。随着移动信息服务的日渐丰富，提供满足用户个性化的精准服务越来越重要。包括针对营运商的营销决策挖掘和针对用户的兴趣挖掘。海量信息的获得伴随着很多垃圾信息，如垃圾短信，短信过滤技术也有其研究的价值。

1. 营销决策挖掘

WAP 日志是移动用户在移动设备上的操作记录，主要包括系统日志和用户访问日志。系统日志记录了 WAP 服务器在运行过程中系统的各种状态数据，这就为改进服务器性能、故障排除等问题提供了重要的数据依据，帮助系统维护人员快速定位问题并给予解决。用户访问日志记录了用户浏览 WAP 页面时的各种信息，包括用户访问时间、访问页面地址、访问机型参数、用户 IP（Internet Protoc01）地址和用户标识信息等。

WAP 产品日志是获得用户信息的最原始文件，和因特网站日志类似，其中记录了用户在浏览 WAP 页面过程中的大量信息。不同的服务器系统所产生的日志略有不同，究其同性大多都包括用户地址、访问终端类型、访问时间和所访问页面地址等，而运营在"移动梦网"体系下的 WAP 产品同时还可以获得用户手机号，这是区别于因特网日志的一个重要信息，即电信业务最大的特质——用户个性化标识。针对用户的个性化行为分析将紧密围绕着这个标识进行。日志一般存储于文本文件中，虽然大多都是按照一定规则记录的，但在今后的分析中通过文本文件方式进行信息的查找较为不便，故需要把日志内容导入到数据库中或者更好的存储介质中以备操作。此过程尽量避免将日志中含有的信息删掉，让日志中的信息尽量完整地在新存储介质中得到展现。本论文涉及的项目是利用自己编写的应用程序对 WAP 产品日志中的数据进行有效处理。

2. 短信挖掘

面对庞大的手机用户群体，再加上手机短信广告所具有的覆盖面广、指向性强、成本低，接收率几乎百分之百，发布速度快等其他媒体难以比拟的优势，利用手机短信作为广告媒体成为广告商难以抗拒的诱惑。针对短信数据挖掘的应用主要有两方面，分别是挖掘用户兴趣技术和垃圾短信过滤技术。

（1）短信广告。

通过分析用户的兴趣点以及挖掘用户在短信网络中的主导能力，确定需要发布的广告的特征，结合手机用户的兴趣点，自动地选择对商品广告感兴趣（甚至有可能购买商品）

的潜在用户。正如所有个性化服务一样，用户的兴趣点挖掘实际上就是分析用户的行为。主导用户是指在一个社区网络中较为活跃的手机用户，他们和社区成员交流频繁，是信息的主动传播者。

（2）过滤垃圾短信。

短信业务在为人们提供方便快捷的交流服务的同时，滋生了大量垃圾短信，具体包括违法短信、短信陷阱、不良短信和广告短信等。现在的研究成果包括：

① 基于抽样的短信流过滤方法。

该方法提出用部分短信代表整个短信流的设想，同时给每个用户设定一个可信值，并根据用户可信值的不同，对发送到短信服务中心的短信进行不同强度的检测。检测到的短信根据短信的文字信息进行分类，而不必对每一条短信进行分析，提高了垃圾短信的处理效率。

② 基于文本内容的过滤技术。

基于邮件文本内容上的垃圾邮件过滤技术：使用正向最大匹配法对邮件样本正文文本作分词处理，得到邮件的特征项。

防止过度过滤也是未来的研究方向。

4.4　网络信息资源综合管理

4.4.1　网络信息资源管理现存问题

我国的因特网信息资源建设和管理走过了近 20 年的历程。对网络信息资源的采集、加工、发布、传播、开发和利用，无论是在理论上还是在实践上都取得了令人瞩目的成绩。但从总体上看，仍不失为一个粗放式管理模式，处于因特网管理阶段。而国外发达国家正向下一代因特网管理阶段过渡。当前我国网络信息资源管理存在以下主要问题：

1. 网络信息资源缺乏有效的组织和管理

缺乏全局和长远的网络资源建设规划。社会各界还没有把信息资源与能源、材料同样看作国民经济和社会发展的基础性、战略性资源。国家缺乏顶层设计，地区缺乏通盘考虑，单位缺乏长远规划，许多网站信息资源基本上处于一种无序化状态。

在网络信息资源建设方面，各自为政，贪大求全，相对分散，信息资源大量重复，已经严重影响了网络资源建设的速度和规模，造成了资金浪费和短缺、资源闲置和稀少并存的局面。

对采集加工的信息资源缺乏必要的质量控制和筛选机制，致使网上资源良莠不齐。

信息资源的组织化程度低，共享性差，可用性不高，用户选择和利用网络信息资源有许多障碍。

2. 网络信息资源的法制不健全

20 世纪 90 年代以来，国家和一些地方政府陆续制定了一些相应的政策、法律，对规范网络信息活动起到了一定的作用。但是，现行的政策、法律还不能完全适应网络信息活动发展的需要。一方面，现有的政策和法律不够系统全面，配套性差，存在相当多的

"盲区"：另一方面，网络的广泛应用不断产生一些新问题。法律和政策跟不上网络信息资源管理的法制。因此，网络信息活动失范现象严重，诸如信息垃圾泛滥、黄色信息蔓延、网上侵权突出、网络犯罪猖獗、文化冲突加剧等。利用法律的力量来解决网络信息活动中的各种矛盾，规范和约束人们的信息行为，协调各方的利益关系已迫在眉睫。

3. 标准不够统一

网络信息资源管理需要标准化。信息资源的前处理、上网发布进行传播、开发利用以及后期管理都面临统一标准的问题。由于标准缺失，很多单位自定标准，造成信息资源开发利用的混乱局面，不仅数据加工不规范，而且检索界面、检索语言和管理系统等方面存在较大差异，大量的数据库及电子出版物相互不兼容，各系统之间难以相互沟通，给用户使用信息资源带来很大的麻烦。

4. 技术管理水平有待提高

技术监控、检索功能和系统管理等技术管理水平距发达国家有相当大的差距。技术手段在监督、控制网络信息活动尤其是在确保网络信息安全方面确有不可替代的独特功能。网络信息的检索功能不健全制约着用户对网络信息资源的利用。搜索引擎难以向用户提供较全面的检索途径，如允许用户从标题、作者、主题、年代和分类等途径检索，并能进行二次检索。至于加权检索、智能检索等检索形式就更难见到。多数网站和搜索引擎的分类目录是智能型设计的，采用自然语言标引，往往使同义词、近义词得不到控制，词间关系得不到揭示，给用户检索带来诸多不便，影响了网络信息资源的传播与利用。

5. 网络信息资源管理人才短缺

网络信息资源管理需要高超的管理艺术、先进的技术水平和多门学科的知识，需要大批开拓奋进、朴实能干的管理人才和良好的工作环境。高级管理人才的缺乏是导致网络信息资源管理水平低下的重要原因。

人们对信息资源管理的理论和实践的持续探索与因特网技术的发展相结合，催生了网络信息资源管理这门学科的诞生。网络信息资源的特性与面临的诸多问题决定了网络信息资源管理的复杂性与艰巨性。由此产生了网络信息资源管理学科研究的重大命题，即如何有效管理和控制网络信息资源，将网络信息资源的发展导向更为合理的未来？网络信息资源管理涉及网络经济、信息经济、国家竞争、信息攻防、网络安全与犯罪、知识产权保护、信息骚扰、网络文化冲击与渗透、网络道德自律等多方面的问题。而要合理合法地解决这些问题，无疑需要从技术、经济、人文和工程等层面展开多学科、多角度、全方位的综合性研究。

当前，学术界针对网络信息资源管理开展的研究多是自发的、个体的行为，还没有上升到有组织、有计划、系统、全面的研究。

4.4.2 三维结构论

网络信息资源管理的理论核心是"三维结构论"。20 世纪 90 年代初，卢泰宏教授提出，IRM 是三种基本信息管理模式的集约化，即信息资源的技术管理、信息资源的经济管理和信息资源的人文管理，它们分别对应不同的背景，即信息技术、信息经济和信息文化，三者的集成构成 IRM 的三维构架。

1. 网络信息资源技术管理框架

从技术角度来看，人们除了利用信息科学的原理研究解决大系统的稳定性、网络结构的有序性和高速率传输中的各种问题外，主要是用情报学的理论方法研究高速信息网络上的信息组织方法和信息服务模式，探索各种适合网络特点的信息系统、信息媒介和利用方式。即对应于网络技术的技术管理模式，其研究内容是新的网络信息系统、新的信息媒介和网络信息环境中信息资源的分布、采集、组织、储存、检索、传播与服务。技术方面主要是围绕搜索引擎、元数据、标记语言、数据库技术、专业指引库技术、数据挖掘、数据仓库、虚拟图书馆技术和多媒体技术等方面展开研究，以便提高用户利用信息的查全率和查准率。

2. 网络信息资源经济管理框架

从经济角度来看，高速信息网络是一个巨大的社会经济系统，这个系统将计算机网、通信网、信息资源网、信息生产者和信息消费者融为一个有机整体，从根本上改变了人类信息的生产、分配、流通和利用模式，引起了整个信息产业革命。以高速信息网络为基础的信息活动具有与经济活动相同的特征、过程和媒介，存在着供求关系、投入产出和费用效益等方面的问题，需要用经济学的理论、原理、原则和方法研究网上各种复杂的经济关系。有必要按照经济规律、遵循经济法则、运用经济杠杆对网络信息活动进行经济管理，使网络信息资源实现最优配置，获得最大限度的利用，发挥最佳效益。对应于网络信息资源的经济管理模式，其研究方向是网络信息服务业引发的经济问题，其研究内容是 Internet 产业结构与管理、网络环境中信息资源的合理配置、Internet 市场的运行与管理等。目前，学术界主要研究以网络化为基础的信息商品、信息市场、信息产业的管理模式、网络技术的评价选择及网络信息经济效益评价方法等方面的问题。

3. 网络信息资源人文管理框架

从人文角度来看，人们试图通过政策、法规和伦理道德的相互协调，将行政手段、法制手段和精神文明的力量结合起来，实现高速信息网络资源的规范化和有序化管理，形成有机体系和健康的网络文化，以保证高速信息网络有序运行。这些手段的综合运用改变了自 20 世纪 60 年代以来形成的单纯依靠技术的单一模式，解决了许多技术手段无力解决的问题，有助于克服网络迅速膨胀和无序扩张引发的种种弊端，创造和谐、均衡、有序的信息环境，并使技术发挥更大的效能。因此对应于信息网络文化的人文管理模式，其研究方向是网络环境中的信息政策和信息法律等。在网络信息资源的管理实践中，这三大管理模式相辅相成，有机地结合在一起。

网络信息资源在我们的社会发展中将日益占据主导地位，网络信息资源的管理水平将直接影响到它的合理利用，只有对网络信息资源进行有效管理，才能使网络信息环境变为有序的信息空间，实现信息资源效用的最大优化。

4.4.3　网络信息资源技术管理

目前，Internet 已经成为世界上最大的信息资源的集散地，很多企业、组织的内部 Intranet 也包含有大量的信息，因此网络通信安全就显得极为重要。网络提供了资源的共享性，通过分散工作负荷提高了工作效率和信息系统的可扩充性，因此网络安全问题越来越突出。

网络系统的安全功能是达到安全目标所需具备的功能和规定。OSI 定义了 5 种安全功能：对象认证、访问控制、数据保密、数据可审查和不可抵赖。网络安全管理是网络安全、高效、稳定运行的必要手段，它通过规划、监视、分析、扩充和控制网络来保证网络服务的有效实现，是整个网络系统不可缺少的重要部分。目前较常用的保证网络安全的措施主要有数据加密、网络中密钥的管理、网络中的访问控制、鉴别机制、数字签名、防火墙技术和网络的安全管理等。

网络信息资源管理的根本宗旨是促进全社会对网络信息资源进行广泛的开发、利用，最大限度地实现信息资源的使用价值。网络信息资源的有效管理和开发将引发社会生产方式的变革。它将解放劳动者，通过网络信息来调节动力系统和工作机器，形成信息时代的生产力。随着网络信息资源的开发利用，相应的新技术、新产品将层出不穷。我们应重视面向管理、面向服务的新技术研究和应用，探讨面向内容的网络信息资源开发和管理的新方法，探索网络信息服务的新模式。组织力量对信息转播、指引库、推送技术和并行网络搜索引擎等技术开展研究，建立统一的中文搜索引擎知识分类体系，发展网络信息资源管理的相关技术。

从技术角度看，计算机犯罪是一种新的社会犯罪现象，它具有犯罪方法新、作案时间短、不留痕迹、内部人员犯罪的比例在增加、犯罪区域广、利用保密制度不健全和存取控制机制不严的漏洞作案等明显特征。进入 20 世纪 90 年代以来，计算机犯罪已严重威胁到信息资源的安全，造成许多重大损失，现已成为日益严重的社会问题。和现实生活中的犯罪行为对现实世界具有威胁一样，计算机犯罪是对于数字世界的威胁，具有一些明显的新特性，如过程自动化、行动远程化、犯罪技术的快速传播性等。从技术角度防范计算机犯罪，要从数据输入控制、通信控制、数据处理控制、数据存储控制和访问控制等各个环节上加强安全控制。

1. 计算机病毒防范

技术管理之一是针对计算机病毒的防范。计算机病毒是人为制造的、能够通过某一途径潜伏在计算机的存储介质（或可执行程序、数据文件）中，某种条件具备后即被激活，对信息资源具有破坏作用的一种程序或指令的集合。计算机病毒具有可传染性、潜伏性、可触发性、欺骗性、衍生性和破坏性等特征。

现在的计算机病毒的传播几乎全部是通过网络传播，一般是通过目前的操作系统和应用软件的漏洞，利用现代计算机网络强大的通信能力来传播，破坏形式主要是耗尽计算机系统资源、破坏应用数据等，极少数病毒能够破坏硬件。

预防计算机病毒的技术手段主要包括软件预防和硬件预防。软件预防采用防病毒软件来防御病毒的入侵，它是病毒防御系统的第一道防线，其任务是使病毒无法进行传染和破坏。硬件预防采用防病毒卡等硬件来防御病毒的入侵。

2. 网络信息资源技术管理手段

技术管理就是运用网络信息技术手段对网络信息进行加工、整理、聚类、控制，以便从纷繁复杂的网络信息中以最快的速度、最低的消耗成本得到完整准确的信息。另外，需开发特殊的网络软件用于过滤或删除网上的污染信息，利用电子密钥、防火墙等技术保护信息存储安全。

（1）网络信息资源管理关键要注重情报信息、网络界研究一体化。如何对网络信息资源进行有效的组织并使之最终得到最大限度的开发与利用，需要从理论上进行探讨，从而服务于实践。但是和国外的研究比起来，我国理论研究开展得则很少，实践中网络信息资源管理方案则更少。而由图情界、信息学界提供理论依据，网络界、技术界提供技术支持，共同研究网络信息资源管理则是事半功倍的出路，一方面解决了学术团体缺少资金、缺少实践平台的问题；另一方面又解决了网络界缺少专业人才的困惑。产、学、研相结合则会促进网络信息资源的统一协调发展和公开公平共享，进而避免走弯路、走错路。

（2）加强信息基础设施建设。互联网络为信息资源健康发展提供基础条件、操作平台。因此对网络信息资源进行全方位的管理，必须有坚实的网络基础作保障。因特网和信息资源就好比高速公路与汽车的关系，无论是缺少了硬件还是软件，都会失去网络信息化与信息网络化的意义。因此必须加大对电信系统、计算机网络等信息设施的建设，让网络进入企业和家庭，使网络"平民化"。只有这样才能使更多的用户享有网络信息资源，进而解决信息不对称性带来的不良影响。

（3）深化计算机应用操作学习。图情界、信息学界有着丰富的信息管理经验，文献信息资源的数字化、网络化及如何对网络环境下信息资源进行管理都是图情界、信息学界义不容辞的责任，而这些也为学术界提出了严峻的挑战。简单的、普及性的计算机常识已不能满足需求，深化计算机教育已成当务之急。紧随因特网发展的步伐，主动学习各类全文检索系统、多媒体系统、超文本系统和超媒体系统，以适应网络信息资源管理的需要。

3. 培养网络信息资源管理人才

合格的网络信息资源管理人才应具备以下技能：具有网络信息资源搜集、加工、开发和利用的能力；具有数字资源和数据库设计开发能力；具有组织领导和协调管理能力；具有创新能力。教育部颁布的《普通高等学校本科专业目录》里设立了"信息管理与信息系统"、"信息学"、"科技信息"、"管理信息系统"、"经济信息管理"和"林业信息管理"等与信息相关的专业，还没有设立"网络信息管理"或"网络信息资源管理"专业。建议政府主管部门应充分认识网络信息经济的前景和网络信息资源管理人才培养的重要性，考虑在现行学科门类中增设"网络信息管理"或"网络信息资源管理"专业，以确立网络信息资源管理的学科地位，加速网络信息资源管理人才的培养，促进我国网络事业的发展。

4.4.4　网络信息资源的人文管理

网络信息资源的人文管理是指人们通过政策、法规和伦理等非技术手段实现网络资源的规范化和有序化管理，并使之形成有机体系和健康的网络文化，以保证网络有序运行，进而创造和谐、均衡的信息活动环境。它克服了由于单纯应用技术手段对网络信息资源进行管理而带来的弊端。

基于我国目前网络信息资源建设无序、管理落后的现状，有必要成立国家级的职能机构，负责规划和协调全国的网络信息资源建设与管理工作。该机构应具备的基本职能是进行顶层设计，搞好总体规划，明确发展目标；组织协调有关政策法规的制定，指导标准化设计；针对网络信息活动的管理和技术难题，组织攻关；组织对网络信息资源的开发利用。

网络信息资源的人文管理的手段通常包括信息技术手段、信息法律手段和信息伦理手段。综合运用这三种手段将会充分发挥人文管理的优势，促进网络信息资源的效用最大化。

1. 信息政策手段

网络资源的信息政策是国际组织、国家机关、政党、政治团体、网络中心或 ISP 在特定时期为鼓励、限制和规范网络信息生产、传输和消费活动所采取的政治行为或规定的行为准则，它是一系列谋略、法令、规划、办法、方法和条例的总称。信息政策是推动信息事业发展的行动指南，是规范网络信息资源管理的有效手段。目前我国的信息政策在稳定性、连续性和配套性等方面亟待加强。

网络资源的信息政策从网络资源的硬件方面讲主要是指网络信息基础设施政策，它主要解决网络资源不足、网络资源共享困难和网络资费偏高等方面的问题。为此，国家相关部门应切实加大网络信息基础设施的投入，优化网络结构，加快国家信息化重大工程的建设。网络资源的信息政策从网络资源的软件方面讲主要是指网络信息人才政策、网络信息资源政策和网络信息安全政策等方面的政策。它主要解决网络信息人才匮乏、网络信息资源的配置和组织不合理及网络信息犯罪等方面的问题。

网络信息资源管理的科学化、规范化需要标准的支持，同时网络信息资源的特性也要求实施标准化建设。网络信息资源管理不同于传统的文献信息资源管理，它管理的对象是以超文本格式存在的，集文字、图像、音频和视频为一体的多媒体信息，有特殊的存储介质，可以迅速传播、动态更新、实时交互。网络信息处理方法是非线性的，人们不易掌握网络信息的存在状态。在实施信息资源数字化、网络化时必须采取标准的输入输出格式，以便实现不同地区、不同机构的网络信息之间的互联与交流；在网络信息组织方面实现分类体系的统一，以便于畅通的数据互换；在联机联合编目方面实现目录的标准化，以便用户以统一的检索途径获取信息。实现数据的标准化与统一性是网络信息资源共享的前提条件。所以，对网络信息资源管理实施标准化控制是很有必要的。

同时还要看到，目前国际信息技术的竞争转变为信息技术标准化领域的竞争。发达国家积极参与国际标准的制定并不断将本国标准转化为国际标准，主导国际标准化的方向，增强信息技术的竞争能力。为此，我国也制定了很多标准化指导性技术文件和以国际标准为基础的网络信息技术标准。但是，我国网络信息资源管理法律体系还不完善，标准与法律尚未建立国际通行的和谐联动机制，从而极大地阻碍了信息技术参与国际竞争的能力和进程。因此，笔者认为，我们应该学习国外先进经验，加速标准化建设，促进网络信息技术发展，抢占国际网络信息技术的制高点。为了加强网络信息资源管理，促进网络信息资源的规范、协调发展和开放共享，必须抓紧研究网络信息资源管理标准化问题，建立网络信息资源管理标准化体系。

（1）改革标准化管理体制，做好顶层设计，全面研究制定网络信息资源从上游（采集、选择、组织、著录、加工）到下游（评价、传播、利用、开发、服务）和整个过程管理等方面的标准化问题。

（2）建立以国际标准为基础的自愿标准体系。

根据国际惯例，标准是由公认机关批准的非强制性文件，绝大多数国家的标准体系都为自愿型标准体系，供企业自主地选择使用。标准分为强制性标准和推荐性标准，与世界标准化方向不符。建议先修改标准化法，尝试取消行业标准和地方标准，推行学术团体标准，建立我国与国际接轨的三级标准体系；逐步取消强制性标准，建立科学的与国际接轨的网络信息资源管理标准体系。

（3）建立网络信息资源管理标准化体系与标准化法律的联通机制。

世界上大多数国家都建立了网络信息资源管理自愿标准体系与完善的标准化法律制度，标准化法律规定标准基本事项，技术细节通过指示性引用标准来解决；在没有适用标准的情况下，立法机构委托标准部门制定相应的标准，标准与标准化法律的这种沟通使两者之间形成一个统一灵活的体系，为网络信息资源技术发展提供了自由空间。目前，尽管我国现有的网络信息资源管理标准化法律法规不同程度地对网络信息资源管理标准进行了引用，但其缺陷也是明显的，我国还没有建立起标准转化为技术法规的通畅渠道，强制性标准事实上产生了技术法规的效果，以致标准与技术法规不分。因此，有必要重新审视网络信息资源管理标准与标准化法律，建立标准与标准化法律的合理联通机制，建立科学的网络信息资源管理标准化法律制度。

（4）重视技术层面问题的研究。

国外正在加紧研究制定元数据标准、对象数据建设标准和数据导航标准等。人们已经普遍认同元数据标准（Metadata Standards）是一个重要的网络信息管理工具，现在最有影响力的元数据标准是 Dublin Core 标准。该标准能够植入 HTML 文本中来促进搜索引擎的检索功能，改进搜索的精确性，在揭示网络资源方面非常有效。我国已由国家图书馆牵头，中国及美国等多家单位参加，成立了"中文 METADA—TA 标准格式工作小组"，为全球中文文献资源管理研讨制定统一的标准格式。

2. 信息法律手段

网络资源的信息法律手段是指通过制定相关网络法律法规，进而运用法律手段为网络安全、网络媒体知识产权等网络纠纷提供有充足说服力的解决办法。1996 年 1 月 23 日，国务院发布了《中华人民共和国信息网络国际联网管理暂行规定》（1997 年 5 月 20 日作了修正），堪称中国"第一部网规"。该法规确定了"国家对国际联网实行统筹规划、统一标准、分级管理、促进发展的原则"。随着网络的飞速发展及网络法规的相对落后，导致网络官司不断，黑客入侵、恶意抢注网络域名和知识产权等一系列问题引起了人们的广泛关注。2000 年，由国务院总理朱镕基以国务院令形式发布的《中华人民共和国电信条例》、《互联网信息服务管理办法》无疑成了中国信息产业的根本大法，一系列配套网络法规的出台也让 2000 年成为了名副其实的网络立法年。

加快网络信息资源管理法制建设需要做到以下三点：

（1）结合国情开展网络信息政策法规基础理论研究。

（2）将网络信息安全政策法规建设提升至国家战略高度。

（3）研究和加大知识产权保护力度。

由于网络技术的跨越式前进，相关网络法律法规的跟进必然落后于网络本身的发展，切实提高网络法律的时效性、有效性就成为了人们努力的方向。这就要求国家有关部门摸清网络时代的脉搏，增强网络认识的前瞻性，为网络法规的制定提供有力的保证，以使网络信息资源更好地为生活服务。

3. 网络信息伦理手段

网络信息伦理是指在信息开发、信息传播、信息加工分析、信息管理和利用等方面的伦理要求、伦理准则、伦理规范，以及在此基础上形成的新型伦理关系。

信息伦理具有网络行为的自律性、评判标准的模糊性、道德主体的自由性和承受对象的全球性等特征，它弥补了网络信息资源管理其他手段的不足，依靠人们的道德衡量标准规范网络信息资源空间。

目前，由于信息伦理的失范现状导致网络病毒泛滥、网络信息资源真假难辨和网络信息垄断等网络信息污染问题日益严重。因此，切实提高公民的道德水平、规范信息伦理准则、净化网络空间就成了刻不容缓的问题。构建完善的信息伦理是规范网络信息资源相关措施手段的有益补充。

4.4.5　网络信息资源的经济管理

随着高速信息网络的兴起和发展，网络不仅成为信息资源的主要存储场所，而且越来越成为人类获取和利用信息的主要渠道。以信息网络为基础开展的信息活动将成为人类信息活动的主体，围绕高速信息网络开展的信息生产、流通、消费正在形成一个庞大的产业，对信息产业乃至整个社会经济、科技、文化产生巨大的影响。具体地说，这个产业包括网络信息提供业、网络信息组织业、网络技术服务业、网络基础设施提供业、网络信息服务业、网络管理协调业及网络用户群体。

为实现网络信息资源最优配制，应树立投入产出效益观。投入产出效益是指投资活动中成果和消耗的比例关系，也可认为是投资活动中投入和产出的对比关系。网络信息资源投入产出效益是从经济学中移植过来的，是将网络信息资源视为生产或经济活动而出现的研究范畴，是指网络信息投资过程中的投入与产出比。网络环境下的信息活动既是一种资源共享的过程，也是一种经济活动。从经济学的角度来看，信息网络是一个巨大的社会经济系统，这个系统将计算机、通信网、信息资源网、信息生产者（提供者）和信息消费者（用户）融为一个有机的整体，从根本上改变了人类信息生产、分配、流通和利用模式，存在着供求关系和投入产出关系，并且面临着费用、经济效益等诸多问题。

在市场经济时代，国家可以通过经济调节来对因特网信息资源进行管理。国家的经济政策可以向有利于因特网信息资源建设的部门、单位和个人倾斜，鼓励他们的发展；对于不利于网络信息资源建设的部门、单位和个人，则限制其发展，从而从经济方面来管理网络信息资源的建设及因特网的发展。同时对网络信息资源建设进行监控，防止垄断局面出现，保持网络信息资源建设的生机与活力。信息机构则要用经济学的理论、原理和方法研究网络中各种复杂的经济关系，可根据用户的需求合理预算，树立投入产出效益评价观念，对网络信息活动进行经济管理，使网络信息资源实现最优配置，发挥最佳效益，杜绝不计成本与效益的重复投资，避免资源闲置等。在数字图书馆建设过程中，应吸取教训，密切注意和跟踪国外最新的研究动态，适时地引进成熟而商品化的技术系统，这样既可以节省重复研究的资金，又可以缩小与国外数字图书馆建设的差距。

从系统的观点出发，网络信息资源管理除了对信息流的控制外，就是对网络信息主体，即构成网络信息产业的各个行业进行管理，通过对网络信息产业的管理实现对网上信息资源的管理和开发利用。因此，首先需要了解高速信息网络产业各部分之间的经济关系，用投入产出法定量分析各行业之间的关联度、带动和推动强度，调查高速网络自身的发展和社会对网络各行业的需求量，并以此为据，确定带头行业以及行业的重要性程度，在此基础上确定高速信息网络产业的投资分配、费用效益，对网络产业进行合理组织，以保证运行发展的经济合理性、资源配置的有效性。其次，需要研究高速信息网络发展的规模化和产业化机制，制定促进规模化和产业化的战略与策略。这也是高速信息网络的必然走向。运用经济学的理论与方法，为高速信息网络的建设和发展提供正确的战略和策略，协调好网络产业各组成部分的关系，形成相互促进的有机整体，确定其产业化发展方向，使其自身具有"造血"功能，形成良性循环是网络产业管理的重要任务。

讨论案例：X 集团的搜索引擎

1．X 集团业务发展部

　　X 集团是我国北方一家经营医药保健产品的大型企业集团，集团下设科研生产中心、市场营销中心、财政财务中心、综合管理中心和企划中心等，其组织结构如图 4-12 所示。

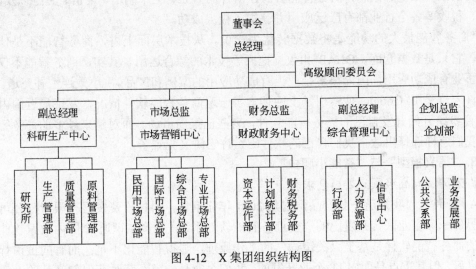

图 4-12　X 集团组织结构图

　　本章引导案例中提到的许宏涛经理所负责的业务发展部归属企划部，其主要职责是负责企业外部信息的整合，履行"参谋"的职能。

　　业务发展部的一个重要工作是信息收集，但是由于缺少有效的手段，这个工作一直没能正常开展，信息收集的职能形同虚设。

　　"我们的信息来源主要就是两个：一个是因特网；另一个是纸面媒体。如果期望通过阅读报刊和浏览网站收集到对高层决策有价值的信息，可能性很小。"许宏涛说，"一方面，效率不高耗时太长，我们人手有限，而且还有一些其他的工作要做，不可能整天就做这么一件事。即便是通过搜索引擎，效果也不是很好。输入一个关键词往往会出现几千篇甚至更多相关的文章，还要花很长的时间去浏览和选择。更为重要的是，花上几天的时间好不容易精选出来的文章，拿给老总一看，却很少能引起他的兴趣。因为集团老总的层面和普通员工的层面所接触的信息在质和量上是不平衡的，老总在和朋友聊天时几分钟内所掌握的信息比你几天收集的信息还有价值。所以，经常的情况是，当向老总提交一些资料时，老总的反应大都是'这个我已经听说了，那个我看到过'，等等。总之是，我们费时费力所做的工作却毫无价值。"

"我们业务发展部以前曾想将收集到的信息编辑成册，做成一个内部期刊。"许宏涛说，"但是由于信息收集的效率太低，导致期刊编辑的周期太长，而且期刊的内容也引不起大家的兴趣，因此期刊的编辑工作也没有持续下去。"

于是，许宏涛不得不着意去寻找一些更有效的手段来解决信息收集不力的问题。在这种情况下，许宏涛注意到了商务智能这个概念。

2. 商务智能助力正确决策

许宏涛意识到商务智能或许能帮上忙，但他对商务智能的了解并不深，于是他向信息中心专家求教。

信息中心的小李说："对于国内的大多数企业来讲，商务智能应该说还是一个新鲜名词。它通常被理解为将企业中现有的数据转化为知识，帮助企业做出明智的业务经营决策的工具。在国外传播甚广的'啤酒与尿布'的故事就是百货超市运用商务智能技术获取竞争优势的经典案例。据悉，商务智能目前在国外的商业、生产制造、电信、金融以及教育、卫生、税收等各个行业都有广泛应用并获得了极大成功。"

"商务智能最大的功能是将数据转化为知识。从技术层面上讲，商务智能不是什么新技术，它只是数据仓库、OLAP 和数据挖掘等技术的综合运用。其实，商务智能不仅在国外企事业有成功应用，国内很多企业也有成功应用的案例和产品。"小戴连忙补充道。

许宏涛又用 Google 搜索引擎上网搜索了一遍商务智能软件情况，发现最近国内不少IT 厂商纷纷开始开发自己的商务智能软件，有些已推向市场。面对越来越多的商务智能软件，我们怎样选择出适合我们自己的软件呢？许宏涛又犯难了。

3. "语义模型"与"智能小爬虫"

许宏涛又向高级顾问委员会求教。

A 顾问说："我知道一款产品，它是 2001 年北京华一科技投资发展有限责任公司与中关村另外一家企业联合开发出的一套商务智能软件系统——'知识通'。国内数家软件企业开发的商务智能软件是基于'关键词'的工作原理，显得智能化不足；而有的虽说智能化性能良好，但其重点是面向 IT 企业开发的。我们企业是一家经营医药保健产品的大型企业集团，所需要的信息范围非常广泛，而'知识通'这套系统的一个最大特点是基于'语义模型'的工作原理，所谓'语义模型'就是系统事先将文章切词，组成义群，然后提取若干义群组成'语义模型'，在寻找信息时如果系统认定某篇文章与'语义模型'存在着一定比例的相关度（相关度的比例可由用户在一定范围内自主选择），这篇文章就会被选取。"

这时候有人说："你别说得那么深奥了，举个具体的例子说说'知识通'到底怎么工作的吧。"A 顾问继续说道："在'知识通'系统中有一个'智能小爬虫'，它的作用非常之大，比如说，如果你想收集一些关于'企业并购'方面的信息，那么可以先找出几篇你所需要的关于企业并购的文章，然后让'智能小爬虫'学习这几篇文章（这是一个让机器学习的过程，这一过程必不可少），等到'智能小爬虫'学习完（即通过学习，机器知道了你想要的是关于企业并购哪些方面的信息）之后便开始自动从各种信息源上寻找这些针对性很强的信息。'智能小爬虫'寻找信息的过程完全不需要人工来管理，你甚至可以在下班后打开'智能小爬虫'让它'废寝忘食'地工作，第二天，当你上班时，'智能小爬虫'就会自动将所搜寻到的信息整理好交给你，而且它交给你的肯定不会是像通过'关键词'搜索后那样的千百篇文章，而是与你的需要相似度极高的为数不多的篇目，所以除了在教'智能小爬虫'学习时需要花费一点时间之外，其他的事都可以很方便快捷地依靠系统自动完成。"

这时坐在旁边的信息中心的张主任打断 A 顾问说："原来是这样啊！原理很简单，我相信，信息中心有实力，完全可以自己开发，我们对自己的业务也非常熟悉，自己开发还能节省一笔开支呢。"

"不行，不行！"这时 B 顾问连连摇头说："你们信息中心以前开发的都是针对医药企业的管理信息系统，还没有自己开发过这种智能信息处理系统，如果现在自己开发，必须要向有经验的企业先学习交流，开发过程中还要聘请相关的专家来做指导，目前正处'非典'时期，这能合适吗。"

技术出身的老郭说："'知识通'虽然功能强大，是一个通用软件，但与我们企业的软硬件条件不一定符合，而且我们企业也没有上过 ERP，直接使用'知识通'恐怕不太合适。"

B 顾问笑着说："那不是问题，'知识通'系统还有一个特点，那就是对软硬件环境的要求并不高。另外，这套系统对企业的信息化基础的要求也不高，企业不必一定要上了 ERP、CRM 等其他管理软件（当然有了这些系统效果更好）。"

听了几位专家顾问的观点，许宏涛心中有数了。

讨论题

1. 知识通能解决许宏涛的问题吗？
2. 为什么听了几位专家顾问的观点，许宏涛心中有数了？
3. 如果最初老总把任务交给你，你会如何完成？

本章小结

本章阐述了网络信息资源的方方面面和新发展。4.1 节介绍了网络信息资源的特点、类型及新型网络资源 Web2.0 的特点和管理问题；4.2 节介绍了网络信息资源过滤、集成和内容分析等方面的内容；4.3 节比较详细地介绍了网络信息资源的内容挖掘、结构挖掘和日志挖掘方面的内容和技术，介绍了一个 Web 正文信息抽取实例；4.4 节分析了网络信息资源的现存问题，介绍了网络信息资源管理的三维结构理论及其对网络信息资源的技术管理、人文管理和经济管理的理论、方法和手段；最后介绍了一个有关搜索引擎原理的案例。

思考题

1. 网络信息资源与之前介绍的文献信息资源有哪些不同特点？
2. Web2.0 与 Web1.0 相比有什么新特点？
3. 网络内容分析的主要技术有哪些？
4. Web 内容挖掘的主要任务是什么？
5. PageRank 算法的基本思想是什么？它有什么作用？

6. 三维结构理论中的三维指的是哪三维？

7. 网络信息资源管理中的经济管理主要包括哪些手段？

参考文献

[1] 马费成. 信息资源开发与管理. 北京：电子工业出版社，2004.

[2] 马费成，李纲，查先进. 信息资源管理. 武汉：武汉大学出版社，2001.

[3] 王雅丽. 网络信息资源管理. 北京：经济管理出版社，2008.

[4] 毕强. 网络信息资源开发与利用. 北京：科学出版社，2002.

[5] 饶伟红. 网络信息资源管理与检索. 北京：电子工业出版社，2004.

[6] 王伟军，甘春梅. Web2.0 信息资源管理. 北京：科学出版社，2011.

[7] 林聪. Web 挖掘的研究综述. 现代计算机，2008（7）：89-91.

[8] 李吉平，吴陈，曾庆军. 基于转移概率的 PageRank 算法研究. 科学技术与工程，2008（8）：2071-2074.

[9] 易明. 基于 Web 挖掘的个性化信息推荐. 北京：科学出版社，2010.

[10] 卢泰宏. 国家信息政策. 北京：科学技术文献出版社，1993.

第 **5** 章

政府信息资源管理

本章学习目标

- 掌握政府信息资源的概念、类型和管理的内容。
- 了解政府信息资源元数据的设计原则和标准。
- 理解政府信息资源目录体系的总体框架。
- 了解政府信息化建设的目标、任务和作用。
- 了解政府信息资源整合的内容和方法。

引导案例：X 市政府信息资源管理

进入 21 世纪，我国电子政务建设如火如荼地全面展开。X 市近年来经济发展较快，市政府希望通过政府信息化建设，进一步提升政府的服务水平和办事效率，促进 X 市的进一步发展。两年来，市政府投入了大笔资金，然而并没有取得理想的效果。在最近全省各级政府信息化建设评估中，X 市排名靠后。会议回来之后，市长王进陷入了沉思，此时他想找信息化办公室主任李实研究一下。

不一会儿，李主任就到了。王市长开门见山，对李主任说："目前我市政府信息化工作与先进城市相比存在许多差距和不足。这次全省政府信息化工作评估中，我市的情况很不乐观。我想听听你对这种情况的认识。"

李主任这次是有备而来，他略加思考后说道："经过两年多的时间，我市目前的政府信息化建设逐渐暴露出来一些问题。主要体现在如下几个方面：

（1）政府信息化的广度和力度不够。目前我市政府网站尽管取得了一定的进步和成绩，但仍然处于'形象工程'阶段，网站交互性不强，未能真正实现政府与企业、其他政府部门及公众之间的互动。虽然设立了留言板，但是留言的人很少。

（2）政府信息陈旧、过时、内容少。从我市政府信息内网平台来看，政府信息的内容存在着陈旧、过时、内容少等问题。相当多的政府网站仅局限于把一些法律、法规、政策、条文从纸上搬到网上。公开的信息数量少，质量不高。网上信息更新不及时，网页与网页间的连接渠道少，各级政府电子政务还没有形成网络。

（3）电子化公共服务的发展不平衡。'数字鸿沟'现象严重。数字鸿沟是国内外具有的普遍现象，我市更为突出。我市所辖四县三区存在着地区差别、城乡差别、行业差别，这些差别不仅体现在经济上，政府信息化发展也很不平衡。这种不平衡也反映在地区间、城乡间、行业间。比如，市统计局通过全市统一的内网网络平台建立了连接县区局的统计信息网络，实现了统计数据、经济分析和工作动态等信息的网上传输。对于行业基础较差，不能上网的乡镇根本无法实现政府信息化。

（4）受管理体制的影响，出现'信息孤岛'现象。由于条块分割体制，市政府信息资源各部门之间缺乏宏观规划，统一协调，各自为政现象比较严重。'条块分割'的管理体制与政府信息化的统一性、开放性、交互性呈现出明显的不协调：在同一系统内市直、县直、区直机关局机关同时建立各自的网站，分散独立、重复投资、重复建设；各部门之间缺乏沟通，跨部门信息流通极其困难，很难有效地开展统一的政府电子化公共服务。

这是我对我市政府信息化建设的一些认识。"李主任把目光投向王市长。王市长点了点头说："你说得很有道理，指出了目前我市信息化建设的不足。下一步的工作就是如何解决这个问题。你认为我们应该怎么做才能改善这种情况？"

李主任思考了一会说："针对我市各地区信息化发展不平衡的现象，我认为一定要做到统筹规划，完善标准。因为对于区域性政府信息化，关键是要搞好整体规划，制定统一的技术标准。因为技术标准的不统一，政府各部门之间的系统难以兼容，不能进行联合开发利用，资源共享难以实现。因此，必须加快制定统一的技术标准，促进政府网站既各具特色又相互联通，建设全面、系统、全方位、多层次的政府信息资源体系，便于实现政府信息资源共建共享。

然后，针对各部门'信息孤岛'现象，我们要做的是对政府信息资源进行全面整合，由现有的按部门分类的'多站式'服务到'一站式'服务转变。比如北京市已建成政务系统共建共享的信息资源库，向公众提供便利的'一站式'服务。我市也要学习北京市政府的先进经验。

另外，我市各地区出现的'数字鸿沟'同时也是国内外各级政府普遍存在的难题。许多国家和地区采取了不同的方法。如加拿大向低收入家庭提供购买计算机的补助，印度利用公共信息平等方式，方便公民利用政务信息。具体到我市的实际情况，我认为我市的重点是政府应加大对贫困县政府信息基础设施的投入，农村通信基础设施的普及，继续推进电视和电话的'村村通'工程，可以考虑开展以提高农民素质和中小学数字教学为主的远程教育。"

这时"嘟嘟嘟"，王市长电话响了，于是王市长打断说："我认为你对这些问题已经有了一定的认识。这件事由你们信息化办公室来负责！行动要快，质量要高，有什么想法再来找我，你看怎样？"李主任点了点头表示同意。

政府在履行行政职能的过程中源源不断地生产、发布政务信息，也持续收集、使用政治、经济、军事、社会和文化等方方面面的信息资源。政府是最大的信息资源创建者、采集者、发布者和使用者。一般认为，政府信息资源占社会信息资源总量的70%～80%。作为国家的重要战略资源，政府信息资源管理是科学决策的依据，政令畅通和民意表达的基础，政府响应能力的前提，也是确保政府有效运转、提升政府形象、有效监督政府行为、保持经济健康发展的重要手段。

政府信息资源管理涉及政府信息的规划、采集、组织、处理、转换、描述和检索等技术内容，也涉及理念、政策、体制和方法等非技术内容。政府信息资源管理具有特殊的要求和规律，遵循特有的原则，采用适当的方法。政府信息资源管理的效率和效益直接关系到国家的前途和命运，关系到民族的振兴与发展。

5.1　政府信息资源管理概述

5.1.1　政府信息资源

政府信息资源（Government Information Resources，GIR）是一切产生于政府内部或虽然产生于政府外部但对政府活动有影响的信息资源的统称。政府内部产生的信息叫做内生信息，包括文件记录、法律法规、会议纪要、规章制度、合同协议、指示批复、通告通知、请示汇报和公函公告等。政府从外部获取的与政府活动有关的信息叫做外生信息，包括新闻报道、民情民意、提案议案和信访民调等。政府信息资源有别于工商企业、社会团体等组织的信息资源，简单地讲，与政府行为相关的信息资源都是政府信息资源。

从广义上讲，政府信息资源不仅包括政府信息的识别收集、处理存储、转移传播、展示应用，也包括相关的信息技术和设备、网络和通信、人力资源和资金等。在我国政府信息资源既包括国务院所属的各级政府行政部门的政务信息，也包括执政党所属各级党委的党务信息、各级人民代表大会所属的民权信息、各级政治协商会议所属的民主信息、国家武装部队所属的国防信息、武装警察和公安系统的安全信息等。

1. 政府信息资源的特征

政府信息资源除具有客观性、普遍性、层次性、时效性和共享性等信息的一般特点外，还具备以下特征。

（1）政治性。

政治性是政府信息资源的突出特征。政府信息资源首先是政府履行行政管理职能，贯彻执政党政治目标和政治诉求的重要基础。不论是民主国家还是专制国家，政府信息资源毫无疑问地为统治阶级服务，维护统治阶级的或利益集团的利益。同时，政府决策、政令传达、机密情报和监督控制等都是以政府信息资源为基础的。

（2）机密性。

政府信息资源中有相当一部分属于国家机密，例如国家战略规划、大政方针、重大政务活动、重要工作部署、重大社会动态、军事部署和情报、领导人出行信息、外交事务和策略、安全控制信息等。政府机密是保证国家安全、社会稳定、经济发展的重要保障。

（3）权威性和法定性。

政府是国家权力机关，行使社会管理和公众服务的职责。政府发布的信息要代表人民的利益，对人民负责，具有准确性、可靠性、一致性，因而具有权威性。同时，政府颁布的法律、法规、条例和办法等具有法定效力，公民必须服从遵守，具有法定性和强制力。

（4）浩瀚性。

据统计，目前各级政府部门大约集聚了全社会信息资源总量的80%。政府组织拥有浩瀚海量的文献记录。记录（Records）是各种社会组织业务活动情况的记载，包括关于组织在过去一段时间里的职能、政策、决策、程序、运作和其他活动以及对未来所做的安排和打算等信息。据美国文书协会统计，仅美国联邦政府记录生产所用的纸板总量而言，1960年是 4.3 万吨，1980 年达到 11.4 万吨，1990 年达到 24 万吨。文献记录多得惊人，甚至连政府机构自己也不清楚它到底出版了多少条记录，对这些记录的质量、存储位置和效用更是无从知晓。

（5）精确性。

政府信息资源的精确性主要体现在信息的全面、准确。政府信息资源的精确性既是必要的，也是可能的。政府信息资源的精确性是政府决策的必然要求，片面、错误、失真的信息将会造成决策失误，带来政治、经济、军事和外交等领域的重大损失。政府可以利用国家机器和资源，在信息获取上调动充分的力量达到信息精确的目的。

（6）安全性。

政府信息资源的安全性具有法律、制度和技术的保障。《中华人民共和国保守国家秘密法》于 1988 年 9 月 5 日第七届全国人民代表大会常务委员会第三次会议通过，2010 年 4 月 29 日第十一届全国人民代表大会常务委员会第十四次会议修订，自 2010 年 10 月 1 日起施行。国家秘密是关系国家安全和利益，依照法定程序确定，在一定时间内只限一定范围的人员知悉的事项。国家秘密受法律保护，一切国家机关、武装力量、政党、社会团体、企业事业单位和公民都有保守国家秘密的义务。任何危害国家秘密安全的行为都必须受到法律追究。从技术角度，政府信息资源拥有全面的安全策略和技术手段，例如网络安全采用物理隔离、分级管理等技术措施。

2. 政府信息资源的作用

政府信息资源的主要作用主要体现在政府决策、执行和监督三个方面。

（1）政府科学决策的依据。

政府信息资源首先是为决策服务的。国民经济和社会发展规划、大政方针的制定、应急反应决策等，无一例外地需要信息资源的支持。决策过程是基于现实状况和目标状况的差距，对资源的配置和调动、过程控制和监督、任务指定和分配、措施的筹划和预谋等做出判断和决定的过程。资源状况、目标任务和方法措施等都是以信息资源的完备性、有效性、一致性、正确性为基础的。

（2）政务指令执行的工具。

政令通畅实际是信息转移的效率问题。政府信息资源是政务指令上传下达的工具。有效的信息资源管理是政府维持正常运转，方针政策得以贯彻执行的前提保证。

（3）行政监督的渠道。

行政监督是保证政府运转在正确轨道的重要机制。制度监督、社会监督和舆论监督等机制发挥作用离不开信息资源的渠道。

3. 政府信息资源的组成

当代中国政府是由 6 大领导班子组成，包括中共中央委员会（含中央政治局、中央政治局常务委员会和中央书记处）、中共中央纪律检查委员会、全国人民代表大会及其常务委员会、国务院、中央军事委员会和中国人民政治协商会议全国委员会。政府信息资源从来源上可以区分，政治信息资源来自中共中央和政治协商会议，包括执政党制定的方针政策，以党的文件的方式影响着国家政治价值取向和政治生活，以及政治协商、参政议政等；法律信息资源来自全国人民代表大会的立法提案和法律法规；军事信息资源来自中央军委，涉及军队建制、装备、训练和部署等；政务信息资源来自国务院各部委以及两院（法院和检察院），包括国务院颁布的条例、办法，以及行政命令等，直接影响着经济文化、教育卫生和社会福利等民生状况；监督信息资源来自中纪委和监察部，包括反腐倡廉、打击职务犯罪等。

　　从广义上讲，政府信息资源具有更加宽泛的内容，包括政治信息资源、经济信息资源、军事信息资源、政务信息资源、文化信息资源和社会信息资源等。狭义上讲，政府信息资源特指政务信息资源，即国家行政机关履行行政职能所涉及的信息资源的集合。政务信息资源的组成如图 5-1 所示。

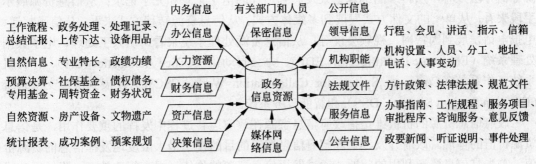

图 5-1　政务信息资源的组成

　　政府信息资源具有职能、技术和价值三个维度，每个维度具有相应的层次性，如图 5-2 所示。政府职能包括政治职能、经济职能、文化职能和社会职能等，具有公共性、法定性、执行性、强制性、动态性和扩张性。

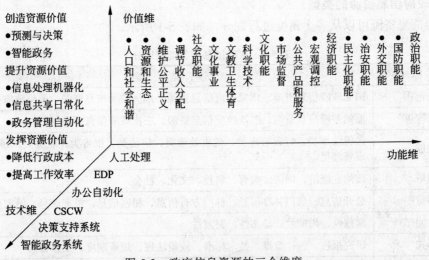

图 5-2　政府信息资源的三个维度

　　政治职能（统治职能）是指政府为维护国家统治阶级的利益，对外保护国家安全，对内维持社会秩序的职能。我国政府主要有 4 大政治职能，包括国防职能、外交职能、治安职能和民主化职能。经济职能是指政府为国家经济的发展，对社会经济生活进行管理的职能，在社会主义市场经济体制下，我国政府的经济职能包括宏观调控、提供公共产品和服务、市场监管等智能。文化职能是指政府为满足人民日益增长的文化生活的需要，依法对文化事业所实施的管理，主要包括继承传统文化、促进科学技术、完善教育卫生、繁荣文化事业（文学艺术、广播影视、新闻出版、社会科学、体育健康、休闲娱乐）。社会职能是指除政治、经济、文化职能以外政府必须承担的其他职能，包括调节收入分配、组织社会保障、提升福利水平、维护公平正义、控制经济资源、保护生态环境、倡导和谐社会、提高人口质量。

政府信息资源的技术维是指支持政府信息资源开发、处理、存储、转移、利用的手段和工具。技术直接影响信息资源开发利用的完整性、准确性、及时性和便捷性。从信息资源存储方法来看，从传统的纸基记录发展到当代的电子记录和光学记录；从信息资源展示手段来看，从单一的文件方式发展到多媒体方式；从信息资源转移方式来看，从信函邮递、电报电话发展到因特网、视频会议等；从信息资源处理系统来看，从人工处理、电子数据处理系统（Electronic Data Process，EDP）、办公自动化（Office Automatic，OA）、计算机系统工作系统（Computer System for Collaboration Work，CSCW）发展到决策支持系统（Decision Support System，DSS）和智能政务系统。

政府信息资源的价值维是指政府信息资源在政府运转过程中发挥的重要作用，是信息资源价值的体现。政府开发、管理政府信息资源的目的在于最大限度地发挥信息的资源价值。首先是信息资源利用的问题，通过发挥信息资源的价值，提高行政效率、降低行政成本。其次，利用网络通信和计算机软硬件技术提升政府信息资源的利用价值，实现信息处理机器化、信息共享日常化、政务管理自动化。价值维度的最高境界是利用智能技术创造政府信息资源的价值，例如运用分析工具进行预测决策，利用数据挖掘技术开发信息资源的潜在价值。

4. 政府信息资源的类型

政府信息资源可以从多个角度进行划分，如表 5-1 所示。

表 5-1　政府信息资源类型划分

分类标准	类型
影响范围	国际政府信息资源、国家政府信息资源、地区政府信息资源、单位政府信息资源
加工深度	原始政府信息资源、二次政府信息资源、三次政府信息资源
功能	政策法规类、行政管理类、危机处理类、信访类、报告类、服务类、研究类、人事管理类
领域	政治、经济、国防、教育、科技、文化、社会
传播范围	公开信息、部门共享信息、部门专有信息、秘密信息、机密信息、绝密信息
时间	常规性、周期性、动态性、突发性
形式	研究报告、统计数据、技术标准、政策法规、规章制度、工作日志
信源	内生信息、外生信息
形态	记录型、实物型、智力型、零次型
组成关系	元政府信息资源、本政府信息资源、表政府信息资源

5.1.2　政府信息资源管理的发展

现代信息资源管理的概念及相关理论最早就是政府为解决其内部记录爆炸式增长以及由此带来的记录利用低效率和政府决策低效率问题而提出来的。政府信息资源管理是指政府在建立健全规章制度的基础上，利用技术手段对政府信息资源采集、组织、处理、控制和使用的过程。

随着国家的产生，政府的建立，政府信息资源管理必然伴随着政务活动而展开。政府决策、执行和监督等行政环节无一离得开信息的沟通。从早期的口头传达、纸基奏折、帛布圣旨，近代电报、电话、传真，发展到当代以信息网络技术为基础的电子政府，政府信息资源管理是伴随着信息技术的发展逐步完善和发展的。

从政府信息资源管理的制度建设来看，美国政府是先驱、典范，最早系统地生产、保存、管理政府记录。早在 1889 年，美国国会制定了《通用记录处置办法》，规范了记录处置行为，提高了记录处理的效率。1921 年，美国国会通过了《预算和会计法案》，设立预算局，对财政预算等数据记录进行了规范，控制生产的记录数量。1943 年，《记录处理法》授权美国国家档案馆制定记录处理计划。此外，相关法规还有《洛奇-布朗法》、《联邦财产和行政服务法》、《联邦记录法》、《信息自由法》、《公平信用报告法》、《隐私权法》、《信息自由法修正案》以及《联邦记录法修正案》。1980 年，美国国会通过了《文书消减法》，为联邦政府的信息搜集、维护、使用和传递服务，同时明确了信息管理，将管理对象从记录扩展到文件、报告或记录中的信息。1985 年，美国联邦政府管理与预算局发布了《A-130 号通告》，将政府信息资源管理定义为“与政府相关的规划、预算、组织、指挥、培训和控制”，广义地定义信息资源为信息本身和相关的人员、设备、资金、技术等。1995 年，美国国会成立了联邦文书委员会，修订了《文书消减法》，要求政府各部门使用电子报表，提出实现无纸化办公的目标。1996 年，国会第三次修订《信息自由法》并通过了《政府印刷改革法案》，承认电子文档的法律效力，方便公众获得政府信息，要求逐步提供全部电子文献。同年，美国政府颁布了《信息技术管理改革法》，在政府各个部门设置政府信息首席信息官（CIO），负责政府信息资源的开发、利用和管理。1998 年，国会通过了《政府文书工作消失法》，提出 5 年内实现无纸化办公，政府管理和服务以信息网络为基础。

改革开放以来，我国政府逐步扭转忽视信息资源管理的状况。1978 年，邓小平就提出了要重视信息革命，1984 年做出“开发信息资源，服务四化建设”的题词。江泽民也指出“实现四化，哪一化也离不开信息化”。1985 年，国务院办公厅成立了信息处，1986 年成立了全国省际政府信息网络。进入新世纪，国家加快电子政务的建设。2001 年，由国务院总理温家宝任组长的国家信息化领导小组重新组建。2002 年，中共中央办公厅、国务院办公厅转发了《国家信息化领导小组关于我国电子政务建设指导意见》（中办发[2002]17 号），提出了电子政务的建设原则：统一规划，加强领导；需求主导，重点突出；统一标准，保障安全。

2006 年 3 月，中共中央办公厅、国务院办公厅印发了《国家电子政务总体框架》，提出了国家电子政务总体框架组成：服务与应用系统、信息资源、基础设施、法律法规与标准化体系、管理体制。

2006 年 5 月，中共中央办公厅、国务院办公厅印发了《2006—2020 年国家信息化发展战略》，提出了我国信息化发展的战略目标："综合信息基础设施基本普及，信息技术自主创新能力显著增强，信息产业结构全面优化，国家信息安全保障水平大幅提高，国民经济和社会信息化取得明显成效，新型工业化发展模式初步确立，国家信息化发展的制度环境和政策体系基本完善，国民信息技术应用能力显著提高，为迈向信息社会奠定坚实基础。"

不难看出，随着网络信息技术的推广和应用，政府信息资源管理逐步走向无纸化、电子化、网络化。在构建电子政府的过程中，不断地完善政府信息资源管理的制度、手段。

5.1.3　政府信息资源管理的特点与任务

政府信息资源管理覆盖全社会政治、经济、文化和社会等多个领域，服务于政府和社会各个阶层、组织和部门，因此政府信息资源管理具有管理目标多样性、管理模式灵活性、管理手段多维性和管理制度规范性等特点。

政府信息资源管理首先是为政府决策服务，国际局势、经济状况、社会现状、资源储备、生态环境和自然灾害等都是政府正确决策不可或缺的信息资源。其次，政府信息资源管理以人为本，向公众提供信息服务，树立政府阳光形象，提高社会影响力。此外，政府信息资源管理提高信息资源共享和利用效率，提高办事效率，实现办公自动化。

政府的组织机构具有多层次、多节点的特点。我国政府结构具有条块分割的矩阵结构特点，按照地域以"分块"的方式建立地方各级政府，按照功能从中央到地方按"分条"区分职能部门。正是由于政府组织结构的复杂性，政府信息资源管理模式具有多样性。中央政府和地方政府管理模式不同，不同部门管理模式也不尽相同。

政府信息资源管理手段包括行政命令、法律约束、技术控制以及道德规范等。行政手段具有直接、快速、有效的特点，特别是法制不够健全的情况下，行政手段处于主导地位。在法制健全的民主国家，法律手段居于主导地位。先进的技术手段往往率先在政府信息资源管理中得到应用，同时促进技术的发展和完善。道德规范也是政府信息资源管理的手段之一，通过提高全社会道德水准，强化知识产权的保护，维护社会公平。

政府信息资源管理制度逐步纳入法制的轨道，具有规范性。信息资源管理组织机构、人力资源配置、基础设施建设、信息系统开发和运维、信息资源的共享和利用、信息系统安全等都要有法可依、有章可循。

政府信息资源管理的特点决定了它的主要任务包括：

（1）制定和实施政府信息资源开发利用规划。

为充分开发和有效利用政府信息资源，必须按照规定的程序，有组织地收集、处理、传输、发布各种信息。做好政府信息资源开发规划，有组织，有目的地搞好政府信息资源开发建设，信息共享才能发展，才能推进政府信息化。

（2）制定政府信息资源管理相关的法律和法规。

"依法治国"是政府信息资源管理的一条基本原则。政府信息资源管理的最核心问题是"管什么"、"谁来管"和"怎么管"。这些问题必须以国家法律和政策法规的形式予以回答并固定下来形成制度。

（3）政府信息基础设施的管理。

政府信息基础设施的建设面临着一个基本的矛盾：开放性与安全性的矛盾。面向阳光政府的建设，信息公开已经逐步走向法律轨道。2007 年 1 月 17 日，国务院第 165 次常务会议通过了《中华人民共和国政府信息公开条例》，2008 年 5 月 1 日起施行。按照"公开为原则，不公开为例外"原则，《条例》从基本原则、公开的范围、公开的方式和程序、监督和保障等方面进行明确的规定。政府信息基础设施要向社会开放，服务于社会，同时必然带来安全隐患。内外兼顾的共生系统是政府信息基础设施的突出特点，在这样的情况下，政府信息基础设施的建设更需要认真的规划、精心的设计和完善的管理。

（4）政府应用系统的管理。

政府各个部门具有其不同的职能，在应用信息系统的开发上各有不同的需要。政府各部门也有许多相同的应用需求，具有相同的功能或类似处理流程的系统应该组织统一的系统开发，形成共享。政府部门开发队伍向"开"而"不发"过渡，信息中心以系统运行维护和提供用户服务为主，规范政府与软件企业的关系，进行政府与企业之间的合同管理。

（5）政府信息技术的管理。

为了保证政府信息和应用系统的"可共享性"和先进性，政府各部门有必要通过技术政策、规范和技术标准加以管理。技术政策是确保政府信息安全的重要手段之一。

（6）政府信息化的项目管理。

为了使政府信息化的进程与国情相适应，确保政府信息化的自由得到有效和合理的应用，政府必须对政府信息化的投资项目实施严格的管理。首先是在投资总额的控制上，要经过专家论证和审批；其次要明确政府信息化工程中的审批权限；最后，对政府信息化工程中的设备和技术采购行为严格予以规范；最后控制项目时间，进行中期评估。

（7）政府信息的安全管理。

政府信息安全的首要问题是明确职责范围，重点管理"灰色地带"（中央政府与地方政府之间）。对中央的政府信息，必须对其安全性做出定义，划分安全级别。政府必须制定出统一的"政府信息安全标准"。

（8）建立和健全政府信息资源管理的组织机构。

在国家一级，政府信息资源管理机构包括两个层次：决策层和执行层。决策层是由相关部长或副部长们组成的信息化委员会，还可再设立顾问委员会。执行层则是与政府各部门大致平级的执行和操作机构，宜设于综合管理部门之下。政府部门也可以设立 CIO，负责政府信息资源的统一调度与管理。

5.1.4　政府信息资源的采集

政府信息资源的采集为信息资源开发的前提。

政府信息资源的采集是根据政府执政工作的需要，运用科学的方法，抽取和汇集信息资源的过程。政府信息资源来自于个人、机构、文献、媒体、数据库、网络和实物。

1. 政府信息资源采集的原则

根据政府信息资源的特殊性质，采集工作要坚持广度大、准度好、精度高、真度强、融度深和速度快等原则。

政府信息资源范围广阔，涉及政治、经济、军事、文化和社会等方方面面。广度大就是要求采集工作做到全面、系统、完整。既可以按照政务功能分门别类地汇总，也可以按照地方区域采集。

准度好是指政府信息资源采集要有的放矢地围绕中心目标展开，具有针对性，不能盲目泛泛收集。由于政府各个部门的职能不同、管理的事务和服务的对象完全不同，因而信息资源的主题各有千秋，必须认真确认信息需求、分析信息特征、选择信息渠道、有针对性地确定采集的范围和重点。

精度高要求政府信息资源采集要具有合适的粒度、翔实的内容。粒度过大、缺乏必要细节的信息对应用来说往往没有实际价值；粒度过细，采集成本提高，对应用来说缺乏必要性。

真度强要求政府信息资源的采集真实、可靠，正确反映事务的现实状态。真实可靠是信息价值的基础，也是正确分析、决策、执行的重要保证。信息失真在信源、信道和信宿三个环节都可能发生。信源失真一般来自人为的因素，一方面，人们认知客观世界的能力有限，信息不完全、不准确在所难免；另一方面，别有用心的人制造虚假信息达到不可告人的目的。俗话说"耳听为虚，眼见为实"，但是现实中人们看到的现象未必都是真实的，听到的也未必皆为虚假的。信息在转移过程中，由于技术的原因、人为的干扰或疏忽，都可能造成发出的信息同接收到的信息存在差异。因此，维护信道安全，提高技术水平，提升人们的信息安全意识和素质是保证信息在传输过程中不失真、不被干扰、不失窃的重要措施。同样，作为接收信息的信宿是信息的目的地。在存储、处理和使用信息过程中，由于人为因素和技术因素，也可能造成信息的失真。因此，发展安全可靠的数据库技术、先进的信息管理技术是保证信宿信息真实可靠的重要措施。

融度深是指政府信息资源的采集按照信息资源之间的内在联系有机组合。人们对客观事物的完整认识是通过不同的视角、运用不同的领域知识共同完成的。信息采集要从多学科、多维度的视角展开。政府信息资源的内在联系可区分为纵向和横向两种类型。横向是指按照政府信息的层次或目标划分的；纵向是指按照学科、专业或专题加以区别的。专业性的政府信息资源偏重纵向联系，综合性的政府信息资源则偏重横向联系。

速度快是指政府信息资源采集的速度要及时，具有时效性。在瞬息万变的国内外环境下，快速掌握信息资源，灵敏反映事物发展的最新动态，可以最大限度地发挥信息资源的效用价值。利用现代网络通信技术和计算机信息处理技术可以大幅度提高信息的传输速度、处理速度、存储速度和展示速度。

2．信息采集的途径

信息采集的途径是指信息获取的来源渠道。政府信息资源采集来自政府内部和政府外部两个方面，如图 5-3 所示。政府部门、大众传媒、商业咨询机构、"葡萄藤"渠道、人际关系渠道、会议论坛、社会团体和互联网等是信息采集的主要渠道。

"葡萄藤"渠道是指政府内部非正规的信息交流网络，俗称"小道消息"。"葡萄藤"具有传播速度快、信息量大、反馈性强的特点，比较适合收集基层意见，了解群众的呼声，从而调节政府管理行为，规避冲突，提高行政效率。

3．信息采集的方法

政府信息采集方法不外乎人工采集和自动采集两种形式。人工采集主要通过社会调查、网络浏览搜索、大众传媒和访谈问卷等方式；自动采集则通过数据挖掘、联机检索和搜索引擎等技术手段采集政府信息。从来源看，政府信息采集方法区分政府外部信息采集方法和政府内部信息采集方法，如图 5-4 所示。

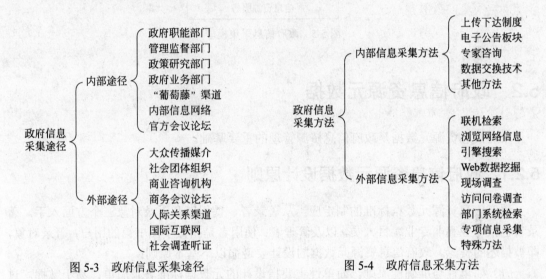

图 5-3　政府信息采集途径　　　　　　　图 5-4　政府信息采集方法

政府内部信息采集方法是指政府内部掌握的信息的采集手段，主要包括运用上传下达制度、使用信息技术方法、建立专家库、利用数据交换技术等。从技术角度看，内部信息采集可以利用电子设备，如电话、传真、短信和复印设备等；可以利用网络传送电子邮件、发布电子公告等。建立专家库，发挥智囊团的作用，实现对专家隐性知识的管理。此外，通过会议、面谈和书信等信息交流也是采集有价值信息的有效方法。

政府外部信息采集方法是指对政府部门以外信息的采集手段，主要包括联机检索、网络数据挖掘、现场调查、问卷调查、部门系统检索和专项信息采集等方法。在因特网时代，大量信息通过网络可以及时获取，搜索引擎成为网络采集信息的主要工具。

4．政府信息采集模型

信息采集模型描述信息采集过程的环节和逻辑关系，如图 5-5 所示。信息采集是政府信息资源管理的基础性工作。信息资源采集、加工、存储、审核、控制、发布和服务反映完整的信息资源的生命周期。

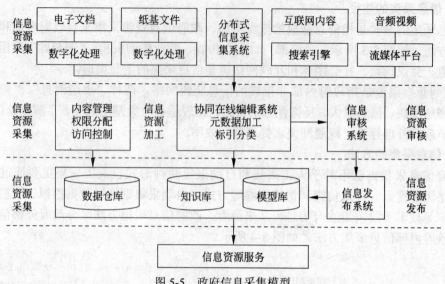

图 5-5　政府信息采集模型

5.2　政府信息资源元数据

政府信息资源元数据是政府信息资源管理的重要基础。

5.2.1　政府信息资源元数据设计原则

政府信息资源元数据标准的制定应当从著录者、使用者和著录对象三个方面入手。著录者包括专业和非专业编目人员，以及管理者；使用者是指数字图书馆的用户；著录对象，即被描述的资源。政府信息资源元数据的设计要遵循以下基本原则：

（1）简单性与准确性原则。简单性主要指设计的元数据标准著录简单，易于掌握。过于简单会有失于精确，降低检索结果的准确度和精度。因此，元数据的设计需在简单性和准确性二者之间做出权衡。

（2）专指度与通用性原则。由于信息资源的类型不同，元数据的著录深度（如书目、内容和插图等）和广度（指相关联的一组文献作总体著录）不尽相同，使用同一种元数据标准不能满足多样化的要求。专指度就是根据特定的信息资源来确定其适用的元数据标准。在确定的某种标准应尽可能覆盖多种相似或有相近特性的对象，以减少（专业或非专业）编目人员在选用适当元数据标准时的人为误差，即考虑元数据标准在一定范围内的通用性。

（3）互操作性与易转换性原则。元数据的互操作性体现在对异构系统间互操作能力的支持，即在政府办公系统中的各种元数据标准下建立的元数据，不仅能方便地为各相关应用系统所操作，还应尽可能地为其他组织或机构的应用系统所操作。在具体应用上，互操作性表现为易转换性，即在所携信息损失最小的前提下，可方便地转换为其他系统常用的元数据。这要求在设计元数据标准时要非常慎重地考虑元数据标准定义的元素的语义定义和元数据结构两个重要的方面。

（4）可扩展性原则。政府部门要处理的信息资源非常广泛，而各类应用背景比较复杂，元数据标准只能提供最一般意义上的描述，一些特殊应用背景的内容一般不被采纳。但一些具体应用可能会要求更为细致精确的描述，应允许使用者在不破坏已规定的标准内容（如元素的语义定义）的条件下扩充一些元素、子元素或属性值。元数据标准中应为这种应用提供指导性原则。

（5）用户需求原则。制定元数据标准是向用户更好和更充分地揭示信息资源，因此用户需求应作为最终的衡量标准。特别是在结构与格式的设计、元素的增加与取舍、语义规则的制定等方面，要尽可能地从用户的角度出发，增加系统与用户间的交互渠道（如开放式的词表系统的使用，增加提供用户反馈的元素等），为用户提供多层次的检索体系。

政府信息描述型元数据有 13 个元数据项，如表 5-2 所示。

表 5-2　政府信息资源元数据项

元 数 据 项	政府信息资源元数据元素	子 元 素
标识项	统一标识 名称	统一编号 标识含义 题名
内容描述项	主题词和关键词 创建者 类型 格式 说明 相关资源	媒体 文件目录 文件摘要
其他描述项	日期 权限	创建日期 有效期 修改日期
特殊项	安全 颁发机构 资源定位	安全等级 颁发范围 颁发机构

（1）统一标识。对政府信息资源进行一致的索引。作为复合型元数据，有两个子元素，均为字符型元素。

① 统一编号，每一项政府信息资源都具有唯一的编号。

② 标识含义，对统一编号中给出的某些特定字符作专业解释。

（2）名称。政府信息资源的标题。字符型元数据，只有一个元素，记录资源名称。

（3）主题词和关键词。描述政府信息资源内容的关键词或者词组短语，字符型元素，无子元素。

（4）创建者。记录资源的创建、制定或者传达单位，字符型，无子元素。

（5）类型。根据资源内容对资源进行的分类，字符型数据，无子元素，值为政策法规信息、行业管理信息、统计信息和日常事务信息。

（6）格式。记录资源的存储方式。复合型元数据，具有一个元素。媒体，记录资源的物理载体，值为政府公文、文本和多媒体。

（7）说明。政府信息资源的文本描述，复合型元数据，包含两个子元素。

① 文件目录，资源内容的单元列表。

② 文件摘要，资源内容的摘要。

（8）相关资源。描述与其他政府信息资源的关联，字符型，无子元素。

（9）日期。描述政府信息资源何时创建、发现、收集、整理，以及有效期的元数据。复合型，包含三个子元素。

① 创建日期，记录资源的创建或者收集日期。

② 有效期，记录资源的生效日期。

③ 修改日期，记录资源的修改日期。

（10）权限。描述访问资源者的权限元数据，字符型，无子元素。

（11）安全。描述政府信息资源的保密等级，颁布范围。包含两个子元素。

① 安全等级。政府信息划分为 4 个安全等级：可以完全对社会公开的信息；只在指定的系统或部门之间（含内部）共享的信息；只在本系统或部门内部共享的信息；只对某一或某些特定的个体开放的信息。

② 颁布范围。

（12）颁发机构。描述颁布政府信息的机构，值为颁发信息的机构。

（13）资源定位。描述政府信息资源所属部门以及存放地址，既可以是物理地址，也可以是数据库中的位置。

5.2.2　政府信息资源元数据标准

美国政府为方便公众检索、定位、获取公共信息资源的服务，构建了政府信息定位服务（the Government Information Locator Service，GILS）系统，成为美国政府信息资源描述的标准。在 DC 元数据标准的基础上，GILS 元数据的核心元素共计 28 个，描述源于政府的公共信息资源，包括内容、位置、服务方式和存取方法等。根据元素的特点区分必备或可选、重复或不可重复、受控或不受控三种类型。核心元素可以分成如下 4 类：

（1）资源的责任人（5 项）：始创者、贡献者、获取条件、使用限制、联系点；

（2）资源的属性特征（13 项）：题名、资源语言、摘要、受控主题词索引、非受控主题词、地理位置、数据来源、方法论、补充信息、目的、机构计划、相互参照、记录语言；

（3）资源的发布信息（4 项）：出版日期、出版地、时间、获得性；

（4）资源的管理信息（6 项）：目录号、控制号、原始控制号、记录来源、修订日期、记录审核日期。

2007 年 9 月 10 日，中国国家质量监督检验检疫总局和国家标准化管理委员会联合发布了国家标准《政务信息资源目录体系（GB/T 21063-2007）》，包括总体框架、技术要求、核心元数据、政务信息资源分类、政务信息资源标识符编码规则和技术管理要求 6 个部分。总体框架部分规定了政务信息资源目录体系的组成；技术要求部分规定了政务信息资源目录体系建设的基本技术要求；核心元数据部分规定了资源元数据和服务元数据应当遵循的内容标准；政务信息资源分类部分规定了政务信息资源的分类与编码；政务信息资源标识符编码规则部分规定了政务信息资源的唯一标识符编码规则；技术管理要求部分规定了政府信息资源目录体系技术方面的基本管理要求。

《政务信息资源目录体系第 3 部分：核心元数据（GB/T 21063.3-2007）》规定了描述政务信息资源特征所需的核心元数据及其表示方式，给出了核心元数据的定义和著录规则，用于政务信息资源目录的编目、建库、发布和查询。规定的 6 个必选的核心元数据如表 5-3 所示，6 个可选的核心元数据如表 5-4 所示。元数据元素是指元数据的基本单元，描述政务信息资源的某个特性，在元数据实体中是唯一的。元数据实体是一组说明政务信息资源相关特性的元数据元素，可以包含一个或一个以上元数据实体。

表 5-3　必选的元数据实体和元数据元素

名　　称	定　　义	类型	频次	值域
信息资源名称 resourceTitle/resTitle	缩略描述政务信息资源内容的标题	字符	1 次	自由文本
信息资源摘要 abstract/abstract	对资源内容的概要说明	文本	1 次	自由文本
信息资源提供方 PointOfContact/IdPoC	对政务信息资源的完整性、正确性、真实性等负有责任的政府部门的名称和地址	复合	N 次	自由文本
信息资源分类 ResourceCategory/TpCat	说明共享政务信息资源分类方式及其相应的分类信息	复合	N 次	
信息资源标识符 resourceID/resID	政务信息资源唯一不变的标识编码	字符	1 次	自由文本 GB/T 21063.5
元数据标识符 metadataIdentifier/mdID	元数据的唯一标识	字符	1 次	自由文本

表 5-4　可选的元数据实体和元数据元素

名　　称	定　　义	类型	频次	值域
信息资源发布日期 dateOfPublication/pubDate	政务信息资源提供方发布共享政务信息资源的日期	日期	1 次	CCYY-MM-DD
关键字说明 DescriptiveKeywords/DescKeys	说明共享政务信息资源的关键字内容及其依据	复合	N 次	
在线资源链接地址 online/onLineSrc	可以获取共享政务信息资源的网络地址	字符	N 次	自由文本 RFC2396
服务信息 ServiceInformation/ServInfo	描述政务信息资源提供者所提供的计算机服务功能接口的基本信息	复合	1 次	
元数据维护方 MetadataContact/MdContact	对元数据内容负责的政务部门的名称和地址信息	复合	N 次	
元数据更新日期 metadatadateUpdate/mdDateUpd	更新元数据的日期	字符	1 次	CCYY-MM-DD GB/T7048-2005

元数据摘要包括中文名称、定义、英文名称、数据类型、值域、短名和注释 7 项内容。元数据实体和元数据元素都具有唯一的中文名称、英文名称和短名（英文缩写）。组成元数

据实体的英文名称的各个单词首字母大写，组成元数据元素的英文名称的首个单词首字母小写，其他单词首字母大写，各个单词之间无缝连接。数据类型包括整型、实型、布尔型、字符串、日期和文本型等。注解包括约束（必选或可选）和最大出现次数。

5.3　政府信息资源的目录体系

5.3.1　政府信息资源目录体系的基本概念

政府信息资源目录体系是政府信息资源标准化管理的组织形式。政府信息资源目录体系基于政府信息元数据标准，根据信息资源的内容、形式和功能等特征对信息资源分类、分级、标识和存储，以方便信息资源发布、归档、检索、定位、评估、选择和共享。政府信息资源目录体系建设包括构建目录内容、制定标准规范、开发目录系统和完善管理制度，其中目录内容的构建是核心。

政府信息资源目录体系可以解决政府信息资源管理的 5W 问题：Why，政府信息资源构建和应用的目的；What，政府信息资源识别、采集、组织和发布；Where，政府信息资源存储、归档；Who，政府信息资源的用户和责任人；How，发布、检索、获取、使用的方式方法。政府信息资源目录体系在政府信息资源的识别和采集、组织和发布、归档和存储、共享和使用、整合和规范等各个方面发挥重要作用。

5.3.2　政府信息资源目录体系的总体框架

政府信息资源目录体系的总体框架是构建目录体系的整体蓝图，也是目录体系构成要素和结构特征的全面描述，主要包括概念模型、组织结构、技术架构和基本功能。

（1）政府信息资源目录体系的概念模型。

政府信息资源目录体系的概念模型揭示了目录体系的构成要素及其相互关系，一般由政府信息资源、元数据、目录和规范标准等构成，如图 5-6 所示。

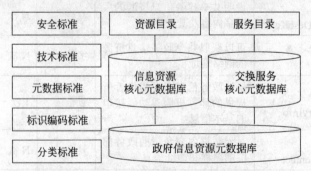

图 5-6　政府信息资源目录体系的概念模型

政府信息资源通过收集、分类、标识、归档，按照元数据标准，经过注册、审批，集成到政府信息资源元数据库。从政府信息资源元数据库进一步抽取信息资源核心元数据和交换服务核心元数据，分别支持资源目录和服务目录。资源目录和服务目录是政府信息资源目录体系的两个重要功能。资源目录提供政府职能、政务活动和法律法规等政府信息。服务目录面向政务协同和动态数据交换。政府信息资源目录体系是标准化的过程，涉及的规范标准包括分类标准、标识编码标准、元数据标准、技术标准和安全标准。

（2）政府信息资源目录体系组织结构。

政府信息资源分布具有跨地域、跨部门、跨行业的特点，目录体系的管理机构要与政府组织机构相适应，建立分层管理的组织架构。各级政府设立目录管理中心，形成树状的层级结构。目录中心按照业务或行业设立分支目录，分支目录向目录中心、下级分支目录向上级分支目录、下级目录中心向上级目录中心提供信息资源元数据。目录中心负责核心元数据的受理、注册、保护、维护、服务。

（3）目录体系的技术架构。

目录体系的技术架构是利用网络信息技术实现目录管理和服务的结构，一般由数据资源层、功能层和表现层三个层次组成。如图 5-7 所示。

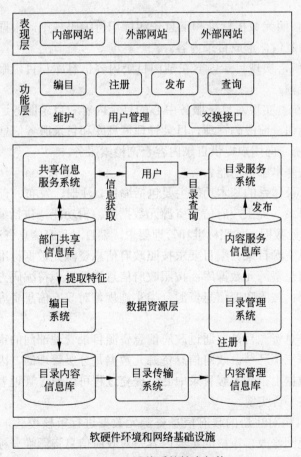

图 5-7　目录体系的技术架构

数据资源层汇集目录体系的政府信息资源，以数据库的方式存储政府信息资源元数据，包括信息库系统和目录内容服务系统。功能层实现目录管理和服务，包括编目服务、注册服务、目录审核、目录发布、检索查询、目录维护以及用户管理和交换接口服务等功能。表现层是目录体系与用户交互的界面，通过内部网站或外部网站提供网页，以一站式服务方式实现元数据的统一浏览、查询和编目等服务。

信息库系统包括：

① 部门共享信息库，存储本部门用于部门间共享的信息资源，包括数据集、文本、图片、音频和视频等多种类型的数字化信息资源。

② 部门目录内容信息库，存储由编目系统提取部门共享信息资源的基本特征而形成的目录内容。

③ 目录内容管理信息库，存储各政府部门注册到目录服务中心的目录内容，实现对目录内容的集中管理。

④ 目录内容服务信息库，存储用于发布的目录内容，提供目录查询检索服务。

目录内容服务系统包括：

① 共享信息服务系统，在部门共享信息库的基础上，通过政府信息网络平台提供信息访问服务。

② 编目系统，按照元数据标准和信息资源标识符编码规则，根据部门共享信息资源的内容实现元数据的赋值，形成目录内容。

③ 目录传输系统，实现目录内容在部门目录内容信息库与目录服务中心的目录内容管理信息库之间的传输。

④ 目录管理系统，实现对目录服务中心的目录内容和目录服务运行的管理，提供目录内容形式审核、标识符前段码管理、目录管理信息库和目录服务信息库的基本维护。

⑤ 目录服务系统，向用户提供目录内容查询检索服务。

（4）目录体系的基本服务功能。

政府信息资源目录体系的基本功能主要包括编目、注册、发布、查询和维护。

编目就是编辑目录，提供政府信息资源元数据的编辑功能，包括编辑公共信息资源元数据和交换服务资源元数据。按照标准和管理要求，编目对政府信息资源进行著录、分类、标引，形成政府信息资源目录。编目要求按照政府信息资源元数据标准，提取信息资源相关特征，构建政府信息资源元数据库；按照政府信息资源标识符编码方案给政府信息资源确定唯一标识符编码；按照政府信息资源分类实施规范对政府信息资源元数据中的分类信息赋值。

注册是指政府信息资源目录要通过政府信息资源目录管理部门的审核并备案。注册包括提交、审核和入库三个环节。政府信息资源元数据是分级管理的，因此提交就是下级目录中心将编目的元数据上报到上级目录中心。提交过程可以通过管理者和提供者之间政府信息资源元数据交换平台实现。

审核是指管理机构对注册的政府信息资源元数据进行审核校验，符合要求的入库保存，不符合要求的退回修改。审核的主要内容是对政府信息资源唯一标识符赋码正确性审校。入库就是接收审核通过的元数据，生成信息资源核心元数据和交换服务核心元数据，分别存放在核心元数据库中，形成正式目录。

发布是指管理机构将审核通过的核心元数据纳入目录服务系统数据库交付使用。目录服务器控制政府资源目录体系的服务对象，按照服务对象，如政府部门、企业、公民，提供个性化目录服务。此外，管理机构还要负责发布网站的管理，包括网站的运行维护、网页更新和数据库更新等。

查询是指目录服务体系提供用户浏览、检索、获取政府信息资源的功能。目录服务器提供基于政府信息资源目录的分类导航、目录查询和条件检索等功能。人机交互界面友好，用户可以快捷、方便地获取相关的政府信息资源。

维护是指完成目录服务器的元数据库的创建、更新、备份以及恢复，支持数据的增加、删除、修改和查询。此外，网络和服务器监控、网站的运行和维护、日志管理、访问统计、用户反馈、数据提供者协调等也是维护工作的内容。

5.3.3　政府信息资源目录体系建设

政府信息资源目录体系是政府信息资源规范管理的基础，是政府信息资源集成、共享和应用的前提。政府信息资源目录体系建设主要内容包括组织与管理、目录内容建设、目录系统建设和目录应用 4 个方面，如图 5-8 所示。

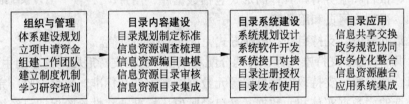

图 5-8　政府信息资源目录体系建设内容

目录内容建设是目录体系建设的基础性工作，具有历史性、长期性、持续性、系统性和规范性的特点。目录内容建设的基本原则如下：

（1）联系实际，有的放矢。政府信息资源目录编制要密切结合政府工作实践，从政府架构、政务流程和工作环节入手，切实梳理和提炼与政务活动相关的信息资源。

（2）面向应用，突出重点。根据政府部门的特点，急用先行，推动核心部门、重点领域、重要政务、重大系统的政府信息资源目录编制和应用。

（3）循序渐进，稳步展开。采取自上而下、由浅入深、先易后难、去粗取精的原则，先从单一政务、单个部门的信息资源梳理，然后再逐级集成。通过试点总结经验，形成案例，探索工作方法和实施途径。

（4）开发工具，构建机制。目录内容建设是一项长期的、持续展开的工作。为提高效率、保证质量，开发资源梳理、业务建模和目录编制的工具十分重要。同时，构建合理的长效机制，使政府信息资源目录编制向着制度化、流程化、自动化、标准化、日常化方向发展。

（5）制定标准，做好服务。标准化是政府信息资源编目的质量保障和信息资源交换共享的技术基础。在建立健全相关标准、指南、工具、手册的基础上，做好培训、咨询服务工作。

目录管理系统是利用网络信息技术实现目录编制、集成、服务的软硬件系统。政府信息资源目录管理系统包括编目子系统、目录传输子系统、目录管理子系统、目录服务子系统、系统管理子系统、元数据管理系统和认证授权管理系统，如图 5-9 所示。

共享信息服务系统由政府部门基于统一的政府网络建设、管理和维护，信息资源有各个政府部门业务信息系统提供、产生、发布并进行运行管理，基本功能包括：

（1）信息共享资源生成。从各部门业务信息资源中生成本部门用于共享的信息资源。

（2）共享信息资源发布。在政府网络系统中发布共享信息资源。

（3）共享信息资源访问。提供共享信息资源的访问服务，实现用户浏览、查询、下载、检索功能，实现信息资源的共享和使用。

编目管理子系统根据部门共享信息资源的内容特征实现元数据赋值，形成目录内容，主要技术特点如下：

（1）编目对象。共享信息资源，包括数据集、档案、法律法规、文件、报告和服务等，具体的形式包括数据库、图片、文档、音频、视频、网页和服务等。

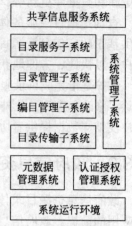

图 5-9   政务信息资源目录
管理系统组成

（2）元数据赋值。支持自动、机辅方式完成元数据的赋值。

（3）标识符管理。支持唯一标识符的分配和赋值，包括支持后段码的自动生成和管理。

（4）符合性检验。支持政府信息资源元数据的完整性和标准一致性检验。完整性检验保证所有必选的元数据实体和元数据元素已经赋值；标准一致性检验保证已经填写的元数据实体和元数据元素的取值符合国家标准（GB/T 21063）的规定。

（5）信息资源分类。实现对共享政府信息资源的分类。

目录传输系统实现目录内容在部门目录内容信息库与目录服务中心内容管理信息库之间的传输，具有建立传输通道、目录内容传送、目录内容回退等功能。目录管理系统实现对集成的目录内容的自动审核、维护、标识符前段码管理、目录服务地址管理以及监控等功能。目录服务子系统基于网络实现目录内容发布，提供目录内容的查询。

5.4   政府信息化建设

进入 21 世纪，网络信息技术广泛渗透到社会生活各个领域。以"数字政府"建设为目标的政府信息化建设成为世界各国政府面临的新的挑战。我国政府信息化建设以实现电子政务为目标，以政府信息化作为龙头带动社会信息化。

5.4.1   政府信息化建设概述

政府信息化建设是信息化建设的一个重要组成部分。

1. 政府信息化发展

政府信息化诞生于 20 世纪 80 年代，当时是指办公自动化（Office Automation，OA），即利用计算机技术来处理办公室的内部业务，主要是文件资料的制作、传送和储存。20 世纪 80 年代末，政府的管理信息系统和决策支持系统又成为人们关注的焦点。20 世纪 90 年代后期，随着国际因特网技术的发展及其在政府管理中的应用，电子政务（Electronic Government，EG）概念被提出，即在政府内部行政电子化与自动化的基础上，利用现代计算机和通信技术建立起网络化的政府信息系统，并通过不同的信息服务设施（如电话、网络和公共计算机站等）为企业、社会组织和公众提供政府信息服务。

2. 政府信息化的构成

现阶段，政府信息化主要包括 4 个主要的内容：

（1）政府办公自动化。即政府内部的政务信息化。

（2）政府办公网络化。即政府机构纵向与横向的联网，实现政府机构信息的快速沟通及对内服务。

（3）政府信息资源的共享。资源共享有两个层面的含义：一是政府机构之间的信息资源共享；二是政府机构可公开的信息的全社会共享。

（4）政府公用网站建设及对外服务。

3. 我国政府信息化建设进程

我国的政府信息化建设是沿着"机关内部办公自动化"→管理部门的电子化工程（如金关工程、金税工程等"金"字工程）→"全面的政府上网工程"这条线展开的，经历了起步、推进、发展、高速发展 4 个阶段。

（1）起步阶段（1981～1992 年）。

中央和地方党政机关所开展的办公自动化工程建立了各种纵向和横向的内部信息办公网络。

（2）推进阶段（1993～1998 年）。

1993 年，国务院信息化工作领导小组拟定了《国家信息化"九五"规划和 2010 年远景目标（纲要）》，提出了国家信息化的发展思路。1993 年年底，为适应全球建设信息高速度公路的潮流，中国正式启动了国民经济信息化的起步工程——"三金工程"，即金桥工程、金关工程和金卡工程。

（3）发展阶段（1999～2001 年）。

1999 年 1 月，40 多个部委的信息主管部门共同倡议发起了"政府上网工程"，其目标是在 1999 年实现 60%以上的部委和各级政府部门上网。

（4）高速发展阶段（2002 年至今）。

2002 年是政府信息化逐渐"由概念变成现实，由争论转入实施"的一年。2001 年 12 月 26 日，国家信息化领导小组第一次会议做出了"中国建设信息化要政府先行"的重要决策。2003 年 7 月 22 日，在国家信息化领导小组第三次会议上，要求以政府信息资源开发利用为突破口，带动全社会信息资源的开发利用，同时要按照统一规划、突出重点、整合资源、统一标准、保障安全的原则，逐步建成电子政务体系的基本框架。

讨论案例：和林市教育局的信息化建设

"现在是不是办公时间？有你这样做领导的么？你自己回去想想吧。"刘主任灰溜溜地走出局长办公室。汤局长点了根烟，边吸着边叹气，想起刚才的一幕，他仍感觉很气愤。

就在几分钟前，汤局长到人事股拿份资料，一推开办公室的门，他看到 3 名人事股的职工围坐在计算机旁，看着计算机屏幕上的视频笑得前仰后合，汤局长走进一看，计算机上播放的是目前网络上流行的"范跑跑之歌"，他压制住愤怒，把其中的人事股张主任叫到了局长办公室，然后就是开篇的那一幕。目前这乱糟糟的一切不禁使汤局长想起了教育局着手信息化这一路来的坎坷历程。

汤局长今年 46 岁，算得上是一位年轻有为的领导。他高中毕业后当了一名老师，中间经历了政府公务员、学校校长、宣传部部长，于 2001 年任教育局局长。汤局长是一个十分严厉的人，无论是工作还是生活中都很难看到他的笑脸，工作也是很认真、负责。刚来到教育局时，迎接他的是一盘散沙，整个局机关教职工整天无所事事，迟到早退，公款吃喝，基本上没人认真做事。于是，汤局长开始大刀阔斧地整改，他制定了严格的工作准则和奖惩措施，从自己做起，起到了很好的带头作用，没多久，局机关教职工的作风就有了起色，一步步好转起来，慢慢地，一切都步入了正轨，取得的政绩受到政府领导的肯定。

2002 年，按照省政府关于政府部门政务公开的要求，省教育厅制定了关于省市级教育部门政务公开的计划，和林市政府积极落实此项工作，考虑到教育局近年来业绩的攀升势头迅猛，政府决定拨一部分资金用于辅助教育局及教育系统的信息化建设。汤局长对此项计划也表示很重视，他意识到现在社会已经进入到计算机网络时代，一切工作都需要与计算机挂钩，不然就要被淘汰，所以他积极地组织着教育局及教育系统的信息化建设。但工作的开展并没有想象中的顺利。

教育局里并没有懂信息技术的人员，所以并没有成立专门的信息技术部来负责信息化建设，只是成立了一个信息化建设指导小组来负责，由汤局长担任组长，两个副局长担任副组长，从办公室抽调了一名工作任务不多的员工小张负责管理局机关的信息化建设，从普教股里抽调了一个员工小刘负责教育系统的信息化建设，从财务审计股抽调一个员工小李负责经费的管理。不久便召开了第一次小组工作会议，考虑到小组成员对整个信息化内容都不了解，所以此次会议的目的是一起学习《省教育厅关于市级教育部门信息化建设的几点要求和建议》，得出的结论是信息化建设的初期需要完成如下几项工作：开发、运行、维护和林教育信息网，局机关配备完善的网络设施，工作流程电子化。

考虑到这些要求，小组通过询问专业的人士，对教育局机关信息化建设做了一个大体上粗略的资金预算：教育信息网开发费用 1 万、每年运行和维护费用 1 万，教育局机关硬件设施购置（计算机+打印机+复印机+网络设施等）费用约 13 万元，而工作流程电子化则需要整个教育系统都配备完善的网络设施，即下属的机构包括市级学校、镇中心校和镇中小学等都有网络设备，可这样一算，需要的资金数额庞大，省教育厅下拨的专项资金加上市政府的资助还是远远不够的，所以小组讨论决定将工作流程电子化这项目标作为中长期计划，目前利用有限的资金先实现教育局机关工作的电子化。得到上级批准后，市教育局的信息化建设开展起来了。

首先是通过项目竞标的方式选择开发商。受经费限制，选择了一家小型的网站开发公司合作，这家开发公司有过商业网站开发经验，但没有开发过政府部门的网站。该公司派了两名技术人员加入到信息化建设小组，开始网站的需求分析。调查采用面对面问答的形式进行，由于教育局内部人员网站应该实现什么功能不清楚，因此调查结果并不理想。两名技术人员首先询问的是汤局长，汤局长说："网站要实现政务公开，那无非就是公布组织机构、部门职能之类的吧，当然页面风格要庄严。"当问到其他小组人员的时候，大家都模棱两可、支支吾吾说不清楚。汤局长建议问问各个职能部门负责人，看看他们有什么需求，可结果却大跌眼镜，有些负责人只是听说了信息化建设这回事，可究竟是干什么的不清楚，甚至有的负责人都不知道有这么回事，何谈什么需求了。看到需求分析遇到如此大的障碍，最后小组讨论决定，暂且不做什么需求分析了，直接模仿一些类似的政府部门网站做得了。得到这个明确指示后，两名技术人员就返回了公司开始网站的开发。

网站在开发的过程中，开发公司曾派人把需求分析拿过来，想让局长审核一下是否满意，可当时汤局长出差了，于是小组的副组长徐副局长简单过目了一下。虽然挂名是小组副组长，其实除了开会参加一下外，其他的工作他并没有参与进去，对情况也不是很清楚。正要赶着去开会的徐副组长粗略翻阅一遍之后，给予的评价是："恩，看样子你们分析得很仔细，挺好，外表不重要，重要的是网站的稳定性，回去好好干吧。"开发人员问道："不需要给小组其他人，还有各个部门的负责人过目一下么？"徐副组长答道："你这个报告比较专业，他们多数也不会懂，而且现在工作也比较忙，你们就回去负责开发吧，各部门就负责添加信息不就可以了么？要是没什么事，我就开会去了。怎么样？"看到徐副组长已起身，开发人员也不好多说，只能告辞离开。

2004 年 6 月，开发了 10 个月的教育局信息网站开始了试运行，汤局长再次面临着棘手的问题。首先，汤局长对网站的风格、布局不是很满意，总觉得看着网站很不舒服，而且网站的互动性不强，没有一个跟网站用户互动的界面，得不到反馈信息，网站的动态信息很少，只是能实现新闻的更新，这一功能的实现是将局机关的一些公文报告直接挂到网站上。其次，网站运行需要人去管理，谁做管理员是个问题，由于考虑到没人懂得这方面的知识，最后便是交给小组的小张负责，小张个人不是很满意，原因是她以前只需要负责办公室里的一部分工作，而现在偏偏又多出来这么多工作，又没有额外补偿，自己还得学习这方面的知识，而同事们也不理解，只要哪个办公室的计算机出毛病，准会向她抱怨，修好了还不领情，小张心中略有不满，但由于不敢和向来严肃的汤局长提意见，也只能勉强接受了。

越过了磨合期，网站正式对外公布，从公布到现在，网站的访问情况一直并不理想，高峰的时候访问量是每天几十人，少则几人，查看访问者 IP 地址发现，基本都是教职工的访问，也就是说起先的目的之一"政务公开"并没有达到，因为只有很少的群众用户访问记录。汤局长很困惑，究竟是因为网站内容没有吸引性呢？还是网站的宣传力度不大呢？

一方面，网站虽然运行了，但是网站还只是处在一个比较孤立的地位，目前教育局的网站只是由和林市政府的网站上链入，还没有和地市的教育信息网链接，更没有链接到省的信息网。

就在前几天，小张找到了汤局长反映情况，说："网站的新闻由我发布，可是新闻涉及各个部门，而各个部门并没有及时地把他们的信息交给我，只有我去要他们才找几个对付我，这样网站信息的时效性也没了，还弄得各个部门负责人对我有意见，觉得我是没事情做。"汤局长安慰小张说："你也知道大家对网站的运行流程不了解，你的工作不好做我能理解，你放心，我会开会督促他们积极配合你的工作的。"

另一方面，设备的采购工作也同步展开，首先是设备数量的确定，教育局共有 11 个科室，19 个办公室，最后决定给局办公室配备两台计算机，一台激光打印机，一台普通小型打印机，其余每个办公室一台计算机，共 20 台计算机，而网络设备价位控制在中等水平。由小组的财务人员参与，教育局的教学仪器股负责开始了计算机设备的采购，几经选择，最终选定了 20 台联想的品牌机，配置一般。就这样，从小组成立到计划的实施经历了 1 年的时间。2003 年 9 月设备安置完毕，网络设置完成，教育局的每个办公室的计算机都可以宽带上网。网络这个新奇的东西在当时还引起了不小的轰动，所有的职工对这个新兴的设备充满了好奇，整天围坐在计算机旁研究如何操作。当时并没有专门的人员懂得怎么使用和维护，小组的成员之一小张是负责局机关的信息化管理，通过学习，她对计算机的基本操作略知一二，刚开始她来指导大家一些办公软件的简单操作，可大家对此并不用心，只是对上网这个方面很感兴趣。过了没多长时间，大家对计算机的新鲜度降低了，也不再去研究它怎么用了。关于计算机的传言却已闹得沸沸扬扬，传到了汤局长的耳朵里。

传言说小张和教学仪器股的人在采购硬件设备时有问题，买一些便宜的计算机回来后报高账。职工也都表示认同，因为大家觉得计算机上网的速度慢，有时还发生死机现象，确实感觉好像不值那么多钱。为了抚平民怨，汤局长批示财审股成立监察组，对硬件设施采购进行审计，看是否存在违纪现象。调查结果是没有违纪现象，一切按正常程序进行，至于计算机出现的种种状况是因为网速原因造成，并非硬件问题，调查结果公布后，流言平息了，民心稳定了。

硬件设施安装好了，但是工作流程的电子化却进展不大。计算机的使用确实是方便了办公。通过简单的培训，职工们能掌握几个办公软件的操作，最熟练的是 Word，这样，公文的修改、传递更方便了，提高了办事效率。但另一方面，职工利用空闲时间上网、打游戏的事件屡屡发生，例如开篇的场景，有的报告也不再认真写，因为网上的资源很丰富，使得很多报告更是纸面化，与实际脱节。计算机网络在节省职工工作时间的同时，却创造了更多的娱乐时间。

日前教育局硬件设施的配置已经过时了，需要考虑要不要更新换代的问题，这对于教育局来说又将是一笔不小的开销，目前局机关的情况是平时工作不多，职工很闲，可一到忙的时候就感觉人手不够了，所以使得裁员受到限制。汤局长听说了一个概念是信息系统，可以将部门的流程信息化，通过系统软件进行管理，提高办事效率，汤局长想如果开发了这个系统，那么就可以考虑减少职工人数，也可以提高职工的竞争意识，使得他们工作的积极性更高了，那很多问题也会随之解决。可现在面临的不是资金的问题，而是汤局长对信息化建设的信心不足了，他不知道信息化给教育局带来的利和弊谁大谁小，现在的一系列问题如何解决？如果再继续下去的话，会不会带来更多的问题？到底该怎么办，汤局长也没了主意。

讨论题

1．和林市教育局信息化建设的初衷是什么？

2．你认为和林市教育局信息化建设中最大的问题是什么？

3．面对目前的问题，如果你是汤局长，你将怎么办？

5.4.2　电子政务建设

政务通常是指关于政治方面的事务和国家的管理工作。狭义的政务专指政府行政部门的管理和服务活动；广义的政务泛指各类行政管理活动，包括党委、政府、人大、政协和军队等。电子政务是指政府机构在其管理和服务职能中运用现代信息和通信技术，将其内部和外部的管理和服务职能通过精简、优化、整合、重组后到网上实现，打破时间、空间以及部门分隔的制约，全方位地向社会提供一体化的高效、优质、廉洁、规范、透明的管理和服务。

电子政务的主体是政府机关，范畴涵盖政府机关内、外的管理与服务工作。电子政务的重点是"政务"而非"电子"。现有的政府组织形态是工业革命的产物，与工业化的行政管理的需求和技术经济环境相呼应，已经存在了 200 年。在网络信息时代，行政管理正由传统的金字塔模式走向网络模式，政府的组织形态由金字塔模式的垂直结构向错综复杂的、水平的网状结构转变。电子政务不仅是现有政府的电子化，更是对现有的、工业时代的政府形态的一种改造，即利用信息技术和其他相关技术来构造更适合信息时代的政府结构和运行方式。电子政务是借助行政管理、系统科学、组织行为学、信息技术、政治学和法学等多个学科的相关理论和方法来进行的政务活动，实现政府组织结构和工作流程的重组优化。

电子政务是国家发展战略的重要组成部分，是治国安邦不可或缺的工具。建设适合我国国情的现代化政府，有助于提升我国在全球化中的竞争力，形成我国经济和社会发展的新动力。电子政务是政府职能转变的"助推器"，是传递政务令的"千里马"，是反腐倡廉的"好帮手"，政府与百姓之间的"连心桥"，是节约行政开支的"好管家"。

1．我国电子政务发展历程

我国电子政务建设大体区分为 4 个阶段：

（1）办公自动化阶段，20 世纪 80 年代至 90 年代中期；

（2）国民经济信息化的起步工程，1993 年启动的"三金工程"（金桥工程、金关工程、金卡工程）；

（3）1999 年的政府上网工程，由国家部委共同倡议发起，中国政府站点迅速增加，网页内容日益丰富；

（4）21 世纪初的"三网一库"阶段，三网是指"办公业务网"、"办公业务资源网"和"政府公众信息网"，一库是指"信息资源数据库"。

2002 年的中办、国办发布 17 号文件，形成电子政务建设的热潮，提出"两网、一站、四库、十二金"建设工程。

2．我国电子政务的建设目标、任务和原则

我国电子政务的建设目标包括：

（1）提高人员素质和应用水平，提供个性化服务，实现从传统工作环境向网络办公环境的转变。

（2）借助高速数据通信平台，实现在线应用与服务。

（3）采用电子签章技术，实现公文无纸化传输。

（4）建设城市信息系统，打造"数字城市"，为政府掌握信息、快速回应提供信息支持和保障。

（5）建立防灾、减灾和西部大开发应用系统，采用地理信息系统和决策支持系统技术，建立协同运行的业务系统。

国家信息化领导小组提出了我国电子政务建设的主要任务包括：

（1）建设和整合统一的电子政务网络；

（2）建设和完善重点业务系统；

（3）规划和开发重要的政务信息资源；

（4）积极推进公共服务；

（5）基本建立电子政务网络与信息安全保障体系；

（6）完善电子政务标准化体系；

（7）加强公务员信息化培训和考核；

（8）加快电子政务法制建设。

我国电子政务建设要坚持以下原则：

（1）统一原则，加强领导；

（2）需求主导，突出重点；

（3）整合资源，拉动产业；

（4）统一标准，保障安全。

3．我国电子政务总体框架

推进国家电子政务建设，服务是宗旨，应用是关键，信息资源开发利用是主线，基础设施是支撑，法律法规、标准化体系、管理体制是保障。我国电子政务总体框架如图 5-10 所示。

（1）服务与服务体系

服务是电子政务建设的出发点和落脚点。电子政务服务体系面向公众、企事业单位和政府的各种服务，具体包括：

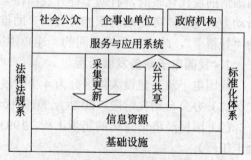

图 5-10　我国电子政务总体框架

- 公众服务：婚姻登记、计划生育、户籍管理、教育、文化、卫生保障、公用事业、住房、出入境、兵役、民主参与、就业、社会保障、交通、纳税。

- 企事业单位服务：纳税、年检年审、质量检查、安全防护、商务活动、对外交流、劳动保障、人力资源、资质认证、建设管理、破产登记、人口登记和管理、法人登记和管理、产品登记和管理、市场准入和从业资格许可。

- 政府的服务：提供市场与经济运行、农业与农村、资源与环境、行政与司法、公共安全与国家利益等方面的信息监测与分析服务；满足各级领导科学决策的需要，提供信息汇总、信息分析等服务；满足政府提高管理效能的需要，提供人力资源管理、财政事务管理和物资管理等信息服务。

（2）应用系统

应用系统优先支持社会公众关注度高、经济社会效益明显、业务流程相对稳定、信息密集、实时性强的政府业务。电子政务建设的应用系统主要包括办公、宏观经济、财政、税务、金融、海关、公共安全、社会保障、农业、质量监督、检验检疫、防汛指挥、国土资源、人事人才、新闻出版、环境保护、城市管理、国有资产监管、企业信用监管、药品监管；为党委、人大、政府、政协、法院、检察院提供了电子政务技术支持；围绕优先支持的业务，以政务信息资源开发利用为主线，以政务信息资源目录体系与交换体系为支撑，兼顾中央和地方的信息需求，统筹规划应用系统建设。重点是完善已建应用系统，强化已建系统的应用，推动互连互通和信息共享，支持部门间业务协同。

（3）信息资源

信息资源建设内容主要包括信息采集和更新、信息公开和共享以及基础信息资源。基础信息资源来源于相关部门的业务信息，具有基础性、基准性、标识性和稳定性等特征。人口、法人单位、自然资源和地理空间等基础信息的采集部门要按照"一数一源"的原则，避免重复采集。保证基础信息的准确、完整、及时更新和共享。国家基础信息库实行分别建设、统一管理、共享共用。

（4）基础设施

基础设施建设要统筹规划，避免重复投资和盲目建设，提高整体使用效益。基础设施项目包括国家电子政务网络、政务信息资源目录体系与交换体系以及信息安全基础设施。国家电子政务网络由基于国家电子政务传输网的政务内网和政务外网组成。政务信息资源目录体系与交换体系为各级政府提供信息查询和共享服务，建立跨部门的政务信息资源交换体系，围绕部门内信息的纵向汇聚和传递、部门间在线实时信息的横向交换等需求，为各级政府的社会管理、公共服务、辅助决策等提供信息交换和共享服务。

信息安全基础设施有利于加强和规范电子政务网络信任体系建设。建立有效的身份认证、授权管理和责任认定机制、建立健全信息安全监测系统，提高对网络攻击、病毒入侵的防范能力和网络失泄密的检查发现能力。统筹规划电子政务应急响应与灾难备份建设。完善密钥管理基础设施，充分利用密码、访问控制等技术保护电子政务安全，促进应用系统的互连互通和信息共享。

（5）法律法规与标准化体系

法律法规建设包括政府信息公开、政府信息共享、政府网站管理、政务网络管理和电子政务项目管理等方面的法规建设。通过法律法规建设推动开展修订相关法律法规的研究。

电子政务标准化体系以国家标准为主体，由总体标准、应用标准、应用支撑标准、信息安全标准、网络基础设施标准和管理标准等组成。重点制定电子公文交换、电子政务主题词表和业务流程设计等标准，逐步建立标准符合性测试环境。

（6）管理体制

电子政务建设加快推进有关电子政务发展全局的重大体制改革，建立健全与社会主义市场经济体制相适应的电子政务管理体制。把电子政务建设和转变政府职能与创新政府管理紧密结合起来，形成电子政务发展与深化行政管理体制改革相互促进、共同发展的机制。创新电子政务建设模式，逐步形成以政府为主、社会参与的多元化投资机制，提高电子政务建设和运行维护的专业化、社会化服务水平。围绕电子政务的建设和应用，加强技术研发，提高产业素质，严格执行《政府采购法》和《招标投标法》，形成有利于信息技术创新和信息产业发展的机制。

讨论案例：Y市政府的电子政务

Y市政府在1996年就开始实施了简单的电子政务系统，即政府内部的自动化办公系统，采用的是Notes技术。原来只有政府几个主要部门使用，之后发展到几乎所有单位都在使用这套系统，利用率很高。随着其业务需求量的不断膨胀，工作流程也因各机关单位的数据和业务不透明而变得越来越复杂。

这套旧系统使用的软硬件平台日趋落后，已无法承载大量的数据需求和流程优化。而旧系统中的一些操作也不方便，用户在使用过程中容易产生操作失误。如帮助提示不足，会导致用户对处理方法产生误解；一些标题、提示、按钮的命名不符合用户使用习惯，导致用户在使用系统时感到困难。因此，内部要求更新系统的呼声越来越强烈。

同时，社会各界也在要求政府提高行政服务效率。尤其是企业界对政府业务操作不透明，审批环节过多，工作拖沓的现象表示不满，希望政府能提供"一站式"服务，提高工作效率。因此，政府还需要有统一的对外平台，让社会各界通过这个平台与政府内部各部门进行业务往来。随着因特网不断的发展与普及，政府门户网站将搭起与社会公众沟通的桥梁。

内外部的客观需求使市政府决定投入人力物力重新实施新的电子政务系统，以满足各方的需求来提高政府整体工作效率，为社会公众提供满意的"一站式"服务。Y市政府为了更好地推动本市电子政务系统建设，专门开了动员大会，到会的有各个部门的一把手，还有信息中心的负责人田主任和主要技术人员。大会上市长王名强调了建立电子政务系统的重要性和意义，并且要求各部门要配合好信息中心的工作，快速有效地建设好本市的电子政务系统。各部门负责人表示一定会支持好这项工作。会上信息中心负责人田主任（从信息产业局调来）规划了Y市建立电子政务系统的主要内容，并表示一定要做好此项工作。散会后，王市长叫田主任留下。

王市长："老田，电子政务建设是一项重要工作，关系到我市的形象，你要费费心。"

田主任："谢谢领导对我们的信任，我们一定努力做好这项工作。"

王市长："你们信息中心还有什么要求吗？尽管提嘛！"

田主任："资金、人员这些我不担心，我担心的是在工作开展过程中各个部门配合问题，因为政府信息化势必要影响各个部门的工作和利益。"

王市长："田主任这些不是主要问题，刚才不是大会上要求了吗？放心吧，以后有什么问题尽管来找我，我还是指挥小组组长啊！"

说完王市长说自己还有会就匆匆离开了。

当天下午，田主任回到信息中心就召集信息中心全体人员召开部署大会并成立了工作小组。小组成员：田主任任组长，陈华（Y市某大学信管系教授）任副组长，成员：黄东（市政府网络中心技术工程师）、小张、小王。

大会上规划了 Y 市电子政务系统的主要内容：

（1）Y 市电子政务统一信息门户平台；

（2）在 Y 市电子政务内部网络平台范围内应用的网站管理系统；

（3）覆盖 Y 市四套班子和各委办局及各区县办公业务的政务 OA 系统；

（4）为方便领导快速处理各项事务提供的指挥协同系统；

（5）为 Y 市四套班子、市属单位及与自治区或其他国家机关之间进行标准公文传递的公文交换系统；

（6）涉及安全管理、安全协议、加密、签名与认证等在内的信息安全体系框架；

（7）涉及网络基础设施、应用支撑、电子政务应用各个层面的技术和运营管理体系框架。

通过系统建设，实现以下目标：

（1）通过电子政务项目实现巩固与推广行政体制改革成果；

（2）通过电子政务项目实现增强宏观调控能力；

（3）通过电子政务项目实现增强政府部门间的协同能力；

（4）通过电子政务项目推动信息交换，形成政府部门间统一的网络政务环境；

（5）通过电子政务项目实现提高政府为公众服务的形象；

（6）以电子政务系统促进 Y 市的政府职能机构的管理水平、政府快速响应能力、科学决策能力的提升。

会上大家明确了自己的任务。

随后的几天里 Y 市信息化工作全面展开，信息中心开始对全市各个部门实行工作流程调查和系统分析，由于此项工作关系到信息化的成败，信息中心由田主任带头进行调研分析。刚开始各部门都很热情配合，因为这是市里的重大项目。但是当涉及各个部门的内部材料和数据，特别是人事和财务的时候各部门表现得拖拉，并且相互踢皮球。王主任感觉到有点力不从心，你一个小小的信息中心主任能对各部门的领导进行指挥吗？刚开始找王市长能解决，但是毕竟王市长工作比较忙，老是找田主任觉得不妥，并且可能还怀疑他的办事能力，所以田主任只好自己一件件地亲自解决，向各部门领导说明政府信息化的意义和作用，不会损害各个部门的利益。在这样的情况下工作才慢慢完成。随后信息中心开始购买相应的设备以及软件，并且还招聘了几个大学生。

随后信息中心开始政务系统软件建设，经过反复论证、层层选型，信息中心选用了具有出色可靠性、可扩展性和卓越性能的基于因特尔（至强）处理器的服务器为基础硬件平台，BEA WebLogic Server 为中间件应用软件开发平台，为创新的电子政务系统打下了扎实的基础。基于这两个软硬件平台，在供应商专业工程师的协助之下独立开发了所有的应用系统。

Y 市电子政务系统由两个重点业务系统组成，即机关电子政务系统和机关公文网际交换系统。这两个系统的无缝集成解决了市政府面临的挑战，其中机关电子政务系统将现有的各行业、各级、各部门单位的信息系统互连，实现"安全数据共享，可信业务互连"，同时为公众提供 Web 服务，既解决了政府内部流程混乱、业务不透明且各自为阵的问题，又解决了公众希望拥有一个交互平台的问题。

社会公众通过该系统的门户网站进入并获得政府信息，而政府部门对他们的投诉、要求、意见、建议、表扬或咨询通过网站以 5 种方式进行反馈——网站直接答复、无线短信、电子邮件、普通信函和电话。这样，社会公众与政府的交互通过机关电子政务系统就得到了实现。

对于通过政府门户网站形成的社会事务，行政机构和公务员参与处理的方式比较多样，可以是单个公务员直接处理，由机关电子政务系统的后台 OA 功能模块完成；也可以是单个行政机构中的几个科室共同处理，由系统灵活定制的业务流程机制完成；还可以是数个行政机构协同处理，由系统协同流程和无缝接入各级交换系统完成。

在处理公众事务中，不同部门/不同职位的人进入内部办公系统都会见到个性化的界面，信息显示和操作更有针对性，用户可以更直接地获取自己关心的信息，例如最新的通知、公告和代办事务等。这样，政府的工作效率有了大幅的提高。

机关公文网际交换系统的功能模块包括网际收文管理、网际发文管理、收发便函管理、转发文管理、用户管理以及短信管理。这些功能使行政机构及公务员在处理社会事务时通过浏览器就能够在机关单位各系统间进行无缝的公文交换，加快了工作流程，提高了工作效率。

两个系统的紧密结合使工作流程加快，增强了政府的反应能力，得到了社会公众的认可。

经过将近一年的建设，Y 市政府的信息化基本完成，市政府和区县政府的网站已全部建成，链接的政府及部门网站已达 150 多个，日访问量超过几万人次，提供了政府在线服务，方便公民和企业办理有关事务。基于业务系统的网上办公事项逐步扩大，已有 20 个委办局提供了 300 多种表格下载，24 个委办局提供了近 40 项网上咨询或投诉窗口。此外，Y 市还实施了社区信息化的建设，一批居民小区信息网站已初见成效。

信息中心的工作得到了领导的赞扬，社会也给予认可。

但是运行几个月后，还是出现了很多问题：

（1）由于原有政府业务部门的纵向业务部门相对流畅，牵涉部门利益少，上级推进力度大，使得业务部门为主的纵向信息共享工作推进迅速，成果显著。但是政府部门横向信息共享程度低，政府部门间的信息共享一直以来是信息共享工作中的重点和难点。例如，市规划局建立全市的地理信息系统，在建设过程中需要市国土管理局的地理信息，而国土管理局尽管有 Y 市的地理信息系统，但因为不是同一个部门，涉及部门间的利益和安全保密问题，所以两部门实施信息共享的阻力比较大，信息中心的问卷调查显示，对"为更好地实施决策和管理，您是否需要其他部门提供信息"经常需要占到 72%，而对"如果您想得到其他部门的信息又暂时无法得到，一般您会怎么做"回答中，"无能为力，只能放弃"和"凭自己的经验处理决策"占 63%。

（2）信息中心的地位偏低问题。调研对象一致反映，许多工作很难推进，尤其涉及部门间的信息共享。并且运行后信息中心的工作量加大，各部门对信息系统出现的任何问题都要信息中心派人处理。

（3）各政府的网站经常遭到黑客光临，有一次，市政府门户网站被黑客攻击，主页上出现"一群贪官"，致使网站关停一周，信息中心受到领导批评。其实信息中心清楚，有时候不能全怪他们，很多时候是那里的工作人员粗心大意，没有维护好。

（4）各个部门的系统发布信息比较陈旧，更新速度慢，甚至有一些新闻是一个月前的。

信息中心的田主任感到还有很多工作要做，并且还感到有一些力不从心。

讨论题

1．Y 市领导对推进信息化的工作是否做到位？还有哪些工作要做？

2．结合我国地方政府信息化实践，说明信息中心在推进地方政府信息化过程中应该扮演什么角色？

3．如果你是田主任，你将如何开展下面的工作？

5.4.3　政府信息资源整合

信息资源整合是指面向主题和需求，对离散的、多源的、异构的、分布的、跨平台的、跨系统的、跨网络的信息资源通过调用、传递、转换、清洗、共享组织为一个整体，实现对信息资源的整序、共享、协调，拓展信息资源的价值发现、共享应用和服务管理。信息资源整合是信息资源有效组织、归档、预处理的过程。整合的信息资源为进一步分析、统计、利用创造条件。政府信息资源是国家政治、经济、军事、文化的综合性、多样性、异构性的信息资源。政府信息资源整合是对政府信息资源的组织管理，是经济建设、社会治理、国防安全和公众服务的重要基础。整合信息资源的关键是构建一个安全、可靠、统一的信息管理平台，支持领导的分析决策和公务员的日常工作。多源的政府信息资源包括结构化的（各种数据库）、半结构化的（文档管理系统，XML）和非结构化的（电子邮件，网页和 Word 等）信息资源。

2006 年 5 月，中共中央办公厅、国务院办公厅发布的《2006—2020 年国家信息化发展战略》把政务信息资源的整合列为电子政务建设的首要战略行动，指出"整合资源，形成全面覆盖、高效灵敏的社会管理信息网络，增强社会综合治理能力"。政府信息资源整合从认识、技术实现到操作实施都有相当难度，需要统筹规划、分步实施、系统建设。政府信息资源整合的目的是强化信息资源的全面管理，运用技术、经济和政策手段统筹规划，以实现集成性、主题化、可控性、实时性的信息资源管理。

2002 年 8 月 5 日，中共中央办公厅、国务院办公厅转发了《国家信息化领导小组关于我国电子政务建设指导意见》（[2002]17 号）。我国电子政务建设在"十五"期间的建设任务归纳起来是"一站"、"两网"、"四库"和"十二金"，如图 5-11 所示。

"一站"是指政府门户网站；"两网"是指政务内网和政务外网；"四库"就是建立人口、法人单位、空间地理和自然资源、宏观经济4 个基础数据库；"十二金"则是要重点推进办公业务资源系统等 12 个业务系统。"十二金"可分为三类：第一类是对加强监管、提高效率和推进公共服务起到核心作用的办公业务资源系统、宏观经济管理系统建设；第二类是增强政府收入能力、保证公共支出合理性的金税、

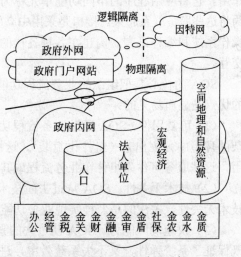

图 5-11　电子政务建设目标

金关、金财、金融监管（含金卡）和金审 5 个业务系统建设；第三类是保障社会秩序、为国民经济和社会发展打下坚实基础的金盾、社会保障、金农、金水、金质 5 个业务系统建设。

1. 政府信息资源数据库的整合

政府信息资源整合以人口、法人单位、空间地理和自然资源、宏观经济 4 个数据库为基础，构建电子政务信息资源目录体系和交换体系。在此基础上，面向不同业务部门，整合专业领域和部门的个性化信息资源，建设面向主题的数据仓库。

2. 电子政务网络整合

为适应业务发展和安全保密的要求，有效遏制重复建设，需要整合统一的网络平台。电子政务网络由政务内网和政务外网构成，两网之间物理隔离，政务外网与因特网逻辑隔离。政务内网主要是副省级以上政务部门的办公网，与副省级以下政务部门的办公网物理隔离。政务外网是政府的业务专网，主要运行政务部门面向社会的专业性服务和内网运行的业务。统一标准，促进业务系统的互联互通、资源共享。

3. "一站式"服务整合

在电子政务网络化基础上，建立统一的政府门户网站，整合职能部门业务，实现"一站式"服务。政府门户网站就是在各个政府部门的信息化建设基础上，建立起跨部门的、集成的业务应用系统，使公众、企业和公务员都能快速便捷地接入信息系统，获取相关信息和个性化服务。各级政府大力开展对企业和公众的服务，逐步增加服务内容、扩大服务范围、提高服务质量，促进政务公开、行政审批、社会保障、教育文化、环境保护、"防伪打假"、"扫黄打非"等服务。政府门户网站是实现"一站式"网上办公和服务的主要形式，本质上就是服务的集成和整合，既可以是服务流程的整合，也可以是服务内容的整合。

4. 应用系统的整合

在专业业务应用系统整合的基础上，对已有的电子政务应用系统，如电子政务门户（Portal）、办公系统、内容管理系统（CMS）和工作流系统（Work Flow）等进行一种无缝整合，实现应用系统之间的交互整合。

面向服务的架构（Service-Oriented Architecture，SOA）在应用系统的整合中起到重要作用。它将应用程序的不同功能单元称为服务，并通过这些服务之间定义良好的接口和契约将这些服务联系起来。接口是采用中立的方式进行定义的，独立于实现服务的硬件平台、操作系统和编程语言，构建在各种各样的系统中的服务可以以一种统一和通用的方式进行交互。

SOA 的核心是把组织的业务流程功能模块构件化，并对外提供标准的服务，由此带来的优点是显而易见的：

（1）可复用性。SOA 通过业务流程功能模块构件化来封装的应用程序功能将服务从复杂的环境中独立出来（组件化封装），这样就可以使用标准接口在不同的服务之间相互调用，这些服务可作为组件在业务流程或其他业务中复用。

（2）技术无关性。SOA 从过去的技术组件改变为业务组件（称为"服务"），强调的是技术无关性，关注的是怎样实现业务功能，在业务请求和响应之间随时搭建快速通道。

（3）快速响应能力。SOA 从过去的紧耦合改变为松耦合，可以实现服务的快速组合，既保证了系统弹性，又不失系统效率，进而实现重复利用软件资源，快速响应市场需求变化，提高生产力等目标。

（4）"随需应变"响应能力。SOA 业务流程由一系列业务服务组合而成，并通过松散耦合的方式公开业务服务。由于这些服务模块的功能都是相互独立、通过完备定义的接口相互联系起来的，因此只要按照一定的顺序来请求这些功能模块所提供的服务，就可以形成完整的业务流程。SOA 可以根据业务要求对服务进行各种组合，快速开发新的业务服务，满足业务发展不同时期的需要。

5. 数据整合方法

实现多源异构数据整合一般有两种方法。

第一种方法是将原有的数据移植到新的数据管理系统中来。这种整合方式的缺点是随着数据管理系统的升级，原来数据的相关应用软件或是被废弃，或是重新开发。通常这种方法不是实用的解决方案。

第二种方法是利用一个操作平台（或中间件）整合、协调多源异构数据。该方法并不需要改变原始数据的存储和管理方式。该平台（或中间件）位于多源异构数据源（数据层）和应用程序（应用层）之间，向下兼容和协调各数据源，向上为访问整合数据的应用提供统一数据模式和数据访问的通用接口。

讨论案例：长平市政府信息资源整合

随着信息化的快速发展，国家各部门和地方各级人民政府都在大力发展信息化建设。为了本市能够得到更好的发展，长平市政府也在 2008 年制定了政府信息化建设方案，并于2009 年拨入大量资金用于政府上网工程。然而，长平市市长张兆祥发现，尽管政府紧锣密鼓地开展信息化建设，可是政府的政务公开网站却无人问津，他决定把该项目的负责人刘主任叫来好好问问。

刘主任听说张市长要见他，心里叫苦不迭。他当然知道张市长见他是为了什么，可是他觉得这事儿怨不得他。

刘主任敲了敲门。"请进！"听到张市长的声音，刘主任就觉得这次一定会被骂得狗血淋头。"你来了"，张市长放下了手中的文件。"我说话不喜欢绕弯子，我就直说了。我最近关注了一下咱们政府网站的建设情况，发现访问量少得可怜，政府这次可是下了很大力气的，你们是怎么办事情的？"

刘主任定了定神，把他昨晚就拟好的思路又迅速在脑海中过了一遍，不紧不慢地开口说："张市长，我们工程小组一直都非常重视这个项目，在实施前就精心拟定了一份计划，并且交给您过目了，同时也进行了多方面的可行性论证，确保万无一失了才开始执行，我们真的倾注了很多辛勤和汗水，最后形成这样的局面我们也很苦恼。"

张市长听了，皱了皱眉头说："听你的意思，好像你们跟这件事完全没有干系？你们是想推卸责任吗？""不不不，您千万不要误会我的意思，请听我说完。"刘主任连忙说，"我们小组这几天一直在分析导致此状况的原因，我们认为，一方面我们是第一次进行这样的建设，没有成功经验可以借鉴，同时信息共享受阻，重复建设现象突出。尤其是在政府信息资源建设方面，自 2009 年启动政府上网工程后，各部门采取的是自下而上的建设、分散性建设、投资型建设，由此产生了许多自我封闭的、条块分割的、信息隔绝的网络和信息系统，形成了信息化建设多头突进的局面，即所谓的'信息孤岛'现象，成为政府信息化建设的发展瓶颈。我们在信息化建设工作的推进过程当中也遇到了很大的阻力：有的部门为了垄断行业信息资源，保存自己的行政资源，便以安全保密的理由不让本部门所有的信息予以公开，或不允许其他部门共享；地方的横向信息化建设速度跟不上垂直管理部门信息化建设速度，垂直管理部门按条条的模式构建互联网络，形成信息资源壁垒和信息烟囱，有计划地制造信息部门孤岛；而且我经过研究发现，我国所建设的政务网站多数是以信息发布为主，网上办事缺乏'后台'关系的支持，与国外发达国家政府门户网站相比，在内容组织、网上办事功能等方面存在很大的差距，严格地说还不能算作真正的政府门户网站。"

"恩，你分析得挺有道理，看来你确实是用心思考过这个项目的问题。"张市长点了点头，刘主任也暗暗松了一口气。"但是针对目前这种状况，依你看，我们应该采取哪些有效的措施呢？"

"依我看，我们应该聘请一名信息资源管理方面的专家来帮助我们分析现有问题，并找出解决问题的最佳方案。"

"难道我们内部就没有这方面的人才吗？"

"是这样的张市长，我们内部虽然也聘用了这方面的人才，但是因为我们是近两年才开始着手建设信息化，以前只关注于办公自动化以及相关的软件外包工作，所以我们公司刚聘请的内部人员恐怕对于信息化建设的工作经验还不太足，请资深的专家来帮助我们解决问题的话，我们可以借助专家的权威更加有效地开展信息化建设的工作，同时专家在这方面的经验一定非常丰富，我们还可以学习和借鉴各市政府信息化建设的先进经验，避免犯下一些不必要的错误。"

"恩，好，这件事就交给你来办。"张市长听完刘主任的分析，感觉非常满意。

几周后，刘主任将他请的信息资源管理方面的专家王云涛带到了市长办公室。张市长找来了赵副市长和信息化建设项目小组的全体组员，召开了一次小型会议，在会上，王专家将他所发现的问题一一向市长等人阐明。

"大家好，经过我这一阶段的研究，我认为当前比较有效的一个措施就是政府信息资源整合。"

"信息资源整合？这是什么意思？"快嘴的项目组技术管理员小马在下面接话道。

"大家别心急呀，听我详细说明。"王专家笑了笑，"经我调查发现，我市政府对于信息资源的开发工作做得还是很到位的，但是对于这些所开发出来的大量的信息资源，它们由于是各个部门自己独立建立的，因此是多源异构性的数据，也就是来源广泛、结构不同，这样是很不利于信息资源的共享的"。

"那么信息资源整合就是如何能够将这些多源异构的资源进行有效的整合对吗？"张市长若有所思地说。

"张市长说得完全正确，详细地说，信息资源整合不能仅限于技术或物理层面的整合，应当用信息资源管理的思想指导整合的全过程。要包括对信息资源整体架构体系的整合，对信息资源管理组织体系的整合，对信息资源管理环境的整合以及对信息服务内容和方式的整合，通过统筹和全面的整合，实现政府信息资源的合理配置及有效利用。因此说，不能把信息资源整合问题简单看成是一个专业或技术层面的问题，而是一个综合治理的问题，应当在政府统一规划和统筹协调下组织实施。"

"王专家，您说的这种整合是一种整体规划，我的理解是这是一种更好地利用信息资源并挖掘信息价值的根本途径，但是这对于我们目前一个亟待解决的问题，也就是政府网站访问量过少有什么指导意义吗？"赵副市长看了看张市长，大胆地提出了他的质疑。

"是这样的，对于本市的政府门户网站，其发展滞后的主要原因是对'后台'工作的重视和深入程度不够，尤其是业务流程重组的'协同'动力不足，网站发展的主要障碍已经不是技术层面的问题。为什么公众不愿意访问我市政府网站？因为他们不能从网站的访问中找到他们需要的东西，也就是说我们不能仅仅满足于建立网站，再定时发布出去，那不就是个电子版的公告栏吗？我们应该着力于建立公众进入政府的'门户'站点，实现'一站式'网上办事，方便公众获取政府的服务。政府门户网站区别于其他网站的关键是具有'前台—后台'关系。'前台'关系即门户网站面向公众，是连接所有政府网站的前台，它作为一个强大的搜索引擎，快速便捷地为客户找到办理相应业务的路径。在此基础上，用户通过政府门户网站即可直接进入业务办理程序，用户无须与具体的政府机构（网站）打交道，也不用知道自己是在与哪个政府机构打交道。'后台'关系是指政府门户网站与政府职能部门之间构成了'后台'关系，需要在后台对业务进行整合。"

"对业务进行整合？王专家，您的这种愿景是非常美好的，我也对您的远见卓识表示欣赏。可是您要知道，政府部门与部门之间是不同的，各个部门分管不同的具体业务，相互之间的横向关系和纵向关系也非常错综复杂，您要将这些不同的业务进行整合，工作量巨大不说，政府部门原有的结构也会被破坏，新的层次需要人去适应，而且是否确实有效尚且不能够保证，这样做是不是有些冒险？"张市长难以掩饰他对这个计划的忧虑和怀疑。

"张市长，您误解了我的意思。要实现信息资源整合，确实需要对所有政府机构的业务类型进行分类与排列，但是这不是实际意义上的重组，而是逻辑意义上的整合——通过某应用的主题需求，按照逻辑关系对其所有的业务活动进行整理，建立一个介于原始数据和具体应用之间的平台，不需要对原始数据进行任何物理上的修改，而是通过平台将数据转换成统一的格式提供给应用程序访问。同时各个部门的不同的应用系统也应该进行整合，利用 SOA 架构将不同应用系统中的各个模块变为服务，通过服务组合实现动态的、灵活的应用服务。"

"我明白您的意思了，信息资源的整合是通过构建一个平台实现数据和系统的整合，您看我这样的理解对吗？"张市长沉思道。

"没错，具体而言，信息资源的整合就是对所涉及的政府业务部门按照优化业务流程的要求进行重组；还要制定信息内容资源目录，按照数据标准进行分类整合，建立数据库和数据分析模型，实现信息共享和信息的有效利用；同时在技术上采取积极措施，要保障门户网站与部门网站的'协同业务'和'统一管理'以及安全的需求。这种'前台—后台'关系一旦实现，政府门户网站不仅是政务信息发布平台，也是业务处理平台、知识平台，它使政府对政府、企业、公民之间的信息共享和交流更加流畅，使公众能够平等和方便地在一个服务平台上获取信息、办理业务、增加知识，这是真正意义上的'门户'网站。"说到这里，在场的每个人都不约而同地鼓起掌来。

"谢谢大家，那么我来总结一下我的观点。"王专家鞠了一躬以后继续说道，"信息资源整合简而言之就是以一个开放的、基于标准的电子政务统一应用平台为基础，实现政府各个部门之间快速的信息交换和资源共享，并面向企业和公众提供服务。也就是对现有的政府网站进行整合，建设统一的政府信息门户。它可以促进政府业务流程改造、政府部门职能转变和政府机构重组。政府门户网站建设的关键是政务业务流程的重组、信息数据的加工处理和选择成熟及安全的协同业务的技术，所以是政务创新型的建设任务。因此，要加强领导和政策、资金的供给以及提供组织和机制的保障"。

"您的意见非常中肯，我们会采纳的，王专家，非常感谢您，让您费心了！"张市长听完王专家的一席话，有一种茅塞顿开的感觉，连日来压在心头的一块石头终于可以放下了，他非常高兴地与王专家握手。

"张市长您太客气了，能够为我市的发展贡献一份微薄之力是我的荣幸。"王专家谦虚地说。

这次会议之后，张市长按照王专家的建议，重新开展长平市的政府信息化建设，取得了显著成效，并且成为全国政府信息化工程建设模范，为全国推广其先进经验。

讨论题

1．长平市的政府网站为什么无人问津？
2．王专家提出的整合方案是什么？你认同这个方案吗？
3．如果你是刘主任，你会如何实施整合方案？

本章小结

本章首先阐述了政府信息资源的概念、特征、作用和类型，进而阐述了信息资源管理的特点和任务，以及政府信息资源采集的模型和方法。政府信息资源元数据是政府信息资源管理的重要基础。政府信息资源元数据的设计原则和标准是政府信息资源管理的出发点。

政府信息资源目录体系是政府信息资源标准化管理的组织形式。政府信息资源目录体系是政府信息资源规范管理的基础，是政府信息资源集成、共享和应用的前提。政府信息资源目录体系建设的主要内容包括组织与管理、目录内容建设、目录系统建设和目录应用4个方面。

政府信息化建设是国家信息化建设的一个重要组成部分。电子政务建设是我国政府信息化建设的核心任务。本章阐述了我国电子政务发展历程以及电子政务建设目标、任务和原则。通过"一站"、"两网"、"四库"和"十二金"的建设实现政府信息资源整合。

思考题

1．电子政务的发展方向是什么？
2．政府信息资源整合的思想和作用是什么？
3．政府信息元数据的标准是什么？
4．政府信息资源元数据的设计原则是什么？
5．政府信息资源整合有哪些方法？

6．政府信息资源是如何采集的？

7．"一站"、"两网"、"四库"和"十二金"的具体内容是什么？

8．什么是政府信息资源？政府信息资源有什么特点？

参考文献

[1] 马费成，赖茂生．信息资源管理．北京：高等教育出版社，2006．

[2] 马费成．信息资源开发与管理．北京：电子工业出版社，2004．

[3] 孟广均．信息资源管理导论．第3版．北京：科学出版社，2008．

[4] 胡昌平，陈传夫，邱均平，王新才．信息资源管理研究进展．武汉：武汉大学出版社，2008．

[5] 胡昌平．信息资源管理研究进展．武汉：武汉大学出版社，2010．

[6] 冯惠玲．政府信息资源管理．北京：中国人民大学出版社，2006．

[7] 苏新宁，朱晓峰，吴鹏，孔敏．政府信息资源管理与政府决策．北京：科学出版社，2008．

[8] 穆勇，彭凯．政府信息资源目录体系建设理论与实践．北京：北京大学出版社，2009．

[9] 李军，彭凯．政务地理空间信息资源管理与共享服务应用．北京：北京大学出版社，2009．

[10] 周晓英，王英玮．政务信息管理．北京：中国人民大学出版社，2004．

[11] 王新才．政府信息资源管理．北京：科学出版社，2011．

第6章

企业信息资源管理

本章学习目标

- 理解企业信息资源管理的概念和技术框架。
- 掌握企业信息资源管理的模式和制度安排。
- 理解企业信息资源开发与利用的重要性。
- 了解企业信息化建设规划与管理的内容。

引导案例：一个项目经理的困惑

2008 年 6 月的一天，项目经理刘凯办公室的电话响了，"您好，是刘经理吗？""是。""现在您能到梁总办公室来一下吗？""好的，我现在就过去。"放下电话，刘凯叹了口气："哎，看来凶多吉少啊。"回忆起这半年发生的事情，刘凯心里真不是滋味。这是为什么呢？

宏达公司是富州市的一家小型零售连锁企业，总部设在富州，目前已在省内其他几个城市设有分部。业务扩张后，企业内却出现了一系列的问题：各分店之间、分店与总部之间、与供应商之间的信息管理系统是不相连接的，各分店也分别向供货商采购，这样一来，宏达公司实际上就成了单店经营，一个个分店其实就是一个个"信息孤岛"，规模优势和集团优势难以发挥。面对这些问题，宏达公司急于借信息技术来提升整体管控能力，于是经过多方考察，选择了有开发经验的华信科技公司来负责信息系统的研发，并于 2007 年 12 月与华信科技公司签署合作协议。

刘凯，2005 年毕业于某重点大学计算机系，一直在华信科技公司做技术工作，3 年中多次参加电子商务项目的研发，并凭借扎实的技术知识和灵活的头脑解决了很多难题，受到项目经理们的赞赏。当然，这些成绩也引起了华信科技公司老总梁青的注意，所以他决定这次把项目交给刘凯试一试，给这个年轻人一个施展才华的机会。于是 2007 年 12 月，刘凯被任命为项目经理。

张伟，宏达公司的副总经理，是宏达公司方面项目的负责人。

接到任命，刘凯既兴奋又紧张，很快他从其他项目组挑选了 4 名有开发经验的技术人员组成了自己的项目组。刘凯带领组员走访了公司各个部门了解了业务流程，并和张伟进行多次讨论，了解宏达公司目前的需求，最后决定为宏达公司量身打造一个 B2B 电子商务平台，包括基于 Intranet 内网的报表统计系统，基于 Extranet 外网的 e-SCM 供应链管理系统等。系统功能包括在线结算、信息分享（销售、库存、补货、结算）以及品类管理及分析。方案实现了宏达公司多家分店及总店与供货商之间的电子订单、对账、经营数据分析、查询等协同商务工作。

方案确定后，刘凯项目组马上开始行动。由于这个 B2B 平台开发的工程量小，调研时小组成员也都熟悉公司的需求和业务流程，因此刘凯没有要求书写需求分析、流程分析等文档，直接进行了系统设计并开始实施。通过几次小组讨论，确定了系统功能模块、数据结构和函数接口等，小组成员便分头编写功能模块，而刘凯也负责了一个核心模块的开发。

张伟看过了系统的设计报告后对系统的功能比较满意，在得知刘凯项目组已经开始着手开发系统后，就放下心来等待系统的完成。

刘凯认为，系统的整个结构大家都已经知道了，要做的工作也在小组会议上分配下去了，而且他相信每个小组成员都能认真地完成自己的工作。一个月后，只要将各个功能模块拼接起来，通过测试就可以投入试运行了。所以他便安心设计自己负责的功能模块。一个月中，每个人都在做自己的工作，一切进展顺利。然而一个月后，问题出现了。当基本模块开始拼接的时候，发现各个模块不能组合起来形成一个完整的系统，原因是有的人对讨论出的接口、结构理解有偏差。有些功能由于缺乏协调，被遗漏了，没有人编写。另外，每个人的程序代码编写风格不一样，甚至出现了不同参数名称相同的现象，使得测试时很难找到错误的地方。刘凯意识到，这些问题是由于工作前期责任分配不清，开发过程中缺少监控和协调造成的。于是他召开了小组会议，重新分配了任务，并发放了明确的任务书，对参数、函数、结构和代码格式等制定了标准和详细的说明。对系统进行修改的过程中，刘凯减少了自己编程的工作量，把主要精力放在了工作的监控和组员的协调方面。又经过一个月的努力，系统终于通过了测试，可以提交给宏达公司进行试运行了。

系统试运行了几天，没有出现什么错误，刘凯稍稍松了口气。然而没过多久，张伟发现，上游供货商出于各自业务统计和分析的需要，会对自己所经营的商品采取一定的分类标准和编码规则，即使同一连锁集团内，各分店所经营的商品种类、商品编码和价格等属性也可能各不相同。所以，方案必须解决一定标准下信息转换的问题，否则 B2B 电子商务平台就是一句空谈。另外，张伟还提出了新的要求：在总部建设数据中心系统，包括基于数据仓库的 CRM 顾客关系管理系统。针对张伟提出的问题，刘凯决定对方案进行调整。这时新的问题出现了。一方面，项目组的小李因为原来开发的一个系统出现问题，不得不回到原来的项目组，公司派来了小张接替小李的工作，但是由于项目初期没有写需求分析报告和流程分析报告等文档，小张对需求和业务流程不理解，只得走访各部门重新进行调研。另一方面，项目组中出现了分歧，有人认为上一次系统的修改和这一次用户提出新的要求都是刘凯的领导失误，他不能胜任项目经理一职。而有人认为，刘凯第一次负责项目，有不足的地方是可以理解的，而这次客户提出新的要求是因为宏达公司并不清楚自己的需求，不是项目组的问题。对于议论，刘凯并没有理睬，并决心要把系统改造好。虽然困难重重，但经过刘凯的努力，系统改造终于完成了。这次改动几乎是推翻了原有方案从头做起，所以工作量很大，而且由于消极情绪的影响，小组中出现了怠工现象，所以这次修改花了 4 个月的时间。

然而事情又出现了新的变化，张伟提出需要一套 BI 商业智能系统为企业的决策提供支持。这一回刘凯坐不住了。第一，项目方案又要调整，这会是一个更长的时间，而且不知道以后还会怎样变化；第二，刘凯认为，对于宏达公司来说，BI商业智能系统的考虑太长远，目前的数据量太少，项目实施后数据量的增加也会是一个长期过程，没必要现在就做全部规划。作为企业副总，张伟有不同的意见：现在的零售连锁竞争相当激烈，企业要考虑长远的规划。系统上线后，随着供货商和各分店的数据共享，信息量不断扩大，需要一套BI商业智能系统为企业领导的决策提供帮助，这样才会在竞争中保持不败。刘凯认为：客户应该一开始就明确自己的需求，而不应该不断要求改变方案，经常把做好的方案推倒重来，弄得解决方案的供应商无所适从。更何况，有些方面的规划并非客户急需。而张伟认为：公司的需求是根据业务的发展而提出的，不可能一成不变，用户更喜欢一个能提出个性化解决方案、碰到问题都能够解决的供应商，能根据企业的发展状况提供具有长远影响力的系统。

　　双方各执一词，项目的进展几乎陷入困境。更糟糕的是，由于系统的多次修改，项目已经延期，费用也超出了预算。现在的刘凯处于进退两难的境地，他不明白，原本很简单的一个小项目为什么会发展成现在这个样子，到底哪里做错了呢？

　　企业信息资源管理的形式多半表现在信息系统的开发和整合过程中，案例中的项目经理刘凯遇到的问题在很多企业的项目经理身上都普遍存在，而这正是企业信息资源管理要研究和解决的问题之一。

6.1　企业信息资源管理概述

6.1.1　企业信息资源的概念

　　企业是从事生产经营活动并向消费者提供产品和服务的营利性组织。在生产经营过程中，企业运用市场信息、技术信息、管理信息和政策法规信息等进行融资、采购、生产、销售和售后服务，获取利润，提供优质的产品和服务。进入21世纪的信息时代，企业信息资源呈现多变、海量、多层次和专业化的特点。企业信息资源管理已经成为企业生产经营、科学决策不可或缺的管理行为，影响着企业文化形象、核心竞争力、发展战略和成本效益。

　　企业信息资源是企业活动中产生，并服务于企业的。企业信息资源可以从广义和狭义两个方面理解和界定。

　　狭义企业信息资源是指企业在生产经营活动中从外部获取或由内部产生的为经营决策、生产管理和融资交易等企业行为服务的信息量总和。企业信息资源以各种不同载体和方式存储、处理和利用，包括以技术档案为载体的技术信息，以人事档案为载体的人力资源信息，以工作日志为载体的生产过程信息，以统计报表为载体的经营信息，以会计账簿和报表为载体的金融会计信息，以工程技术人员为载体的设计创新信息，以技术工人为载体的工艺制造信息，以员工为载体的知识经验信息等。企业从外部获取的信息资源包括市场信息、行业信息、政策信息和技术信息等；企业由内部产生的信息资源包括营销信息、生产信息、财务信息、人事信息、设备信息、知识产权信息以及企业管理的全部信息等。

广义企业信息资源除了狭义信息资源之外，还包括狭义信息资源产生、存储、处理、使用过程中有关的软件产品、硬件设备、信息技术、从业人员和相关机构等。

1．企业信息资源的特点

企业信息资源除了具备信息的客观性、普遍性、层次性、共享性和时效性等基本特征外，还具备面向企业经营管理的特殊性。

（1）经济性。企业信息资源是为经营管理服务的，是创造和积累财富的不可或缺的工具和手段。企业在获得、处理、运用信息资源的过程中需要付出成本代价，同时也为企业创造价值。因此，经济性是企业信息资源的基本特性。企业在权衡产出与成本关系的过程中有效地开发和利用信息资源。

（2）专用性。企业信息资源局限于特定的行业、特定的产品和服务，具有鲜明的专用性。隔行如隔山，不同行业的市场信息、经营方式、服务内容具有专用性的特点。尽管存在通用的技术、管理方法，但真正起到决定作用的企业信息资源的专用性是非常突出的。例如，支撑企业发展的核心技术、核心工艺、专有资源都是专用性强的信息资源。具体的像可口可乐的配方、INTEL 的 CPU 制作工艺、茅台酒的原产地资源等。

（3）独占性。企业生存和发展的基本条件源于独占的资源优势、技术优势和管理模式。知识产权得到法律保护，维护企业信息资源的独占性。"靠山吃山，靠水吃水"是企业信息资源独占性的真实写照。企业核心信息资源的妥善保护是企业持续发展的必要条件。我国传统行业、百年老字号企业，信息资源独占性的地位十分突出。

（4）继承性。企业持续发展的一个基本条件是对信息资源的继承。经营理念、管理模式、工艺过程和专有技术等，通过信息化处理，以信息资源的方式继承和发展。而没有文字记载，仅仅靠口传身授的技艺很多业已失传。考古发现的古代丝织品、陶器和铜器等诸多产品，由于没有可继承的信息资源，即使科技发展的今天也无法复制和制造。

2．企业信息资源的类型

从企业内部管理结构来看，不同管理层对信息资源的需求是不同的。面向决策层、管理层和执行层，企业信息资源划分为决策信息、管理信息和执行信息。决策层需要的信息大部分是来自企业外部的、影响企业战略的信息，如宏观市场信息、政策法规信息和竞争对手信息等；管理层需要的信息大部分是来自企业内部的、与企业日常管理相关的信息，如人事变动信息、项目进展信息、财务信息和采购计划信息等。执行层需要的信息来自于决策层的行动指令，来自于管理层的规章制度和管理要求，也来自于生产技术和工艺的要求，如工艺规程、规章制度和技术图纸等。

从信息的来源看，企业信息资源划分为内源信息资源和外源信息资源。内源信息资源是指企业在生产经营过程中，由内部产生、收集整理、存储处理、共享利用的信息资源。内源信息通常是以各种记录、报表和文件等载体形式记录的数据，也有上传下达的口头信息的形式；外源信息资源来自企业外部对企业的经营管理产生重要影响的信息资源，如政府部门发布的政策法规、国内外市场信息、行业主管部门的指导性信息等。

从信息资源的控制使用范围来看，企业信息资源可以划分为公开信息资源和非公开信息资源。公开信息资源是指从公开渠道可以获取的信息资源，典型的公开信息资源包括政府的法规、政策，行业部门的指导意见和建议，企业作为法人单位的基本信息、上市公报、年度报表等；非公开信息资源主要是指涉及知识产权和商业机密的产品设计、工艺参数、商业策划以及人脉关系等。

从信息资源的作用来看，企业信息资源可以划分为战略信息资源、管理信息资源和业务信息资源，分别面向企业的决策层、管理层和执行层。战略信息资源为企业的宏观发展目标、企业战略和决策服务，包括国内外市场环境状况、国家行业政策导向、新技术新工艺发展方向以及企业战略规划等；管理信息资源为企业管理服务，包括经营状况信息、报表信息、生产计划、管理制度和工艺规范等；业务信息资源为基层服务，包括工艺规程、操作规范和业务流程等。

从信息资源的载体来看，企业信息资源可以划分为印刷载体、磁性载体、光学载体和网络载体。印刷载体是传统的以纸基为主的载体形式，通过印刷、打印和复印等技术手段记载信息资源。磁性载体随着电子技术的发展逐步成为主流载体，主要以软盘、硬盘和优盘等形式记载信息资源。磁性载体容量较大，但承载的信息需要专用设备复现。光学载体是指利用光学技术实现信息资源的存储和复现，包括光盘、胶片和幻灯片等。网络载体从某种意义上是一种虚拟形式，网络服务商提供在线信息资源的存储和使用，用户不需要配置实物性信息载体，只要具备网络终端设备就可以获取、存储、处理和使用网络信息资源。

从信息的时效性来看，信息资源区分为沉淀性信息资源、累积性信息资源和即时性信息资源。沉淀性信息资源具有长期稳定不变的特点，比如企业基本信息、规章制度、技术规范、工艺标准和大量的历史事件信息等。累计性信息资源一般变化周期较长，如客户信息、人事信息和市场信息等。即时信息资源具有周期短的特点，如市场行情信息、库存信息等。

从企业信息资源的内容来看，如图 6-1 所示，企业信息资源主要包括：

（1）经营决策信息资源。包括市场信息、规制信息、行业信息、供销信息和环境信息等。

（2）生产技术信息资源。包括调度信息、技术信息、工艺信息、设备信息和规范信息等。

（3）行政管理信息资源。包括人才信息、绩效信息、规章制度、后勤保障和企业文化等。

（4）金融资产信息资源。包括资产信息、财务信息、税务信息、报表信息和金融信息等。

（5）信息技术信息资源。包括软件资源、硬件资源、网络通信、IT 咨询和 IT 管理等。

经营决策信息资源			供销信息
市场信息	规制信息	行业信息	环境信息
生产技术信息资源			调度信息
技术信息	设备信息	工艺信息	规范信息
行政管理信息资源			保障信息
人才信息	绩效信息	规章信息	文化信息
金融资产信息资源			资产信息
财务信息	金融信息	税务信息	报表信息
信息技术信息资源			IT咨询
软件资源	硬件资源	网络通信	IT管理

图 6-1   企业信息资源的分类

企业信息资源异常丰富，水资源在哪里，企业的信息资源就在哪里。江河湖海拥有的水域就是企业日常的原始报表、报告和调查（信息源集中的地方）；冰雪雨雾是企业在生产经营中的若干种状态的动态信息；实验里的蒸馏水、饮用的矿泉水、纯净水是企业的财务报告、各种统计口径的统计表、咨询报告和决策信息等。

3. 信息资源在企业经济活动中的作用

企业是人类经济活动中最活跃的基本单位，对信息技术和信息资源的需求超越了任何组织。信息经济的兴起就是以企业对信息技术的广泛应用和对信息资源的深度开发为代表的。企业活动由一系列重要环节构成，这些环节形成了一个从市场到市场的经济循环圈，如图 6-2 所示。信息在企业中的地位就如同位于经济循环圈的轴心。它不仅支配着经济循环圈的每一个环节，而且影响着整个经济循环圈。只有管理好信息，充分开发利用信息，才能管理好整个企业，控制和驱动经济发展的车轮。

　　企业的经济活动离不开外部环境。企业与环境的信息互动有利于企业的经营决策和效益的提升。企业对信息的采集、提炼、集成、分析和综合等能力体现了企业对内外部环境状况的应变能力。信息资源的基本作用体现在以下几个方面：

　　（1）科学决策的前提。信息资源是对状态改变的直接映射和反映，也是科学决策的基础。市场变化、原材料价格、新技术和新工艺、内部状况等诸多方面，通过信息方式为决策者提供第一手资料。充分发挥信息资源的优势，避免盲目决策、武断专行是决策科学性和正确判断的前提。

　　（2）有效管理的保障。管理过程是控制反馈过程，管理行为基本手段是信息的"上传下达"，即管理指令的下达到位和完成情况的如实上传。如图 6-3 所示，决策者在目标与现状的差异中发现问题，发布决策信息给管理者；管理者根据决策信息提出解决方案，下达管理信息给执行者；执行者具体操作产生操作信息，驱动经营状态的改变；经营状态改变后的状态信息再次上传到决策者。如此循环往复，使企业的经营状态达到目标状态。

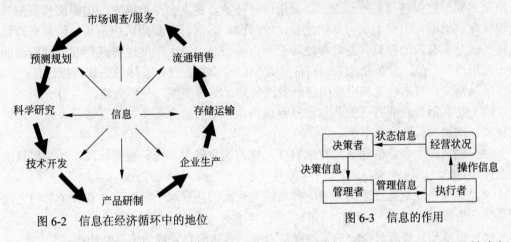

图 6-2　信息在经济循环中的地位　　　　图 6-3　信息的作用

　　（3）正确执行的标准。执行者接受管理指令开展工作，需要遵循管理制度和技术规范的要求。通过岗位培训和技能培训，执行者的每个行动都受到制度和规范的制约，符合企业既定的标准。显然，制度和规范是标准化的信息，通过训练成为执行者的行为指南，物化到具体的动作、行为和操作中。

6.1.2　企业信息资源管理的内涵

　　企业信息资源管理属于微观层次的信息管理范畴，是指企业为达到预定的目标，运用现代的管理方法和手段对与企业相关的信息资源和信息活动进行组织、规划、协调和控制，以实现对企业信息资源的合理开发和有效利用。

　　企业信息资源管理的基本目标是利用信息技术实现信息资源的高效、快速、经济的获取、整合、共享和利用，为企业战略决策、经营管理、技术创新、价值提升和持续发展服务。企业信息资源管理的具体目标包括：

（1）提高对信息资源管理重要性的认识，使信息资源管理常态化、制度化和规范化。

（2）加快企业信息化建设，实现信息资源管理的无纸化、自动化和程序化。

（3）提升信息资源的采集、处理能力，为科学决策服务。

（4）强化人力资源、物质资源和金融资产的信息化管理。

（5）创建生产经营活动的信息化管理机制，实现过程管理的信息化。

（6）建立健全信息组织机构，配置和开发信息技术相关的硬件和软件。

（7）降低信息资源管理成本，提高信息资源的效益、效率和经济价值。

（8）培养全员的信息理念，提高信息技能，建立信息情感，养成信息习惯。

（9）增强信息安全意识，保护商业秘密和知识产权，严防高价值信息泄露。

20 世纪 80 年代初期，企业信息资源管理侧重于信息系统规划、人力资源管理和信息装备建设，实现办公自动化。20 世纪 80 年代后期，企业信息资源管理在制定企业信息资源规划的基础上，加强信息系统和信息网络的基础设施建设，建立健全企业的信息资源管理机构，信息资源开发利用资产化，面向决策者提供决策咨询服务，面向员工开展教育培训工作。

进入 21 世纪，企业信息资源的开发和利用得到了长足的发展。像金融业、交通运输、石油化工和医疗保健等多种行业广泛采用信息技术，建立大型数据库，实现信息资源管理的现代化。然而，中小企业信息化建设比较薄弱，对信息资源的认识不高，信息资源管理的任务就是要有效地搜集、获取和处理企业内外信息，最大限度地提高企业信息资源的质量、可用性和价值，并使企业各部门能够共享这些信息资源。具体任务和目标包括：

（1）制定切合本行业和企业的信息资源规划，统筹兼顾，分步实施。

（2）建立适合企业特点的信息资源管理机构，配置信息装备、开发信息系统、培训员工技能、维护和管理信息系统。

（3）建立健全企业信息资源管理制度，规范信息资源，统一数据标准，加强信息的可检索性。

（4）加强企业信息资源的集成，提高信息资源的共享水平，消除企业各个部门之间的信息孤岛现象。

（5）提高信息资源对企业决策的支持力度，强化信息管理的工具性作用。

（6）建立信息资源保密制度，引进信息保密技术和方法，提高商业机密的保护力度。

（7）建设电子商务平台，扩大企业获取信息的途径和能力，开发利用信息资源为智能商务服务。

（8）通过广告、信息发布等手段改善企业形象，提高品牌价值。

6.1.3　企业信息资源管理的模式

企业信息资源管理的模式是指信息资源的规划、开发、存储、控制、使用的方式。分散式和集中式是企业信息资源管理的两种基本模式，体现企业信息资源管理的组织结构和运行方式。

集中式信息资源管理以统一的信息管理机构（信息中心）为核心，建立集中的数据仓库和服务器平台，集成各个部门和分支机构的信息资源，统一收集、协调、控制、运行和维护。集中式信息资源管理的特点主要体现在以下几个方面：

（1）集成性。集中式信息资源管理必然要求信息资源的集成，包括数据集成、设备集成、人员集成和运行维护集成。集成性提高了信息资源的使用效率，便于集中控制和管理，降低运行成本和管理成本，系统的可靠性和可维护性显著提高。

（2）规范性。集中式信息资源管理促进信息资源管理的标准化，运行操作的规范化。规范性是信息资源管理的可靠性、稳定性、安全性的集中体现。

（3）完整性。集中信息资源管理最大限度地涵盖企业运转涉及的各类信息资源，为信息资源共享、查询检索提供了保障。完整性便于各个部门间的沟通和协调，提高信息资源可获得性。

（4）专业性。集中信息资源管理便于汇集专业技术人员，提高专业技术水平，采用先进的信息技术和装备。

（5）规模性。集中信息资源管理使得信息资源形成规模，产生规模效益。不仅提高设备是利用率，也会大大提高信息资源的使用效率。

从技术角度和管理需要来看，集中式信息资源管理既是主导模式，也是发展方向，行业部门、大型企业利用云计算平台进行集中式信息资源管理是大势所趋。

分散式信息资源管理是指企业内部各个部门拥有各自的信息管理人员和设备。分散式信息资源管理的最大弊端是形成以部门为单位的信息孤岛，部门之间信息共享困难，由于局限于部门，信息相对准确，具有针对性，易于掌握和使用。同时，部门间没有信息沟通，节省了网络和服务器设备。分散式信息资源管理适用于中小企业。

企业信息资源管理具体实施步骤如图 6-4 所示。

在信息化时代，信息资源管理毫无疑问要借助信息技术和管理信息系统。

首先，企业信息资源管理要制定信息资源规划：企业根据主营业务的需要，结合企业战略规划，确定企业信息资源管理的范围、规模、内容和方式；评估信息资源投入产出的经济效益；拟定资源配置方案和预算；论证信息技术解决方案。

其次，建立信息资源管理的组织机构，配备专业技术人员从事专职信息资源管理工作。根据企业规模，配备软硬件信息设备，选择经济合理的技术架构。在此基础上，开发利用信息系统为企业管理决策服务。一旦企业建立了完善的信息资源管理系统，就需要进一步构建电子商务平台，展开智能商务的运作。

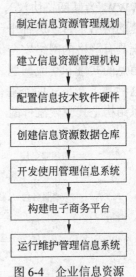

图 6-4　企业信息资源
管理实施步骤

最后，信息资源管理系统的运行维护也是日常重要的一环。数据更新、新技术采用、新业务需求和系统安全等，需要专业队伍的辛勤工作，切实保障信息资源管理的持续性、有效性、可靠性和安全性。

6.1.4　企业信息资源管理的技术架构

企业信息资源管理从技术角度毫无疑问地要采用现代信息与通信技术。按照系统论的观点，整体大于部分之和。企业信息资源诸要素中的任何一个要素都不可能单独发挥作用，而必须按一定的原则组合为一个系统才能实现其价值。信息资源的管理和利用，实际上是通过企业的管理信息系统（Management Information System，MIS）来完成的。在网络技术广泛应用的今天，管理信息系统是架构在内联网（Intranet）上实现的。

1. MIS

作为信息管理的核心与象征，管理信息系统产生于 20 世纪 60 年代初。它克服了传统管理阶段仅限于文献型信息的不足，使其他数据和信息进入管理范围，并有效地利用计算机技术，在信息管理手段上取得了重大突破。

早期的管理信息系统采用集中计算模式的系统结构，即以一台计算功能强大的大型机为中心，众多终端用户共享大型机资源和功能。这种方式容易控制主机资源，数据的安全保密性好，但主机负担过重、设备昂贵、功能扩展困难。

2. C/S

20 世纪 90 年代兴起的客户端/服务器（Client/Server，C/S）计算模式是对传统的信息系统思维方法的一个突破，它强调的是系统功能和应用程序模块在客户端和服务器之间的合理分布，以平衡客户端和服务器的负荷。

3. Intranet 及其应用

Intranet 技术恰好可以弥补传统 MIS 的不足，成为未来信息系统的发展方向。Intranet 一词来源于 Intra 和 Network，即内部网络。一般认为，Intranet 就是企业内部的 Internet。Intranet 继承了 Internet 的标准化技术（即 TCP/IP 为其通信技术，HTTP 为信息传输协议，WWW 为其阅览协议），在企业内部集成各类信息系统，形成一个统一、开放、标准、简捷的网络平台。这种平台不仅是企业内部信息发布系统，而且是企业内部业务运转系统。既具有严格的网络安全保障机制，又具有良好的开放性，从而有效地解决了信息系统内部信息的共享和交流问题。传统的管理信息系统都需要在 Intranet 环境下实行重组和改造。这种基于新形式的企业信息系统可以采用各种形式。Browser/Web/Server（BWS）三层体系结构是其中较流行的一种（如图 6-5 所示）。

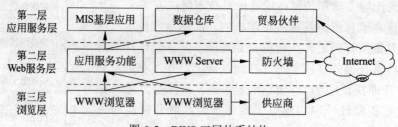

图 6-5　BWS 三层体系结构

基于 Intranet 的 MIS 的主要实现技术有 Web 与 MIS 数据库的连接技术、Web 页面的生成技术等。而 Web 与 MIS 数据库的连接技术又可以分为基于服务器端扩展的 Web 数据库技术和基于客户端扩展的 Web 数据库技术两个方向。目前主要的服务器端的扩展技术可分为 CGI、Web API 和 ASP 3 种。

Web 服务作为炙手可热的技术，如何应用到企业的 IT 系统和商业流程之中，并给企业带来直接的经济效益，一直备受国内外企业管理者的高度关注和推崇。而在近几年，出现了一种技术架构，被誉为下一代 Web 面向服务架构（Service-Oriented Architecture，SOA）。SOA 是一种松散耦合的软件体系结构，在这种体系结构中，由各自独立可复用的服务去构成系统功能，这些服务向外公布有意义的明确的接口，软件的开发是通过对这些实现透明接口的服务的调用来完成，有利于企业业务的集成。传统的应用集成方法，如点对点集成、中间件的集成（EAI）、基于业务流程的集成，都很复杂、昂贵，并且不灵活。这些集成方法难于快速适应基于企业现代业务变化不断产生的需求。在 SOA 中，围绕服务的所有模式都是以基于标准的技术实现的，在不用对现有的企业系统做修改的前提下，系统可对外提供 Web 服务接口。基于 SOA 的应用能更快地应对市场变化，使企业业务部门设计开发出新的功能应用。

随着信息技术的迅猛发展，信息技术给企业管理带来的效益也日益突出，企业越来越深刻地认识到采用手工方式管理企业的弊端，因此企业的信息化建设也逐步提到企业的管理日程上来。

6.2 企业信息资源开发和利用

6.2.1 企业信息资源规划

企业信息资源规划（Enterprise Information Resource Planning，EIRP）是企业信息资源管理的纲领和路线。企业信息资源管理的范围、内容、方式和经济效益等，通过企业信息资源规划从宏观上做出战略安排。1990 年，美国著名的管理咨询公司 Gartner 提出的企业资源规划（Enterprise Resource Planning，ERP），最初被定义为企业生产管理的应用软件，但本质上是企业信息资源规划的一个组成部分。

1. 企业信息资源规划的意义和原则

企业信息资源规划是企业信息资源管理的出发点，具有重要的意义。首先，信息资源规划是中长期发展的宏观指导。信息资源规划为有目的、有步骤、有计划、按部就班地开展信息资源管理奠定重要基础。其次，信息资源规划是合理开发运用信息资源的指导方针。信息资源管理的核心内容是信息资源的开发和利用。通过信息资源规划，确定信息资源开发的范围和内容，面向决策层、管理层和操作层确定信息资源的应用方式和方法。再次，信息资源规划是全面提升企业信息资源管理水平的重要保障。信息作为资源缺乏广泛的认知和具体的实践。传统观念对物质资源的价值认知普遍高于对信息资源的价值认同。信息资源规划在将信息提升到资源高度认识的基础上，谋划企业信息资源管理的整体布局，落实信息资源开发和利用的具体方案，从组织制度、技术方案和资源配置等多方面为信息资源在企业经营管理中发挥巨大作用奠定扎实的基础。最后，信息资源规划也是信息资源为企业经营管理保驾护航的重要前提。信息资源切实为决策、管理和执行服务，需要统筹安排，合理配置信息技术、装备和人才。从传统的以个人信息处理的主体模式转变为技术设备处理信息的基本模式，企业信息资源的采集、筛选、存储、处理和利用的效率、质量将大幅度提升。

企业信息资源规划的基本原则体现在以下几个方面：

（1）全面与重点相结合。全面规划、突出重点是信息资源规划的基本要求。从企业自身行业特点和生产经营的独占优势出发，全面规划信息资源解决方案。首先在层次上要覆盖决策层、管理层和执行层，突出决策支持和事务处理，抓两头带中间；其次，在功能上要覆盖企业各个职能部门的各项业务过程，突出主营业务功能，兼顾辅助支持性功能。

（2）经济性与先进性相结合。信息资源规划要切合企业的实际状况，采用实用合理的技术，以满足企业经营管理需要为要义。盲目追求技术先进性必然带来成本的提高，经济性的降低。提倡"适用就是先进的"理念，技术更新和换代在需要时进行，而不能为赶时髦而做出非理性的投资。当然，在规划阶段，适当考虑前瞻技术也是必要的。

（3）过程与数据相结合。数据是为过程服务的。企业信息资源规划以过程的合理安排为前提，每项业务都需要做出面向过程的优化、再造。伴随过程的数据提炼和整合也是信息资源规划的重要课题。数据结构、数据范围、数据控制是信息资源发挥功能性作用的重要保障。

（4）人的行为与事的过程相结合。数据产生是伴随着事的发展过程，也是与人的行为密切相关的。人的行为要为企业的目标服务，影响和改变着事的发生、发展和完结。信息资源规划要把人的行为与事的过程紧密结合起来，从事的过程考察人的绩效，从人的行为评价事的效果。

（5）短期利益与长期发展相结合。信息资源规划要把眼前的利益和长远的发展有机结合起来。根据当前企业生存的要求，"短平快"地开发建设信息资源管理体系。根据企业战略规划，长远规划，分步实施。

（6）制度规范和技术标准相结合。信息资源管理的制度化和信息技术运用的标准化是信息资源规划的重要原则。规范化和标准化是信息资源长期、稳定、安全地为企业经营管理服务的保障。规范化约束着企业员工的日常行为，标准化制约着业务过程的进展状态。

2. 企业信息资源规划的范围和内容

企业信息资源规划涉及经营决策、生产技术、行政管理、金融资产和信息系统等企业生存和发展的全方位范围。从信息系统构建的角度，高复先教授将信息资源规划的内容概括为"建立两种模型和一套标准"。"两种模型"是指信息系统的功能模型和数据模型，实际上是企业运行过程的综合反映和规范化表达；"一套标准"是指信息资源管理的基础标准，是进行信息资源开发利用过程中应遵循的最基本的准则。从企业信息资源整体角度看，企业信息资源规划的内容可以从经营、技术和人文3个方面概括。

（1）经营方面：企业生产经营过程主要涉及物流、资金流和信息流。

物流包括原材料、半成品和产成品等主要生产过程的物质资源的流动，同时也包括厂房、设备、工具和能源等支持性物质、能源设施装备的消耗和折旧。物质、能量形态的资源，通过信息抽象上升到信息资源进行管理，如全球采购信息管理、库存信息管理、设备信息管理和固定资产信息管理等。

资金流是企业经营的血脉，而资金本身就是数字化的信息。企业经营过程中，股东的股本投入、银行的商业贷款和金融市场的融资债券等通过货币数字化。财务管理、银行账目和会计报表等都是企业经营的重要信息资源。此外，重点评估信息资源开发、利用的成本和效益，确定信息商品价格，规划企业电子商务的发展方向。

信息流本身就是信息资源，需要全面完整地记录、汇总、集成和应用。企业过程伴随着信息流，从市场信息到销售计划，从销售计划到采购计划，从采购计划到生产计划，信息流作为企业的神经，驱动着企业运转。

（2）技术方面：企业是物质资源的技术转化器，没有技术的支撑，企业就没有产品的输出和服务的提供。企业技术构成包括生产工艺、专用设备、专利配方、管理模式以及信息系统等。信息资源规划从技术方面规划技术图纸、设备档案和技术研发等信息资源。在信息技术方面，合理规划信息系统开发、信息资源集成、信息安全保障等解决方案。

（3）人文方面：信息资源规划不能忽视人及其社会属性，也就是人文方面的问题。人文方面的信息资源规划包括员工的教育培训、规章制度的建立完善、电子商务的战略决策、信息人才的组织配备等。

3. 企业信息资源规划的方法

大中型企业由于具有规模经济或范围经济，信息资源规划十分重要。如图 6-6 所示，信息资源规划采取以下步骤完成：

（1）确立信息资源规划目标。企业信息资源规划目标必须切合企业战略规划的要求。目标包括信息资源规划的范围、预算规模、采用的技术方案、到达的预期功能等。

（2）状况调查和科学研究。状况调查是指对企业、行业和环境信息资源管理现状的如实反映，获得第一手资料。通过状况调查，发现现存问题和瓶颈，明确目标和任务。科学研究是通过理论和技术的研究，结合实际情况提供解决方案。

（3）结构功能和业务流程。信息资源规划首先从企业组织结构和部门职能入手，从静态的角度优化企业组织结构，明确功能划分。接着，从动态角度对业务流程梳理、再造。结构功能和业务流程是信息资源规划的主要对象和

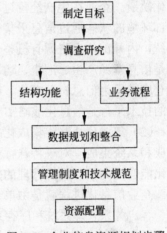

图 6-6　企业信息资源规划步骤

具体内容。通过业务流程的主线，优化职能部门的功能，并为组织结构设计提供依据。业务流程的顺利实现涉及多部门的协作。通过业务流程的分析，整合部门间业务关系，为信息资源规划提供重要基础。

（4）数据规划和整合。信息是事物存在属性和运动规律的客观反映。不论是组织结构的静态属性，还是业务流程的动态规律，抽象、记录、整合成信息形态才能纳入信息资源管理的轨道。数据规划和整合是信息资源规划的核心问题。

（5）管理制度和技术规范。制度化管理是现代企业的重要特征，技术规范是业务流程稳定、安全运转的重要保障。信息资源规划要把管理制度和技术规范的建设放在重要的地位。信息资源的特殊性，要求组织结构和管理制度做出适应性调整，如成立信息中心，设置信息主管职位（CIO）。信息技术的特殊性也要不同于其他技术领域，制定规范和标准，例如信息安全措施、信息授权与控制等。

（6）规划资源配置。信息资源开发利用需要专业人才、软件系统和硬件装备的支持，同时也需要全体员工改变传统观念和习惯，成为信息的提供者、处理者和使用者。人力资源配置是关键因素，要求规划信息资源管理的人才队伍，实现层级管理、全员参与。软件系统配置、硬件设施分配也是规划的重要内容。

6.2.2　企业信息资源开发

温家宝总理指出，当前我国信息化的一项重点工作就是要加强信息资源的开发利用。在信息化建设中，信息资源和信息系统占有突出的地位，信息资源开发利用是企业信息化的高级阶段，是信息化的目的所在。

1. 信息资源开发战略

企业战略是指企业长期可持续发展的宏观目标和各项任务，通常包括营销战略、研发战略、人才战略、财务战略和信息资源战略。作为企业战略的重要组成部分，信息资源开发战略是企业长期开发、利用信息资源的指导性目标和任务，具体包括信息化战略、集成化战略、资源化战略和智能化战略。

（1）信息化战略。信息化战略也可称为数字化战略，目标是使企业的各项工作纳入信息化轨道。企业在生产经营过程中，伴随着信息的产生，构成内部信息资源。同时，相关外部环境的状态通过信息采集、筛选、分类，构成外部信息资源。借助于信息技术、信息系统，内外部信息资源有机整合，成为企业决策、管理和操作的重要信息资源。信息化战略是信息资源产生、汇集、运用的前提基础，也是信息资源开发的重要内容。数据库和数据仓库技术为信息资源汇集、存储和使用提供了技术支撑。建立信息化的工作机制和信息化的技术平台是信息化战略实施的前提条件。

（2）集成化战略。集成化战略是指信息资源的集中管理的战略，包括数据集成、功能集成和系统集成。对于特殊行业和部门，云计算为集成化战略提供了新的思想和技术。集成化能够提高信息资源管理的效率，消除信息孤岛现象，提升信息资源的利用率和共享水平。企业信息化进程就是由单一功能系统，如财务系统、人力资源管理系统、设备管理系统、客户关系管理系统和库存系统等逐步发展成统一的企业经营管理平台。

（3）资源化战略。资源化战略是指把信息资源提升到战略资源的高度开发和管理。资源化战略首先要转变观念，提高对信息资源价值的认识；其次，集成化的信息资源是资源化运作的前提条件。改革开放30多年来，我国咨询业得到充足的发展。咨询业是信息资源化的直接受益者，制造业逐步加快了信息资源化的步伐。通过企业网站，企业集成的基本信息、产品展示和售后服务等信息发挥着资源化的作用，在成本投入的同时给企业带来更大的经济效益。

（4）智能化战略。智能化战略也可称为自动化战略，是指利用电子设备和信息技术，最大限度地实现经营管理、生产过程的自动化。企业智能化首先是从生产过程中开展起来的自动化，现代工厂的自动生产线、无人车间已经十分普遍。运输工具的自动驾驶技术逐步成熟，如飞机、磁悬浮列车和高速铁路等，甚至公路上的汽车自动驾驶也完成了实验性的样车。智能化战略显然不仅仅是生产过程智能化，管理过程、营销过程和决策过程等智能化是智能化战略的重要组成部分。管理过程智能化能够实现绩效考核、财务报表、库存管理和订单管理等自动化处理。借助于电子商务平台，购销等经营行为也能够得到智能化的支持，比如订单的自动生成，库存不足的原材料采购单的自动生成，设备日常维修任务清单的自动生成等。

（5）规范化战略。规范化战略包括制度化战略和标准化战略，是指管理制度化和技术标准化。管理制度化有利于信息资源管理纳入日常管理的正确轨道，使企业员工逐步适应信息资源管理的制度化模式。技术标准化有利于资源融合、交互和共享，也为技术的不断更新和发展铺平道路。

2. 企业信息资源开发技术路线

信息资源开发以信息资源的整合、组织和应用为核心，发挥信息的经济价值为目的。企业信息资源开发技术路线是信息资源开发战略的具体化，如图 6-7 所示。

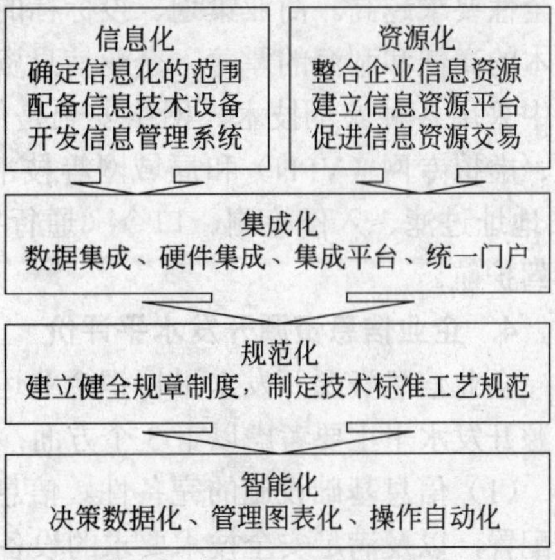

3. 信息资源开发的技术方法

信息资源开发是一项综合性的信息系统工程，不仅涉及相关的信息技术，也涉及企业管理、情报科学、系统科学、数学等基础理论和学科，

图 6-7　企业信息资源开发技术路线

具体内容如表 6-1 所示。同时，各行各业的业务和技术差异很大，信息资源开发必然涉及相关领域知识和专业技术。

表 6-1　信息资源开发相关技术和理论基础

学科/技术	具体内容	说　明
硬件技术	服务器、终端机	信息基础设施
软件技术	操作系统、应用软件、数据库	信息系统的技术基础
网络技术	网关、路由器、网络适配器、网络终端	信息基础设施
管理科学	管理学、营销学、组织行为学、会计学	管理方法理论基础
情报科学	信息整合、信息分类	数据处理的理论基础
系统科学	系统论、系统工程	系统开发的方法论
数学	统计学、计量学、运筹学	定量分析的工具
专业学科	专业领域知识	信息资源应用的基础

（1）建设信息基础设施。信息技术开发的前提条件是信息基础设施完备。信息基础设施包括硬件设备、网络器件、操作系统和数据库系统等。企业内部建立企业内网（Intranet），运行企业管理信息系统。企业内网与因特网物理隔离，具有较好的安全性。企业建立对外服务网站，宣传企业文化、产品和服务，开展电子商务。租用网络服务商提供的服务器和相关网络服务。

（2）开发综合信息平台。信息资源管理和应用需要综合信息平台的支持，集成事务处理系统、管理信息系统和决策支持系统的综合信息平台是发展方向。早期的信息管理从事务处理起步，面向具体的、单一的业务利用计算机系统处理，如财务系统、人力资源管理系统和库存管理系统等。事务处理系统的独立处理功能虽然效率较高、安全性较好，但缺乏数据的共享和整合。管理信息系统涵盖事务处理系统的功能，提取和处理业务数据为管理行为服务，实现了统计报表、综合查询的管理功能。随着对数据处理智能化理论和技术的发展，信息系统面向决策发挥着越来越大的作用。

（3）信息资源安全管理。信息资源具有经济性，是有偿资源。价值越高，信息资源的安全性要求越高。商业策划、投标标的和交易价格等商业机密直接影响企业交易的成败、成本的高低和利润的厚薄。企业信息资源开发不可避免地要求在信息传输、存储和使用过程中采用各种安全技术。网络安全是信息传输安全的保障，采用网关、防火墙、加密传输、虚拟专网（VPN）和局域网等技术，有效地保障数据传输的安全。访问权限的分配、IP 地址过滤、入侵检测、口令（通行字）和验证码等软件技术措施为保证数据存储安全保驾护航。

4. 企业信息资源开发水平评价

企业信息资源开发水平标识企业运用信息资源为经营管理服务的能力。评价企业信息资源开发水平主要考虑以下 3 个方面：

（1）信息基础设施的完备性。信息基础设施包括服务器、网络系统和计算机终端的硬件配置，以及满足安全技术要求的设备。信息基础设施是信息资源开发的前提基础。

（2）数据（仓）库的数量与规模。信息资源开发的核心问题是实现数据的集成、共享和应用。数据（仓）库的数量与规模是信息资源开发的主要成果。丰富、完整、全面的信息资源是信息资源开发的基本目标。只有高覆盖率的信息资源才能为信息资源的利用提供坚实的基础。

（3）应用软件的有效性。信息资源得以有效管理和充分利用依赖应用软件的有效性。企业经营管理涉及主营业务、生产过程、人事财务、客户关系和资产设备等诸多方面的管理行为。数据（仓）库集成全面的数据资源只是提供了应用的基础，真正实现数据资源的全面管理和应用则需要应用软件的全方位开发，提供有效的支持。

6.2.3　企业信息资源的利用

企业信息资源开发是手段、工具而不是目的。开发信息资源的目的在于利用信息资源为企业生产、经营和管理服务。企业信息资源开发利用程度分为三级：

- 初级：建立企业基本数据库，提供信息。
- 中级：初步建立数据仓库，开展数据挖掘，提供方案。
- 高级：实现商务智能，提供优化方案及预测结果。

企业信息资源利用水平综合体现企业信息资源管理水平和信息资源的效益。评价企业信息资源利用水平主要考虑下述几个方面：

（1）事务处理的自动化。在操作层面，信息技术与自动化技术的结合使事务处理和业务操作趋向全面自动化，现代制造业的无人车间、自动生产线是典型的代表。此外，在管理行为中，订单自动生成、采购单自动生产和工资单自动生成等逐步实现自动化。自动化带来事务处理效率的提升、失误率的减少和人们劳动强度的降低。

（2）管理行为无纸化。无纸化只是一个形象的说法，本质上是信息资源和信息系统的利用程度。借助于管理信息系统，上传下达、汇总报表等管理行为可以完全实现无纸化。无纸化本身虽然没有显著地降低成本，但却大大地提高了管理效率和时效。管理过程形成的信息资源的历史记录，也为绩效考核、经营成本分析和管理决策提供数据的支持。

（3）决策过程智能化。信息资源是科学决策的重要依据，充分利用企业信息资源辅助支持企业决策是信息资源利用的高级形态，统计查询、数据挖掘、报表分析和优化计算等技术方法都是面向决策的工具。信息资源开发利用对企业领导决策支持程度是信息资源利用水平的重要指标。

（4）信息资源效益化。企业信息资源的开发使用必须为企业带来经济效益。评价企业信息资源利用水平不可避免地要做出投入产出的经济性分析，信息技术的采用和信息资源的开发通常需要投入大量的人力、财力，投入成本容易计算。信息资源管理带来的经济效益往往是间接的，难以量化和计算，但这也并非是没有办法解决的问题。例如，技术装备的采用就可以通过人力资本的降低、运转效率的提升、商业机会的产生结果和总的经营状况的对比来测定。

6.3　企业信息资源管理的制度安排

6.3.1　企业 IT 人员管理

进入 21 世纪，信息通信技术高度发展和成熟，信息资源管理离不开信息基础设施和信息技术人才。从广义信息资源角度，IT 人员也是企业信息资源的重要组成部分。企业加强对 IT 人员的引进、培养和管理是信息资源管理的重要组成部分。在高度合作又高度竞争的时代，科学技术作为第一生产力，决定着企业的核心竞争能力。科学技术毫无疑问是由专业人才掌握和运用才能发挥重要作用，因此谁能拥有具有高度竞争能力的一大批人才，谁就能掌握竞争的主动权。

从技术的角度来看，一个实用的企业 IT 管理人力结构包括信息技术人员、信息管理人员和信息管理辅助人员。信息技术人员包括系统分析员、系统设计员、应用程序员、维护程序员、程序库管理员、系统程序员、数据通信专家和数据库管理员等，主要职责是保证企业 Intranet 及构建于其上的企业信息资源管理技术装备的建立和正常运转。信息管理人员包括用户需求分析员、信息资源调查员、信息资源管理系统效果评测员、信息资源管理系统与企业内外各有关方面关系协调员、信息资源安全保护及增值管理员等，主要职责是在一定的环境中，利用各种信息技术与信息资源更好地支持企业的各项活动，促进企业所拥有的各类信息资源的增殖。信息管理辅助人员包括法律专家、经济分析评估员、社会心理专家和公共关系专家等，主要职责是协助信息管理人员更好地实施各项信息资源管理工作和活动。

从企业实际运行的角度看，中小企业 IT 人才较为匮乏，一般不具备系统开发的能力；大型企业和特殊行业往往具有独立的 IT 团队，负责网络设备安装维护、应用系统开发维护、数据管理和维护、网站管理和维护。

6.3.2　CIO 和信息资源管理组织结构

自从 20 世纪 80 年代美国企业出现 CIO 职位后，西方发达国家的大型企业都普遍接受 CIO，加强信息资源管理得到广泛的共识。采纳 CIO 制度后，现代企业信息管理组织架构如图 6-8 所示。在我国，总裁也称为总经理，总监称为副总经理。中小企业中，CIO 可以由行政总监兼任。

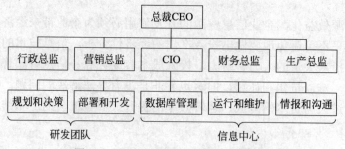

图 6-8　企业信息资源管理的组织架构

企业组织设立 CIO 是信息资源管理重要性的体现。现代企业除了传统的人、财、物三要素外，信息已经成为不可或缺的第四要素。在全球化和信息化的背景下，企业核心竞争力离不开有效的信息资源管理。设置副总裁级别的 CIO，全面负责企业的信息资源管理，既面向宏观经营管理决策，又负责微观技术的支持，显得尤为必要。

1．CIO 的岗位责任

（1）作为企业信息资源管理的首席专家，负责制定企业信息资源管理的政策和规划，规范企业信息资源管理的制度和标准，整合企业内部和外部的信息资源，为决策层提供信息服务和决策支持。

（2）作为信息资源管理的最高领导，负责管理企业信息技术部门和信息服务部门，领导信息系统的开发、运行和维护。

（3）作为决策层的一员参与企业高层战略管理决策，包括企业发展的战略规划、新产品的研究与开发、市场营销、项目投资决策和生产系统改造等。CIO 参与决策过程，一方面提供决策需要的信息资源支持和服务，从信息资源和信息技术的角度提出企业未来发展方向，保证企业决策符合目前全球信息竞争的要求；另一方面，CIO 掌握企业发展目标和要求，为组织信息资源为企业目标服务把握正确方向。

（4）作为神经中枢负责协调企业内部（上下级之间、部门之间、人员之间、工作环节之间）以及企业外部（供应商、分销商、政府部门、金融机构）的信息沟通和协调。

（5）作为信息技术倡导者，负责提升企业员工信息理念，普及信息知识和信息技能，开展信息技术的推广、咨询、培训工作，实现企业的协同作业和信息资源共享。

总之，CIO 既具有"三总"（总会计师、总工程师、总经济师）的专业技术最高职称地位，又具备副总经理的行政领导职位，成为跨技术、跨部门的企业高层决策者和领导者。CIO 从现代企业经营管理角度出发，发挥信息技术的支持作用，把握市场商机、协调内外部工作、提高决策水平等多个方面发挥着越来越重要的作用。与此同时，对 CIO 的综合素质提出了更高的要求。

2．CIO 的素质要求

（1）IT 专家。信息技术是信息资源管理的技术基础，CIO 首先应该是 IT 专家。CIO具有信息技术的全面知识，理解信息技术的发展状况、前沿技术的特点和适合企业采用的技术。在技术选型、设备购置、系统开发和项目组织等技术方面正确决策。

（2）业务专家。企业经营管理基础是核心业务，信息资源管理主要服务于核心业务。因此，CIO 必须是既懂信息技术又了解核心业务的复合型人才。CIO 具有本行业的业务知识，并将信息技术与业务发展紧密地相结合，从全局角度考虑信息资源的合理配置和共享。

（3）沟通能力。信息的广泛渗透性决定了 CIO 必然要与企业内外部各个部门建立业务关系，跨部门的沟通能力成为 CIO 的基本能力。CIO 向高层建议和推动信息基础工程，开发信息系统，建立信息平台；向业务人员宣传信息理念，培养信息方法和习惯；培训员工熟练地掌握相关操作技术，使企业信息化能够真正贯彻实施。

（4）策划能力。CIO 要具有信息资源规划、设计和管理能力。信息资源管理需要调动企业的资金、人力，付出成本代价。CIO 正确规划信息资源管理技术方案、组织结构、人员配置是完成岗位职责的重要基础，也是信息资源带来经济效益的重要保证。

（5）商业智慧。企业 CIO 毕竟是为企业的经营管理服务的，信息资源能否最大限度地服务于企业目标需要 CIO 具有过人的商业智慧。CIO 工作的主动性、灵活性和创造性是卓越的工作业绩的前提保障。CIO 要善于整合信息资源，敏感地捕捉商业机会，及时发现、挖掘重要情报。基于不断变化的市场信息的分析，掌握市场和行业的动态，及时向决策层提出建设性意见，如推荐新产品、终止老产品。

总而言之，CIO 作为新兴的企业负责人，融技术、业务、管理于一身，不仅决定着信息资源管理的成败，也肩负着为企业生存和发展保驾护航的责任。CIO 设置代表着企业信息资源管理体制的发展方向，必将在实践中进一步完善和提高，发挥越来越大的作用。

6.3.3　企业信息资源管理的制度建设

企业信息资源管理制度是信息资源管理持续、有序、安全、稳定的重要保证。制度化是现代管理规范化、去人格化的重要体现，服从制度的要求不仅是制度有效性的必然选择，也是现代文明的具体体现。企业信息资源管理的制度建设包括机构设置、人员编制、操作规程和行为规范 4 个方面。

1. 机构设置

机构设置是制度建设的基础，旨在根据企业的规模、业务的性质设置机构和岗位以完成信息资源管理的目标。图 6-8 介绍了基于 CIO 机制的组织架构，适合大型企业，如银行、钢铁、航空和铁路等行业部门。通常设立信息中心和研发团队两个部门。信息中心负责数据库管理、运行和维护、情报和沟通，而研发团队负责规划和决策、部署和开发。

中小企业没有能力拥有自己的研发团队，采用定制开发或者直接购买软件产品。因此，机构设置比较简单。通常在行政部门下设数据库管理员，负责系统、数据、网络的维护。

2. 人员编制

人员编制要根据企业规模和性质确定。对大型企业来说，研发团队规模控制在 10～20 人，信息中心 5～10 人，基本满足企业的信息资源管理的要求。规模过大，不仅人力成本较高，人浮于事，而且工作效率显著降低。

信息技术从业人员要定期培训，学习有关的硬件和软件知识、技能和最新的信息。培训也可以用于拓宽个人的职业发展。企业可以建立一个教育的矩阵，找出哪些人需要接受哪些培训课程，根据矩阵来安排培训课程；也可以针对工作设定课程，比如安排一些成为程序员或者经理所需要的课程。尽管根据每个人的具体情况来安排培训是比较昂贵的，但是可以解决因信息技术人才短缺而又招聘不到合格人员所带来的问题。

对于 IT 人员的培训应注重企业的生产及管理过程，使其对信息系统的总体目标、特点、业务处理方式和方法有一个全面的了解。

另外，需要在工作中进行基本思想方法和工作方法的训练及培养。具体包括信息和信息系统的基本观点，信息系统为实现组织管理目标提供支持的观点，系统全面地考察问题的思维方法，重视人在信息系统中具有重要作用的基本观点等。同时，还应该培养严格遵守操作规程及工作制度的良好习惯。

3. 操作规程

操作规程规范员工使用信息资源和装备的制度要求，保证正确操作、数据安全、设备可靠。操作规程一般包括权限控制、安全措施、日志管理和工作流程等内容。

4. 行为规范

企业中最重要的资源不是 IT，而是人的头脑。人订立目标、执行任务以及服务顾客，特别是 IT 专家们，他们为企业提供了稳定可靠的技术环境，使企业能平稳运作，并在市场中获得竞争优势。行为规范是对社会成员的活动的明文规定，目的是约束从业人员的行为，努力减少由于从业人员的不良行为给企业带来的不良影响和后果，创造和谐的工作环境。

近年来，一些信息系统机构相应地建立了员工的行为规范。美国数据处理管理协会（Data Processing Management Association，DPMA）对其员工所做出的行为规范如下：

（1）对业主：尽一切努力保证自己具有最新知识和正确的经验，以适应工作的需要。

（2）对社会：将我的技术和知识传播给公众。

（3）对专业：忠于自己所有的专业关系。

美国电器与电子工程师学会（Institute of Electrical and Electronics Engineers，IEEE）和美国计算机协会（Association for Computing Machinery，ACM）于 1994 年成立了联合指导委员会，该委员会将软件工程师制定的道德和职业实践规范划分为 8 个方面的基本准则。

（1）社会和公众。软件工程师应该对社会和公众有很强的责任感，公众的利益和安全高于一切，不但不能做破坏系统的黑客，还要努力提高系统的安全性和可靠性。

（2）客户和雇主。软件工程师的主要工作是为客户和雇主从事软件和项目的开发，在保证与公众的利益相一致的前提下，他们应该处处尊重和维护其客户和雇主的利益。

（3）项目和产品。软件工程师应该保证开发的项目和产品满足最高行业标准。

（4）判断。软件工程师应该保证他们职业判断的正直性和独立性。

（5）管理。软件工程管理者和领导者应该支持并促进以道德的方式对软件开发和维护进行管理。

（6）职业。软件工程师应努力提高该职业的声誉。

（7）同事。软件工程师应该公平地对待同事并给予支持。

（8）本人。软件工程师应该参与与他们的职业实践相关的终身学习，并努力提高职业道德水平。

6.4　企业信息化建设

6.4.1　企业信息化概述

随着信息技术的成熟和发展，信息系统的广泛应用，各行各业信息化程度得到普遍提高。企业信息化是指企业在生产经营过程中充分利用信息技术的过程。一方面，企业信息化以信息硬件设备和网络装备的配置水平为标志，体现企业信息化基础设施的完备和支撑能力；另一方面，企业信息化以管理信息系统软件为标志，反映企业信息化的实效性和成熟度。企业信息化是现代化企业的必然选择，通过信息化提高企业管理的效率、降低劳动强度、减少人力成本，实现生产过程、事务处理和管理行为的自动化。

企业信息化的本质就是信息资源的开发和利用，打通企业内部的信息流。ERP 就是在这一背景下产生的用来整合企业内部和外部信息流的信息系统。可是在我国 ERP 实施的成功率非常低，究其原因，没有搞好信息资源规划，数据标准不统一是其最重要的原因。

1．企业信息化的作用

企业信息化是信息技术推动和现代社会信息环境的拉动的结果。随着政府部门信息化水平的提高，要求企业不断提升信息化水平，适应政府管理部门的要求。改革开放以来，经济全球化和国际化要求企业经营管理信息化，与国际市场接轨。随着电子商务的开展，企业供销管理网络化，在提升企业影响力的同时，扩大企业营销范围，促进市场化和国际化。企业信息化的主要作用如下：

（1）强化企业信息资源管理。

企业信息资源是企业生存和发展的重要基础，即强化企业信息资源管理，最大限度地发挥信息资源的价值和作用，为管理和决策服务。企业信息化使信息的收集、整理、加工、存储、传递和使用等实现电子化、智能化，便于信息资源管理，发挥信息资源的巨大作用。

（2）优化企业管理。

企业信息化促进企业管理的现代化。通过信息化建设，改造组织架构、优化业务流程、改变员工的传统习惯，逐步使企业管理行为去人格化、智能化和自动化。企业信息化是企业管理现代化的重要标志，也是企业提高竞争力，提供良好的产品和服务的重要保证。

（3）提高企业竞争力。

企业信息化促进企业经营模式的转变，提高企业竞争能力。网络信息技术正在改变着人们的生产和生活方式。企业要适应信息社会，企业信息化是必然的选择。信息化不仅能够提高信息处理的效率，更重要的是通过信息化，企业更好地融入信息社会构成的新型的信息环境，提升企业竞争力。首先，企业通过建立网络信息平台，直接面向全球市场，在把握市场信息的同时，扩大企业营销范围，建立与供应商、销售商、直接用户沟通的渠道；其次，企业通过建设管理信息系统，显著提高对市场的响应能力，实现内部精细化管理，开源节支，降低成本；最后，企业通过信息化管理，促进管理行为的智能化，可以大幅度减少管理人员，实现决策和执行的直接关联。

（4）实现企业管理的自动化。

现代制造业在电器化的时代实现了生产过程的自动化，出现了大规模生产线和无人车间的伟大创举。企业信息化使管理行为自动化具有了现实的可能性。事实上，企业管理层的主要工作本质上都是信息处理工作，理论上讲，都是可以通过信息系统完成的。企业信息化虽然不能完全取代管理层的工作，但着实可以最大限度地使管理工作自动化。管理信息系统的终极功能就是实现管理过程的自动化。

2. 企业信息化的层次

企业信息化建设是一个不断成熟发展的过程，是技术推动和管理需求拉动的过程。从企业信息化实践的角度，企业信息化可以区分为 5 个层次：

（1）技术的信息化。这主要是指 CAD、CAM 和 CAT 等为代表的信息化，实际上这是自动化的内容。

（2）数据处理的信息化。将企业的大量生产、管理数据用计算机进行处理。

（3）管理和办公的信息化。在上述两个层次的基础上进行企业信息化的全面规划，并逐步开发使用信息资源，最终完成全企业的管理信息系统（MIS）。

（4）企业生产、经营、管理一体化的信息化。将设计、制造的物流过程和整个过程的资金流、信息流以及设备、能源、人力资源等所有控制和管理综合起来，即实施 ERP，使企业内部信息化达到一个新的高度。

（5）企业信息化从内部扩延到外部。将内部的生产经营和外部供应、销售整合起来，实现与上下游、政府部门等外部实体进行信息交换和商务活动。于是企业信息化出现了一系列更高层次的新内容，如供应链管理（SCM）、客户关系管理（CRM）等。

3. 企业信息化面临的基本问题

作为面向企业管理和业务需求的信息化建设，是由一系列相互关联的 IT 项目和日常工作构成的长期任务。从企业全局来看，信息化面临着 3 个基本问题：

（1）做什么？

做什么就是要回答信息化建设目标和方向问题，明确要建设什么样的信息化。企业信息化要结合企业所在行业特点，契合企业的发展战略要求，同时也要根据企业经营的状况来决定开发和应用信息技术。

（2）如何做？

目标确定后，就要解决方法和手段问题。企业信息化要统一规划，根据企业经营管理的需要的重要性顺次展开。企业信息化是长期的、不断完善的建设过程。统筹规划，确定总体方案和技术选型，有利于企业技术统一和数据共享；顺次展开既解决燃眉之急，也可以循序渐进，避免集中投资面临的资金困难，同时也使员工逐步适应信息化工作方式。

（3）谁来做？

企业信息化建设根据组织的规模和能力，采用不同的建设模式。像银行、铁路、钢铁、石化和机场集团等特大型企业，由于经济实力雄厚，同时为了安全可靠，通常信息化建设由企业自主组织研发团队，自主开发建设和维护。对于大中型企业，通常采用委托或合作开发信息系统的模式。虽然节省了组建独立的研发团队的成本，但定制开发通常成本较高。系统建成后企业要负责后期的维护。小企业通常不具备足够的实力组织系统开发建设，通常以购买软件产品为主。

4. 企业信息化的发展阶段

1973 年，美国哈佛大学管理信息系统专家诺兰（R. Nolan）教授通过对 200 多家公司、部门信息系统建设情况的调查研究，总结了信息系统的发展阶段性规律，并于 1979 年提出、1980 年完善了企业信息化成长阶段模型——诺兰模型。诺兰模型将企业信息化成长过程区分为明显的 6 个阶段，并且预算费用逐步增加，如图 6-9 所示。

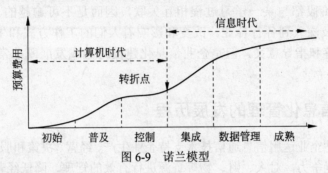

图 6-9　诺兰模型

第一阶段：初始阶段

随着信息技术的普及和完善，企业信息系统建设已经成为历史潮流。从企业购买第一台计算机用于管理部门，采用第一套财务管理系统开始就进入初始阶段。初始阶段企业员工往往缺乏计算机知识，企业决策层对计算机应用重视不够，信息系统发挥的作用具有局限性。

第二阶段：普及阶段

随着计算机应用初见成效，信息系统从单一的业务领域逐步向多种业务领域普及，数据处理能力得到提高。随着信息系统的普及应用，出现了新的问题和状况，如数据结构不一致、系统技术不统一、数据共享性较差等。企业管理者也开始关注信息系统方面投资的经济效益，但是实质的控制还不存在。

第三阶段：控制阶段

为了使信息系统充分发挥管理作用，企业成立信息系统主管部门，加强信息系统组织协调和管理，对信息系统建设进行统筹规划，严格的控制替代自由发展。在控制阶段，企业管理者协同各个部门制定信息系统发展规划，使信息系统开发建设纳入正确的轨道。

第四阶段：集成阶段

由于从第一阶段到第三阶段，企业形成面向不同部门的独立系统，致使硬件系统、软件系统和维护管理分散。集成阶段就是要整合企业的信息资源，运用数据库和远程通信技术实现硬件集成、软件集成和运行维护的集成管理。

第五阶段：数据管理阶段

诺兰对数据管理阶段未作详细描述。事实上，企业信息系统集成后，信息资源的开发、应用和管理成为主要课题。全面规划企业信息资源，收集、整合不同业务部门基础数据，面向经营管理生成统计报表，面向决策提供辅助支持，面向管理自动记录和评价员工绩效等。数据管理阶段使信息系统开始从支持单项应用发展到在逻辑数据库支持下的综合应用。同时，企业开始全面考察和评估信息系统建设的各种成本和效益，全面分析和解决信息系统投资中各个领域的平衡与协调问题。

第六阶段：成熟阶段

成熟的信息系统应能满足组织各个管理层次的要求，实现真正的信息资源管理。企业真正认识到信息系统对管理工作的支持作用，逐步实现管理行为的自动化。

诺兰模型总结了早期信息系统发展的经验和规律，揭示了企业信息化阶段性发展过程。阶段性发展过程反映了企业信息化不断加深理解认识、完善技术的学习过程。诺兰认为由于每个发展阶段都与某一学习过程相互关联，因而是不可逾越的。进入 21 世纪，信息技术已经普及深入到各行各业，改变和影响着人们的工作方式和生活方式。诺兰模型具有一定的借鉴和指导意义，但是企业信息化建设跨越式发展既非常必要，也是完全可能的。

6.4.2　企业信息化管理的发展历程

企业信息化是企业运用信息通信技术支持企业生产、经营、决策和服务等活动的过程。企业为提高市场竞争力，对人、财、物等资源进行有效的管理，降低经营成本，提高产品质量和服务水平，改善客户关系，发展忠实客户群体，如图 6-10 所示。

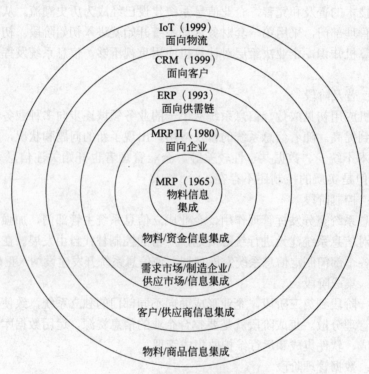

图 6-10　企业信息化管理的发展

企业信息化管理发展过程中，从早期的物料需求计划（Material Requirement Planning，MRP）、制造资源计划（Manufacturing Resource Planning，MRP II）发展到企业资源规划（Enterprise Resources Planning，ERP）。同时，理论工作者提出了客户关系管理（Customer Relationship Management，CRM）、供应链管理（Supply Chain Management，SCM）以及物联网（Internet of Things，IoT）等理念，并在企业信息化管理实践中逐步得到推广和应用。

1. MRP

制造业是物料转换成物质产品的过程。物料需求计划是指根据产品结构各层次物品的从属和数量关系，以每个物品为计划对象，以完工时期为时间基准倒排计划，按提前期长短区别各个物品下达计划时间的先后顺序，是一种工业制造企业内物资计划管理模式。物料需求计划系统是制造业库存管理信息系统，解决了如何实现制造业库存管理目标——在正确的时间按正确的数量得到所需的物料这一难题。MRP 的具体内容包括：

（1）根据市场需求预测和顾客订单制定产品的生产计划。

（2）根据生产能力生成进度计划。

（3）根据生产工艺和产品结构组成产品的材料结构表和库存状况。

（4）通过计算机计算所需物资的需求量和需求时间，从而确定材料的加工进度和订货日程。

2. MRP II

制造资源计划是一种出现于 20 世纪 70 年代末期的，以企业资源优化配置，确保企业连续、均衡地生产，实现信息流、物流与资金流的有机集成和提高企业整体水平为目标，以计划与控制为主线，面向企业产、供、销、财的现代企业管理思想和方法。制造资源计划是在物料需求计划上发展出的一种规划方法和辅助软件，以物料需求计划为核心，覆盖企业生产活动所有领域、有效利用资源的生产管理思想和方法的人-机应用系统。MRP II 的主要作用如下：

（1）减少物料的库存时间。

（2）提高客户满意度。

（3）减少库存量，降低产品成本。

（4）提高劳动生产力。

（5）提高设备利用率。

（6）减少运输成本。

（7）改善企业经营决策，提高企业应变能力及所处的竞争地位。

（8）合理利用资源。

（9）由于与财务系统的集成，可以大大减少对财务收支上的差错与延误，减少经济损失。

3. ERP

企业资源规划是 1993 年由美国盖特纳咨询公司（Gartner Group Inc.）提出的概念。ERP 是大型模块化、集成性的流程导向系统，集成企业内部财务会计、制造和进销存等信息流，快速提供决策信息，提升企业的营运绩效与快速反应能力。实际上，ERP 已经成为企业全方位信息化的代名词，既包括传统的业务领域，也包括电子商务（Electronic Commerce，EC）、客户关系管理（CRM）以及供应链管理（SCM）。

随着人们认识的不断深入，ERP 覆盖了整个供需链的信息集成，并被赋予了更多的内涵。近年来，ERP 研究和应用发展更为迅猛，出现了各具特色的应用软件产品。ERP 的概念和应用以企业信息化领域为核心，逐渐深入到了政府、商贸等其他相关行业。

ERP 是将企业所有资源进行整合集成管理，简单地说，就是将企业的 3 大流：物流、资金流、信息流进行全面一体化管理的管理信息系统。企业的管理主要包括 3 方面的内容：

生产控制（计划、制造）、物流管理（分销、采购、库存管理）和财务管理（会计核算、财务管理）。3 大系统本身就是集合体，它们互相之间有相应的接口，能够很好地整合在一起，对企业进行全方位管理。

ERP 不只是软件系统，还是集组织模型、企业规范和信息技术、实施方法为一体的综合管理应用体系。ERP 使得企业的管理核心从"在正确的时间制造和销售正确的产品"转移到了"在最佳的时间和地点获得企业的最大利润"。ERP 从满足动态监控发展到了商务智能的引入，使得以往简单的事务处理系统变成了真正具有智能化的管理控制系统。从软件结构而言，现在的 ERP 必须能够适应因特网，可以支持跨平台、多组织的应用，并和电子商务的应用具有广泛的数据、业务逻辑接口。

4. CRM

企业在经营过程中，企业客户主要来自两个方面：一方面是企业产品分销商或直接用户，这类客户是企业的服务对象；另一方面是企业的供货商，提供原材料和辅助支持，这时企业是被服务的对象。建立稳定的、长期的客户关系是企业经营的前提条件。

1999 年，Gartner Group Inc 提出了客户关系管理概念。CRM 是一个不断加强与顾客交流，不断了解顾客需求，并不断对产品及服务进行改进和提高以满足顾客需求的连续的过程。CRM 是企业利用信息技术（IT）和因特网技术实现对客户的整合营销，是以客户为核心的企业营销的技术实现和管理实现。客户关系管理注重的是与客户的交流，企业的经营是以客户为中心，而不是传统的以产品或市场为中心。为方便与客户的沟通，客户关系管理可以为客户提供多种交流的渠道。客户关系管理系统主要包括销售管理子系统、市场营销管理子系统、服务管理子系统、现场服务管理子系统和呼叫中心管理子系统。

5. IoT

早在 1995 年比尔·盖茨在《未来之路》一书中就已经提及物物互联问题。1998 年，美国麻省理工学院创造性地提出了电子产品代码（Electronic Product Code，EPC）系统设想。EPC 系统是建立在计算机因特网基础上，利用射频识别、无线数据通信等技术构造覆盖世界范围的实物互联系统。1999 年，基于物品编码、无线射频识别（Radio Frequency Identification，RFID）技术和因特网，美国 Auto-ID 中心提出了物联网的概念。

物联网，顾名思义是物物相连的因特网，成为新一代信息技术的重要组成部分。第一，物联网的核心和基础仍然是因特网，是在因特网基础上的延伸和扩展的网络；第二，其用户端延伸和扩展到了任何物品与物品之间进行信息交换和通信。因此，物联网的定义是通过射频识别、红外感应器、全球定位系统和激光扫描器等信息传感设备，按约定的协议，把任何物品与因特网相连接，进行信息交换和通信，以实现对物品的智能化识别、定位、跟踪、监控和管理的一种网络。

物联网是物料和产品信息化的解决方案，不仅为企业信息化开辟了全新的领域，解决了物流管理信息化的根本问题，也促生了新兴行业的诞生和发展。建设物联网分为感知、网络和应用 3 个层次，在每一个层面上都需要新兴产业的支持和服务，带来了巨大的商机。首先，在与物联网相关的电子元件领域，如射频识别装置、感应器等需要大量的产品和服务；其次，庞大的数据传输给网络运营商带来了商机。目前，物联网已经在智能物流、智能交通、绿色建筑、智能电网和环境监测等领域展开应用。

讨论案例：到底要不要 ERP

2009 年 4 月的一天早晨，阳光明媚，可 A 公司信息化项目小组负责人小王的心情却怎么也明亮不起来。他急匆匆地走到董事长于总的办公室，敲了敲门，得到许诺后走了进去。

事情是这样的。

A 公司是东北地区的一家大型物流公司，近几年在新上任的董事长于总的带领下迅速地发展起来。

A 公司主要从事商品的运输、配送、仓储、包装、搬运装卸等环节。除此之外，该公司还经营旅游、房地产和制造等多种业务。

随着公司不断壮大，公司业务众多，同时该公司的下属子公司在地域上分布也比较散，下属的 5 个大型一级子公司分布在华北地区，作为整个集团企业的 A 公司在综合协调管理方面存在非常大的难度。

为了搞好全公司的综合管理，使总公司能够全盘了解整个企业的经营状况，协调各方面有效运作，使各个分公司步调一致地运转，从而发挥整体优势，于总决定开启公司的信息化道路，重任交到了得力助手总经理小梁的手中。小梁接下任务后，马上组织精干的实施队伍。在专门咨询了信息化建设的一些知识后，他马上就成立了一个信息化项目领导小组，自己任组长，负责实施过程中重大问题的决策；同时成立了信息化建设项目部，他找到了公司计算机信息中心的负责人小王，任命他为信息化建设项目部总负责人，主要负责该项目的具体实施的组织、协调和管理工作以及监督和检查，并且在全公司范围内精选了业务骨干和 IT 技术骨干共 15 人充实到项目部，负责项目的具体业务实施工作，组成了强有力的项目实施团队。

从某著名大学计算机系毕业一年多的小王觉得自己发挥的时候到了，雄心勃勃地接下了任务。

梁总召集所有相关人员开会，会上有人提出要引进 ERP，但是小王坚决反对，他说："当面对如此众多的企业管理软件公司时，我们已经不知如何面对每一家软件商，任何一家说的都信誓旦旦，好像世界上最好的软件只是在他们公司中产生，但是 ERP 失败的案例太多了，由于不好把握引进 ERP 的风险，还是自己开发决策系统好一些。"

梁总和几个重要负责人出于对公司现有经费的考虑，最终决定在 3 个月之内由小王带领工作小组负责开发一套自己的决策系统来适应公司短期发展的信息化需要。

接下任务后，小王带领工作组进行了讨论。

首先，他们决定分析现在公司存在的问题。信息中心有一定的开发力量，而开发这套系统需要对公司各部门业务和现在使用的计算机管理系统很熟悉，于是小王决定申请从运输、配送、仓储、包装、搬运装卸以及财务部、人力资源部各部以及各子公司找出熟识本部业务，有一定工龄的业务员，帮助他们咨询。梁总欣然答应，很快安排了专业人员到工作小组。

当与各部门的业务员交流的过程中，问题出现了。

首先，最烦琐的是，虽然运输、配送、仓储、包装、搬运装卸是一个连贯的物流流程整体，而且子公司继承总公司的部分业务，可是由于有的部门以及部分子公司一直处于闭门造车的状态，都请专业人员设计了自己部门相关的管理系统，从上游部门传送过来的数据录入到自己的系统中，处理后返还给上游业务和部门。虽然格式、字段存在不同，但是在熟识了业务后并不复杂，所以大家就没有一个统一的模式存储数据。

因此，工作组从各部门收集上来的数据由于数据的来源不一，这些数据是按照不同的格式和标准组织的，相同的数据在不同的数据表中按照不同的字段名和不同的格式存储。这种不一致的数据格式在整个数据库中占 40%之多，而这些相同指标的数据只有统一对应起来才能进行与其他数据的关联比较，否则数据再多也只是一盘散沙。

而且，那些没有管理系统的部门，数据上传方式也各不相同——传真、邮寄书面报表，五花八门。

小王分析到，数据和分析手段有限，无法进行深入分析。各部门提交的数据是经过层层汇总填报出来的，到了工作组就只有一个总数了，当发现一项数据有必要进一步分析时往往只能向下追索一层数据，如果还找不到问题就只有作罢。同时，作为手工计算难以运用数学模型做出复杂的分析计算。

于是针对这个问题，小王工作组决定从数据挖掘和分析做起。小王原先的构想是运用一些商业智能工具如 BO、SPSS 来对集中的大量数据进行挖掘和分析，但是后来改变了这一思路。因为购买正版的商业智能工具所花费用不是一个小数目，一套基本版的 B0 就要40 万元人民币，这大大超出了预算，同时也需要花一定的时间来熟悉使用。

正是由于公司软硬件的限制，小王工作组在系统开发的这 3 个月里仍然采用老一套的报表收集和分析方法，问题是越来越大。工作组大部分时间不是用在分析上，而是花在数据的收集和计算上，决策工作难以推进。小王带领工作组夜以继日地苦干，导致了工作组成员的严重倦怠，效率越来越低，而小王夹在梁总和成员之间，很是难做。但是经过努力，信息中心也不负众望，在工作组的督促和信息中心人员的指导下，数据通过各种渠道陆陆续续汇集到总公司计算机机房服务器的数据库中。

数据问题解决了，还有系统的边界问题。虽然各部门已经不同程度地用了计算机管理，但如果系统边界定在各子公司，那么总公司的系统不仅没有充分利用，而且还要增加人员的数据录入量。这样的话，等于又重复开发了部分报表系统，不仅得不偿失，而且在时间上也是来不及的。经过反复考虑，小王决定不统一划定边界，如果总公司现有的系统能够连接就与之连接，从现有系统中抽出分析所需的基础数据。没有系统的就由子公司相关人员录入再将数据传输到总公司汇总。

对于子公司五花八门的应用系统，信息中心是再也没有精力和耐心与它们一一对接了，统一做一个录入程序，让子公司各部门有关人员各自录入。由于数据总量比较大，而且子公司的技术力量薄弱，再加上对新上的系统的排斥，子公司各个部门的热情很低，原本 1 个月录入的数据，拖了 1 个半月才粗糙的完成，这还是小王找梁总催促了很多次的结果。

分析决策系统初具规模，试运行的时候还是让大家看到了成果，这让小王松了口气。可是再往后，问题就慢慢地暴露出来了。由于这套系统本身就搭建在一个不统一、不坚实的基础上，就像建筑在一堆乱石上的楼房，一旦有哪一块石头发生松动，整栋楼房就会分崩离析。而基础的改变，在这样一个竞争激烈的市场环境中是无法避免的，系统的崩溃也就只是时间的问题了。

第一个是子公司的组建。总公司下属的很多子公司都是综合性公司，有运输的，也有制造的、房地产的。现在总公司实施了一个工业重组的方案，把所有子公司下属的工业企业合并成一个独立的子公司，由总公司直接管理。这样一个合并不仅带来机构人员的变化，也带来了数据上报来源、统计数据指标以及统计分析方法的变化。这些变化都需要分析决策系统做出相应调整，而这个系统却无法响应重组的要求。

第二个是部分业务统计指标的增加。由于分析决策系统采用了大量的关联对照表来解决基础数据规则不统一的问题，因此每次涉及到这些关联数据的运算都要一一查询相关的关联表，大大降低了系统的运行效率。而这些关联表的数量会随着不一致指标的增加呈几何级数增加。这些关联的增加不仅降低了系统性能，也使系统复杂度大大增加，达到一定数量后，系统就达到崩溃的边缘了。新引进一项指标有时会相应增加两三个关联对照表，处理数据的速度大大下降。

系统刚上就问题重重，这让小王很是苦恼，觉得是时间不够、分析不足、公司的软硬件设施不齐备造成的，他正准备去找于总和梁总说明问题。而此时，各部门负责人陆续向梁总和于总反映说，小王的系统并没有给大家带来便利，不仅耗费了大量的时间、人力、物力，还影响了大家的情绪，强烈要求撤去这套系统，改为引进专业的 ERP 系统和专家进行优化。

听取了大家的意见后，于总和梁总一起找小王谈话，对他的工作很是不满意。小王觉得有苦说不出，提出如果再多一些时间和经费，一定还可以优化自己的系统，但是梁总否定了他，说："还是引进 ERP 吧。"两个人的意见僵持不下。

于总迟疑了一会儿说："你们再想想，明天找我来谈，先回去吧。"

讨论题

1．A 公司开启信息化的目的是什么？

2．A 公司信息化建设问题出在哪里？

3．你若是小王，你该怎么办？

4．你若是于总，你该怎么办？是引进 ERP 还是继续支持小王做下去？

6.4.3　企业信息化建设的任务

企业信息化建设是不断发展完善的过程，核心任务是信息资源的开发与管理。企业信息化的首要任务是企业信息基础设施的建设，构筑由信息设备、通信网络、数据库和支持软件等组成的环境。信息化的重要任务是信息化教育，即提高全体员工的信息化意识和信息处理技能，激励全体员工积极参与信息资源开发和管理。企业信息化的具体建设任务包括以下几个方面：

（1）基础设施建设。

信息化基础设施包括硬件系统的部署和软件平台的搭建。硬件系统主要包括服务器、终端机和网络设备。软件系统包括操作系统、网络平台和应用系统等。

（2）网络商务平台建设。

为适应网络时代的消费者习惯，网络商务平台是企业宣传企业形象、推销产品和服务、洽谈商务业务、提供服务支持的重要保障。通过网络商务平台，用户可以直接了解企业经营状况和成果，获取产品和服务的信息，并完成产品订单的申报，获得售后服务的支持。

（3）生产过程信息化建设。

生产过程信息化包括生产工艺信息化、生产设备自动化、物料管理智能化、人员排班信息化和设备维护保养信息化。

（4）研究开发工作信息化。

现代企业持续发展的原动力是不断研发新产品以满足社会需要，不断完善产品系列以满足个性化需求，不断改进生产工艺来降低成本、减少能耗，不断推出新的服务模式来提高服务质量。

计算机辅助设计（Computer Aided Design，CAD）利用计算机及其图形设备帮助设计人员进行设计工作。计算机辅助工艺规程设计（Computer Aided Process Planning，CAPP）借助于计算机软硬件技术和支撑环境，利用计算机进行数值计算、逻辑判断和推理等的功能来制定零件机械加工工艺过程，可以解决手工工艺设计效率低、一致性差、质量不稳定、不易优化等问题。计算机辅助装配工艺设计（Computer Aided Assembly Process，CAAP）应用计算机模拟人编制装配工艺过程，自动生成工艺文件。计算机辅助工程分析（Computer Aided Engineering，CAE）用计算机辅助求解分析复杂工程和产品的结构力学性能，以及优化结构性能。此外，根据不同的业务研发工作需要，提供计算机系统辅助支持，如计算机辅助测试系统、网络计算机开发环境和模型库管理系统等。

（5）客户关系管理。

企业面向市场、面向客户，需要强化客户的管理，建立以客户为本的商业理念。CRM既是一种崭新的、国际领先的，以客户为中心的企业管理理论、商业理念和商业运作模式，也是一种以信息技术为手段，有效提高企业收益、客户满意度、雇员生产力的具体软件和实现方法。

客户关系管理（Customer Relationship Management，CRM）首先体现的是管理思想，强调客户是企业生存和发展的最重要资源，通过既往客户、当前客户和潜在客户的数据分析，为客户提供更满意的产品和服务，也为开拓市场指明了方向。

客户关系管理在计算机系统的支持下又表现为一种新型的管理方法。CRM 把市场信息、营销管理、技术服务和商务交易集成在一个平台下，能够加快市场响应速度、提高交易效率、规范工作流程、维护客户利益、促进新品开发。

CRM 同时也是技术集成的结果。客户关系管理系统通常包括网上协同、呼叫中心、自动销售、数据分析、客户管理和订单管理等软硬件体系。通过数据挖掘、统计分析等软件系统，企业能够更好地掌握市场状况、客户结构和需求、产品和服务的反馈信息，实现一对一销售、销售自动化和商务智能等最佳商务实践。

（6）供应链管理。

制造业是物质资源转换的过程，从原材料、零部件、产成品形成了物质流动的过程。由于这一过程通常由多个企业相互衔接，形成供给和产出的关系，形象地称为供应链。供应链管理（Supply Chain Management，SCM）是一种集成的管理思想和方法，执行供应链中从供应商到最终用户的物流的计划和控制等职能。从单一的企业角度来看，供应链管理是指企业通过改善上、下游供应链关系，整合和优化供应链中的信息流、物流、资金流，以获得企业的竞争优势。供应链管理是围绕核心企业，主要通过信息手段对供应的各个环节中的各种物料、资金和信息等资源进行计划、调度、调配、控制与利用，形成用户、零售商、分销商、制造商、采购供应商的全部供应过程的功能整体。供应链管理是企业物流管理的重要手段，实现传统的供销职能。通过供应链管理，企业充分掌握供应商的供货状况，在长期的合作中建立供应商档案，评价供应商的服务质量和产品质量，选择质优价廉的产品，并为全球采购打下良好的基础。供应链管理有助于企业确定采购策略、运输和存储计划，达到降低库存、减少开支、提高产品质量和及时供货的目的。

（7）财务管理信息化。

在经济社会中，资金是组织行为的动力能源，因而任何组织行为都离不开财务管理。企业以盈利作为经营的基本目标，资金结算、成本核算、财务分析、申报纳税以及融资租赁等都离不开财务管理的工作。财务管理是企业经营管理的核心内容，也是企业信息化的重点。

财务管理首先从会计电算化入手，实现账簿管理、凭证管理、会计报表的信息化。在此基础上，实现成本控制、财务分析和利润管理。由于在原材料采购、固定资产投入、产品销售、库存管理、人力资源管理和设备维护等方方面面都离不开财务的支持，财务管理信息化必然要求同企业各个业务环节建立数据融合机制，实现企业全面的成本控制和经济成果分析。

6.4.4　企业信息化指标体系

企业信息化指标体系是企业信息化建设的指南。企业信息化指标体系有助于正确和客观地评价中国企业信息化水平，引导企业在效益、务实、统筹规划的基础上开展信息化建设。企业信息化指标体系从宏观上指导企业信息化整体水平的提高。在微观上，使企业更准确地认识信息化的内涵，明确信息化的目的，制定正确的信息化战略，并对具体实施提供帮助。

国家信息化测评中心于 2002 年 7 月 26 日发布了《中国企业信息化指标体系》，如表 6-2 所示。

表 6-2　企业信息化指标体系

序	一级	二级	指标解释	指标数据构成
1	战略地位	信息化重视度/分	反映企业对信息化的重视程度和信息化战略落实情况	企业信息化工作最高领导者的地位、CIO 职位的级别设置、信息化规划和预算的制定情况
2	基础建设	信息化投入总额占固定资产投资比重/%	反映企业对信息化的投入力度	软件、硬件、网络、信息化人力资源和通信设备等投入
3		每百人计算机拥有量/台	反映信息化基础设施状况	大、中、小型机、服务器、工作站；PC
4		网络性能水平/分	反映信息化基础设施状况	企业网络的出口带宽
5		计算机联网率/%	反映信息化协同应用的条件	接入企业内部网的计算机的比例
6	应用状况	信息采集的信息化手段覆盖率/%	反映企业有效获取外部信息的能力	采集政策法规、市场、销售、技术、管理、人力资源信息时信息化手段的应用状况

序	一级	二级	指标解释	指标数据构成
7	应用状况	办公自动化系统应用程度/分	反映企业在网络应用基础上办公自动化状况	实现日程安排、发文管理、会议管理、信息发布、业务讨论、电子邮件、信息流程的跟踪与监控等
8		决策信息化水平/分	信息技术对重大决策的支持水平	是否有数据分析处理系统、方案优选系统、人工智能专家系统等
9		核心业务流程信息化水平	核心业务流程信息化的深广度	主要业务流程的覆盖面及质量水平
10		企业门户网站建设水平/分	反映企业资源整合状况	服务对象覆盖的范围、可提供的服务内容
11		网络营销应用率/%	反映企业经营信息化水平	网上采购率、网上销售率
12		管理信息化的应用水平/分	反映信息资源的管理与利用状况	管理信息化应用覆盖率及数据整合水平
13	人力资源	人力资源指数/分	反映企业实现信息化的总体人力资源条件	大专学历以上的员工占员工总数的比例
14		信息化技能普及率/分	反映人力资源的信息化应用能力	掌握专业 IT 应用技术的员工的比例、非专业 IT 人员的信息化培训覆盖率
15		学习的电子化水平/分	反映企业的学习能力和文化的转变	电子化学习的员工覆盖率、电子化学习中可供选择的学习领域
16	安全	信息安全的费用占全部信息化投入的比例/%	反映企业信息化安全水平	用于信息安全的费用，包含软件、硬件、培训、人力资源支出
17		信息化安全措施应用率/%	反映企业信息化安全水平	信息备份、防非法侵入、防病毒、信息安全制度与安全意识培养等措施的应用状况
18	效益指数	库存资金占用率/%	反映企业信息化效益状况	库存平均占用的资金与全部流动资金的比例
19		资金运转效率（次/年）	反映企业信息化效益状况	企业流动资金每年的周转次数
20		企业财务决算速度/日	反映企业信息化响应水平	从决算指令的发出到完成一次完整的企业决算所需的最短时间
21		增长指数	反映企业绩效	销售收入增长率、利润增长率

　　表 6-2 包括了 6 个一级指标和 21 个二级指标。企业信息化指标体系的设计，从"以信息化带动工业化"的战略任务出发，旨在引导企业信息化建立在有效益、务实、统筹规划的基础上。指标体系为政府了解企业信息化应用情况和进行相关决策服务，为企业提高信息化水平服务，从领导、战略、应用、效益、人力资源和信息安全等多个方面引导中国企业企业信息化健康发展。

　　2002 年 10 月 9 日，国家信息化测评中心发布了《企业信息化效能指标构成方案》，共有一级指标 2 个，二级指标 9 个，三级指标 13 个，如表 6-3 所示。

表 6-3　企业信息化效能指标构成方案

序	一级	二级	三级	指 标 解 释	指标内容构成举例
1	适宜度	战略	企业战略匹配度	企业信息化战略与企业战略之间配合协调程度	主营业务相关度等
2			技术战略适宜度	企业信息化技术战略与技术环境之间的配合协调程度	战略性合作伙伴的信息技术战略等
3		应用	管理信息化应用	管理信息化水平的合理性	营销管理应用的深度、广度等
4			数据库应用	数据库应用的合理性	数据库整合的领域等
5			安全应用适宜度	企业信息安全状况的合理性	安全费用等
6		投资	投资理念适宜度	企业主要领导对企业信息化的正确认识水平	投资的价值导向等
7			投资力度适宜度	反映企业信息化投资力度的合理性	投资规模等
8			客户价值适宜度	反映信息化投资给上下游及最终客户带来的实际价值水平	客户满意度等
9		资源匹配	信息化的投入结构	反映信息化投入在各要素之间分配状况的合理性	培训费用等
10			人力资源结构	反映信息化人力资源结构的合理性	员工结构、CIO 的业务背景等
11			系统运行协调度	反映系统运行状况和功能发挥状况的合理性	信息系统平均无故障运行时间等
12		组织文化	企业组织网络化程度	反映企业结构的合理性和企业行为的网络化状况合理性	信息化管理部门的设置、产品编码标准化状况等
13			企业文化适宜度	反映企业文化对企业信息化支持程度	管理科目编码标准化状况、员工学习状况等
14	灵敏度	信息	反映企业收集各种外部信息的渠道、手段和速度水平		终端顾客信息反馈速度、数据挖掘状况等
15		管理运行	反映企业管理运行的智能和速度水平		虚拟财务决算速度等
16		对外反应	反映企业对外反应的智能、广度和综合速度水平		企业定制化水平、客户服务电话拨通率等
17		创新	企业创新能力		产品创新灵敏度等

企业信息化效能指标把企业信息化引导到有效益、有竞争力和可持续发展的方向上来；使企业信息化配合企业总体战略；使企业领导正确认识和正确实施所在企业的信息化工作，讲求实效，避免浪费。

企业信息化补充指标与企业信息化基本指标互相联系又相对独立，基本指标主要适用于政府、社会对企业信息化基本状况的普测、监测；补充指标是测量、评价企业信息化所达到的实际效果的评价系统，因而又称为效能指标。补充指标与基本指标、评议指标一起用于企业信息化水平的测定、评级和认证等。

讨论案例：蓬莱药业信息化建设

1. 企业背景

蓬莱药业的前身是成立于抗战时期的解放军某制药所，至今已经有 60 多年的历史。自 20 世纪 80 年代注册为蓬莱药业后，公司在国家改革开放的大背景下，大胆创新，锐意改革，业绩不断增强。20 世纪 90 年代，公司兼并了几个小型的药业公司，并且注入了部分外资，规模越来越大。1997 年 5 月，公司注册上市。上市之后的短短三四年后，蓬莱药业公司又成功地在全国范围内并购了 20 多家企业，成立了 15 家子公司，企业每年的销售额也由 2 亿元猛增到将近 20 亿元，发展成为一家销售网络遍及国内外，主营业务涵盖新药开发、药品生产、医药经营以及制药装备销售等领域，横贯科研、生产、流通各个环节的大型现代化制药集团。

2. 面临的问题

随着公司规模的飞速发展，一些问题也暴露出来了。机构臃肿，子公司与总公司之间信息传递不畅。单从账务来说，由于 15 家子公司所用的会计单据格式不同，年度的财务统计工作量非常大，耗费大量的人力、物力，而季度甚至月度的统计更是不可能完成的任务。在物流销售等方面，销售部门给出的订货单物流部门要很久才能收到，然后集中采购原料，往往延误了销售时机，而且还带来库存积压，增加了库存成本。

3. 信息化建设进程分析

蓬莱药业的领导层敏感地意识到了这一问题的严重性，并决定加快整个企业的信息化建设，以期解决这一问题。

蓬莱药业信息化建设面临的第一个课题就是目标的确定，以及怎么去做。是循序渐进，按照财务软件、供应链系统、CRM 系统的顺序先后建设，还是一步到位，立即着手投资 ERP 系统？为此公司专门成立了信息化规划小组，由张总任组长，组员有主管财务、生产、销售的李副总、杜副总和王经理，还有信息中心的孔主任。规划小组先后咨询了多家软件供应商，其中既有 Oracle、SAP 等国际知名的管理软件企业，也有用友等多家国内管理软件供应商。之后，小组又邀请了北京某高校研究信息化方向的教授到企业进行实地调研。最后综合各方面的信息，经过反复比较和论证，规划小组排除了一步到位上马 ERP 的想法。

做出以上决定主要是考虑了以下几个主要因素：第一，信息化基础问题。企业本身信息化程度较低，一步实施 ERP 的话跨度过大，具体实施起来难度比较大。第二，员工接受程度。公司以前几乎没有进行过任何软件方面的建设，如果一步实施 ERP 的话，员工无论是从工作习惯还是心理上都难以一时适应，很可能还会产生排斥心理。第三，也是最重要的，在公司实际业务方面，自身条件尚不完全具备。仅就企业的销售网络信息化来说，一下子放弃以前的销售体系，更换成全新的销售网络管理系统，企业可能面临巨大的震荡，而且一旦项目失败，投资风险、业务风险等多方面的问题可能把企业拖入困境。

蓬莱药业公司决策层最终决定选择以财务软件作为突破口，循序渐进，逐步进行企业信息化建设。在引进管理软件的过程中，不断培养自己的技术队伍，然后以点带面，推动企业的现代化和信息化建设进程。之所以以财务软件为突破口，主要是因为财务系统是企业的核心管理系统，尤其是企业上市以后，蓬莱药业公司的业务规模迅猛发展，公司原有的会计处理手段根本满足不了实际工作的需要。财务管理的信息化是公司最迫切的需求。

之后，蓬莱药业便开始了与用友公司在财务软件领域的合作……

4. 财务系统信息化建设

确定了信息化建设的突破方向之后，蓬莱药业公司开始了循序渐进的探索之路。公司将原来的信息中心扩充为 IT 部，负责信息系统的维护和开发，并注重培养自己的技术人员。从 1997 年年底开始，蓬莱药业公司采用用友的财务软件逐步实现了公司的会计记账由手工作业向电算化的转变，从电算化向成本管理的转变。通过企业财务管理系统实现企业的成本核算和管理，蓬莱药业公司节省了成本核算的人工成本，提高了成本核算的及时性和准确性，为计算企业期间损益、考核部门业绩以及进行成本分析提供了数据。

5. 信息化全面铺开进入困境

财务系统的成功实施得到了公司领导层的高度评价。为此，规划小组专门召开会议，总结了经验教训，并准备在整个企业全面推行信息化。小组决定在人事、生产和销售等几大主要部门同时进行信息化建设，借鉴财务部门的经验，全面铺开。但是在软件合作厂商的选择上，各方意见不能达成一致。主管销售的王经理认为，在销售系统方面，用友做得不是很好，因此倾向于选择别的软件供应商，张总也认为各个部门应该用不同供应商的产品，毕竟几家大的供应商各有所长。IT 部的孔部长对这一建议强烈反对。他说："如果各个部门采用不同厂商的产品，那么将来各个部门之间的信息流肯定会有问题，各个部门就会变成'信息孤岛'，彼此之间无法通信，这对企业长远的发展非常不利。"

张总笑笑说："'信息孤岛'这个比喻非常好，这的确是个问题，先前我们没有意识到这一点。那么小孔你说说你具体的想法吧。"

小孔说："简单地说，我还是主张选择用友。一方面，我们的财务系统选择的就是用友，而且取得了成功。另一方面，用友的实力在国内软件供应商界还是得到认可的。将来我们进行各个部门之间的整合也会比较容易。"

主管生产的杜副总说："我对 IT 技术了解得不多，'信息孤岛'这个词的表面意思我是理解了。但我认为，我们可不可以选几家供应商一起来完成呢？由用友主要负责，每家完成一部分，最后再由用友进行整合。"

张总咳嗽了一下说："现在看来，这个问题涉及不少技术方面的问题，我们几个人一时也拿不出方案。我看我们还是先咨询一下相关专家，拿出几个技术上行得通的方案，然后我们再进行进一步的讨论。今天的会就开到这里吧。"

讨论题

1. ERP 一步到位与逐步实施各自有什么优缺点？蓬莱药业没有选择 ERP 一步到位的方案，你对此有什么看法？

2. 蓬莱药业以财务管理信息化为突破口，你认为这一选择是否正确？

3. 如果你是张总，面对蓬莱药业信息化全面铺开时遇到的困境，你会怎么做？

讨论案例：渤海港务公司信息资源开发利用

渤海港务公司的信息系统集成建设结束后，公司领导普遍认识到，整个企业的信息化建设还有很多工作要做。张总决定集思广益，他设置了一个电子信箱，专门接收员工来信，看看大家有什么好的建议。他坚持每天都抽出一段时间来阅读信件。今天一封邮件引起了他的注意：

尊敬的张总：

您好!我是信息中心一名普通员工，我叫李海波。2002 年从华中水利大学信息管理系毕业来到公司，在工作中我参与了公司信息系统规划、开发的整个过程。现在系统开发工作已经结束，但我认为这并不意味着公司信息化的终结。公司目前在信息管理过程中还存在一个很大漏洞，就是对信息资源开发利用认识不足，具体表现为：

1. 重信息系统，轻信息资源

现在在业界有一句流传很广的话："信息化成功的关键是三分技术、七分管理、十二分数据。"现在许多企业已经跨越了重技术轻管理的倾向，流程重组等概念为企业接受，但是都不同程度上存在重系统轻数据的问题。我们公司也不例外，也存在这一问题。

2. 信息资源开发机构分散

公司的信息功能单元包括战略规划小组、行业政策研究室、信息研究室、信息中心、科技情报或竞争情报部门、科技图书馆、工会图书馆、档案馆、企划部、公关组织等，各部门相互独立，各自为政，缺乏统一的管理和规划，使得企业的信息资源管理分散，没有形成反映企业生产经营活动全貌的综合性信息，企业要提高效率、降低成本、改善产品和服务、增强综合实力，就必须对这些机构进行重组，实现信息资源的集成管理。

3. 信息资源开发技术水平低下

由于信息技术的快速发展，资源开发工作也呈现了全新的面貌，网络信息资源的获取，信息门户的完善，信息分析工具、决策支持系统的成熟都使得信息资源开发利用的效率大大提高。但是我们公司的信息资源开发手段还处在较低的水平徘徊，已远远不能满足企业快速发展的要求。

4. 信息资源管理制度不完善

信息资源开发缺乏统一规划，管理制度不完善，人员待遇低，激励机制不健全，信息开发利用渠道不通畅等，严重制约了公司信息资源开发利用的效率。

信息资源开发是企业信息化建设和管理的核心，信息资源利用是取得竞争优势的关键，是企业生产活动实现价值增值的有机链条。因此建立有效的企业信息资源管理制度是企业良性循环以及可持续发展的一个重要保障。如果上述问题不解决，企业信息化的成效难以充分发挥，因此企业下一步的工作应当转向信息资源的开发利用上。

这封邮件引起了张总的同感，虽然信息系统的运行实现了企业内部业务的信息化控制，提高了企业运作的效率，增加了企业经济效益，但是系统还不能为管理决策提供全面、及时和有针对性的信息支持，尤其是不能提供企业外部的政治、经济、行业和竞争对手等信息，尚不能改变决策工作犹如"带着镣铐跳舞"的局面。

想到这里，张总决定见见这位年轻人，听一听他的意见。

第二天下午，公司主管业务的李副总、信息中心王主任、李海波来到张总办公室，李海波这个略有些腼腆又十分自信的年轻人给张总留下了良好的第一印象。张总开门见山，对着李海波说道："我昨天看了你给我写的那封信，我感触很深，今天把你和王主任、李总请来主要是想听听你的看法。"

李海波略一沉吟说道："我认为信息资源是企业最重要的资源之一，开发信息资源既是企业信息化的出发点，又是企业信息化的归宿。企业之间的竞争除了人才竞争之外，更加需要关注信息资源开发和使用效能的竞争，不断地构筑企业核心竞争优势。

对于企业信息资源的开发利用来说，首要的事情是识别企业内部的信息功能，然后依据企业的战略目标规整淘汰、优化配置、重新组合，形成内在一体的组织机构和管理制度，最终在资源共享的基础上实现企业信息功能的放大作用。具体来说包括以下 4 个方面：

（1）重组企业内部的所有信息机构。企业内部的信息机构都存在不同程度的重叠问题，因此它们可以精简归并，我建议公司设立信息资源开发科，归公司战略规划部管理，统一协调公司的信息资源开发利用工作。

（2）完善企业信息资源开发激励制度。信息资源开发利用不是某一个部门或某几个人的工作，而是关乎全体员工的大事，必须设计一套完善的管理制度、激励制度，真正调动起员工的积极性，投身到资源开发中来才有可能搞好这项工作。

（3）确定企业应该拥有哪些信息功能。现代社会是一个高度分工的社会，企业承担所有的信息功能是不实际的，也是不经济的，企业所拥有的应该是能够满足企业战略信息需求的信息功能单元，满足企业管理者和雇员一般信息需求的信息功能应该由社会或社区来承担；另外一些功能外包出去可能效果更好，企业应主动'割爱'，如行业政策研究就可以委托社会上的有关研究组织承担。

（4）完善信息资源共享和利用机制。利用现代化的信息工具为企业员工收集的信息提供统一的共享平台，企业内部员工都可以根据其权限访问这些信息资源。为让这些信息资源真正得到利用，还必须设计一套制度使得信息资源真正为管理决策和企业运作发挥其应有的作用。

这只是我的一点粗浅的看法，也大多是纸上谈兵，至于如何在企业内去推行这项工作，我还没有太大把握。"

张总听完后点了点头，把目光转向了王主任，要王主任发表自己的见解。

王主任笑了笑说："我只对技术在行，对于如何开发利用信息资源没有太多的理解，将来如果工作中遇到什么技术问题我们部门一定大力支持。"

张总又把目光投向李副总，李副总说道："刚才小李说得非常好，没有长篇大论，用很简洁的语言概括了信息资源开发利用的关键之处，看得出来小李是一位爱思考、肯用心的年轻人，这一点必须给予充分肯定。对于信息资源开发利用我也没有太多的认识，只是在以前了解过一些常识，但我同意小李的观点，信息资源开发利用是信息化的出发点，也是归宿，我们信息化的下一步工作要转向信息资源开发利用上来。我有一个提议，这项工作就由小李来负责，张总以为如何？"

张总点了点头说："很好，我也有此意，公司的信息系统开发工作已经结束，信息系统运作也初见成效，信息资源开发利用是我们的一个软肋，这为我们下一步的工作指明了方向。我完全同意李总的意见，由小李来负责这项工作，小李你有什么困难？"

李海波刚听到这个消息时有点紧张，但马上就恢复了平静说："我有两方面的要求，第一，我需要去考察一下成功企业在这方面的做法；第二，我觉得自己虽然在业务上可以胜任，但是这项工作要涉及人员激励、机构调整等，我恐怕难以驾驭，还要公司一位领导负总责。"

张总说："李总，这件事就由你来负责吧！行动要快，质量要高，你看怎样？"李副总点了点头表示同意。

1. 企业信息资源管理机构模式及管理机制

一个多月后，李副总和李海波一行从上海几家公司考察归来，东海公司信息资源开发利用工作拉开序幕。

1）管理机构

企业现有的信息机构包括信息中心、图书资料室和企业档案室等。另外，企业中还有一些组织机构也兼有重要的信息资源管理任务，如计划、统计部门、产品技术的研究与开发部门、市场营销部门、生产与物资部门、标准化与质量管理部门、人力资源管理部门、项目管理部门、政策研究与法律咨询部门等。要进行集成信息资源开发，首要的任务是建立一个总体管理机构领导、协调各部门的工作。

但是在建立信息资源管理机构时发生了争论，一派认为应设在企业战略规划部，他们的观点是：企业信息资源开发利用不仅仅是一个技术问题，它还涉及企业组织结构重组、规章制度的建立、信息资源的统一开发与管理、部门间的协调等，这些问题不是技术部门能够解决的。需要在管理高层设立一个专门的机构来统筹安排、协调控制公司的信息资源开发利用工作。

另一派则认为，信息资源管理部应设在信息中心，他们的主要观点是：信息中心是企业的专门信息管理机构，其功能包括信息开发维护等。信息资源开发利用从总体上说属于信息工作范畴，信息技术本身是信息资源的重要组成部分，应该由信息中心统一规划管理，以最大限度地提高信息设备、人员的利用率，降低成本。

面对这一争论，李副总倾向于第一种观点，他认为企业信息资源管理具有重要作用和战略地位，为了实现企业信息资源的高效管理和最优化利用，必须强化信息资源管理的组织权重，应将信息资源主管人员的地位提高到战略管理的高层次上来。而信息中心只是一个职能部门，管理机构的层次偏低，无力进行部门之间的协调与组织，在实际操作过程中，一遇到管理、协调的问题就显得力不从心。从人员结构看，大多数是技术人员，也难以从专业角度去规划企业的信息资源开发与管理。因此他建议把信息资源管理部门设在企业战略规划部下，集中管理企业信息资源的开发利用，这一看法得到了张总的支持。

于是在张总的亲自批示下，公司成立了信息资源管理科，基本职能如下：

（1）信息资源管理制度、规范和标准的制定。

（2）制定信息资源开发规划、利用与培训计划。

（3）信息汇总：一是将分散于各部门的信息汇总起来，形成一个权威的内部信息库；二是有选择地收集企业的外部信息。

（4）利用信息技术对数据进行分析、采掘、加工，分析企业生产经营管理状况，分析生产经营各要素之间的潜在联系，负责向企业内部或外部提供信息服务。

（5）信息协调与沟通：对企业各部门的信息工作进行协调、指导与监督。

（6）信息反馈：一方面为企业决策提供有效的信息服务；另一方面又将决策的执行情况反馈到决策层，不断完善决策过程。

2）人员构成

由于信息资源管理工作的特殊性，涉及的相关人员有信息资源主管、信息基础管理人员、信息技术人员、信息分析和决策分析人员、信息收集人员和维护人员等，将这些人员全部集中到一个部门，进行集中式管理既造成人员效率的降低，也不符合信息资源开发利用的客观规律。借鉴其他成功企业的经验，公司决定采取专职+兼职的人员组成结构。具体来说，整个工作由以下人员完成：

（1）信息资源主管：设专职一人，归战略规划部直接领导，从企业的全局和整体需要出发，领导与主持全企业的信息资源管理工作。

企业信息资源主管的主要职责是：

① 主持制定、修订企业信息资源开发、利用和管理的全面规划；

② 直接领导企业内信息资源管理职能部门的工作，统一领导与协调企业其他部门信息资源的开发、利用与管理工作，主持信息资源开发、利用与管理的对外交流与合作；

③ 审批企业信息资源管理有关规章制度、标准、规范并监督实施；

④ 负责信息管理与信息技术人才的招聘、选拔与培养；

⑤ 负责企业信息资源开发、利用与管理所需资金的预算与筹措。

（2）信息技术人员：设兼职两人，归信息中心领导，负责企业内部信息资源网的维护与管理。

（3）信息资源管理人员：设专职 3 人，归信息资源开发科领导，从原来的资料中心抽调，负责信息资源的规范、整理和发布等。

（4）信息收集人员：若干名兼职，每个部门根据规模大小设一两名人员，由本部门年轻、有知识、热情、文笔好的员工担任，专门收集本专业、本部门相关的有价值的企业内外部信息。

（5）信息评价人员：兼职若干名，与信息收集人员同属一个部门，由本部门有丰富知识、经验，对本行业熟悉和敏感的员工担任，对收集人员收集到的信息做出自己的评价和分析，必要时指导、协助收集人员进行信息分析。

（6）信息分析人员：专职若干名，归战略规划部直接领导。对有价值的专题进行调研、分析，整理出有价值的专题报告，供领导决策使用。

这样，整个信息资源管理工作流程如下：

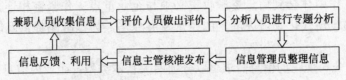

3）信息门户的建立和完善

公司原来信息资源开发的技术手段一直比较落后，尤其是传播渠道一直不畅，仍然属于纸制文件的单线程传递，速度慢、传播范围小、反馈机制不健全，效率非常低下，已经远远不能适应公司发展要求。现代化的信息资源开发客观上要求信息资源共享式传播，而企业信息门户恰好从技术上满足了公司的这一需求。

信息门户是依托企业内部网络的一个信息共享平台。该平台采用 Web 网站模式，通过浏览器浏览。企业信息分门别类在网上建立超链接，员工可以根据自己的权限任意浏览信息。公司信息中心技术人员根据公司的要求开发了一套"东海公司内部网信息门户"，它按部门对收集到的信息进行分类，并提供单点登录、个性化定制、导航和搜索等多种功能，整合企业内外信息资源，提供共享平台，使信息资源有效、充分地传播、利用。

经过一段时间的运行，该信息门户成功实现了以下目标：

（1）构建信息共享与协作平台，集中管理各种信息资源。

（2）通过企业信息门户获取各种相关资料，这些资料包括企业内部的和外部的，并且能根据最新的数据实时对信息库自动更新。

（3）在不同的部门之间实现信息积累和共享，并能够管理和协调各个部门工作的开展，及时发现问题并提供解决方案。

（4）支持远程办公，满足不同地域范围的实时办公需求。

4）人员激励机制

由于信息资源管理工作涉及的人员多、部门多，且又以兼职为主，在行政上并不隶属于信息资源管理科，这样就形成了矩阵式的多头管理现象，即一个职工要面对两个领导，同时负责两项不太相关的工作。相关工作人员的激励问题如果处理不好，就会大大影响工作的质量，甚至使整个工作流于形式化。

为解决这一问题，公司从以下几个方面入手加强人员的激励：

（1）经济激励。兼职人员的工资由两部分组成：一部分是原来本职岗位的工资，占80%；另一部分是从事信息工作的工资，占 20%。由两个部门共同对该员工做出绩效考评。另外，公司每月对各个信息收集、分析人员进行公开评议，评出前 5 名并给予额外的经济奖励。

（2）工作安排。为了让员工能有更多的时间和精力投入到信息资源开发利用中来，在本职工作安排时尽量减轻负担，以使他们有更多的精力来从事信息资源的开发管理工作。

（3）精神鼓励。最初，兼职人员工作热情高涨，但过了一段时间，有些人就会有所懈怠，这时就要进行适当的精神鼓励。比如给他发一封邮件说：你以前提供的信息非常受欢迎，现在有很多人还等着看你的大作呢，你要加油啊！经实践检验，这一招还是很有效的。

2. 信息需求确定与信息收集

李海波在工作中体会到信息资源收集必须与企业重点工作紧密相连，当前重点是配合企业进行"建设现代化物流大港"的经营发展战略，为该战略提供及时、准确的信息支持。

具体来说，公司现在的信息需求可以分为两大基本类型：企业内信息需求和企业外信息需求。

企业内部信息是指企业内部产生的各种信息，企业内部信息需求的根本目的是了解企业目前的基本状况，一方面在经营决策时作为分析企业内部条件的依据；另一方面作为一种主要的诊断工具，监控企业的正常运行。这些信息来自一系列原生的、初级的信息形态，这些原生的、初级的信息是企业最基本的信息需求。

企业外部信息是指企业以外产生但与企业运行环境相关的各种信息。如行业信息、市场信息和对手信息等。其主要职能是在经营决策时作为分析企业外部条件的依据，特别是确定企业发展的中长期战略目标和计划时更需要充分的外部信息支持。

信息需求规律表明，大量用户的信息需求重复出现在一部分常用的信息资源中；少量用户的信息需求重复出现在一部分不太常用的信息资源中；还有极少量用户的信息需求出现在一部分偶然使用的信息资源中。基于这一规律，李海波规定了公司的信息收集顺序：

（1）经常使用：商业报刊、联机数据库、内部员工、行业专家、行业组织、因特网等；

（2）适当使用：销售代表、客户、内部文档资料、电话采访、外部咨询服务、上市信息等；

（3）偶尔使用：政府资料、直接观察、简报服务、供应商、展览会等；

（4）很少使用：购买商品、问卷调查等。

公司规定所有信息收集员都要参考这一顺序，以便在节约信息搜寻成本的同时更高效地完成自己的工作。经过实践，李海波发现，公司决策所需的信息80%～90%都可以通过公开信息源获得，只有少部分信息需求需要专门进行调查、研究甚至要请专业调查公司、信息咨询公司完成。

3. 信息利用

信息利用是信息资源开发的归宿和落脚点，不能有效利用，所有的开发工作都是无用功。怎样使经过千辛万苦开发出来的信息发挥最大效用呢？这个问题让李海波苦思数日没有结果。前一段时间参观的几家企业在这个问题上也没有很好的借鉴经验。最后他决定向相关的专家请教，通过自己当年的老师介绍，结识了北京一位信息资源管理专家，他给了李海波很多有益的建议和意见。

该专家认为：整个信息资源的管理系统是一个闭环系统，确保信息反馈渠道通畅、及时、准确，并根据信息资源的更新及时做出响应、调整决策是保证该系统有效运行的关键。因此，必须设计一套完整的信息反馈、利用机制来保证信息资源管理过程的完整、闭合。

李海波根据这一建议，设计了公司的信息反馈、利用机制，主要内容包括以下几点：

（1）所有信息的阅读者都要对读到的信息做出自己的评价，评价分为4等：一般、可行、可以带来较大效益、可以带来重大效益。如果读者对某个问题有不同的见解，可以畅所欲言，能提供更加合适的信息则会受到公司的嘉奖。

（2）针对某个部门的信息，该部门必须及时做出答复：对该信息的实用性、针对性、及时性等做出评价。对于可在公司某部门推行、实施的则要及时将实施情况公布，并做出自己的评价，以期在实践中进一步完善该信息所蕴涵的建议。

（3）领导读完后也必须做出简短的批示，留下自己的建议和意见。

这套措施使得信息的反馈和利用率大为提高，并最终使企业的信息资源开发利用工作形成了良性循环。

讨论题

1. 你认为李海波的意见是否确切？他提出的解决方案是否可行？

2. 你认为王主任的表态是否恰当？如果你是王主任，此时你将作何表现？

3. 你认为信息资源开发管理部门应设置在企业战略规划部还是信息中心？

4. 渤海港务公司信息资源开发利用人员组成结构是否合理？如果你是信息资源主管，你将如何设置人员结构和人员激励机制？

5. 你认为李海波设计的信息利用机制是否可行？请结合本人感受或意愿设计一套信息利用机制。

本章小结

本章首先阐述了企业信息资源的概念、特点和类型，进而阐述了企业信息资源管理的目标、任务和模式。企业信息资源管理在信息与通信技术的支持下具有特定的技术架构。企业信息资源规划和开发是企业信息资源管理的核心内容。在信息技术支持平台下，企业信息资源能够得以充分地利用，提高企业形象、竞争力和管理的效率和效力。

企业信息资源管理的制度安排是企业信息资源管理持续、稳定、有序开展的组织保障。设置CIO领导企业信息资源管理和信息系统建设是现代企业发挥信息资源管理和决策作用的重要举措。本章在总结企业信息化建设经验的基础上，阐述了企业信息化建设的任务、评价指标体系。

思考题

1. 企业信息资源具有哪些特点？在企业经济活动中发挥怎样的作用？

2. 企业信息资源都有哪些类型？

3. 企业信息资源管理的主要特点、目标和任务都是什么？

4. 企业信息资源规划的意义、原则、范围和内容是什么？

5. 企业信息资源开发战略都有哪些？

6. CIO 应要求具备怎样的素质？

7. 为什么要求企业信息化？企业信息化建设的任务是什么？

8. 企业信息化指标体系的具体内容是什么？

参考文献

[1] 马费成，赖茂生. 信息资源管理. 北京：高等教育出版社，2006.

[2] 马费成. 信息资源开发与管理. 北京：电子工业出版社，2004.

[3] 孟广均. 信息资源管理导论. 第 3 版. 北京：科学出版社，2008.

[4] 胡昌平，陈传夫，邱均平，王新才. 信息资源管理研究进展. 武汉：武汉大学出

版社，2008.

［5］胡昌平. 信息资源管理研究进展. 武汉：武汉大学出版社，2010.

［6］周宏仁，徐愈. 中国信息化形势分析与预测（2010）. 北京：社会科学文献出版社，2010.

［7］刘云浩. 物联网导论. 北京：科学出版社，2011.

［8］王伟军，黄杰. 企业信息资源集成管理. 武汉：华中师范大学出版社，2008.

［9］秦铁辉. 企业信息资源管理. 北京：北京大学出版社，2006.

第 **7** 章

信息资源管理新发展

本章学习目标

- 了解信息资源管理的新发展。
- 领会知识资源的基本内涵。
- 掌握知识管理系统的主要内容。
- 认识知识仓库。

引导案例：渤海港务公司遇到新问题

渤海港务公司的信息化建设近几年取得了长足的进展，不仅完成了信息系统的集成改造，而且实现了信息资源的大集中和初步开发利用。信息化使渤海港务公司的工作效率和货物吞吐量大幅提高。

公司的快速发展让总经理张明感到十分欣慰，一幅更美好的港口发展蓝图正在他的脑海中孕育着。嘟！嘟！一份本季度生产报告传了过来，张总停下构想，拿起报告一看，顿时皱起了眉头……

张总还在一筹不展的时候，响起了敲门声。

"请进。"张总用低沉声音说。

是主管生产的李副总，张总将报告递给了李副总说："看看这个吧。"李副总扫了一眼报告说："我知道了，我也正是为这事儿来的。找来调度室的刘主任和王副总（主管行政），高主任（企管科主管人力资源），我们一起商量商量吧。"

张总问李副总："怎么会突然要聘货运科主任和调度室负责人呢？从原货运科和调度室选人不是更好吗？"

这时候刘主任来了，刘主任说："是这样的，原来的调度室负责人李师傅因为女儿要接他去美国生活，3 个月前就辞职了，后来我们就找了跟他一起工作快两年的小张来接替他的职务，然而调度工作毕竟以前都是李师傅负责，小张只是照办，小张负责的这段时间船只进出港口冲突时有发生，装卸人员安排也引来大家的不满。已经是第三个月了，小张自己也承认花费了很大的精力，结果却不尽如人意，所以我们就想应该赶紧聘请一个有经验的人来负责这项工作，以免继续影响港口的业务。"

"那货运科的主任又是怎么回事呢？"张总接着问。

王副总吞吞吐吐地说："郭主任下个月就准备去 XX 港工作了，他可能还没给您打辞职报告吧，但这是公开的秘密了。XX 港答应对他这样有丰富经验的人员给更高的薪水，同时还会安排他出国考察，郭主任是看着他们有出国考察的机会才去的。"

负责人力资源的企管科高主任终于忍不住了，说："张总，其实不只是这两个，私下还有很多人也都在议论这件事。有些人就认为在这里待下去也不会再有什么长进，自己也不会有太大的发展空间，这其中不乏公司的技术骨干，他们要是走了，那损失可就大了。"其他人也都纷纷点头。

张总生气地说："怎么会这样？那你们说说到底问题出在哪里？怎么才能留住人？怎么才能留住他们的技术？"大家都开始想这个问题，也有人提出了一些措施，然而都在讨论声中被否定了。

正当大家都在沉默中的时候，李副总说："这样吧，让信息中心的王主任和李海波说说吧，毕竟他们在外面学习过，也许会有什么新的看法吧。"大家都没拿出什么好主意，听到这个想法，当然很赞同。

当今时代，人才是最宝贵的财富，特别是企业中的专业人才。在这个充满竞争的社会里，人才流动也成为司空见惯的事。作为企业如何留住人才，如何留住他们的技术，如何避免或减少由于他们的流失给企业造成的损失才是企业面临的亟待解决的根本问题。本章从知识管理角度提出一种解决方案。

7.1　信息资源管理新阶段

信息技术的发展带来了管理思想、管理手段和管理方法上的全面进步，人们也在不断地根据新环境的变化、新思想和新技术的发展调整着对信息资源管理的认识与实践。过去人们研究的焦点往往只放在对可以编码的显性信息资源（如记录型资源）的研究上，而对以人为载体的高度个性化的难以编码的隐性资源的研究却很少，这不能不说是传统的信息资源管理的一种缺陷。伴随着知识经济时代的来临和新的信息技术的进一步推广和应用，人们对信息和知识的管理也开始步入一个新阶段——知识管理阶段。

早在 20 世纪 80 年代，美国学者马奇安德（D.A.Marchand）和霍顿（F.W.Horton）就提出信息管理有 5 个发展阶段，即物的控制、自动化技术的管理、信息资源管理、商业竞争分析以及智慧和知识管理。知识管理（Knowledge Management）被认为是信息资源管理的高级阶段。如果说当时他们的观点还仅仅是一种理论上的预期，那么 20 世纪 90 年代以来随着知识经济的兴起，信息资源管理向知识管理的延伸和发展已成为一种具体的实践行为。

前面介绍的信息资源管理使数据转化为信息，并使信息为组织设定的目标服务，而知识管理与信息管理所经历的各个阶段不同，它要使信息转化为知识，并把信息与人连接起来，在人际交流的互动过程中，通过信息与知识的共享，运用群体的智慧进行创新，以赢得竞争优势。

信息资源管理虽然是知识管理的基础，但知识管理是信息资源管理的更高阶段，准确地说，可以从以下3个方面说明知识管理是在信息资源管理基础上发展而来的。

1. 管理对象上的拓展

知识管理的对象不只是编码化信息，还包括对非编码化信息的载体——人的管理。组织中典型的知识传播要经历一个从隐式（人脑内部的）到显式（获取和封装成可复用、可检索的形式）又返回隐式的过程，其他人通过整个组织系统学习和使用知识（如图 7-1 所示），人是这个流程的核心。

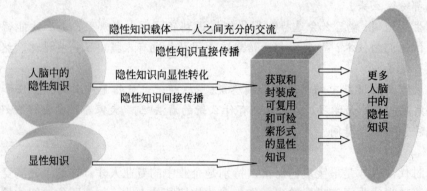

图 7-1　组织内知识的流程

知识管理认为对人的管理既可以提供广泛的知识来源，又可以建立良好的组织方式以促进知识的传播。一方面，促进非编码化的知识编码化，有利于知识共享；另一方面，强调有利于个人非编码化知识共享的组织方式，促使知识载体——人之间充分地交流，通过人际互动使知识广泛传播。知识的充分共享保证了组织的创新能力，适应了知识经济时代的要求。

知识管理对知识流、知识的自组织更感兴趣，试图找出一个能理解知识如何积累、如何倍增的关系，使少数人的专长扩展为整个组织掌握的知识。知识生产已经成为一个庞大的社会化部门，它渗透于人类社会活动的各个领域，成为技术决定因素、生产发展的支配力量和社会发展的有利手段。知识管理以知识生产途径为研究目标，提倡以试验化的方式来研究知识，促进知识的增长。

2. 管理方式和技术的改进

知识经济时代是信息、知识极度膨胀的时代。信息和知识的收集、处理、存储的低效率越发成为发展的瓶颈，运用高效信息技术和新型管理方法帮助那些在知识获取方面受到物理限制的人利用信息成为知识管理的目标。知识管理不仅要处理大量的信息和知识，而且对于减少信息的膨胀应有所作用。

（1）知识管理深化了对包括计算机技术、通信技术等先进的信息技术的要求。

在以计算机和通信技术为基础的知识经济时代，知识管理在信息技术的使用上有进一步的深化，表现在信息向知识演进的处理上，利用数据仓库、数据挖掘、人工智能技术获取信息中隐含的知识；在知识的存储和传播上，利用大型数据库技术、新型检索技术、智能代理、搜索引擎以及网络技术、组件技术，保证知识的充分共享。知识管理使用信息技术建立有效的知识管理系统，帮助知识从知者向未知者传递。例如，以新型网络技术、检索技术以及群件技术为特征的 LOTUS 把"知识管理"作为其产品的新标签。LOTUS NOTES 工作流软件的目标就在于帮助组织成员共享和利用他们的专业知识，帮助组织提高"创新、反应能力、生产率以及技术技能"，"帮助他们自身适应组织管理活动"。

（2）知识管理强调系统化的研究方法，要求把信息与信息、信息与活动、信息与人结合起来，在系统化的空间中发现信息与环境的普遍联系，以有利于知识的发掘、传播和利用。信息的系统化处理保证了知识的创造、共享和使用，转化成的集体智慧和创新能力保证了组织适应知识经济时代的要求。

（3）知识管理引入了新的组织管理模式，扩大了默认知识的共享范围，使组织成为人们获得知识的重要来源。发达国家的先进企业在首席执行官与信息主管之间设立知识主管（CKO），信息主管把工作重点放在技术和信息的利用上，知识主管把工作重点放在推动创新和培育集体创造力。知识主管在企业经营活动中的主要职责在于为实现显性和隐性知识共享提供有效途径。

（4）知识管理引入了经济学的研究方法。知识作为稀缺资源，需要利用经济学的方法加以合理配置。美国信息产业学会对新型的知识管理者要求不仅要有信息技术方面广博的知识，还必须"熟悉竞争中各种资源的运用规律"，"拥有发展、战略、预算方面的知识"。

3. 管理目的的深化

知识管理在管理目的上也是对管理信息系统和信息资源管理的深化，主要表现在：

（1）传统的管理信息系统和信息资源管理只向管理者或业务人员提供信息，知识管理不再局限于利用片面的信息来满足用户的需求，而是对用户的需求系统分析，向用户提供全面、完善的解决方案，用户可以直接学习这些知识而无须再加工的过程。

（2）知识管理通过对知识的管理为组织带来了新型的现代化管理方式，提高了组织的创新能力、生产率、反应能力和技术技能。创新是保持长久竞争优势的主要源泉，是知识经济的支撑。组织成员的知识交流、技术协作是创新的主要来源。查找、复用知识资产是提高生产率、反应能力和技术技能的法宝。人们不断创建业绩而不能借鉴获得的教训、利用最好的实践成果和已有的专门知识。知识管理向个人提供工具发现和挖掘业已创造的团体知识，而且知识管理技术可以帮助组织检测出微弱的信号，并根据需要调动人力和信息资源对不测事件做出有效反应，获得最大效益。

7.2　知识资源及其管理

7.2.1　知识资源的概念及特点

知识资源主要是指可以反复利用的，建立在知识基础之上的，可以给社会带来财富增长的一类资源的总称。它是个人和组织"记忆"的综合，不但存在于文件、资料、计算机程序和档案等之中，还存在于人们头脑、实践以及规范之中。

知识资源是由知识组成的一类资源。以企业为例，知识资源是指企业拥有的可以反复利用的，建立在知识和信息技术基础上的，能给企业带来财富增长的一类资源。

企业知识资源主要由以下几个方面构成：

（1）企业创造和拥有的无形资产。主要包括企业文化、品牌、信誉和渠道等市场方面的无形资产；专利、版权、技术诀窍和商业秘密等知识产权、技术流程、管理流程、管理模式与方法、信息网络等组织管理资产。

（2）信息资源。是指前面几章介绍的通过信息网络所能收集到的与企业生产经营活动相关的各种信息。

（3）智力资源。是指企业所能够利用的存在于企业内部员工和企业外部人力资源中的各类知识和创造性地运用这些知识研究和解决问题的能力。这些知识和能力主要包括各种常识性的知识、技术专长以及创造性地运用知识的能力等。

企业知识资源具有以下几个特点：

（1）企业知识资源是赋予并表现企业个性的资源。不同的企业拥有不同的知识资源，不同企业的知识资源形成各自独有的文化氛围，表现出不同的企业个性和特征。

（2）知识资源是市场交换性较低的资源。因为知识资源经常是某个企业所独有的，是企业的个性，所以知识资源以整体形式进入市场进行交换的可能性比较小。这包括存在于企业内部的显性知识，隐性知识以及企业的信誉、经营方式和习惯、员工的素质等。

（3）知识资源是可以在企业成长的同时不断地再生产出来，并与原有的知识资源重新组合，增殖出新的成长能力的资源。知识资源是活的、动态的。

知识资源与信息资源及其他物质资源的最大不同是它不是等着被开发利用，而是会能动地刺激企业去扩张，去发现和利用那些未知的、未被利用的资源。知识资源具有价值和使用价值，经过与物质结合，知识资源可以转化为物质财产，人们可以拥有知识资源的财产权。也就是说，知识资源具有资本的属性，可以用于经济领域，作为投资进入社会生产环节。知识的价值只有与实物结合才具有使用价值。

7.2.2 知识资源管理的内容

知识资源管理（Knowledge Resource Management，KRM）实际上就是知识管理，它是以提高企业竞争力为目的，对组织内部的知识进行挖掘、组织、编码、传播、共享和应用等管理活动。它包括两方面的内容：

（1）对显性知识的管理：由于显性知识是信息的深加工产物，因此这一部分可以看作是信息资源管理的深化与发展。

（2）对隐性知识的开发与管理：由于隐性知识不是编码化的，而是作为认知过程存在于人脑中，因此可以看作是对"人"的管理。

从上述内容可见，知识资源管理同信息资源管理不同，它是通过对知识载体的组织、对知识网络的建设、对知识处理设备和专家智能系统的开发与使用，以及对脑力资源的挖掘、对经验技能的学习等途径实现对知识的管理。在知识资源管理中，我们把"人"纳入到管理对象中，这是因为"人"是隐性知识载体，同时也是知识的创造者。同信息资源管理中的"人"相比，知识资源管理中的"人"更突出地强调"脑力"而不是"人力"，所以在知识资源管理中对"人"的管理属于智力资源管理。把它作为知识资源管理的一部分是合理的。这也是知识资源管理和信息资源管理间的一个重要区分标志。

7.2.3 智力资源管理

尽管在目前知识管理的研究中，知识管理与智力资源管理没有被严格区分，但一些学者认为，智力资源的管理是在知识管理的基础上形成的，它们之间还是有很多不同，有必要专门研究。

1. 智力资源管理与知识资源管理的差别

知识可以脱离个体而存在，智力则不能脱离个体而存在。智力资源管理主要体现为对具备隐性知识的人的管理，即对这些人利用其隐性知识从事创造性脑力劳动的工作绩效的管理。因此，智力资源管理与知识资源管理的差别具体表现在以下两点：

（1）对象不同。知识资源管理的对象主要是知识，智力资源管理的对象主要是智力资源。知识与智力资源有联系，但更主要的是有区别，它们处于人类认识的不同层次。智力资源是对知识进行理性思维的结果，侧重的是隐性的知识、生产知识的能力、智力自我运用良性循环和交流，以及未来知识或称潜在知识等。知识资源是静态资源，是可以独立存在的智力产品。知识资源与智力资源的差别是知识资源管理与智力资源管理相互区别的理论前提和源头。

（2）特性不同。饱读诗书的人不一定具有很高的智力，也就是说，知识不一定必然带来智慧。为了把知识上升为智慧，智力资源管理是不可或缺的。从一定意义上来看，知识管理系统的输出还是知识，只不过这些知识是有条理的和成体系的，这些成体系的知识是智力资源管理系统的输入原料，在此基础上经过复杂的过程，再将知识转换为智力。

2. 智力资源管理的意义

人类社会的进步与发展已经从依靠体力、动力转向依靠脑力，这里所说的脑力应该指知识和智力两者，知识和智力在创造经济效益方面起的作用是不同的。

智力是解决问题的方法、策略和实施方案，是知识与经验的创造性应用，智力与知识一个重在拥有，一个重在使用。智力资源实质上比知识更直接地创造效益，当一个人拥有知识但不使用，将无法获得效益。智力资源管理的重要目的之一就是让掌握知识的雇员遇到问题时，有正确的方法、策略性实施方案，而且注重调动知识型雇员主观能动性，积极发挥其所拥有知识的作用。据称 21 世纪初，联合国经济合作组织的一项研究表明，有些西欧国家每小时生产率高于美国，其中包括德国和法国。但换一个方法，按人均产出计算，排列顺序发生变化，美国第一，德国和法国分列第二位和第三位。两种计算方法得出结果的变化给人的启发在于，同样生产率问题，按小时计算西欧等国领先，按人均计算美国领先。两种计算方法的依据都是同样的人和事，区别在于前者是指个人在单位时间的工作效率，体现的是一个国家的劳动力素质和机械化、自动化程度，后者体现个人贡献率，当然也同时体现劳动力素质和机械化、自动化程度。它们之间的区别可以理解为前者指这个国家的人的聪明程度；后者指人的勤奋程度。从中可以看出，人的聪明才智还需通过勤奋才能发挥作用。通过智力资源管理，让拥有知识的人努力勤奋地将自己的聪明才智发挥出来，创造财富。此例部分地说明了智力资源管理的经济效益。

3. 智力资源管理方法

从学科体系建构角度分析，智力资源管理研究是介于知识管理和人力资源管理之

间的研究领域。智力资源管理（Intellectual Resources Management，IRM）、知识管理
（Knowledge Management，KM）、人力资
源管理（Humane Resources Management，
HMR）的关系如图 7-2 所示。图中交叉部
分为智力资源管理。

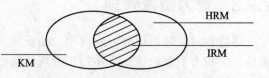

图 7-2　IRM 与 KM、HRM 的关系

　　由于智力资源主要存储于人脑中，绝
大多数内容只可意会，不可言传，因此管理方法主要是人力资源管理的行为方法，包括组
织智力资源系统的绩效分析、创新能力评价与全面管理等内容。

　　对个人的智力资源管理，要求管理对象具有知识整合能力，借助隐喻、类比与模型方
法进行隐性知识传播的能力，对各类知识单元内在联系的揭示能力和运用知识解决问题的
能力等。从知识管理视角分析，智力资源管理的核心任务是通过对智力活动过程的研究进
行智力活动的绩效分析和创新能力管理。

　　智力资源管理方法应该是一切有利于调动人的主观能动性的手段，以及建立有利于隐
性、潜在、未来知识和生产知识能力交流的有偿或无偿占有的运行机制。

　　智力资源管理的程序可以借助信息管理、知识管理的工作环节，从采集、整理、存储
到利用，但工艺要复杂得多。因为发现捕捉到智力资源比捕捉到显性的信息和知识困难。
即使挖掘出智力资源，往往还涉及权和利，以及法律等问题。

7.3　知识管理系统

7.3.1　知识管理系统组成

1．知识管理系统内涵

　　知识管理系统（Knowledge Management System，KMS）是知识管理实现的基础，是知
识管理实施的技术支撑体系，是对知识进行创造、捕获、整理、传递、共享，进而创造出
新知识的完整的管理系统。

　　知识管理系统不同于前面章节介绍的各种信息管理系统。信息管理系统注重工作效
率，而知识管理系统对业务过程进行了更深层次的思考，它更关注于组织文化的营建和员
工学习与创新能力的培育，是一个管理创新的过程。

　　一般而言，知识管理系统分为两部分：一部分是知识管理系统的"操作平台"，它如
同计算机上的操作系统，是需要导入知识管理系统的所有企业都必须建立的平台；另一
部分是知识管理的"应用软件"，企业可以根据自己的需求进行适当的选择和建设，其应
用就如计算机上的应用软件——需要进行文字处理的就装上 Word，需要进行图表处理的就
装上 Excel。

2．知识管理系统软件架构

　　知识管理系统应该是在信息管理系统应用整合的基础上建立和发展起来的，具体框架
如图 7-3 所示。

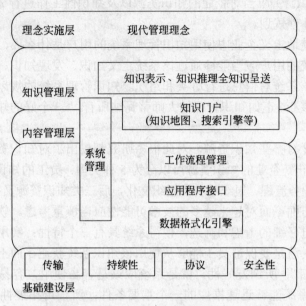

图 7-3　KMS 架构框架

（1）理念实施层。当知识管理系统的研究领域超出了纯技术层面，延伸到组织结构、组织文化、业务流程重组和知识管理等管理科学以及相互复合关系时，这就要求在设计知识管理系统体系结构时要充分运用知识管理理念，从理念上理解知识是可以被管理的，从而在具体实施中充分考虑信息技术、管理技术、人和组织的集成模式，建立起相应的知识管理结构和知识运营机制。

（2）知识管理层。知识管理层的目标应该满足将正确的知识在正确的时间传递给正确的人。具体可通过知识管理技术如知识的表示、推理和呈送机制来保证上述目标的实现。

（3）内容管理层。内容管理层是提供为应用程序所能解读的信息或者是简报数据等。与知识管理层共享门户系统，提供知识地图和个性化按需访问等功能。

（4）应用程序互通层。处理应用程序和应用程序间整合的部分。其中，数据格式化引擎保证数据能够在不同应用程序间被解读和加工，工作流程管理控制着各个应用程序间的信息传递与处理程序，把各个不同系统间的执行过程有效地互联起来。

（5）基础建设层。是 KMS 网络及数据传输的基础，在这一层中网络的硬件及通信协议成为信息传递的底层，数据安全措施成为应用程序整合前的必要条件。

3. 知识管理系统规划

与任何大型信息系统实施一样，高层的支持对于知识管理系统实施的成败是十分关键的。由于大部分企业或者组织中都没有专门的部门负责知识管理，在实施过程中，高层管理人员必须既要支持系统的实施，又要支持一个负责全组织内知识管理的新的部门的成立。高层的支持必须是竭尽全力的，这种支持来自于高层对于知识管理的正确认识和对知识管理对企业价值的认知。

企业知识管理系统好像企业的 ERP 一样，在开发和引进这个系统之前，企业的知识主管或 CKO（首席知识官）应当对企业的知识资源以及知识性工作进行分析和整理，并对企业知识系统进行整体性规划。

首先，应当清楚地定义企业中使用知识管理系统的用户是什么人，他们的具体要求是什么。知识管理系统的用户应当能够通过该系统定义知识、发现知识、整合企业内外众多的知识源，并通过该系统对信息进行分类和组织。知识管理系统的规划必须以人为本，而不要以文字知识为核心。正如知识管理的大师蒂瓦纳所言："一个好的知识管理系统是围绕着人来设计的。"

其次，知道企业有哪些知识资源。对此很多研究都提出了对知识资源的分类方法。例如 Petrash 的框架提出，企业的知识资源可以分为 5 种类型：员工的知识或人力资本，客户或客户资本、组织业务流程、组织结构和组织文化，后三类知识资源又被看作是组织资本。

在系统的构成方面，面对越来越多的技术可能性应当慎重考虑。软件模块的功能并非越多越好，应当经过仔细的考虑和筛选，使得系统具有三个特性：实用性、友好性和可拓展性。所谓实用性，就是要保证员工能够从使用该知识系统获益，而不是给企业提供一个中看不中用的"花瓶"；所谓友好性，就是系统应该是容易使用，容易学习的，用户对系统没有畏难情绪是系统能够迅速推广的一个重要条件；所谓可拓展性，就是系统要能够适应企业业务的变化。知识管理系统往往是随着企业需求的增加而扩大的，它需要能随着它所支持的业务一起成长，系统设计中往往从一个核心的需求开始，逐步扩大其规模和功能。

基于以上的考虑，知识管理系统根据其模块的组合，提供知识管理的各种功能。在实际的应用中，有的企业注重实现个体间的知识共享，因此知识管理系统需要有良好的知识整理和知识传播的能力；有的企业注重协同性知识工作，通过思想火花的碰撞产生新的知识；有些企业则把重点放在对知识的捕捉、操作与定位，侧重进行与知识相关的信息管理；另外一些企业着眼于建设、开发智力资本，提供自由的、不受限制的、简单易行的对话功能，以提高企业中知识活动的有效性；还有一些企业注重创造一种学习环境，从而使得员工能够保持对新知识的关注。

企业的知识管理系统能以多种形式、采用多种工具来构成。关键是要根据企业业务的需求来规划和设计。

7.3.2 知识仓库

信息随处可得，但是简单地获取和保存信息并不是人们的终极目标。人们需要从海量的信息中获取和理解自己需要的知识，挖掘出隐藏在信息背后的规律、知识特征、信息之间的关系。这时就需要一种方法有效地管理各种信息或者知识，知识仓库就是在人们对博大的、无限的知识能够充分有效应用的迫切需求下出现的。

1. 知识仓库概述

1）知识仓库的概念及特点

知识仓库是包含海量知识（事实、规则等）并具有智能分析和逻辑推理能力，可以提供及时、多样的知识服务的人工智能系统。知识仓库能够对不同类型的知识（显性知识和隐性知识）和不同形式的知识（纯文本、二进制对象和模型等）进行捕捉、存储、编码、组织和分析。另外，这些知识还包括元知识（关于知识的知识）和分析后产生的新知识。知识仓库不仅便于知识的获取和编码，而且提高了整个组织的知识共享和检索，它能运用单位员工的知识进行知识密集型的决策活动，辅助决策者进行决策，帮助单位进行知识管理，是对数据仓库模型和知识库的扩展，是企业实施知识管理、走向知识商务的前提和基础。

知识仓库具有以下特点：

（1）知识仓库不同于一般的数据仓库。它不是信息的简单数字化和有序化，而是根据一个机构各个部门、各类工作人员的知识需要，按照使用的目的而创建的新的知识体系，可以按照特定的检索词实现计算机自动分类，使信息根据使用者的目的高度知识化。

（2）知识仓库对信息有组织功能。一个单位知识结构的确定和知识仓库建设的有关制度，形成了对本单位涉及的信息的组织制度，因此知识仓库的建设为单位的知识管理创造了条件。

（3）知识仓库能创造新知识。在特定的知识结构组织下，各种无序的信息将在新的概念体系下形成系统知识，这本身就是新知识的创造过程。

（4）知识仓库提供知识服务。知识仓库的知识体系建设本身是对本单位领导和群众的针对性的知识服务，同时还能为社会读者提供知识服务。

（5）知识仓库管理系统界面友好、安全规范。知识仓库管理系统操作应该简单、规范，权限管理严密，数据安全性强，能全文显示，能随时更新。同时，能为用户提供便捷的知识共享界面，能根据不同用户需求以多种格式进行知识的显示、检索、发布，能将用户需要的知识及时送到用户面前。

2）知识仓库与知识管理系统的区别

Joseph M. Firestone（1999）认为，知识仓库与知识管理系统实际上是同一个概念，因为知识仓库的管理对象也是知识。但是，在组织实施知识管理这样一个背景下，区分知识仓库和知识管理系统还是必要的。

（1）目标不同。知识管理系统应该支持组织知识管理的所有环节，而知识仓库仅关注显性知识的存储。

（2）如果把知识战略、知识组织和知识文化等环境要素也看作组织知识管理系统的组成部分，则组织知识管理系统的范围就比知识仓库大得多。

所以，知识仓库是知识管理系统的重要组成部分。

首先，知识存储是组织知识循环过程中的关键环节。如果没有对显性知识的系统化、集成化的存储，知识的整理、传递和共享等都无从谈起。

其次，在知识管理系统建设过程中，知识仓库建设所涉及的工作最多，范围最广。知识仓库建设不仅涉及到软件的部署，最重要的是对组织知识资源的调查、分析和分类组织。这项工作需要一个由计算机专家、领域专家和知识管理专家组成的小组来完成，关系到整个系统建设的成败。

可以说，知识仓库是组织知识管理系统的核心要素，是知识管理系统建设的硬件。

3）企业知识仓库的功能

基于上述对企业知识仓库概念的认识，企业知识仓库应具备如下基本功能：

（1）知识获取功能。获取完整正确的企业知识是实现企业知识存储和共享的前提，也是知识仓库应具备的重要功能之一。获取知识的方式有人工和自动获取两种形式，人工获取往往由知识工程师与领域专家、用户等相互协作和交流，对企业大量的知识资源进行抽取、归纳、整理等得到，然后通过知识仓库的知识导入界面录入知识仓库。人工知识获取不能从数量巨大的信息或知识资源中获取潜在知识，也不能及时地从系统运作中获取新知识。由于知识的时效性，为保证知识仓库中知识的正确、完整，知识仓库还需具备知识的自动获取功能，它能与现有的企业知识库、信息资源库相连，运用数据挖掘技术、机器学习技术、基于案例的推理及神经网络技术等自动从大量知识资源中抽取有效知识，能从专家知识拥有者中自动获取难以表述的经验、动作和意念等隐性知识。

（2）知识导入功能。知识仓库的知识不仅需要知识工程师录入，而且允许各类普通用户或其他系统以各种输入手段将其知识信息及时导入。知识仓库应具备知识导入功能，该功能能为各种类型的知识制定不同的知识交流界面，使用户能按特定的知识描述格式输入知识，同时对现有信息系统或外界系统导入的信息可借助于智能代理技术实现对知识的自动抽取或加载。

（3）知识的分类、存储和检索功能。企业知识种类繁多，需要存储的不只是知识条目，还需包括与之相关的事件、使用情况和来源线索等信息，这些信息可能以文本、声音、图像、表格和超文本等多种格式体现。知识仓库应能根据不同的知识特征进行分类，采用多种类型的数据库进行分布式存储，对各种结构的知识进行统一集成，同时对存储的知识应能方便地进行查询和检索。为此，知识仓库还应提供强大的知识检索功能，以各种手段为知识工程师或普通用户提供便捷的知识查询，同时能在查询中起到导航作用。

（4）知识维护功能。由于知识的时效性，知识仓库中的知识是动态变化的，知识仓库应在保证其中知识质量的同时监督知识的使用情况，监督来自各种知识源的知识，不断调整知识结构，及时删除不正确、不完整的知识，对过时的知识进行更新。另外，由于企业知识对不同级别的人往往有不同的访问权，知识仓库的维护中应设立多级安全认证，对不同级别的维护者赋予不同的知识存取权限，以此来保证知识的正确性和完整性。

（5）知识推送功能。为给用户提供便捷的知识共享界面，使用户所需知识能在恰当的时候及时展现在合适的用户面前，知识仓库应能按预定的知识描述格式提取关键字并与知识仓库中相应问题的解决方案进行匹配，将用户感兴趣的知识自动、及时地推送到用户界面。

2. 知识仓库的架构

知识仓库由 6 个主要构件组成：获取显性知识模块，共享和获取隐性知识模块，知识的抽取、转换和存储模块，知识分析模块，用户（系统管理员）界面模块和反馈环。

（1）获取显性知识模块。获取显性知识模块的功能类似于数据仓库中相应的功能，能够对显性知识进行搜集和筛选。

（2）共享和获取隐性知识模块。隐性知识是无法交流的知识，所以知识管理非常强调对隐性知识的挖掘。这个模块应具体拥有以下功能：

① 行为隐性知识获取；

② 提供一个平台，让大家各抒己见，如在 BBS、聊天室或头脑风暴法基础上加上跟踪软件，分析表达出来的、看起来分散而孤立的显性知识之间的关系，挖掘隐性知识；

③ 基于模型环境的数学模型抽取；

④ 基于专家环境的规则抽取。

（3）知识的抽取、转换和存储模块。该模块是一个面向对象的知识库管理系统（Knowledge Base Management System，KBMS），集成了知识库、模型库和分析任务等。知识以框架、规则和语义网络等形式存储在知识库中。KBMS 管理如何将广泛的知识对象集成为一个功能体。KBMS 在面向对象的环境中实施，不仅管理数据，而且管理所有的对象、对象模型、过程模型、案例模型、对象交互模型和用来处理、解释知识并产生知识库的动态模型。

（4）知识分析模块。这个模块处理所有与分析任务有关的活动，包括知识工程、任务控制、判断生成和技术管理。知识工程次模块是基于专家系统的子系统，负责开发知识分析目标和基本的模型环境原则；任务控制次模块处理所有数据要求和运行中的交互（包括对用户倾向偏好的分析和跟踪）；判断生成次模块对各类分析任务的输出（包括基于用户行为跟踪分析而提供的针对性决策服务）进行评估；技术管理次模块对分析技术库进行管理，它提供从新生分析算法到对象模型类的封装、遗留数据挖掘集成应用、新生分析模型和元模型的对象模型库合并等。

（5）用户（系统管理员）界面模块。用户（系统管理员）界面模块处理 KBMS 和用户间的所有分析通信，包括 5 个功能子模块：判断界面、输入处理器、输出处理器、在线帮助和系统管理员界面。判断界面是为了有效帮助用户确定一个或多个条件进行观察，还应能提供基于计划分析任务的具有潜在价值的案例分析；输入处理器在用户和分析任务间提供界面，将用户确定的自然语言、SQI 检索语句等转变成机器可执行的检索，或将用户的语音和绘图等信息转变成机器可识别的数据；输出处理器为每一个分析结果选择最合适的可视化显示，可分析当前用户的历史行为；帮助子模块向用户提供有关模型、例子、相关知识和分析任务的信息；系统管理员界面是为系统维护者提供的一个与知识仓库通信的端口。

（6）反馈环。知识仓库共有 3 个反馈环，一是从用户（系统管理员）界面模块到知识分析模块之间的环，通过分析用户的倾向偏好来更好地为用户提供知识分析及其结果输出服务；二是从知识分析模块和用户（系统管理员）界面模块到获取显性知识模块之间的环，知识分析和用户产生新的显性知识，新的知识通过这个环存储到知识库中；三是从用户（系统管理员）界面模块到共享和获取隐性知识模块之间的环，用户通过学习而产生新的隐性知识。

3. 知识仓库的主题划分

由于知识仓库是面向主题的，因此知识仓库设计的第一项要完成的任务就是对系统主题进行划分。知识仓库的分析主题应该涵盖企业方方面面的知识，而且不同企业需求不同，对知识仓库主题划分的角度也有所不同。

（1）知识仓库的概念模型设计。

概念模型是一种面向问题的数据模型，它描述了从用户角度看到的知识仓库的内容及其联系，是一种纯粹的现实反应，而与存储结构、存取方式等知识仓库的具体实现内容无关。概念模型是联系主观与客观的桥梁，它是为一定的目标设计系统、收集信息而服务的概念型工具。具体到计算机系统中，概念模型是客观世界到计算机世界的一个中间层次。

知识概念模型的设计需要给出一个知识仓库的粗略蓝本，以此为工具来判定设计者是否已经正确地了解知识仓库最终用户的信息需求。

在概念模型设计阶段主要完成星型模型和雪花模型的设计。以下仅以星型模式为例，如图 7-4～图 7-6 所示。

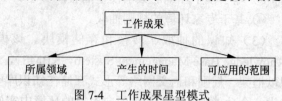

图 7-4　工作成果星型模式

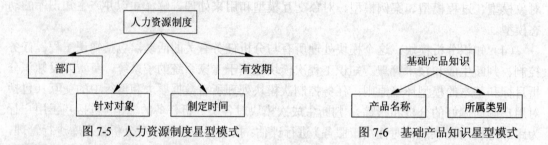

图 7-5　人力资源制度星型模式　　　图 7-6　基础产品知识星型模式

（2）知识仓库的逻辑模型设计。

逻辑模型也可称为中间层数据模型，它是对高层的细分。尽管应用星型模型和雪花模型可以在概念模型设计中建立数据仓库的概念模型，但是无法直接依靠概念模型实现数据仓库的物理模型，还要依靠逻辑模型作为概念模型到物理模型转换的桥梁。

知识仓库一般都建立在关系数据基础上，因此数据仓库设计过程中所采用的逻辑模型主要是关系模型。但不同的机器系统又有许多不同的限制，提供不同的环境与工具，所以在进行逻辑模型设计时一般要分 3 步进行。

① 将概念模型转化为一般的关系模型。一般情况下，都是由 E-R 图转换导出关系数据模型。由于关系模型的逻辑结构是一组关系模式的集合，而 E-R 图则是由实体、实体的属性和实体之间的联系 3 个要素组成的，所以以将 E-R 图转化为关系模型实际就是要将实体、实体的属性和实体之间的联系转化为关系模式。

② 将转化的关系模型向特定的数据仓库支持下的数据模型转换。这一步转化是依赖于机器的，没有普遍的规则，转换的主要依据是知识仓库的功能及限制。

③ 对数据模型进行优化。由于知识仓库的逻辑设计的结果不是唯一的，为了进一步提高知识仓库的系统性能，还应当适当的修改、调整数据模型的结构，主要包括确定数据依赖、对数据依赖进行最小化处理、消除冗余关系等。

4. 知识仓库系统开发软件

要想建设好知识仓库，还必须选择结构合理、检索功能齐全、性能稳定、系统安全可靠的软件系统，目前已经出现支持知识仓库功能的软件系统，以当今世界上最大的信息技术企业开发的 IBM Soft Solution 系统为代表。美国著名人工智能专家 D.Lenat 主持开发的 CYC 系统、美国国家自然科学基金支持的知识分布智能（KDI）计划和美国 DARPA 支持的高性能知识仓库（High Performance Knowledge Base，HPKB）计划等系统，目前已经成为具有较强通用性、集成性的知识仓库。

我国也成功开发出了知识仓库系统软件。中国国家知识基础设施工程（CNKI）于 1999 年 6 月开始实施，清华同方光盘股份有限公司承担了部分项目。目前，CNKI 工程已建成期刊、博硕士论文、基础教育、医疗和企业管理等多种专业知识仓库。

随着对知识仓库研究的深入，我国知识仓库建设将不断向知识化、智能化方向发展。

7.3.3　学习型组织建设

IBM 知识管理咨询公司负责人 Mark.W.McElroy 划分了第一代知识管理和第二代知识管理。第一代知识管理主要为数据管理和信息管理，过多强调整个组织内现有知识的共享；第二代知识管理更考虑了人力资源和过程的主动性，认为组织不仅拥有众多的知识，而且他们要学习，即组织学习。当然，第二代知识管理还强调知识生成（考虑需求方），但不否认第一代知识管理中编码化和分享的重要性（考虑供应方）。

《第五项修练》的作者彼得·圣吉认为，未来成功的企业必将是"学习型组织"，因为变动时代唯一持久的竞争能力是有能力比你的对手学习得更快更好。

所谓学习型组织是指通过培养弥漫于整个组织的学习气氛，充分发挥员工的创造性思维能力而建立起来的一种有机的、高度柔性的、扁平的、符合人性的、能持续发展的组织。这种组织具有持续学习的能力，具有高于个人绩效总和的综合绩效。

从上面学习型组织的含义和前面介绍的知识管理的含义不难发现，学习型组织理论和知识管理理论实际上是从两个不同的视角指向同一个目标——核心竞争力，前者侧重于组织学习；后者侧重于知识运营，而知识管理系统是学习型组织的基础。

知识管理的出发点就是把知识看作组织最重要的资源，把最大限度地获取和利用知识作为提高企业核心竞争力的关键，它本身是一个包括知识的获取、转化、共享、创新和应用诸环节在内的大系统。可以把组织的知识管理分为两个层次来看：一个层次是战略型的知识管理；另一个层次是职能型的知识管理。战略型知识管理与组织战略紧密结合，涵盖组织各个层面，处于组织系统的最外围，而学习型组织则是实现组织知识管理战略的最有效组织形式。但同时，从学习型组织的内部结构考察，职能型知识管理作为在组织各个层面具体运用知识管理的手段，又是包括在企业学习型组织内部的一个子系统。

从战略型知识管理的宏观角度来看，企业知识管理的实质是把知识作为最重要的资源，把知识和知识活动作为企业的财富和核心，对组织知识进行科学的管理，从而促进知识在组织内部的流动，形成知识流的良性循环。由于知识与学习的不可分割的关系，知识若要在组织内有效流动，必然要借助学习手段，通过个人学习、团队学习和组织学习 3 个层次使组织的知识不断地得到共享、重组、创新，从而扩大组织的知识基础，提高组织成员及组织本身实现目标的能力，获得绩效的改善。

总之，组织通过学习机制来实现战略型知识管理的目标。组织学习通过组织行动理论的重建，促进组织的信奉理论与在用理论的一致性，修正组织固有的缺陷，从而使组织目标的设置更具合理性，并改变组织行动者的行动。同时，组织学习可以加速组织的知识共享，提高组织的转换能力，从而改变组织的知识技术基础。这两种改变都要求组织的制度重新建立和组织的活动重新安排。结果导致企业组织进行转型，成为一种新的组织形态。

在这种新的组织形态中，知识的有效流动是核心目标，学习氛围、学习机制和组织沟通等作为必要的辅助手段来实现这一目标，即组织演变为学习型组织。换句话说，建立学习型组织为企业进行知识管理提供了必要的组织环境及保障措施，使知识管理如鱼得水，可以更好地发挥其作用。

再从职能型知识管理的微观角度来看，在学习型组织内部，组织机构、人力资源、知识管理和技术研发4个子系统对于加强和支持学习机制子系统是十分必要的。反过来，学习机制子系统也与其他的4个子系统相互渗透。它们对创建和维持学习型组织是必不可少的。这5个子系统之间动态关联、彼此互补。如果缺少了某一个子系统或者某一个子系统非常薄弱，其他子系统也会受到影响。其中，学习型组织的知识管理子系统发挥着职能型知识管理的作用。它包括知识的获取、创造、储存、分析和数据发掘、传递与分发、应用和确认。这6个知识要素是持续的和相互关联的，而不是顺序的、相互独立的。知识通过多种渠道进行传递，每条渠道都有不同的频率。知识在传递的过程中不断地受到人的意识的"过滤"，同时积极地反应行为的影响。

讨论案例7-1：战略发展部部长为什么头痛

曾凯是北京一家高新技术企业的战略发展部副部长。最近他一直在为公司的知识管理项目头疼不已。

事情是这样的。年初公司老总在参加了一个EMBA管理培训班时接触到了知识管理，认为公司很有必要发展知识管理，于是在公司内部发起了这个项目。由于曾凯研究生期间专业是管理学，毕业论文又是知识管理方面的，因而公司任命他为项目的负责人，向公司战略发展部部长负责。曾凯本身有底子，重拾学校学到的知识不是什么难事，因此起初对做好这个项目信心很足。他通过调研，决定先从信息的共享入手来开展知识管理的项目。为此，他建议公司购买知识管理的平台，以方便研发工程师提交知识成果。知识管理软件上马后，为了尽快扩充知识库，他制定了一系列制度，要求每个工程师和销售人员必须定期提供一定数量的知识文档。而研发部门经理向老总抱怨知识管理系统严重影响他们的工作，销售部门人员则拖着不做。老总为了支持曾凯的工作，多次公开表示知识管理就是要共享，强制推行知识管理项目。

3个月后，曾凯向老总汇报了项目工作，说知识库中有多少条记录等。在公司的工作会议上，曾凯的工作得到了老总的褒奖。然而事后很多公司部门领导纷纷来找老总，反映们对知识库和知识管理的不理解，尤其研发部门和销售部门的言辞最为激烈。曾凯也直接或间接地受到同事对其工作的指责。

会后，老总把曾凯、企业战略发展部部长王立琪、研发部门经理吴军和销售部门的负责人孙莉单独留下来谈关于知识管理项目的问题。

老总首先说道："前些天小曾向我汇报了知识管理项目的进度和阶段成果，我表示满意。同时，我也听到了来自研发部、销售部等部门的声音，反映了它们各自对知识管理项目的一些看法，其中不乏善意的批评和建议，我认为还是比较中肯的。因此，今天我把大家留下来，是想各位就当前我们公司的知识管理工作进行面对面的交流，搞清楚问题，以促进我们公司的发展嘛！立琪负责公司的战略发展，你先来谈谈。"

王立琪似乎已料到老总会先让他发言。他清清嗓子说："现代社会是信息社会，企业的发展基础、核心竞争力、发展战略都与'知识'有密不可分的联系。而且与以往不同，知识不再仅仅抽象地存在于一些人的大脑中，而应该作为企业资源，成为企业构成的重要部分。知识应该被看作一种资本，成为企业创立发展的一份平衡的力量，拥有影响企业发展和决策的能力。公司在当前环境下提出发展知识管理的战略我认为是必要的。对知识进行管理，可以加速我们公司向学习型组织过渡，凝聚我们自己的企业制度和企业文化，为公司的发展打下良好的非物质基础。"老总点点头，王立琪继续说："至于如何开展知识管理，由于我们从来没有做过这方面的工作，因此过程中出现问题在所难免。小曾做了不少工作，我们应该肯定他的努力；同时对于实施知识管理的工作中存在的不协调，我们应当想办法克服，而不能就此打住。"

研发部门经理吴军接过王立琪的话说："我没有说过知识管理的工作要就此打住。只是实施知识管理总不能以影响正常工作为代价吧。"老总扶了一下眼镜说："小吴你说说具体情况。"吴军接着说："是这样的，公司最近出台的规章要求我们研发部门的工程师每天要提交定量的知识文档。这无异于在我们本来就很繁重的工作基础上又添加了新的负担。很多工程师对这些额外的工作感到不可理解。实际上，为了完成这些额外的'作业'，研发部门开发新产品的进度已经受到了影响。我认为这种情况要是继续下去，研发部的工作会更加困难。知识管理项目的开展已经拖了研发部门的后腿。我希望可以改进知识管理项目的实施方式。"吴军说着，看向了曾凯，希望他能发表看法。

曾凯站起来说："吴经理反映的情况我开始并没有考虑到，这是我的失职。但是我认为建立知识库是开展知识管理项目的基础，因此我才选择从建立知识库入手。在起步阶段，建立知识库的工作是比较繁杂，但是确实需要各部门提供知识文档才能完成。为了将来知识库发挥巨大作用，当前只能希望各位部长和员工体谅我们的工作了。"这时，老总突然发话："小曾啊，我给你一个建议，为了鼓励大家投入知识库的建立过程，你可以采用激励的方法。这样吧，你设计一套激励制度交给我，我会让财务科尽量支持你的工作。"

这时，平素以冷静著称的销售部门负责人孙莉提出了她的看法："我认为当前的问题不是那么简单的。首先，我们销售部门存在与研发部门相类似的问题，员工积极性不高。其次，还有两个现象我想必须反映一下。第一，规定中说售后部门的所有员工需要整理自己计算机上的知识，然后分门别类地存储到知识管理工作组的文档库中。文档库共建立了12个门类，让员工去查询。但大部分员工不知道该整理什么，哪些是知识，哪些是信息，又不知道整理好后应该放到哪个类别中，只能凭自己的感觉去添加。更重要的是，由于一些知识文件涉及保密的问题，这些员工也不知道该选择共享还是保密，或者共享给哪些人去使用。第二，大部分员工都提交了一些内容，但很少有人去看，而且想看的时候也找不到或者不知道如何找。"

"对，对，对，"研发部吴经理迫不及待地说，"我们部门的工程师也提交了一部分知识文档，但那些东西他们从来不去看。对我们研发部门而言，知识库有跟没有差不多，那何必要浪费时间去充实什么知识库呢？"

最近曾凯主抓的工作就是充实知识库，但是听到自己花了这么大力气建立起来的知识库居然成了"摆设"，这令他不禁感到气馁。下面他们讨论了什么，曾凯已经无心再听下去了，只知道最后老总希望他能重新全面考虑这个项目的内容，拟定合适的实施方案。

从昨天到现在，曾凯考虑了很多问题。到底什么是公司需要的知识管理？从建立知识库入手错了吗？为什么知识库成了没人用的垃圾库？我需要拟定全局的方案，但第一步该怎样做呢？

讨论题

1．你认为这家企业需要知识管理吗？需要什么样的知识管理？

2．曾凯实施公司知识管理从建立知识库入手错了吗？你认为实施知识管理应当从哪入手？

3．如果你是曾凯，下一步该怎么做呢？

讨论案例 7-2：渤海港务公司知识管理

这个周末，公司高层领导都没有休息，信息中心王主任和副主任李海波了解了公司出现的问题。针对问题李海波在会上做了如下的分析："看看我们公司那些骨干们，他们之所以想离开公司，主要是因为我们目前严重缺乏知识共享，员工成长速度很慢，导致现有员工觉得学不到东西，没有发展潜力和机会。如果公司能够为他们提供发展和学习的机会，不就能够留住他们了吗？另外，在目前的竞争环境中，我们公司的人才流失只是一种现象。这种现象很难避免，毕竟人往高处走嘛。真正的问题是在人员流失后所带来的竞争力下降。主要是因为人走了，把技术也带走了。那么我们为什么不在他们走之前就先学到技术，避免或减少由于他们的流失造成的损失呢？我认为针对技术随着人员而流失的问题的解决办法就是采用知识管理。"

听到这里，张总急忙插话："知识管理！知识管理能解决这问题？哎！小李你快说说。"李海波接着说："知识管理是信息管理的延伸，充分地利用企业积累的数据信息挖掘出有用的知识。通过知识共享等手段将员工所掌握的知识转化为组织的知识，建立企业知识库，以此为基础，新员工能很快地熟悉前人的工作环境，学习其他员工的经验，进而减少因员工流失带来的知识流失，增加企业知识储备，方便企业的后继者轻松获取前人积累的知识。这种管理办法是我在 MBA 课堂上刚刚接触到的，但是通过一段时期的学习，我认为我们公司目前的状况严重缺乏知识共享，并且面临着由于人员流失而导致的知识断层的危机，因此我们公司现在急需采用知识管理。"

张总有些耐不住了："你说的知识管理这么好，那到底应该怎样进行知识管理呢？有没有什么风险呢？"

"运行知识管理要建立相应的知识管理系统，同时还要制定相应的激励措施保证系统的正常运行，这一方面是王主任的研究领域，还是请王主任说吧。"李海波回答道。

张总看向王主任："那好，就请老王说说吧！"

王主任说："知识管理其实是由信息管理和人力资源管理两部分有机组成。人力资源管理强调对隐性知识的管理。我们知道，隐性知识占知识总量的绝大部分，它蕴涵在人的头脑中，是那些难以言传的经验、技巧和技能等。这些经验、技巧和技能要靠激励才能将它转化出来，才能让大家共享，变成大家的知识。"

张总点点头说："我明白了点，这样吧，针对我们公司的实际情况，由你俩来具体负责公司知识管理的实施。你们看应该怎么做，用你们在 MBA 上所学到的知识为公司出点力，也好让大家学习学习，这也是一种知识共享吧？属于知识管理吧？哈哈！"

这样，由信息中心王主任和李海波负责的知识管理在公司轰轰烈烈展开了。

1. 建立知识管理部门

为了在公司内部推行知识管理，王主任制定了项目进度计划，并且与李副主任进行了多次讨论。根据他们所学和亲身体验，他们认为知识管理涉及企业整个组织行为，需要全体员工的集体参与和密切配合，更需要一个合理的组织机构作为保障其实施的平台。推行知识管理，首先就要改变传统的金字塔型的组织结构，建立学习型组织结构。

但是，这种大规模的改变能得到老总的支持吗？

为了使自己的想法获得老总的支持，他查阅了大量的资料，并且参观了一些已经实施知识管理的企业。经过调查研究，他发现现在国外和国内很多大型企业都设立了自己的知识管理部门，如研究院、知识发展中心等，也有专门的负责人，如首席知识官或知识总监（CKO），还有一些专门的知识员工，他们负责研究企业内部和外部的知识环境，还有企业发展所需要的知识资源，构建和维护企业的知识管理系统，开展对其他员工的培训和再教育等。

经过以上的调查，他撰写了一份调研报告，郑重地交给了张总。在报告中他指出，企业的知识资源就是企业的无形资产，只有让专门的人来进行挖掘、收集、管理和传播，知识才能真正转化为企业的核心竞争力。并且详细阐明了学习型组织的内涵与改变组织结构对于实施知识管理的重要性与必要性。

张总拿着这份调研报告，与其他领导人进行了讨论。经过多次讨论，批准在企业内部建立专门的知识管理部门，但是由于不能一次性对组织进行大规模的变动，把知识管理部门挂靠在该公司的信息中心。由信息中心王主任兼任部门负责人，李海波作为知识管理部门的成员，准备推行学习型组织。

2. 建立学习型组织

王主任兼任知识管理部门负责人后，深感责任重大。如何推进企业知识管理成了他工作内外都在思考的问题。

他意识到学习型组织重在培养整个组织的学习氛围，为了使员工们把知识学习作为一种习惯，他做出了如下的规定：每天下班前每个员工都要在自己的工作日志上写上今天在公司学到了什么，对什么问题产生了什么质疑，对什么问题有想法等，并且每周五下午专门开会进行学习，每个人把自己一周的想法和学习结果向大家说说，共同讨论讨论，还定期对员工进行免费培训，让他们学到更多的知识。

但是很多人都认为没有这个必要，认为这些规定浮于形式。有些人说："记录这些东西有用吗？我的工作只有我自己负责，其他人看了有什么用？这也不能提高工作效率，我们都来写这个，谁来干活呢？"

还有人说："是啊，我们有任务，有指标，你们信息部还有新成立的知识管理部成天没有事情就来搞这些形式上的事情，最后还得靠我们来提升业绩！"

该规定推行两个星期了，根本没有人如实地填写，真正填写的人也只写了一些没有实际效果的话，难以派上用场。周五的讨论会，所有人都推托工作太忙，没有时间来参加。

结果该项规定就这么不了了之了。

王主任很郁闷，他觉得他制定的规划非常有意义，但是却得不到大家的支持。这个规定搁浅了，他心中不甘，于是出面跟张总交谈。王主任说："张总，目前我们公司的组织结构是基于职能的金字塔型的，不能满足知识管理的要求，知识管理真的很难推行。"

张总问道："那什么样的组织满足你说的要求？"

"知识管理要求其组织结构是基于知识的扁平化和网络化的，要真正实现知识的共享就要企业建立学习型的组织结构。"王主任回答道。

"学习型组织，听起来很好，但究竟什么是学习型组织？它是否管用？这些好像还不大清楚。"张总说，"你们不是成立知识管理部门了吗？你们部门最好再好好讨论一下"。

王主任说："为了获得员工的知识，更好地实现知识共享，我们要求每个员工把自身学到的东西记录下来，尽管我们已经形成了部门文件，并且下发下去，可是没有作用啊，大家都不按照要求做。"

张总说："这要看你能不能调动大家积极性了，还要看你们知识管理部门的人能否想出更好的办法啦，我已经破格给你们成立知识管理部门，你们要起作用啊。你跟其他部门领导谈谈，你们知识管理部门没有业务要求，其他人都有指标，担子很重，如果你们能取得其他领导的支持，或许工作会好做一些。"

王主任听到这里，既感到有了一丝希望，也感到压力。希望通过其他部门领导人的模范作用来带动群众，但是其他领导能支持我吗？

王主任从张总那里回来后，决定跟李海波讨论一下。经过讨论他们决定分头去找各部门经理。

王主任找到刘主任诉说了希望他带头把推行员工记录知识来源的想法后，刘主任笑着说："王主任啊，你不在我们这，不知道我们的苦啊，大家成天都叫累，连给加班费都不愿意加班，你这没有油水的活，谁能做啊？这样吧，我一向支持你的工作，我给你动员一下，但是不能保证能完成啊。至于我嘛，你就饶了我吧，我都多年不拿笔了，还是别让我记录了，再说我这一天天就是跟人打交道，也没有什么知识可以记录的啊。你说呢？"

听到刘主任这么说了，王主任也不好勉强刘主任写，只好离开了。

归来后，王主任与李海波讨论了一下今天找各位负责人的成果，结果没有一个部门经理愿意带头写。小李说："王主任，你不知道，我们现在这项工作实在是得罪人啊，好多人都在抱怨呢。而且有人也跟我说知心话了，就算大家真的记录了，也难免是应付了事，我们公司各种评优、晋级都是靠技术和为公司带来了多少效益来评定的，在我们公司大家都讲究竞争，谁还来讲究共享呢？把自己独有的技能掏出来了，谁还有价值啊？而且很多岗位都是一个人来做，有些人就当面问我：'这个工作我自己做，别人都涉及不了，我写出来也没有用，你给谁看啊？'你仔细想想他说得也对，你硬让他写，他可能还会害怕你得了他的知识，给后来者吸收，让他下岗呢！"

王主任思考了许久说："是啊，我也发现这个问题了，很多人对于涉及他们独有知识的时候都是有顾虑的。看来我们真得想想什么激励的办法了，让他们自愿把自己的东西贡献出来。"

李海波说："要不，我们就把知识成果与奖金挂钩吧。这样或许能够起到激励的作用。"

王主任觉得这个办法还是比较可行的，毕竟写一些东西就可以得到奖金，还是会有人愿意站出来说话的。

于是，王主任通过跟张总的一再斡旋，谈下了个人知识记录与奖金挂钩的条件，奖金总额由公司总部出，但是非常有限。有了这个激励政策，似乎大家比以前有积极性了，但是一段时间后，问题又出来了。

经过一段时间的统计，王主任发现大家交上来的知识记录中有很多内容不合理，而且哪些质量高，哪些质量低很难评定。知识管理部门人员有限，没有那么多精力来评定，给个优吧，就得发钱；给个差吧，人家就会找上门来问凭什么给我的知识记录评为差，王主任他们很难给出合理的评判标准，造成很多人都说王主任不公平。

这场"激励政策"反倒闹得王主任非常苦闷。这个问题实在难以解决，放手让各部门评定吧，各部门认为增加了部门的工作量，想要评定费用，而且部门把关不严，奖金有限，实在难以满足各部门的要求。为了保证质量，资金让各部门出吧，各部门又坚决不同意。

结果，激励政策下的知识记录仅仅维持了两个月。奖金发了，可是搜集上来的知识资料缺乏实质性的东西，难以应用。因为这件事，张总也开始怀疑王主任提倡的学习型组织是否能够起到作用。

张总甚至把王主任叫来说："我们不如直接引入知识管理系统吧，学习型组织想法是好的，但是我们公司现在还不具备这样的条件。"

王主任心里非常难受，他费尽心思推广的学习型组织计划就这么中止了。不建立学习型组织，不在组织范围内建立广泛的学习氛围，不培养知识共享意识，他真不知道下一步该怎么建立知识管理系统。

3. 研发部知识管理系统运作的尝试

迫于公司目前的形势，王主任知道自己再推行建立学习型组织是不可能了，但由于原来对张总的承诺，只能越过这一阶段引入知识管理系统。考虑到目前的情况，研发部员工素质相对比较高，易于对系统进行推广，而且研发部属于公司业务的起源端，不涉及太多的对外业务交流，因此王主任决定在研发部试运行知识管理系统。

研发部知识管理系统的实施工作首先从显性知识的共享与集成开始。集成个人的显性知识、开发服务器中的数据资源。研发部根据自己的情况，依据独创性、适用性等标准，整理本部门工作中积累下来的知识文档，按照统一的格式提交给系统。系统将这些文档按照知识的种类和格式分别分类、归档、集成，形成集团统一的知识共享仓库。知识仓库中的文档打破了组织机构的限制，按照工作需要重新组织，便利了员工的查询和使用。现在，研发部的所有研发人员，无论何时何地在工作中遇到难题时，都可以根据自己的权限查询系统中的文档，从中去寻找新的启示和借鉴。

这种集成显性知识管理系统运行得比较成功，研发部可以比较充分地运用原有的知识文档了。按照原定的计划，第二步要在研发部进行隐性知识显性化。但是将隐性知识挖掘出来，就涉及先前的知识共享。推广学习型组织的失败已经使整个公司对隐性知识的显形化望而却步了。没有办法建立学习型组织，公司内部隐性知识永远也无法被真正利用。

但是，张总听到研发部汇报说以前很多无法利用的文档都可以利用后，感到非常满意，觉得知识管理系统已经运行成功了，并对王主任说："这样就已经很好了，你们继续努力，把这个知识管理系统继续推广到其他部门吧！"

其实王主任心里很清楚，这种知识管理系统只是很肤浅地利用了知识管理，并没有实现知识管理的内涵，即使以后推行到其他部门，也不过是个升级后的 OA 系统，公司并没有实现知识管理。他一想到这里就感到很痛心，但是没有人来支持他，他也不知道该怎么做才能在公司内部实现真正的知识管理……

讨论题

1．信息中心王主任和李海波是如何实施知识管理的？如果你是王主任，你将制定怎样的知识管理实施步骤？

2．公司把知识管理部门放在信息中心下是否合适？如果你是张总，你会如何设置知识管理部门？

3．王主任建立学习型组织的初衷是否正确？他是否应该坚持把学习型组织搞下去？如果坚持，应当采取哪些有效的办法？

4．如果你是王主任，你会越过建设学习型组织的阶段而直接运行知识管理系统吗？

本章小结

本章阐述了信息资源管理的新发展。7.1 节从 3 个方面论述了知识管理是信息资源管理的更高阶段和新发展，介绍了知识管理的概念和特点；7.2 节比较详细地介绍了知识资源的概念与特点及其一种特殊的知识资源——智力资源及其管理；7.3 节介绍了知识管理系统的内涵、架构和作用以及两种特殊的知识管理系统——知识仓库和学习型组织的概念和发展；最后给出了两个企业知识管理的综合案例。

思考题

1．为什么说知识管理是信息资源管理的新发展？
2．企业知识资源有什么特点？
3．智力资源管理与知识管理有什么不同？
4．知识仓库具有哪些特点？它与数据仓库有什么差异？
5．企业知识仓库应具有哪些功能？应如何构建企业知识仓库？
6．学习型组织与知识管理系统是一种什么关系？

参考文献

[1] 马费成．信息资源开发与管理．北京：电子工业出版社，2004.
[2] 马费成，李纲，查先进．信息资源管理．武汉：武汉大学出版社，2001.
[3] 胡昌平．信息资源管理研究进展．武汉：武汉大学出版社，2010.
[4] 张福学．知识管理导论．长春：吉林人民出版社．2001.